THE CHICAGO SCHOOL

芝加哥学派

HOW THE UNIVERSITY OF CHICAGO ASSEMBLED THE THINKERS WHO REVOLUTIONIZED ECONOMICS AND BUSINESS

[美] 约翰·范·奥弗特瓦尔德◎著

王永龙等◎译

中国社会科学出版社

图字：01 - 2007 - 5325

图书在版编目（CIP）数据

芝加哥学派 /（美）奥弗特瓦尔德著；王永龙等译 . —北京：
中国社会科学出版社，2010.1（2012.12 重印）
ISBN 978 - 7 - 5004 - 8376 - 2

Ⅰ. 芝… Ⅱ. ①奥…②王… Ⅲ. 芝加哥学派（经济学）- 研究
Ⅳ. F091.353

中国版本图书馆 CIP 数据核字（2009）第 226692 号

出 版 人	赵剑英	
责任编辑	任　明	
特约编辑	乔继堂	
责任校对	曲　宁	
责任印制	何　艳	

出　　版　　中国社会科学出版社
社　　址　　北京鼓楼西大街甲 158 号
邮　　编　　100720
网　　址　　http：//www.csspw.cn
发 行 部　　010 - 84083685
门 市 部　　010 - 84029450
经　　销　　新华书店及其他书店

印刷装订　　北京市兴怀印刷厂
版　　次　　2010 年 1 月第 1 版
印　　次　　2012 年 12 月第 5 次印刷

开　　本　　710 × 1000　1/16
印　　张　　25
字　　数　　363 千字
定　　价　　68.00 元

凡购买中国社会科学出版社图书，如有质量问题请与本社营销中心联系调换
电话：010 - 84083683

目　　录

绪　　论

就被称作"经济学"的这一沉闷科学而言，若亚当·斯密（Adam Smith）是经济学之父，那么照此推断，芝加哥就是经济学的首都了。20 世纪，芝加哥大学的经济学家们在经济学作为科学的发展过程中发挥了举足轻重的作用。这从芝加哥大学的经济学家在诺贝尔经济学奖、弗朗西斯·沃克（Francis A. Walker）奖和约翰·贝茨·克拉克（John Bates Clark）奖的竞争中独占鳌头可见一斑。

从芝加哥大学在诺贝尔经济学奖中的统治地位来判断，芝加哥就像麦加、罗马一样神圣，她就是经济学的圣地。芝加哥大学的诺贝尔奖历史让人印象深刻。从诺贝尔经济学奖于 1969 年初创，直至 2004 年，共有 57 名经济学家获此殊荣（某些年份中，两到三人共同分享奖项）。在这 57 名获奖者中，有 9 人来自芝加哥大学，他们是：米尔顿·弗里德曼（Milton Friedman）、西奥多·舒尔茨（Theodore W. Schultz）、乔治·斯蒂格勒（George Stigler）、默顿·米勒（Merton Miller）、罗纳德·科斯（Ronald Coase）、加里·贝克尔（Gary Becker）、罗伯特·福格尔（Robert Fogel）、罗伯特·卢卡斯（Robert Lucas Jr. ）和詹姆斯·霍克曼（James Heckman）。从这组数字来看，芝加哥大学的获奖人数比起哈佛大学和加州大学伯克利分校两者的总和还要多一倍以上。然而，芝加哥大学在诺贝尔奖上的优势还远远不止这 9 人。

其他一些获奖者，他们并不直接受聘于芝加哥大学，但其获奖成果却是在芝加哥完成的。迈伦·斯科思（Myron Scholes）和罗伯特·蒙代尔（Robert Mundell）（分别为 1997 年和 1999 年诺贝尔经济学奖得主）的成功获

奖，也应当视为芝加哥大学的胜利。1974 年和 1975 年诺贝尔经济学奖得主
弗里德里希·哈耶克（Friedrich Hayek）和佳林·库普曼斯（Tjalling Koop-
mans）在芝加哥生活工作的几年里，完成了他们人生中最重要的研究工作。

为了完成这份名单，势必也应提到的还有那些曾是芝加哥大学学生或是
研究员的诺贝尔经济学奖得主，他们包括：保罗·萨缪尔森（Paul Samuel-
son）、肯尼斯·阿罗（Kenneth Arrow）、赫伯特·西蒙（Herbert Simon）、劳
伦斯·克莱因（Lawrence Klein）、吉拉德·德布鲁（Gerard Debreu）、詹姆
斯·布坎南（James Buchanan）、特里夫·哈维默（Trygve Haavelmo）、哈
里·马科维茨（Harry Markowitz）和弗农·史密斯（Vernon Smith）。

我们甚至还可以延伸至过去。曾担任诺贝尔经济学奖委员会主席多年的
瑞典经济学家阿瑟·林德贝克（Assar Lindbeck）1985 年 5 月 12 日曾经指出，
许多"重要的候选人"没能获得诺贝尔奖是因为他们在奖项设立前已经去世
了。他特别提到了雅格布·维纳（Jacob Viner）和弗兰克·赖特（Frank
Knight）这两位其中的佼佼者，而他们都曾任职于芝加哥大学。

同样，弗朗西斯·沃克奖的获奖名单也彰显了芝加哥学派经济学家的重
要性。沃克奖于 1947 年由美国经济学会创立，每五年授予一次，旨在表彰
那些对经济思想作出最大贡献的美国经济学家，后由于同诺贝尔奖重叠而于
1981 年停止颁发。总共有 7 名经济学家获得过弗朗西斯·沃克奖，他们是：
韦斯利·米契尔（Wesley Mitchell）、约翰·莫里斯·克拉克（John Maurice
Clark）、弗兰克·赖特、雅格布·维纳、阿尔文·汉森（Alvin Hansen）、西
奥多·舒尔茨和西蒙·库兹涅茨（Simon Kuznetz）。他们中的大多数与芝加
哥颇有渊源。

正如我所希望的那样，我的分析清楚地表明事实的确如此。赖特、维纳
和舒尔茨是"芝加哥学派"经济学家的重要代表。米契尔在芝加哥大学接受
教育，并在此担任过几年大学教员。1915－1926 年，克拉克是芝加哥大学最
出色的经济学家之一，在此期间，他还完成了最重要的两部著作。

约翰·贝茨·克拉克奖由美国经济学会创办，每两年颁发一次，旨在表
彰 40 岁以下最优秀的经济学家。获奖名单中也包括了许多芝加哥大学的经

济学家。1951 年的首位获奖者是保罗·萨缪尔森。包括 2005 年的获奖者在内，共有 29 位经济学家获此殊荣，其中 5 位是无可置疑的芝加哥学派：米尔顿·弗里德曼、加里·贝克尔、罗伯特·霍克曼、凯文·墨菲（Kevin Murphy）和史蒂芬·李维特（Steven Levitt）。其他一些获奖者，诸如肯尼斯·鲍尔丁（Kenneth Boulding）、兹维·格里克斯（Zvi Griliches）、马克·里恩·内夫（Marc Leon Nerlove）、桑福德·格罗斯曼（Sanford Grossman）和安德烈·施莱弗（Andrei Shleifer），他们也都与芝加哥大学联系紧密。

这些事实引发了一系列问题。如果有的话，那么，芝加哥大学究竟有何特别？具体而言，她在现代经济学的发展过程中扮演着怎样的角色？是什么突出贡献使芝加哥学派经济学家在 20 世纪的经济思想历史上独树一帜？是什么使得那些在芝加哥大学工作的经济学家在研究领域和学术成就上能够如此成功？这成功的一个世纪仅仅只是难以置信地持续发生着的巧合还是远非巧合那么简单？芝加哥学派的科学成就是真实可信的吗？或者他们是否被其他学者所影响，比如亚当·斯密所谓的"看不见的手"？本书正试图找到这些问题的答案。

芝加哥学派发展综述

对于芝加哥大学的关注及其在现代经济学发展中的角色的探究并不新鲜。19 世纪的后 10 年中，芝加哥大学的经济学和其他经济研究中心的经济学已经有所差别。这种差别正是由詹姆斯·劳夫林（James L. Laughlin）这位芝加哥大学首位政治经济学系主任所造就的。劳夫林严格坚持正统的古典经济学，而且他并不赞同对正统经济学的背离。在劳夫林的领导下，芝加哥大学经济系如同"正教中心和政治极度保守派"（科茨，1963，490）一样被孤立了。

学术上的分离缺点颇多，但在韦斯利·米契尔、莱昂·马歇尔（Leon C. Marshall）、约翰·克拉克和雅格布·维纳这些学者们的努力下，劳夫林还是组建了一个多样化的经济系，并渐渐发展壮大，不再孤立。戈登·图洛克（Gordon Tullock，1983，iv）总结道：20 世纪 30 年代时，芝加哥经济学派这一名词尚无人提及，芝加哥大学经济系也被简单地认为是主流经济学中非常强大的一部分。除了图洛克的发现，A. W. 科茨（A. W. Coats，1963，492）在 20 世纪 60 年代早期推测："过去的回声有时依然挥之不去，早前芝加哥大学经济系作为经济保守主义中心的名声有可能一直流传至今。"

下一个明确提及芝加哥大学经济系与其他专业有所不同的研究资料来源于艾伦·迪克特（Aaron Director，1948，v），他提到亨利·西蒙斯（Henry Simons）在芝加哥大学"慢慢将自己树立成一个'学派'的领导人"。迪克特没有就此深入，雅格布·维纳则在几年后给唐·帕廷金（Don Patinkin）的信中写道：

> 直到 1946 年离开芝加哥时，我开始听到一些关于"芝加哥学派"的传言，说其有组织地捍卫经济自由主义和"货币数量论"，反对"不完全竞争"和"凯恩斯主义"……［从 1951 年参加由芝加哥大学举办的一次会议后］……我开始愿意思考一个"芝加哥学派"的存在了（但它既不限于经济系，又不包含所有的系），这个"学派"在我离开芝加哥的几年前已经开始运作，还赢得了不少能力出众的追随者。但是，我从未有意识地成为其中一员，而且我有一种模糊的印象，那就是如果有这样一个学派，它也不会把我看做其中一员。（帕廷金，1981，266）

从 20 世纪 50 年代后期开始，"芝加哥学派"的提法变得越来越普遍。1957 年，哈佛大学的爱德华·张伯伦（Edward Chamberlin）提到了"反垄断竞争的芝加哥学派"（296）。张伯伦的标志性著作《垄断竞争理论》（*The Theory of Monopolistic Competition*）于 1933 年首次出版后，芝加哥大学在赖特和后来成为著名经济学家的斯蒂格勒的领导下，确实发展成了反对其中基本理论的桥头堡。[1] 对张伯伦理论的反对完全符合"产业组织和反托拉斯的芝加哥法"这一芝加哥经济学派中最重要的理论渊源和现代经济学的分支源头。[2]

1962 年，芝加哥学派作为经济领域的专门名词出现在米勒题为《关于芝加哥经济学派》的文章中。米勒定义了芝加哥学派经济学家与其他经济学家的显著区别："强烈主张私有制市场经济；强调新古典经济学价值理论的实用性与中肯性；寻求等同现实市场和理想市场的方法；在生活的每个隐蔽处和缝隙里发现和应用经济学；强调在实证经济学中使用假设检验这一被忽略的环节。"

在同一本期刊《政治经济学学刊》（Journd of Political Economy）中，斯蒂格勒（1962，71）简要评价了米勒的文章，并且对存在一个特色鲜明的"芝加哥经济学派"这一论断持反对意见。他的立论基础在于米勒"既没有描述伦理哲学与政治哲学的统一，也没有给出清晰合理的政策项目。相反，他只是概括了我的朋友米尔顿·弗里德曼的观点，而且他的概括并不完整……［弗里德曼］在芝加哥并未被忽视，但我相信在别处他的政策观点将比在此有更大的影响力"。

马丁·布朗芬布伦纳（Martin Bronfenbrenner）于 1939 年在芝加哥大学获得博士学位，他也评价了米勒的文章。尽管米勒已经提及其中差异，但布朗芬布伦纳（1962，72—73）仍旧作了清晰陈述：

> 实际上存在着两个而非一个芝加哥学派。雅格布·维纳的离开和亨利·西蒙斯的去世是两者的分水岭……两者的区别不仅仅限于对垄断和工会的态度……［旧派］同新派相比，更关注价格水平而非货币供应量。虽然关注度不能与经济自由和分配效率相提并论，但旧派［与新派］比较而言，更关注收入和财富在分配与再分配过程中的伦理意义和美学价值。

首次在有关经济思想史的常用参考手册中提到"芝加哥学派"这一名词是在 1971 年。[3] 斯皮格尔（Spiegel，1971）在公开反对张伯伦"垄断竞争理论"的文章中提及"芝加哥学派"。他写道：

> ……［芝加哥学派的成员们］在政治和教义中均有保守主义倾

向……相比有计划地引导，作为自由主义支持者的他们更偏好"法治"
和非人为因素对市场的影响，而且他们警觉地看待经济活动中正在渐渐
加重的政府行为。

一年后，沃尔（Wall，1922，vii）概括出了芝加哥学派的三大基本特征：

> 首先，理论是至关重要的；再者，除非事先设定一个确定的实证环
> 境，否则理论是不适用的；最后，若上述环境不存在时，市场机制将发
> 挥作用。

这番概括同弗里德曼在两年后所写的一篇文章异曲同工：

> 在经济科学研究中，"芝加哥"强调将经济理论作为工具来分析众
> 多具体问题，而非华而不实的抽象数学结构；坚持对理论概括进行实证
> 检验，反对理论与实际相脱节。在经济政策的研究中，"芝加哥"坚信
> 自由市场在资源配置上的作用，而对政府干预经济事务持怀疑态度，同
> 时强调通货膨胀的最关键成因在于货币数量。

与米勒和布朗芬布伦纳两位学者不同，弗里德曼并不认为有新旧学派之
分。他认为，从 1892 年开始到 20 世纪 70 年代中期，这 80 年左右的时间仅
给"芝加哥学派"带来了一些"微不足道"的改变。

就在弗里德曼公开发表上述文章评价芝加哥学派的 1971 年 4 月，斯蒂
格勒在《法律与经济》（Joural of Law and Economics）上发表了西蒙斯的传
记。正如迪克特在 1948 年所做的评价一样，斯蒂格勒（1982b）认为"西蒙
斯是芝加哥经济学派这个假想王国的王位继续人"（166）。斯蒂格勒随后又
指出，"'芝加哥学派'历来就是一个准确度颇高的表述"（170）。斯蒂格勒
定义了学派早期代表人物〔赖特、西蒙斯、劳埃德·明茨（Lloyd Mints）以
及维纳等〕与他这一代经济学家之间最大的区别，那就是对后者而言，实证

工作要重要得多。

《芝加哥经济学派》一书的出版，从包括方法论、自由主义、法律与经济、发展经济学、产业组织和规章制度在内的多个视角探究了芝加哥学派，更深入地标示芝加哥学派是经济学上的一个重要实体。塞缪尔斯（1993，1、3、4、9）曾给出以下的"建设性批判"："……芝加哥学派代表着新古典主义的急先锋，是新古典主义经济学意识形态上的重要延伸……芝加哥的核心思想就是市场机制，而非统治阶层拥有的权利扩张。"此外，在塞缪尔斯的其他一些著作中还提到了"自认为有意识地扮演了芝加哥发言人的宣传角色"（10）。就此，意识形态的追求和宣传的使用首次被列入芝加哥学派的特征之中。

迈尔文·雷德（Melvin Reder）在 1982 年发表的文章是对芝加哥学派的又一里程碑式的贡献。雷德将 20 世纪 30 年代后期芝加哥大学的经济学家们描述成"大杂烩"（mixed bag）。他发现，40－50 年代，"赖特共同体"（Knight affinity group）的组建成为芝加哥大学的焦点。（2、7）这个团体以赖特为中心，[4] 由年轻人〔弗里德曼、斯蒂格勒、艾伦·瓦利斯（Allen Wallis）等〕和年长人士（明茨、迪克特和西蒙斯等）共同组成。雷德将这个以赖特为中心的团体描述成"朝圣山学社（Mt. Pelerin Society）的朋友和成员"。在他看来，该团体的经济学研究方法——实证性与规范性——与"芝加哥风格"的经济学家强调广泛运用价格理论和实证检验相比，有部分重叠（32）。雷德认为，这个以赖特为中心（弗里德曼为擎天柱）的团体在芝加哥大学中占据着主导地位，随着考利斯委员会（Cowles Commission）在 1953 年的离开和凯恩斯主义的拥护者劳埃德·迈尔泽（Lloyd Meltzer）的患病，这个团体的地位进一步巩固了。

斯蒂格勒奉献了一篇芝加哥学派的回忆录。其中，他也将弗里德曼刻画成芝加哥学派的主要设计师。更为具体的是，斯蒂格勒（1988b，150－151）从三方面定义弗里德曼"为芝加哥学派的成立所作的重大贡献"。首先，他恢复了货币经济研究……其次，他提出要捍卫自由竞争……最后，他以更重要的方式发展和使用现代价格理论。

在弗里德曼自己的回忆录中，他仅有一次明确提到了芝加哥学派。他认为，在芝加哥大学时（1948－1976）对价格和货币政策的教学与研究，"产生了为人所知的芝加哥学派货币经济学"（1998，202）。

在 20 世纪 90 年代早期，科林·D. 坎贝尔（Colin D. Campbell，1994）为《麦格劳·希尔经济百科全书》（*McGraw-Hill Ecyclopedia of Eomomics*）提供了四页有关"芝加哥学派"的词条。从"50 年代认识了一个与众不同的芝加哥学派"开始，坎贝尔将弗里德曼描述为"与其他经济学家相比，他与芝加哥学派更为融合"。坎贝尔还指出，芝加哥学派的根本哲学是"对自由而非公平的强调"，而这一特征"最初起源于弗兰克·赖特"。

坎贝尔还进一步定义了芝加哥学派经济学家三个基本而重要的政策导向：相信"竞争市场是组织经济活动的最佳方法"，对"政府采取的多种经济法规"持高度批评态度以及相信"一国拥有的货币体系的种类是重要的"（141、142）。

法国经济思想史学家米契尔·博德（Michel Beaud）和吉尔斯·多斯塔勒（Gilles Dostaler，1995，112）也以近似的言语描述了芝加哥学派："它在专业化的多重领域展开工作，却靠着对新古典主义价格理论的坚定信仰而集结起来。他们坚信市场是资源配置的最有效机制，并强烈质疑政府对经济的干预。"

鲍姆尔（Baumol，2002）和拉泽尔（Lazear，2000），作为研究近代经济贡献的专家，并没有明确提到芝加哥学派。但是，鲍姆尔指出，就微观经济学而言，新贡献在"人力资本理论、歧视经济学、道德风险、委托代理问题、契约理论和科斯定理"这些领域切实发生了。除去道德风险以外，其他领域的最初贡献都来源于芝加哥大学的学者。而在拉泽尔的调研中，他更关注经济向其他邻近学科，比如法律、社会学和政治科学的渗透。像贝克尔和斯蒂格勒这样的芝加哥学者，在这些邻近学科上同样成就显著。

罗斯·埃梅特（Ross Emmett）在他的首部专著《经济学中的芝加哥传统》（*The Chicago Tradition in Economics*，2002，xvii）一书的开场白中写道："芝加哥大学的经济学家对美国经济学专业和 20 世纪的美国经济政策影响深远。"他还注意到，"芝加哥经济学的遗产可以追溯到大学成立之初，而且它们比通常意义上对芝加哥学派的描述要丰富得多"。埃梅特进一步深入分析指出，"芝加哥经济学在 20 世纪 40 年代以后开始有所差异。最关键的原因在于会开始偶尔运用以市场为基础的策略来解决社会问题"（xvii-xviii）。

菲利浦·米罗夫斯基（Philip Mirowski，2002，203－204）曾对芝加哥学派在通常意义下理解的内容提出过严厉批评，他指出了"战后芝加哥经济学派"的三诚：

第一诚，市场永远"可行"。某种意义上说，它的这种畅通无阻可以使财富最大化。

第二诚，政府永远是问题的一部分，而非解决问题的一部分。

第三诚，需求曲线是价格理论最最基础的部分，那些试图放弃这个基础而转向效用论或是"无差异"论的，无疑是浪费时间和精力。

米罗夫斯基（2002，207）还曾就多种原因批评过芝加哥学派，其中包括"经济主体常常就是一个芝加哥经济学家，相信局部均衡模型，消费者开展的那些简单、诱导的统计量化实验，放大了由市场提供的正确信息"。

在十多年里，芝加哥学派的这一观点被当成意识形态产品来进行分析。开始共同定义芝加哥经济学派与智利皮诺切特（Pinochet）独裁政府就是一个最好的例子。[5] 胡安·加布里埃尔·瓦尔德斯（Juan Gabriel Valdes，1995，78）指出，芝加哥学派的基本教义意味着"对政治的偏见"。因此"经济简化论"使它成为非民主政府最有吸引力的意识形态和政策导向，例如智利的皮诺切特政府。弗里德曼对此表示强烈抗议。[6]

我希望这些关于芝加哥学派简洁但不完整的文献回顾可以表明它的贡献。就其方法本身而言是非常有限的，无论是从时间限度上来说，还是从它所覆盖的议题上来说。

我试图在本书中实现三个目标。首先，我试图给出关于芝加哥经济学家从 19 世纪末到 21 世纪初所作贡献的系统回顾。其次，我希望就那些在芝加哥大学工作的经济学家所作的独创贡献给出一些新的观察。最后，我希望可以清晰地定义和区别芝加哥学派与芝加哥传统，以此作为要素来解释芝加哥大学经济学家所获得的成功。

本书将聚焦那些隶属于芝加哥大学下属学院的经济学家所做的工作。尽管在芝加哥以外，对于典型芝加哥风格经济学这一课题已有大量卓有意义的研究。在此，将仅会提及其中一部分，如果它对更好地理解那些由芝加哥出品的工作是有用的或是有必要的话。

全书总览

尽管如今对芝加哥大学经济学的特征研究大多主要聚焦在芝加哥学派上，但本书第一章将首先介绍我所定义的芝加哥传统。芝加哥传统的基本特征在于：严谨的工作态度，对经济学是一门真科学有着不可动摇的信念，将学术成就作为晋升的唯一标准，对加强怀疑论有着热烈的讨论氛围，芝加哥大学的二维独立性。许多芝加哥大学传统的创立可以追溯到大学的首位校长威廉·瑞尼·哈珀（William Rainey Harper）。

当然，并不是所有这些芝加哥大学的传统在学校成立的 1892 年就已经存在。大部分传统可以追溯到许多学者，这些学者被认为是芝加哥大学经济学研究领域的奠基人。这其中有 6 人非常杰出：詹姆斯·劳夫林和索尔斯坦·凡勃伦（Thorstein Veblen）从大学政治经济系成立的第一天起就已是其中成员；其他两位对芝加哥大学作为经济学研究中心的学术进步作出过重要早期贡献，他们是约翰·克拉克和莱昂·马歇尔；第五代奠基人是弗兰克·赖特，他对芝加哥大学的许多经济学家产生过深远影响；我认为，艾伦·迪克特是芝加哥传统在经济学上的第六代奠基人。

继芝加哥传统之后，本书第三、第四章将介绍芝加哥学派。正如我所定义的那样，芝加哥学派的基本特征是对自由市场和价格机制的信仰，他们认为，两者在通常情况下，是社会组织生产和经济生活的最有效、最必需的方法。价格理论在芝加哥大学经济学教育中的核心地位体现在研究生的经济学301 课程中。这就是为什么我把维纳、弗里德曼和贝克尔三人看成是芝加哥学派的管理者，因为这个三人组在过去一个世纪的 30 年时间里一直在主持这些讲座。

第三章主要讨论维纳和弗里德曼。在其回忆录里，斯蒂格勒把维纳描述成关注价格理论的芝加哥学派创始人。事实上，维纳的确如此，而且还远不止如此。他对国际贸易理论和经济思想史都有着系统完善的认识。在 20 世纪 30 年代，维纳就开出了反萧条的处方，这个处方日后被约翰·梅纳德·凯恩斯（John Maynard Keynes）所认同。但是，对于凯恩斯所声称的是自己提出了一套"基本"（general）理论，价格理论仅是"基本"理论中的一个特例这一说法，维纳却并不赞同。

弗里德曼向凯恩斯基本理论经济学提出了更深一层的挑战。尽管他在货币和宏观经济学上的研究和著作是最为人熟知的，但他同时是第一位价格理论家——比如，他对马歇尔需求函数的分析和恒久收入假设。这些成就使弗里德曼成为如同亨利·舒尔茨（Henry Schultz）和玛格丽特·里德（Margaret Reid）一样的先驱者。

贝克尔是第四章中的主角。他和斯蒂格勒是将基本价格理论在各种情形下加以运用的佼佼者，他们的运用被认为已经超出了传统经济分析可以企及的范围，包括犯罪经济学、家庭经济学、婚姻经济学和歧视经济学。由于贝克尔的研究工作带有浓厚的社会学背景，这使得他与詹姆斯·科尔曼（James Coleman）这位芝加哥杰出的社会学家联系紧密。

芝加哥经济学家、诺贝尔奖得主西奥多·舒尔茨对贝克尔在人力资本的研究上影响重大，而贝克尔直至今日依然在进行的人力资本研究使他广受好评。舒尔茨将芝加哥大学建设成了农业经济学和发展经济学的重要研究中心。在超过半个世纪的时间里，D. 盖尔·约翰逊（D. Gale Johnson）这位舒尔茨的学生，是农业经济学项目和芝加哥大学经济系其他各部的支柱。兹维·格里克斯、马克·内夫、罗伯特·托里（Robert Tolley）和亚尔·蒙德拉克（Yair Mundlak）同样是开创该研究领域的重要经济学家。

由贝克尔和舒尔茨提出的人力资本观点已成为经济增长中最现代理论的重要组成部分，芝加哥的罗伯特·卢卡斯对它的发展作出了重大贡献。同时，人力资本对劳动经济学也产生了不可忽略的影响作用。在劳动经济学的制度化到更严格的分析应用这一过程中，H. 格雷格·刘易斯（H. Gregg Lewis）扮演了重要的角色。芝加哥大学在劳动经济学领域享有全球美名，应主要归功于刘易斯、贝克尔和其他三位经济学家：阿尔伯特·李斯（Albert Rees）、舍温·罗森（Sherwin Rosen）和詹姆斯·霍克曼，而这三位经济学家也将在第四章中占据一席之地。第四章以芝加哥大学贝克尔化（Beckerian）传统下工作的几个主要"年轻人"作为结束，他们是：凯文·墨菲、罗伯特·托佩尔（Robert Topel）、史蒂芬·李维特和凯西·马利根（Casey Mulligan）。

芝加哥大学货币分析的发展是第五章的主题。芝加哥大学货币问题的讨论与研究主要集中在货币数量论上。芝加哥大学货币问题的研究最早可以追溯到劳夫林，再到西蒙斯和明茨，随后是弗里德曼和卢卡斯。

有关芝加哥及其货币分析的任何讨论必须提及劳埃德·迈尔泽、哈里·约翰逊（Harry Johnson）和罗伯特·蒙代尔的研究成果，他们将芝加哥大学打造成了国际宏观经济学的前沿阵地。约翰逊和蒙代尔是将货币模型用于国际收支平衡的创始人，雅格布·弗兰克（Jacob Frenkel）和迈克尔·穆萨（Michael Mussa）是他们的学生。当弗兰克和穆萨于 20 世纪 90 年代早期离开芝加哥，转而投身政策研究制订时，芝加哥大学在国际宏观经济学领域就丧失了主导地位。

第六章旨在介绍芝加哥经济学家在把经济分析用于政府干预、规划、外部性和政治行为时所扮演的重要角色。除贝克尔和斯蒂格勒以外，罗纳德·科斯将是这章的主角。

斯蒂格勒同时也是夸口对经济思想史有着丰富知识的芝加哥最重要的经济学家之一。他的研究成果中关于规划方面的大多集中在产业组织领域。这一章中还将讨论李斯特·特尔瑟（Lester Telser）、罗本·凯塞尔（Reuben Kessel）、耶尔·布隆尊（Yale Brozen）、萨姆·佩尔兹曼（Sam Peltzman）和丹尼斯·卡尔顿（Dennis Carlton）这几位芝加哥经济学家。

第七、第八两章将介绍芝加哥大学商业和法律学院，这两个学院是芝加哥丰富传统在经济学上的重要组成部分。芝加哥大学商学院（GSB）是美国历史上建立的第二所商学院，它曾经几度起起落落，但最终得益于瓦利斯－罗里（Wallis-Lorie）主义而获得了成功。关于商学院的讨论将主要集中在"金融人士"上：吉姆·罗里（Jim Lorie）、默顿·米勒、尤金·法玛（Eugene Fama）、费舍尔·布莱克（Fischer Black）和迈伦·斯科思。他们都展现出了对自由市场的有效性和合理性的强大信念。在 20 世纪 90 年代时，金融领域的保守派遭到了以理查德·塞勒（Richard Thaler）和罗伯特·维什尼（Robert Vishny）为代表的新势力的挑战。

在法学院，它对经济学家的影响力首先起源于亨利·西蒙斯，但是直到1946 年迪克特继任后，法律与经济运动才真正起飞。如今，虽然有许多反对的声音，但是美国几乎每一所法学院都开设了经济学课程。

罗纳德·科斯、哈罗德·德姆塞茨（Harold Demsetz）和威廉·兰德斯（William Landes）是对这场法律与经济运动作出贡献的芝加哥学者。芝加哥的亨利·曼内（Henry Manne）和埃德蒙德·凯奇（Edmund Kitch）将法律与经济信条又带到了许多其他大学。在像丹尼尔·费舍尔（Daniel Fischel）、理查德·爱泼斯坦（Richard Epstein）、艾伦·塞克斯（Alan Sykes）、兰德尔·皮克（Randall Picker）和道格拉斯·贝尔德（Douglas Baird）以及其他一些年轻一代支持者的努力下，芝加哥大学法学院依然处在深入发展法律与经济科学的最前沿。

第九章将讨论那些违反一条芝加哥传统基本规则的经济学家。这条规则是：学术成就就是一切，而非政治职务。乔治·舒尔茨（George Shultz）和保罗·道格拉斯（Paul Douglas）是例外于这条规则的主要代表。此外，还包括了肯尼斯·戴姆（Kenneth Dam）和阿瑟·拉弗（Arthur Laffer）。

阿诺德·哈伯格（Arnold Harberger）是这一章中将要讨论的又一位重要的芝加哥经济学家。他的特色不在于他开拓了政治生涯，而在于他是芝加哥大学和智利圣地亚哥天主教大学建立联系的推动力。在那里接受培训的经济学家作为皮诺切特政府的重要决策人这一事实带来了极大震动——不仅对哈伯格而言，对大学其他人员而言也是如此。这一章中还将提及弗里德里希·哈耶克，在芝加哥大学，他的定位有些模棱两可（特别是在经济学家眼中）。虽然哈耶克从未积极参与日常政治，但是他在芝加哥所著的《自由秩序原理》（*Constitution of Liberty*）一书是非常重要的政治体系的一部分。

研究方法

我们需要区分方法论和研究材料来源的三个不同层次。

第一层包括书籍、论文、专题论文和那些由芝加哥和非芝加哥经济学家在芝加哥大学期间发表于各类学术期刊上的理论和实证研究文章。这些信息对感兴趣的人而言都是唾手可得的。

第二层材料来源于芝加哥大学的档案文件，芝加哥大学瑞根斯坦图书馆（Regenstein Library）的书架，以及芝加哥大学通讯部。这些材料包括有报纸和杂志文章，课堂笔记，未发表的论文、评论，内部备忘录和信件。

用于此次研究的第三层材料是通过1994－2003年期间进行的100多次访问收集而得的。受访者的姓名将列在致谢部分。大多数访问都录了像，但有些受访者出于各种原因而婉拒了录像的要求。我完全尊重他们的要求。正如人们所预料的，那些婉拒录像的评论大都会引发较大争议。一旦这样的争议确已发生，我将尝试引用至少一条其他材料来对其进行辅证。如果这样的辅证找不到的话，那么原始评论将被舍弃。只要有可能的话，从访问中得来的材料将与上两层材料中获取的信息关联起来。当访问中的评论对讨论的观点有帮助时，评论将被直接引用。

在论述诸如芝加哥大学经济学发展过程这样的论题时，作者必须意识到可能会产生仅有一家之言这样的危险。我会尝试两种途径来克服这一显而易见又切实存在的困难：首先，我会详尽回顾引起"反芝加哥学派"的那些较为谨慎的文献资料；其次，我会访问一些对芝加哥大学及其经济学家了如指掌的专家，但是这些专家的观点和研究方法同典型的芝加哥风格要有显著差异。

致　　谢

在大约为期 10 年的时间里，我总共在芝加哥大学海德公园校区待了 10 个月的时间，完成了超过 100 次的访问。我特别想要感谢那些不止一次被我打扰的人们，其中有些人甚至与我会面达五次之多。

主要信息来源于经济系的加里·贝克尔、米尔顿·弗里德曼、吉姆·霍克曼、D. 盖尔·约翰逊、史蒂芬·李维特、罗伯特·卢卡斯、凯西·马利根、托马斯·菲利普森（Tomas Philipson）、舍温·罗森、艾伦·桑德森（Allen Sanderson）、拉里·斯吉斯坦（Larry Sjaastad）和李斯特·特尔瑟；商学院的罗伯特·阿利伯（Robert Aliber）、丹尼斯·卡尔顿、尤金·法玛、罗伯特·福格尔、克莱尔·弗里德兰（Claire Friedland）、罗伯特·哈默达（Robert Hamada）、罗宾·霍格思（Robin Hogarth）、约翰·霍伊金格（John Huizinga）、阿尼尔·卡什亚普（Anil Kashyap）、兰德尔·克罗兹纳（Randall Kroszner）、凯文·墨菲、萨姆·佩尔兹曼、理查德·萨勒、罗伯特·托佩尔、罗伯特·维什尼和马文·佐纳斯（Marvin Zonis），以及法学院的肯尼斯·戴姆、理查德·爱泼斯坦、丹尼尔·费舍尔、威廉·兰德斯、埃里克·波森纳（Eric Posner）、理查德·波森纳（Richard Posner）、凯斯·桑斯坦（Cass Sunstein）和艾伦·塞克斯等。

在我心目中，这项研究将与默顿·米勒永远连在一起，他在临终前给我发了一封电子邮件，这是他最后的评论。默顿在我其中一次芝加哥访问的那一天去世了，而我们本打算两天后见面。

我还要感谢一些人，他们在我进行此项研究时已不在芝加哥大学，但对大学内部非常熟悉：威廉·鲍姆（William Baumol）、杰格迪什·巴格沃蒂（Jagdish Bhagwati）、朱迪思·薛瓦利埃（Judith Chevalier）、雅克·德雷兹（Jacques Drèze）、兹维·格里克斯、道格拉斯·埃尔文（Douglas Irwin）、戴尔·乔根森（Dale Jorgenson）、约翰·洛特（John Lott）、弗兰克·莫迪利亚尼（Franco Modigliani）、保罗·萨缪尔森、乔斯·沙因克曼（Jose Scheinkman）、罗伯特·索洛（Robert Solow）、兰伯特·范·甸南（Lambert Van

Thienen）和维克多·查诺维茨（Victor Zarnowitz）。

这项研究的许多功劳还要记在艾米尔·范·布洛克霍芬（Emiel Van Broekhoven）和沃尔特·纳尼曼（Walter Nonneman）的名下，他们两位都是安特卫普大学（UFSIA）的教授。我也从以下学者的评论中获益良多，他们是来自安特卫普大学的吕多·库伊威尔斯（Ludo Cuyvers）、布鲁诺·德·博格（Bruno De Borger）和威尔弗莱德·帕瑞（Wilfried Parys）；来自布鲁塞尔自由大学（Vrije Universiteit Brussel）的杰夫·乌切伦（Jef Vuchelen）以及比利时荷语鲁汶大学（Katholieke Universiteit Leuven）的埃里克·拜斯特（Eric Buyst）教授。

向芝加哥伊利诺大学的迪尔德丽·麦肯斯基（Deirdre McCloskey）致以特别感谢，她为这项研究奉献了大量的时间和精力。

在筹划芝加哥行程时，我从艾伦·弗里德曼（Alan Friedman），特别是芝加哥大学商学院的芭芭拉·贝克（Barbara Backe）和芝加哥大学通讯部的比尔·哈纳斯（Bill Harnes）那里得到了鼎力支持。同时，美国驻布鲁塞尔信息中心的格瑞特·沃德斯塔德（Griet Woedstadt）和丽丽·戴克（Lily Deck）在背景材料工作上提供了大量帮助。

与其他人相比，路克（Luc）和马克·范·考文贝格（Marc Van Cauwenbergh）以及弗朗斯·科洛斯（Frans Crols）在致谢部分占有一席之地是他们完全应得的，而其中原因可能连他们自己也没有完全明白。

我最深诚的感谢一定要奉献给我的妻子希尔德（Hilde）和我的几个孩子：马提亚斯（Matthias）、戴维（David）、弗里德里克（Frederik）和劳拉（Laura）。我将倾我一生来弥补因为此书创作而不能陪伴在他们左右的那些时间。不过，我知道对于此书的创作，他们比我还要感到骄傲和自豪。

注 释：

〔1〕关于芝加哥大学对张伯伦及其垄断竞争理论的评论，参见斯蒂格勒（1968）及《垄断竞争评论》（斯蒂格勒，1949）。

〔2〕更多与这一研究课题有关的文献，参见郝文凯姆（Hovenkanp，1986）。

〔3〕然而在此必须强调，关于经济思想的历史，在之后的参考书中对芝加哥学派的提及并没有成为一种常态。

〔4〕盖弗尼和哈里森（1994）将弗兰克·赖特描述成"长久主导芝加哥学派"的人。

〔5〕将芝加哥学派作为一个纯粹思想产品的极端例子，参见赫尔曼（Herman，1995）。

〔6〕参见弗里德曼（1998），尤其是第24章和附录 A。一个相对较为普遍的说法是，弗里德曼强调在价格理论中，经济和政治自由之间存在积极的联系。参见弗里德曼（1962）。

第一章
芝加哥传统："哈珀的市集"

马克斯·韦伯（Max Weber），社会学奠基人，在他 1905 年的《新教伦理与资本主义精神》一书中提出新教伦理是资本主义的发展手段。美国伟大的社会学家罗伯特·K. 默顿（Robert K. Merton）在他 1935 年的博士论文《17 世纪英国的科学、技术和社会》（*Science, Technology, and Society in Seventeenth-Century England*）一文中指出，英国 17 世纪的清教伦理是推动现代科学产生的强大力量，因此也是推动工业革命的强大力量。那么，在现代经济学发展中，芝加哥大学扮演的角色能与之相提并论吗？或者是完全不可同日而语？韦伯的新教伦理与默顿的清教伦理与芝加哥经济学有着相似之处吗？

在我看来，我所描述的"芝加哥传统"（Chicago Tradition）对芝加哥大学而言是相当重要的。芝加哥传统中的一些元素对芝加哥大学这一整体而言更为典型，其他一些元素则唯经济系所有。芝加哥经济学家的成功与芝加哥传统相互融合，而芝加哥传统又是历史、制度、政治、社会、人事和地理因素的大融合。社会环境的宽泛定义在芝加哥大学经济学的发展中扮演了重要角色。但是，乔治·斯蒂格勒[1]所强调的科学研究的内在动力也应包括在内。因此，我们可以说，芝加哥传统与社会环境有关，而这个社会环境不仅可以帮助科学研究的发展，同时科学研究也不可避免地创造着社会环境。

在此将提及"芝加哥传统"的五大特征：近乎狂热的工作态度，经济学是与生活息息相关的真科学的坚定信念，对学术成就的极端强调，凡事不断质疑的精神准备，以及芝加哥大学地理位置上的独立性。五大特征或多或少地在芝加哥大学同时出现，这成了其又一独一无二的特征和极具智慧的传统。曾几何时，芝加哥传统的组成元素是校园里热议的话题。斯托（Storr，1966，311）在他关于早期芝加哥大学的研究中指出："自大学建成之初起，教授们有关真正的大学在研究时应依赖何种文化元素就针锋相对，这场争论一直持续到十周年校庆，而且即便到那时仍未解决。"事实上，这样的讨论从未结束。

神的售货员

欧内斯特·德威特·伯顿（Ernest DeWitt Burton），在 1923－1925 年期间担任芝加哥大学校长。毫无疑问，他具备狂热的工作态度这一芝加哥传统的第一大特征。1923 年，他把芝加哥大学创办成"努力工作的场所。那些游手好闲的人在这里毫无容身之处。娱乐不是我们的主要任务"（墨菲和布鲁克纳，1976，23）。就像一句玩笑话说的那样，在芝加哥大学，"你吃着经济学，沐浴着经济学，同时还要枕着经济学入睡"。[2]

狂热的工作态度这一特征可能应归功于芝加哥大学的首任校长威廉·瑞尼·哈珀："他的远见、精力、辉煌和热情，伴随着强烈的宗教信仰以及他对科学研究的长期奉献，使他名满天下。哈珀使大学开始充分认识到自身的独特性，这对于理解芝加哥以后在社会科学上的成功尤为重要。"（布尔莫，1984，20）。

哈珀清楚地意识到，大学的建立给了芝加哥一个千载难逢的机会去实现梦想并将过去抛在脑后。芝加哥大学在 1858－1886 年间由一个宗教组织（芝加哥浸信会）掌管。[3] 这个旧时的芝加哥大学由于董事会理事缺乏远见和目标不明，错误地卷入了 19 世纪 70 年代的财务危机而不幸结束。哈珀非常了解旧时芝加哥大学的那段历史，因此他告诫自己不能重复那些致命的错误（古德斯皮德，1916）。

在美国中西部地区，浸信会的发展十分迅速，其神职人员急切盼望能通过美国浸信会教育协会在芝加哥建立一所新的大学。[4] 芝加哥浸信会的教友成功地说服了大富翁约翰·D. 洛克菲勒（John D. Rockefeller），让他在芝加哥而非纽约投资。洛克菲勒同意出资 60 万美元，但必须答应他开出的两个条件：第一，哈珀出任大学的首任校长；第二，芝加哥当地的浸信会再自行筹集 40 万美元。哈珀来了，而且芝加哥浸信会也筹到了钱。芝加哥的杰出商人马歇尔·菲尔德（Marshall Field）果断地捐出大道乐园（Midway Plaisance），作为新筹建大学的校址。

哈珀于 1856 年出生在俄亥俄州新康科德市（New Concord）的一个苏格兰人和爱尔兰人组成的家庭里。他家里开了一间杂货店，因此他从小就是一个有着过人技能和智慧的售货员和学生。他给"神童"这一名词赋予了新的含义（切尔诺，1998，307）。哈珀在 14 岁时就完成了高中学业。在耶鲁大学获得博士学位后，他在坐落于芝加哥郊区摩根公园里的浸信会神学院（Baptist Union Theological Seminary）里教授希伯来语。在那里，哈珀开创了大量的教育项目，似乎永不疲倦，并在为这些项目的筹资过程中展现出过人的融资天分："假期意味着另外一份工作……他在工作中展现的巨大能量让同事们吃惊不已。他好像从来不睡觉，从来不休息。"（迈耶，1957，11）就连一向冷静而深谋远虑的洛克菲勒（1909）也赞扬哈珀"超乎寻常的工作热情及执行和组织能力"（179），并且承认自己"一定程度上被［哈珀的］热情传染了"（178）。

1886 年，哈珀接受了耶鲁大学神学院的教授一职。从那一刻起，他开始梦想要建立一所研究型而非教学型的大学。19 世纪 50 年代，亨利·菲利普·塔潘（Henry Philip Tappan）在密歇根大学做着相同的梦，但是他失败了。究其原因，很大程度上在于政治干涉。从塔潘的经验教训中，哈珀总结出：要建成一所以研究为导向的州立大学是不可能的，唯一的希望是建立一所私立大学（迈耶，1957，23）。

在经过 1887 年和 1888 年的数次会面后，哈珀终于说服洛克菲勒接受自己的主张，在芝加哥而不是纽约建一所以研究为导向的大学。1892 年 10 月 1 日，芝加哥大学正式开课。它"不是第一所强调研究的大学，但与当时约翰·霍普金斯大学（Johns Hopkins University）的丹尼尔·科伊特·吉尔曼（Daniel Coit Gilman）和克拉克大学（Clark University）的 G. 斯坦利·霍尔（G. Stanley Hall）相比，哈珀是其中最有影响、最为坚韧的人"（布尔莫，1984，16）。

哈珀尝试在芝加哥大学实现其大胆而又极富挑战性的目标，爱德华·莱维（Edward Levi）对此进行了准确的描述："把本科生的教学工作和研究生的研究工作融为一体，这被认为是大胆却又有些鲁莽的实验——把英国大学与德国学校的主要特点相互嫁接的尝试——而且是在最不可能的地方。许多专家认为这个实验将会失败……这个地方也将烟消云散。这所学校被人们认为是个真正的怪胎，嘲讽它是'哈珀的市集'（Harper's Bazaar）。"（墨菲和布鲁克纳，1976，2）

虽然哈珀的创新导致了学校的混乱无序，但是这位新任校长确信所有新近上任的工作人员和大学教员都和他一样有着传教士般的热情，这种热情一定会给崭新的芝加哥大学带来成功。哈珀视自己和芝加哥大学为一体。芝加哥政治经济系最初的成员之一索尔斯坦·凡勃伦（1918，x-xi）这样评价道："首任校长在大学的管理上非常自信、正确而且广泛。"

犹豫不决的洛克菲勒

洛克菲勒是一名虔诚的浸信会信徒，他并没有对在芝加哥建一所大学这个想法一见钟情。事实上，当老芝加哥大学陷入财务危机时，石油大王拒绝伸出援手。但是，哈珀与洛克菲勒的讨论帮助洛克菲勒与托马斯·古德斯皮德（Thomas Goodspeed）建立起了良好的关系，而古德斯皮德正是哈珀在芝加哥的雇主——浸信会神学院的秘书。

尽管这个项目在 19 世纪 80 年代早期就已被摆上了议事日程，但直到 1887 年年底，洛克菲勒的企业在州际商业法（Interstate Commerce Act）讨论中遭到严厉批评时，他才对此项目产生了兴趣。洛克菲勒本能地察觉到，一个热衷于慈善的企业将广受欢迎；同样的本能告诉他，大学校址最好能远离纽约，因为那里是他的企业总部，同样最好也能远离华盛顿，因为那里是首都。

弗里德里克·T. 盖茨（Frederick T. Gates）是洛克菲勒许多慈善计划的主要顾问，正是他的最后努力最终促成了芝加哥大学这个项目。经过大量努力，盖茨成功地将这一项目与美国浸信会教育协会联合起来，而这个联合正是项目能得到洛克菲勒支持的必要条件。

1890 年 5 月，芝加哥大学宪章发布。1891 年 2 月，哈珀正式接任校长一职。1892 年 10 月 1 日，芝加哥大学正式开课了。就像巴伯（Barber，1988，241）形容的那样："罗马不是一天建成的，但芝加哥大学几乎就是。"

研究圣经的学者哈珀与坚强的商人洛克菲勒之间的"联姻"是一场纯粹的巧合吗？迈耶对哈珀传记的研究表明，事实并非如此。迈耶（1957，3、63）将哈珀描述为："与约翰·D. 洛克菲勒会面并将他征服的教授……为了实现目标的哈珀与同样为了实现目标的洛克菲勒相比，更为冷静。"迈耶是这样评价洛克菲勒和哈珀的初次会面的："约翰·D. 洛克菲勒遇到了人生中第一个与自己不相上下的人。他深知这一点。他对这个认真、年轻的神学家了如指掌，知道他作为一名教育工作者完全忘我，能量巨大，知道他成功地激起了举国上下学习希伯来语的热潮。他已经深信，这就是那个要花他钱的人。"（2）

他确实花钱了。哈珀一次次向洛克菲勒提及大学的财政赤字问题，这给洛克菲勒增加了不断拨款的压力。1905 年，洛克菲勒有些不耐烦了，他需要一张预算平衡表。不久，哈珀做到了，于是他又从洛克菲勒那里得到了100 万美元。[5] 到 1910 年，洛克菲勒用于芝加哥大学的建设的花费已达 3500万美元［祖贝克（Dzuback），1991，74］。同时，由于哈珀的花费习惯，两人的关系不再热络，盖茨越来越多地充当了中间人的角色。然而，在洛克菲勒的回忆录（1909，179）里，他盛赞哈珀："作为朋友和同伴，在日常交流中，没有人能比他更让人愉快了。"

十年后，第五任校长罗伯特·梅纳德·哈钦斯（Robert Maynard Hutchins）将洛克菲勒对芝加哥大学的态度描述为"史无前例"："一定是他开创出了新的教义，即作为一个志在发展教育和学术的捐赠人，应该把钱留给教育家和学者们……洛克菲勒先生一定有他自己的教育理念。他可能也会有些教育癖，可却从未表现出来……洛克菲勒的这种自我约束肯定是历史上独一无二的，而且这对大学的快速成长贡献良多。"（墨菲和布鲁克纳，1976，240）。哈珀对洛克菲勒的不干涉承诺非常有信心。在他于 1902 年 7 月

1 日发表的十年报告中，哈珀声称："如果捐赠人认为学校工作不尽人意，他有权以任何原因停止资助。但是作为捐赠人，他无权干涉大学管理或教学工作。"（墨菲和布鲁克纳，1976，82）

对洛克菲勒与芝加哥大学之间的关系，像这样的正面评价并不普遍。[6] 1906 年，爱荷华大学的西纳多·J. P. 杜立佛（Senator J. P. Dolliver）认为"芝加哥大学像堪萨斯镇一样，充满了石油味"（劳夫林，1906a，43）。美国经济协会（AEA）共同创始人之一理查德·T. 伊利（Richard T. Ely）拒绝在芝加哥大学工作，因为"在某种程度上，大学由垄断者支持"（巴伯，1988，254）。切诺（Chernor，1998）在洛克菲勒传记中写道：石油大王"几年来一直不愿意走访芝加哥，也不愿把大学同他的名字过度混为一谈"（325），"尽管负面的指控断断续续，但他从来没有干涉过学校的学术任命或是言论自由"（3261）。然而，选择哈珀担任芝加哥大学首任校长，让洛克菲勒深信他不会由于工作懈怠而让自己蒙受金钱损失。

严谨但广泛

爱德华·希尔斯（Edward Shils，1991a，xi-xii）是芝加哥大学社会学和社会思想的主要学者之一，他认为"学术严谨"是"芝加哥大学的重要特征……在学生和老师眼中，学术和科学工作并不简单地只是生存方式，也不仅是为了创造安心快乐的环境，而是一个非常严谨的过程"。在芝加哥大学工作的经济学家们继承、发挥了希尔斯的"学术严谨"原则——芝加哥传统的第二大特征。从学校成立之初开始，芝加哥经济学家们就总是严肃认真地对待他们的课题，但这并不意味着对那些严谨或是科学的经济学家可以作完全一致的概括。[7] 在许多有关芝加哥大学经济学家们的故事里，米尔顿·弗里德曼在严谨、科学工作的范畴中扮演着关键角色。尽管这样的归类显得过于简单，在此还是要定义前弗里德曼时期、弗里德曼时期和后弗里德曼时期。

前弗里德曼时期历时超过半个世纪——从芝加哥大学成立的 1892 年至 20 世纪 40 年代末期。根据罗斯·埃梅特（2002，xviii）的研究，这一时期的芝加哥大学经济学"反映了美国重大的经济动作"。摩根（Morgan）和卢瑟福德（Rutherford；1998a）指出，在两次世界大战之间，甚至是第一次世界大战前，美国经济学的主要特征是"多元化……多元化即意味着方法多样化，这种多样化在信仰、意识形态、方法和政策建议上尤为明显……一个经济学家就是他或是她运用包括历史、统计、理论推导、经验主义、数学等在内的种种方法进行调研的科学家"（4—5）。[8] 作者还同时指出，将客观性与公平性统一起来是这一时期的重要特征："在这一时期有一种非常专业的学术氛围，即经济学家在教学过程中会同时涵盖两个方面：自由贸易和保护主义；金本位制和复本位制；工会组织和资本主义。"（8）

这种由摩根和卢瑟福德所提出的多元化，也是芝加哥大学经济学家在其最初的半个世纪里的特征。詹姆斯·劳夫林是芝加哥政治经济系首任系主任，他遵从约翰·斯图亚特·密尔（John Stuart Mill）的思想，支持正统古典经济学。经济学的制度研究方法不仅从凡勃伦那里获取灵感，还从诸如哈里·米尔斯（Harry Millis，劳动经济学）、切斯特·赖特（Chester Wright）和约翰·内夫（John Nef）（经济学历史）、詹姆斯·菲尔德（James Field，人口经济学）、黑兹尔·凯克（Hazel Kyrk，消费经济学）以及约翰·莫里斯·克拉克那里获取灵感。从某种程度上说，他们全都可以视为制度经济学家。

韦斯利·米契尔将制度主义理论与实证研究相结合，同样这么做的还有保罗·道格拉斯。亨利·舒尔茨努力成就芝加哥大学的数理经济学，同时社会学家奥斯卡·兰格（Oskar Lange）和考利斯委员会的一些成员也在进行着相同的努力。最后，但并非最不重要的，是雅格布·维纳、弗兰克·赖特、亨利·西蒙斯、艾伦·迪克特在新古典价格理论上展开的研究。

从20世纪50年代前期开始，芝加哥大学的经济学变得不再像个"大杂烩"了（雷德，1982，2）。随着新古典价格理论，局部均衡分析和实证检验这三元组的运用，出现了越来越多的科学经济学。芝加哥大学的这种改变主要源自1946年弗里德曼的回归。[9] 弗里德曼坚信新古典价格理论同实证检验的结合在某种程度上使经济学变成了一门科学。通过他坚毅的性格、智慧和杰出的辩论才能，弗里德曼对大多数在芝加哥大学工作的经济学家产生了深远的影响。

弗里德曼于 1946 年回归芝加哥大学，加之当时系里系外的种种变化，更进一步奠定了他在芝加哥大学的主导地位。从 1945 年到 1946 年，形势发生了重大改变：亨利·西蒙斯不幸去世，雅格布·维纳、奥斯卡·兰格和斯蒙·李兰德（Simeon Leland）离开芝大去了其他大学，切斯特·赖特退休，T. W. 舒尔茨年仅 42 岁就担任了系主任一职。此外，当 1958 年斯蒂格勒回到密歇根湖畔的母校时，弗里德曼为其科学经济学的创建获得了强有力的支持。从弗里德曼重新回到芝加哥大学的 1946 年到他 1976 年离开学校这 30 年时间里，毫不夸张地说，芝加哥大学可以打上"弗里德曼时期"的标志。

弗里德曼和斯蒂格勒对 50 年代早期到 70 年代后期芝加哥大学经济学的发展方式所作的贡献难以估量，其广泛的影响还帮助弗里德曼提出了新古典价格理论。局部均衡分析和实证检验是科学经济学的核心。分析美国经济学从"两次世界大战期间的多元化"到"战后的新古典主义"的转变，摩根和卢瑟福德（1998a，9－10）发现了两大基本"转变过程"——"主张使用客观方法，即数学和统计学……［并且］……相信用市场解决问题以及自由竞争的优点"。尽管弗里德曼对复杂的数学模型曾强烈不满，但是第一次转变过程却使他有了确定的信念，即是"实证经济学是，或者可能是，一门'客观'科学，与其他任何一门自然科学是完全一样的"（弗里德曼，1953，4）。

克劳福德·古德温（Grauford Goodwin）指出，冷战——"一场经济意识形态的战争"（摩根、卢瑟福德，1998a，14）——在形成战后新古典主义的转变过程中扮演了至关重要的角色。根据古德温的分析，冷战导致了一种局面，即"危险的异教徒不是那些笃信真主安拉的或是反基督教的，而是那些宣扬阶级战争、资本主义矛盾和生产资料公有化的布道者。在冷战的氛围下，奇怪的思想可能不仅仅是纯粹的背教，它们可能是变节甚至是叛国"（摩根、卢瑟福德，1998，57）。古德温注意到，在 20 世纪 40 年代末期，在企业界地位卓著的成员，他们身后的经济学家都宣扬自由竞争和资本主义的优点，而他们"都与芝加哥大学有着紧密的联系"（摩根、卢瑟福德，1998，69）。弗里德曼强烈否认冷战论调的中肯性，并且拒绝了那些支持资本主义和自由市场经济的企业界对经济学的赞助——特别是对芝加哥大学经济学的赞助。[10]

在后弗里德曼时期，对认识弗里德曼关于严谨科学经济学的定义——新古典价格理论、局部均衡和实证检验——渐渐不再有普遍一致性。两大集团骤然形成。一大集团继续致力于弗里德曼传统，它的主要信徒是经济系的加里·贝克尔和大多数商学院和法学院的经济学家；另一大集团主要以罗伯特·卢卡斯为主，他们开始致力于发展"成熟的一般均衡数学"（摩根、卢瑟福德，1998a，1）。一般均衡替代了局部均衡分析，而且缺乏实证内容的纯理论研究在芝加哥大学获得了一席之地，并令人不可思议地蔚然成风。两大集团的分庭抗礼带来了热烈的讨论，这与后来考利斯委员会的经济学家在芝加哥时，与芝加哥经济系的弗里德曼派所展开的讨论颇为相像。

哈珀的遗产

芝加哥传统的第三大特征是教学质量、专业影响力以及学术成就。曾于1925－1928年担任校长的查尔斯·马克斯·马森（Charles Max Mason）在1928年时指出："在芝加哥，我们相信学校的骨架即是其创造的学术，用这个骨架撑起的躯干就是真正的教育、人文教育和提高解决生活问题能力的实践教育的大致轮廓。"（墨菲和布鲁克纳，1976，32－33）。从成立之初起，芝加哥大学就严格强调将研究作为实现优秀学术和专业水准的途径。"一所大学，"正如芝大校长哈钦斯所言，"可能是一所没有开展教学工作的大学，但它不可能是一所没有开展研究工作的大学"。（墨菲和布鲁克纳，1976，153）

哈珀走遍全国，寻访那些研究能力出众的学者。他手中攥着洛克菲勒的美元，"毫不客气地从耶鲁、哈佛、康奈尔、霍普金斯和其他学校那里抢夺最杰出的人才"（迈耶，1957，61）。[11]哈珀引进年轻的天才学者，并给他们开出了前所未闻的承诺：减少教学负担以保证更多的时间（和金钱及设备）开始科研工作；最一流的同事；学术工作完全自由。"没有传统可以束缚他，没有理事会提出他们对旧时制度的理解，没有政府官员或是州议员会来调查诸如暑假和其他假期之类慷慨的礼遇。对许多人来说，科研是一个完全崭新的概念，它的一些疑点得到了支持。由于没有传统的约束，哈珀可以建立专属于他的传统"［约德（Yoder），1991，1］。在这项工程正式启动前，哈珀已经意识到这所伟大的新大学"将会是一次重大发现，并且还会是对发现者的一番锤炼"。"每一名教师都是研究者，"哈珀指出，"只有那些作出研究的教师才能指导他人开展研究"。（迈耶，1957，22）芝加哥大学对本科教学的相对忽视，就是这种对科研的一再强调而引发的间接结果。[12]

荣誉学位的授予方式就是学校强调学术成就的绝佳示例。举例来说，对政治家而言，无论他或她是多么的成功还是/或是多么的勇敢，都不太可能从芝加哥大学那里获得荣誉学位。[13]在芝加哥，能够吸引媒体的关注或是经常被邀请出席国会会议并不是什么贵重资产。就算成为总统经济顾问委员会主席，也没什么值得骄傲的。[14]雷德指出（1982，2）："在芝加哥，孜孜不倦地教学，为大学管理出谋划策，甚至为政府服务而名扬四海，都无法替代源源不断的科学研究成果。"

这些科研成果并不一定需要书面"证明"。芝加哥有一口头传统，即科研成果被视为教学工作的一部分。艾伦·迪克特就是这一口头传统的代表，同样，H.格雷格·刘易斯也在其中。

芝加哥对于学术界的定义使人们更容易理解为何学校在人才引进和晋升时偏爱那些在学术上有所突破的学者。"我们要找的是那些能击出全垒打的人才。"商学院的罗宾·霍格思曾如是说。[15]霍格思的这番言论与1951－1960年间担任校长的劳伦斯·金普敦（Lawrence Kimpton）在约半个世纪前所作的评论非常相似。金普敦指出，芝加哥大学的传统"就是人才。引进或晋升人才的标准不是其工作年限。'他是否出色？'是并将总是唯一相关的标准"（墨菲和布鲁克纳，1976，44）。马克斯·马森校长在他1929年的告别演讲中说道："［芝加哥大学］要么名声显赫，要么一无是处。我们找不到理由使其仅仅成为另一所普通大学……那些碌碌无为的学院也找不到存在于芝加哥大学的理由。"（墨菲和布鲁克纳，1976，31、34）

尽管像罗伯特·卢卡斯、加里·贝克尔、罗纳德·科斯和罗伯特·福格尔那样的诺贝尔奖得主，他们的科研成果为其赢得了赞扬、荣誉和金钱，但是当他们在开展这些科研工作时,他们却经常被世人视为怪人或是非主流学者。

芝加哥大学志在寻找"本垒打选手"的初衷从其决策过程的大胆可见一斑,而这种大胆往往是其他大学不能接受的。芝加哥大学的大胆表现在许多方面,其中包括给年轻人赋予更大的责任:罗伯特·哈钦斯在 1929 年担任芝加哥大学校长时还不到 30 岁。同样,寻找"本垒打选手"的大胆,也解释了为何芝加哥大学经济学家的论文常常被许多著名的经济学期刊婉拒,而这些论文却在以后成了经典之作〔甘斯(Gans),1994〕。当卢卡斯在 1995 年被授予诺贝尔经济学奖时,哈佛经济学家罗伯特·巴罗(Robert Barro,1996)描绘了卢卡斯一篇划时代的论文最初如何被《美国经济评论》(American Economic Review)的编辑所婉拒的情形。

远离华盛顿

芝加哥传统的第四大特征是做好对凡事不断质疑的准备——因此,就出现了违背政治准确原则的趋势。英籍哲学家艾尔弗雷德·诺思·怀特海(Alfred North Whitehead,1954,137)推崇讨论、质疑的思想,他评价道:"在我看来,我所待过的地方中,与古代雅典最为相似的就是芝加哥大学。"20 世纪 20 年代保罗·道格拉斯(1922,43)来到芝加哥大学后,他将这里的学术氛围概括为:"这里的教员有着完全的学术自由。"1978 年诺贝尔经济学奖得主赫伯特·西蒙(1996,36)在 1933 年来到芝加哥后,很快就发现"为了激发大道校园(Midway campus)里学生和教师的聪明才智,这里用尽了一切闻所未闻、略显神秘甚至有些荒唐的方法"。

第四大特征同样也能追溯到哈珀那里,他一直致力于"思维训练"(迈耶,1957,53)。这项训练的终极目标是要求学者具备批判精神。除非学习具备分析能力,否则他们的学习是毫无用处的。在哈珀的大学里,仅只盲无目标或是重复累赘地进行调研是不可能完成研究任务的。严格的批判精神已经在自然科学领域里占有重要地位,而哈珀则把它引入了另一个危险的领域——社会科学。从自然界的解脱让人类征服了自然,哈珀指出,"时代的发展不仅仅使人类学会了发电、发声，还赋予了人类复杂的经济和社会责任"（迈耶，1957，54）。

哈珀强烈支持批评自由以及更为基础的言论自由。在此，有必要再次引用他在 1902 年所作的十周年报告：

> 大学教师完全有权表达自己的想法。如果教师被聘用三或四年，而在此期间他的自我发挥使学校蒙受损失，那么，学校当然有权在聘用期结束后将其解雇。如果终身教授滥用其特权，那么学校势必将蒙受损失。这是由于最初引进人才时缺乏远见和智慧所带来的唯一直接而又不可避免的后果。但是，若把这种损失同终身教授因与其他教师、理事会成员或是大学校长意见相左而辞职所带来的损失相比，前者要轻微得多。（墨菲和布鲁克纳，1976，83）

对真理的不断质疑使芝加哥大学成为孕育科学革命的肥沃土壤。毕业于芝加哥大学、后在麻省理工学院担任教授的鲁迪格·多恩布什（Rudiger Dornbush，1996，82）评价道："在芝加哥，他们在革命。"这番评论同金普敦不谋而合："一个没有革命的星期是失败的星期。"（墨菲和布鲁克纳，1976，48）在芝加哥，每一个独特见解都会被认真对待，无论它与常规认识有多大的分歧。1960 年罗纳德·科斯来到芝加哥就是这样的一个传奇。

每一个对涌动在芝加哥大学校园里各式各样令人困惑的观点、论断和对策进行深入调研的人都会吃惊地发现，欧洲和东海岸的学者们认识到，芝加哥经济学家并不仅只是狭隘地、近乎狂热地捍卫着资本主义、大企业及投机资本。

由于任何一个决策或论断总是得益于批判精神的推动，因此我们不必惊讶芝加哥大学总是易于吸引那些对既有观点或新观点又富有批判精神的学者。芝加哥人说，纽约和波士顿在精神上更靠近华盛顿而非芝加哥。费舍尔·布莱克为 1990 年诺贝尔经济学奖得主默顿·米勒关于金融革命一书中所作的序言就是例证："默顿·米勒是一位伟大的经济学家。他也是一位出色的战士。20 世纪 50 年代，他从事金融学研究，并在若干年后发动了一场备受瞩目的运动，果断地削弱了保守派的势力，创建了现代金融学。随后，他将自己的方法运用于现实世界，成为芝加哥商业群体与纽约机构和华盛顿政治掮客的战争中的一名军事战略家。"（米勒，1991，vii）。

欢迎持异议者

芝加哥传统中第三大特征和第四大特征的融合——科研质量和学术成就以及对真理的不断质疑——使芝加哥大学充满着愉悦的气氛，甚至对那些与芝加哥经济学家主流思想并不直接相关的人们来说也是如此。芝加哥经济学领域创始人之一的凡勃伦就是这个团体的典型代表。更近一点的实例是理查德·塞勒，他在 1995 年离开康奈尔大学，转而投向芝加哥大学。塞勒主要从事准理性经济学和行为金融学研究，它们建立在投资者容易成为自己错误判断的受害者这一研究前提下。与之相反，在芝加哥开展的传统金融学研究是基于理性市场参与者的假设——有效市场假设。

在凡勃伦和塞勒来到芝加哥的 100 多年时间里，这样的持异议者还有很多。比如劳埃德·迈尔泽。尽管弗里德曼和芝加哥大学其他宏观经济学家都对凯恩斯主义持否定态度，但是学校还是在 20 世纪 40 年代末聘用了迈尔泽这位毕业于哈佛大学且在凯恩斯主义熏陶下开展研究工作的学者。

波兰经济学家奥斯卡·兰格和其他几位考利斯委员会成员都是芝加哥传统中值得注意的范例。20 世纪 20 年代末，兰格离开波兰来到了英国的伦敦政治经济学院（LSE）。随后，他获得洛克菲勒基金会的奖学金，到几所美国大学参观访问，于 1938 年来到了芝加哥。兰格是一位非常出色的数理统计学家和计量经济学家，但他也是一位坚定的社会主义者，积极反对路德维希·冯·米塞斯（Ludwig von Mises）和弗里德里希·哈耶克对社会主义经济效率的攻击。

当兰格来到芝加哥时，毫无疑问，他强烈反对资本主义，"是社会主义计划理论的主要拥护者，是凯恩斯主义和马克思主义的早期阐释者"（米罗夫斯基，1998，268）。[16] 当然，他的学术研究也向着他的观点而倾斜。兰格更多地被定位为数量经济学家，自然而然与亨利·舒尔茨结成了同盟，因为舒尔茨30年代时正试图在芝加哥大学开展数理经济学和计量经济学研究。兰格来到芝加哥的六个月后，舒尔茨由于车祸不幸去世，兰格顺理成章地成为芝加哥大学经济系资深数理经济学家和计量经济学家。

雷德（1982，5）是这样描述兰格在芝加哥的岁月的："兰格的影响力不仅在于他的专业造诣，还在于他独特的个人魅力和广泛的知识兴趣。在院系中，强烈的个性往往会加重学术纷争，但兰格机智且又令人愉悦的举止行为使他在所有人中广受欢迎……［他的］受欢迎程度一直从同事蔓延到了学生。"

埃弗塞·多马（Evsey Domar）在1940年和1941年曾在芝加哥听过兰格的课，他证实了雷德的评价："兰格是我所有老师中最和善、最受人爱戴而且最有组织能力的。"（多马，1992，121）

兰格与大多数芝加哥经济学家的观点相悖，这在其最重要的著作《价格弹性与要素使用》（Price Flexibility and Employment，1944）中得到了鲜明的反映。在这部著作中，兰格攻击了新古典主义主张。他指出，许多间接因素会破坏这条影响链。下文即是弗里德曼对兰格这一著作的批评，他用自然科学中司空见惯的方法来驳斥这一观点：

> 理论家从一些既存且相互关联的事实入手……他寻找普遍原理或是理论来解释这些事实……他检验这些理论以保证它总是符合逻辑，保证理论各细节都符合实际经验并能准确解释最初入手的那些事实。随后，他用这一理论而不是从中引申出来的理论进行推论演绎，以检查推论与实际是否相符。通常来说，一些推论"事实"可以成立，而另一些则不可以；因此他继续修正自己的理论，在其中加上一些附加条件……这一方法在经济学中被普遍使用，而兰格使用的方法却与之截然不同。兰格放弃了第一步——概括丰富完备且已经存在、相互关联的事实——在其大多数研究结论中找不到既存的事实。他旨在强调理论的形式结构……他认为完全没有必要检验理论结构的有效性，除非它与形式逻辑标准完

全一致……他的理论提供了理想世界的形式模板，却不是对真实世界的概括。（弗里德曼，1953，282－283）

当弗里德曼对《价格弹性与要素使用》一书的批评出现在《美国经济评论》杂志时，兰格已经离开了芝加哥，此时他已经加入了二战后在波兰建立的共产主义政权。多马（1992，121）在十年后写道："二战结束以后，兰格放弃了成为美国公民的机会，成了波兰共产主义政府中的一员，随后又以大使的身份被送回到美国。当他发表关于联邦储备的演说时，我认出了他，尽管他当时的打扮更为庄重，但他依然是我们深爱的老师。他的演说很有意思。但随后在哈佛的一次讲演中，他为波兰政府采取的每一项措施辩护。第一次也是最后一次，我为他感到羞愧。"

弗里德曼描述兰格是"罕见的精通经济理论的社会主义者"，但是他对兰格的谴责比多马更甚："兰格回到波兰后没能逃脱贪污腐败的魔爪。所有的报道指出，他的一生带着悲剧色彩，一个共产主义政权心甘情愿的傀儡，没能将他研究的理论成果付诸实践。他的个人生活同样糟糕。他抛弃了结发妻子，后者形单影只地回到了美国。当他出国时，总有另一个女人相伴，许多人怀疑这个女人扮演着同伴和共产主义走狗的双重角色。"（弗里德曼，1998，55）。

考利斯委员会

如果当初兰格没有因为二战的结束而回到波兰的话，芝加哥大学经济系的发展将会是完全不同的景象。"1940－1942年期间，在芝加哥或是其他场合下，兰格经常描述他所构想的经济系。"雷德这样写道，尽管他没有就此深入论述（雷德，1982，5）。从兰格的成果和方法论来看，他构想的经济系与后来的经济系是截然不同的。毋庸置疑，兰格的观点会从考利斯委员会经济研究成员那里得到支持，20世纪40年代早期他们就在芝加哥大学社会科学大楼里。[17]

艾尔弗雷德·考利斯三世（Alfred Cowles III）是科罗拉多州的一名股票

经济人，也是《芝加哥论坛报》（Chicago Tribune）的第二大股东。在 20 世纪 30 年代早期，他对经济生活的难以预测越来越感到困惑。在旨在提高经济分析预测能力的进程中，考利斯网罗了印第安纳大学数学家哈罗德·戴维斯（Harold Davis）、耶鲁大学著名经济学家欧文·费雪（Irving Fisher），这个团队组成了考利斯计量经济学协会。考利斯资助这个新成立的协会，并帮助其出版专门的期刊《计量经济学》（Econometrica）。

也许最为重要的是 1932 年考利斯委员会的成立。在 30 年代，委员会仅限于每年在落基山举办一次为期两周的夏季研讨会。研讨会的重心几乎全放在数理经济学上。随后，诺贝尔奖得主杨·丁伯根（Jan Tinbergen）和威格纳·弗里希（Ragnar Frisch）成了考利斯研讨会的常客。1939 年，考利斯为了《论坛报》的经营而被迫回到芝加哥，他决定将委员会也带到那儿。在芝加哥市中心的论坛报总部大厦作短暂过度后，委员会搬到了芝加哥大学的海德公园。

卡尔·克里斯特（Carl Christ，1991，31）通过"考利斯理论计量经济学研究工作在马尔沙克加入后正式开始"这样的语句，强调了雅格布·马尔沙克（Jacob Marschak）的重要性。马尔沙克在 1943 年担任了委员会研究主任。马尔沙克是出生在基辅的苏联流放人员，由于布尔什维克的原因，他最初逃到了德国，后来为了躲避纳粹迫害又来到了芝加哥。被同事们亲切地称作"雅沙"（Yasha）的马尔沙克组建了一个非常年轻的天才经济学家团队。[18]这个团队中，至少有 8 人后来都获得了诺贝尔奖：佳林·库普曼斯、肯尼斯·阿罗、劳伦斯·克莱因、赫伯特·西蒙、特里夫·哈维默、詹姆斯·托宾（James Tobin）、吉拉德·德布鲁和弗兰克·莫迪利亚尼。在马尔沙克极具创造性的领导下，他们发展了一系列统计和计量经济学研究方法，"到 1945 年，考利斯委员会成了计量经济学的圣地"〔尼汉斯（Niehans），1990，411〕。

随着时间的流逝，考利斯委员会彻底陷入了凯恩斯革命。委员会的大多数经济学家深信制订详尽计划的可能性。为了完成这项工作，经济学家们建立了大量的计量经济学模型。通过联立方程组，把万事万物互相联系地交织在了一起。考利斯委员会经济学家们没有使用典型局部均衡分析法或是保持其他条件不变的分析方法，这些方法主要从阿尔弗雷德·马歇尔（Alfred Marshall）那里继承而来。

弗里德曼领导下的芝加哥大学经济系对局部均衡模型下的新古典价格理论有着坚定的信仰，对经济分析数理化和高级计量经济学工具的使用却持怀疑态度。因此，考利斯委员会成员同经济系成员之间的激烈争论就不可避免了。最早提出"货币主义"一词的卡尔·布伦纳（Karl Brunner），发现自己作为一名年轻经济学家经常陷入这种争论之中。后来他回忆道：

> 委员会定期举办数理方向的研讨会。同时，委员会以外的经济系又呈现出完全不同的世界。我经常与以艾伦·迪克特、弗兰克·赖特和米尔顿·弗里德曼为核心的团队会面。这个团队定期举办研讨会来讨论一系列问题。他们举办研讨会的目的与考利斯委员会完全不同。他们强调将经济相关性分析作为理解世界的方法，这种方法是我闻所未闻的。（布伦纳，1992，88）

因此，两组人员对科学经济分析有着完全不同的态度和观点——芝加哥人的马歇尔理论（Marshallian）对考利斯人的瓦尔拉斯理论（Walrasian）——却都在同一栋大楼里仅隔几步之遥。[19] 对考利斯委员会的经济学家们而言，"瓦尔拉斯新古典理论就是科学"。这引发了双方激烈的争论："以赖特及其学生为首的一方与考利斯委员会及其追随者组成的另一方，经常展开激烈的争论。争论主要有几个方面：研究方法，政治意识形态和人员聘任。这场争论持续了近十年，直到1953年考利斯委员会离开芝加哥去了耶鲁才告一段落。尽管它的影响强度逐渐减少，但这场斗争产生的影响直到现在仍在继续。"（雷德，1982，10）[20]

毫无疑问，这两大阵营中的一些经济学家关系比较紧张。这种敌对情绪的代表就是库普曼斯和弗里德曼。就像马丁·贝克曼（Martin Beckman，1991，264）所写的那样："佳林·库普曼斯与一位芝加哥大学经济系冉冉升起的新星并在后来同样赢得诺贝尔经济学奖的学者关系紧张。"他们不仅在经济分析和政治意识形态的多个方面意见相左，而且彼此性格迥异。弗里德曼总是试图开展一些学术辩论，而库普曼斯却不能忍受芝加哥环境下极为平常的学术辩论氛围——在他看来，一旦打定主意，就不必再进行过多而无谓的讨论。

但是，弗里德曼否认他与库普曼斯——或是其他考利斯委员会成员间的个人敌对情绪。[21] 不过，在他的回忆录里，弗里德曼写道：作为一个考利斯学术研讨会的定期参与者，"我总给人一种格格不入的感觉，直到现在我还是这样，坚定地反对经济数据分析这一所谓的考利斯方法"（弗里德曼和弗里德曼，1998，197）。

弗里德曼还在回忆录里讲述了自己、马尔沙克和库普曼斯之间更为私人的关系："马尔沙克和库普曼斯性格天差地别。马尔沙克是一个热情、外向的人。与之相反，库普曼斯则比较冷酷，甚至有些独裁。马尔沙克求知欲旺盛，对经济学的许多领域有着广泛兴趣，贡献良多……［库普曼斯］却非常狭隘地局限在理论研究上……不同于马尔沙克，他并不善于与人合作共事。"（弗里德曼，1998，198）

1955 年，考利斯委员会搬到了耶鲁大学，却没能重现在芝加哥的十年里那样的活力与创造力。这说明，研究方向不同的学者在一个偶尔敌对但并不总是针锋相对的环境里会发展得更好。不可否认，考利斯委员会的一些成员在落户芝加哥大学期间完成了不少力作。就像马丁·贝克曼对库普曼斯的评述："他说在芝加哥大学经济系时曾经觉得自己像个局外人。进入 50 年代，他在芝加哥的生活更加不如意。在他的周详安排下，考利斯委员会于 1955 年离开芝加哥，去了耶鲁。但是结果，正是他在芝加哥开展的研究工作帮助他在 1975 年赢得了诺贝尔奖。"（贝克曼，1991，253）

斗　牛

芝加哥传统的前四大特征——近乎狂热的工作态度，经济学是真科学的坚定信念，对学术成就的极端强调，以及凡事不断质疑的精神准备——促成了芝加哥各学科间的研究与探讨。斯蒂格勒的产业组织研究为经济系、商学院和法学院的学者提供了交流合作的平台。同样，贝克尔的社会学研究为经济学家和社会学家提供了合作机会。经济史研究又把经济学家和历史学家拉在了一起。强调各学科间的互相合作与融合，是芝加哥大学经济学一以贯之的历史传统。[22]

加里·贝克尔（1991，146）对此给出了这样的评价：

> 芝加哥的研究平台体系是开展经济研究和指导学生开展研究的重大创新。这种做法被许多其他经济系效仿——大都源自芝加哥毕业学生的鼓励，当然还有商学院和法学院。在其他学校效法构建的研究平台也大多取得了成功，但都没能达到芝加哥的高度。这归功于芝加哥学者们对研究平台体系作出的贡献，以及他们在例会前对文献资料的广泛阅读。

尽管贝克尔作出了这样的评价，但实际上，芝加哥式的研究平台更多的应归功于 19 世纪的德国大学。正是他们形成了一整套完备的教育体系，[23]哈珀对德国大学的教育体系了如指掌。

刺激芝加哥研究平台体系取得成功的另一大因素，是考利斯委员会研究团体的生机与活力。在西奥多·舒尔茨和 H. 格雷格·刘易斯的带领下，研究平台体系在 20 世纪 50 年代绽放出了绚烂的花朵。[24]

芝加哥大学的研究平台体系有三大特征。首先，每一个与会听众都要仔细阅读相关文献资料；其次，只有资深学者才能参加例会；再次，这个体系可以打上学术嗜杀的烙印。从实行研究平台体系开始，这最后一大特征就显现出端倪。

劳夫林在 1912 年写道："当研究人员从不断争吵中得到一些研究成果后，无论对他或是他的学生而言，最好的办法就是将这些成果摆在整个团队面前，接受来自四面八方的考验。"（175）我们经常会听到在芝加哥或是其他大学校园里，学者们在例会上如何被猛烈抨击之类略显可怕的故事。有时这样的故事被叫做"斗牛"或是"枪手对决"。英国《经济学家》（Economist）周刊对研究平台体系给出了如下描述：

> 参与哈佛的一个研究平台，你得到的是学院的信息共享，教授礼貌地听取研究人员准备周详的演说。在芝加哥，你将看到的则是一些学者遭到猛烈的抨击。（多恩布什，1996，82）

乔治·诺伊曼（George Neumann）在芝加哥大学担任了 10 年（1974—1984）的教职，婉拒正教授一职后便退休了。他指出了芝加哥研究平台体系独一无二的特征：

> 这是一场大屠杀。人们的情感会受到伤害。不过，当他们在那里讨论论文时，却能够得到金钱无法买到的专家意见和建议……这个研究平台体系让学者完全专注于应对复杂问题。你完全可以跳过问题的非重要部分……芝加哥研究平台打造出了大量重要的学术成果……芝加哥不仅是坚信体系必将成功的典范，更重要的是，它实践了这一体系。[25]

弗里德曼强烈反对将芝加哥研究平台体系同大屠杀相提并论。其实这完全取决于个人对讨论过程中的攻击性是如何定义的。我想要讲述一个例证，那是 1996 年 11 月 1 日我采访弗里德曼时发生的。"作为一个已经 84 岁的老人"，弗里德曼说，"我不得不好好使用人生最后那有限的时间"。"不过弗里德曼先生，"我回答道，"在我看来，你的身体依然非常健康，你还有很长的路可以走"。弗里德曼凝视着我的眼睛说道："你不是医生，你不能对我的健康或是还有几年的生命作出合理的判断，让我们言归正传吧。"这番话是那样尖锐，仿佛刺穿了我的脊背。可在弗里德曼看来，他只是语意鲜明地表达了自己的观点，既无攻击性也不苛刻。这与加里·贝克尔对弗里德曼及其主导下的研究平台的评价完全一致：

> 尽管他的评论并不残忍，但是我相信若在大家都明白这项研究没有

价值或是存在严重问题后，他能顾及大家的面子，那就再好不过了。可是弗里德曼对追求真理有着传教士般的高度热情。（贝克尔，1991，145）

绝佳的独立性

芝加哥传统的第五个特征似乎有些随意：芝加哥大学地理位置上的独立性。这种独立必须以二维的方式来审视：城市这一层面以及大学这一层面。对位于东、西海岸学术中心的学者们来说，美国中西部地区是无可争议的经济中心，但是芝加哥却不在其中——似乎是个"特例"。城市社会学家简·L. 阿布—卢格霍德（Jane L. Abu-Lughod）将纽约、芝加哥和洛杉矶看成是美国平起平坐的三座国际化大都市，但是牛仔精神——"以己之力对抗全世界"——依然在芝加哥极具生命力。[26]这种独立感觉和冒险精神使芝加哥人并不太依赖主流观点，而且易于接受学术革命和思维创新。

芝加哥大学独立性的第二个层面即是大学海德公园校区的相对独立。密歇根湖坐落于校园的东侧，附近地区犯罪猖獗。校区距芝加哥市区有约 20 分钟的车程，而且芝加哥著名的"El"火车并不直接停靠校园。所有这些因素使得海德公园校区就像一块被孤立的领土。整个芝加哥大学面积狭小，当然这有助于彼此加强沟通。

与其他著名大学不同，芝加哥大学的许多学者实际上就住在校园里。[27]埃利·夏皮罗（Eli Shapiro）曾在芝加哥、麻省理工以及哈佛都待过一段时间，他将这三所学校做了比较："在芝加哥大学时，学者们像是居住在同一个社区，而在麻省理工和哈佛却并非如此。"[28]这种物理和地理上的特征直至兹维·格里克斯去世前依然浮现在他的脑海中，当他 1969 年从芝加哥大学转入哈佛大学时评价道："尽管我一直对芝加哥念念不忘，但我并不后悔来到了哈佛。因为芝加哥感觉上只有经济系，而哈佛不是。"　［克鲁格（Krueger）、泰勒（Taylor），2000，179］[29]

甚至在这个越来越电子化的新时代里，由于地缘优势，整个芝加哥依然充满着强烈的讨论争辩气氛。迪尔德丽·麦肯斯基回忆她的亲身经历说：

"经济系、商学院和法学院的学者经常和其他专业的学者聚集在一起聊天。在海德公园校区，除了四边形俱乐部外，实在没什么地方可去的。到处都充斥着学术讨论：不止是在会议室、办公室和走廊，甚至是在大街上、在自己家里，无处不在。讨论从不停止，因为除此以外，真的没什么事可做了。"[30] 哈钦斯十年前曾给予十分相似的评论："难道你不知道芝加哥大学的伟大正是源自芝加哥是一个无聊至极的城市，以至于教授们除了工作再无事可做?"(希尔斯，1991b，193)

毫无疑问，二维独立性在芝加哥大学一些"学院"的发展中发挥了举足轻重的作用。"在社会科学中'学院'一词"，社会学家马丁·布尔默(Martin Bulmer)写道，"被认为与艺术史中使用的词汇有着相同的起源，即指一个团体的成员分享某种风格、技术或是表达方式，并在不同时空背景下相互影响。"(布尔默，1984，2)但是，在弗里德曼看来，芝加哥大学发展学院的思想不应该被看成"一种仪式……[或是]外力的推动，而仅是为了发展新的研究分析方向与事物探索方法所作的尝试而已"[31]。芝加哥大学的思想顺其自然，与"思想狭隘、近亲繁殖以及一脉相承"等都毫无关系（弗里德曼，1974，5）。

芝加哥大学的学院发展历史悠久。其中包括了一些社会科学：20世纪初期在约翰·杜威（John Dewey）领导下的实用主义哲学；由威廉·托马斯（Whilliam Thomas）、罗伯特·帕克（Robert Park）和欧内斯特·伯吉斯（Ernest Burgess）领导，活跃在20世纪20—50年代的城市社会学；从20世纪初一直延续到40年代，由查尔斯·E. 莫瑞恩（Charles E. Merriam）倡导的政治科学方法；在查尔斯·H. 阿诺德（Charles H. Arnold）的努力下建立的神学院，以及由罗纳德·克莱恩（Ronald Crane）在20世纪50年代倡导的英语系教育学方法。

芝加哥大学最著名的学院——或者是最可恨的，这完全取决于出自何人之口——按理来说应该是经济学院。弗里德曼写道："作为芝加哥学派的一员，我总是感到烦恼与快乐交织……谩骂、喝彩与误解并存。"（弗里德曼，1974，2）

注　释:

〔1〕参见施蒂格勒 1960 年的论文《重大事件和政策对经济理论的影响》(The Influ-ence of Events and Dolicies on Economic Theory),来源于斯蒂格勒 (1965)。

〔2〕参见,例如 D. L. 库普 (Kirp) 的《莎士比亚/爱因斯坦以及底线:高等教育市场》(Shakespeare, Einstein, and the Bottom Line: The Marketing of Higher Education) (哈佛大学出版社,2003),尤其是第二章。

〔3〕约瑟夫・多夫曼在其具有里程碑意义的著作《美国文明中的经济观》中仅仅提到一个来自古老的芝加哥大学的经济学家:凡・布伦・丹斯洛 (Van Buren Denslow),被认为是一个"杰出的保护主义论者……"(1959)。

〔4〕在 1952 年进入美国芝加哥大学的劳伦斯・伯顿校长,坚持一个基本的竞争因素理论:"必须说明的是:坚持竞争必须反对那些极端竞争主义。"

〔5〕1907 年哈珀继承了 Harry P. Judsen 的芝加哥校长之位。在哈珀之后,关于教育的"勇于创新"被提到议事日程。贾德森被认为是"保护和破坏性创建者"最适合的人。贾德森曾向外透露说他很擅长促进大学经济学的学科建设。

〔6〕举个例子,把芝加哥大学描述成"石油信任大学"(Oil Trust University) 和"标准化石油大学"(Standard oil University) 是一种极其流行的说法。参见凯茨 (1963)。

〔7〕调查表明:芝加哥大学经济系毕业的经济学家,身上有着科学严谨的经济学气息。参见克莱顿 1988 年的调查结果。

〔8〕关于战前阶段的分析,参见贝特曼 (Bateman, 1988) 和弗兰 (Fumer, 1975)。

〔9〕在 1996 年 11 月 1 日与记者的见面会中被米尔顿・弗里德曼证实。在这一点上,参见弗里德曼 (1953),特别是他的论文《积极经济学的方法论》。关于社会科学经验证实的重要性,在芝加哥大学有一段很长时间的传流。

〔10〕参见作者 1996 年 11 月 1 日对米尔顿・弗里德曼的采访。

〔11〕克拉克大学的校长 G. 斯坦利・霍尔谴责道:哈珀的行为就像鹰抢劫了鱼鹰而做了它的牺牲品。(多夫曼,1934)

〔12〕更多关于这个主题,参见麦克阿隆 (MacAloon, 1992),特别是第一章。

〔13〕当埃德・莱维 (Ed Levi) 还是法学院的院长时,他打算授给英国女王一个荣誉学位,但这一想法被多数人拒绝。参见 W. 摩轮 (W. Mullen)《智慧的遇见》(A Meeting of Minds),《芝加哥论坛》1985 年 9 月 29 日。

〔14〕当被问及受任命担任经济顾问委员会主席后首先可以做什么的问题时,芝加

哥大学的罗伯特·卢卡斯说：我将辞职。参见克莱顿（1991）。

〔15〕罗宾·霍格思，1996年2月17日接受记者的采访。他每周开车到几百米远的校园给两位学生上研讨班课程。在随后的几十年时间里，钱德勒（Chandrasekhar）和他的学生们都获得了诺贝尔物理学奖。参见瓦利（Wali，1991）。

〔16〕尽管在20世纪30年代的芝加哥学派里，有很多共产主义支持者，但在经济领域里那些关于集体主义的经济政策仍会被考虑。参见杰德森（Gideonse，1935）。

〔17〕关于芝加哥大学的考利斯委员会的详细介绍，参见希尔德雷思（Hildreth，1986）。

〔18〕关于马尔沙克的个人简历，参见阿罗（1979）。

〔19〕以法国经济学家莱昂·瓦尔拉斯（Leon Walras）命名，因为他率先提出了一般均衡分析的基本框架。

〔20〕考利斯委员会1955年转移到耶鲁大学，而不是1953年。

〔21〕1996年11月1日，米尔顿·弗里德曼接受作者采访。

〔22〕1928年，马科斯·马森（Max Mason）宣布："时间正集中地造成越来越大的差距，这些差距已经在特殊的领域被先进的知识建立了。毕竟，这是至关重要的问题，不是一个部门或单个科学工作者的名声问题，而是涉及我们对于法律和个人行为的理解。"参见墨菲和贝克尔（1976）。

〔23〕更多关于这个方面的内容，参见斯塔克（1999）。

〔24〕参见内夫（1999）和艾莫特（Emmett，1998）。

〔25〕参见1993年10月17日，《芝加哥论坛》引用诺依曼的话。

〔26〕参见阿布—卢格霍德（1999）惊人的分析。沿着相似的思路，芝加哥作家斯图尔特·德博克（Stuart Dybek，1993）以文学的形式描述了具体的、显著的芝加哥传统。像德博克一样的芝加哥作家还包括：西奥多·德莱塞（Theodore Dreiser）、斯塔兹·特克尔（Studz Terkel）、迈克·偌克（Mike Royko）以及索尔·毕劳（Saul Bellow）等。

〔27〕正如许多经济学家所提到的那样，乔治·斯蒂格勒对于这个规律的认识，是一个主要例外。

〔28〕2001年4月28日，埃利·夏皮罗接受作者采访。

〔29〕在1999年2月8日作者的采访中，Z格里切斯确认了这一点。

〔30〕2001年4月22日，迪尔德丽·麦肯斯基接受作者采访。

〔31〕在芝加哥大学所提供的一份并不详细的名单中也有弗里德曼（1974）。

第二章
芝加哥先锋：开国元勋

约翰·D. 洛克菲勒和威廉·瑞尼·哈珀共同创建了一所史无前例的大学，并在美国开展了一场高等教育的革命。他们给经济学教学带来了实实在在的改变，芝加哥大学成为北美第一所专门设立政治经济系的大学。就像巴伯（1988，241）所写的那样："芝加哥大学成立伊始，政治经济系就同其历史牢不可分，同时也与约翰·霍普金斯大学的政治科学、哥伦比亚大学的政治科学以及耶鲁大学的'社会科学'密不可分。"本章旨在关注那些哈珀为建立新型学科而网罗的重要人物，诸如詹姆斯·劳夫林和索尔斯坦·凡勃伦。当然，还有不得不提的约翰·莫里斯·克拉克、弗兰克·赖特和艾伦·迪克特等。他们都为芝加哥传统在经济学领域的实现发挥了关键作用。

第二号人物

哈珀找到了理查德·T. 伊利，当时他是约翰·霍普金斯大学里一位郁郁不得志的副教授，一心想成为芝加哥大学政治经济系的首任主任。伊利是1885年"美国经济学会成立时的少壮派"代表之一（科茨，1985，1699）。由于深受德国历史学派思维和方法的影响，伊利和其他美国经济学会的创建者并不认同李嘉图的经济学思想，也不接受用自由主义来指导经济政策，并对大企业所扮演的角色持批判态度。伊利向哈珀描绘了芝加哥政治经济系的构想蓝图，但是由于他过高的薪金要求，双方谈判最终破裂（巴伯，1988，247）。

正当哈珀与伊利的关系渐渐僵化时，他在机缘巧合下结识了詹姆斯·劳夫林。劳夫林强烈反对伊利的经济学观点，他是一位正统古典经济学的忠诚捍卫者。[1]1891年12月，在纽约进行的一场就货币问题展开的讨论中，劳夫林给哈珀留下了深刻的印象，于是哈珀认定劳夫林就是他正确的选择。劳夫林与哈珀花了整整一晚在纽约街头漫步，终于在凌晨5点，劳夫林答应着手在芝加哥大学建立政治经济系，传奇也由此开始。作为芝加哥大学首席教授，劳夫林主持创办了《政治经济学学刊》（Journal of Political Economy）。随后，它便成为了该学术领域最受推崇和最有影响力的期刊。

劳夫林1850年出生在俄亥俄州德尔菲尔德（Deerfield）的一个小镇上，他的家族是一个由爱尔兰人和苏格兰人组成的基督教教会家庭。他的父亲是一名成功的律师。劳夫林一直在当地学校就读，直到1869年年初，他踏上了通往哈佛之路。1876年，他在那里获得了历史学博士学位。两年后，哈佛大学系主任查尔斯·邓巴（Charles Dunbar）聘用劳夫林担任政治经济系讲师一职。

由于对哈佛的课程体系和他自己的教学日程心有怨言，1888年，劳夫林因精神过度紧张不堪重负而离开了哈佛（W. C. 米契尔，1941）。1890年，远离学术圈两年后的他以政治经济学和金融学教授的身份加入了康奈尔大学。

尽管劳夫林在职业生涯中承担着繁重的教学任务和大量的组织管理工作，他依然成功地发表了许多论文。[2]货币问题在他的研究工作中占据着重要地位，但是像题为"盎格鲁—萨克逊法律中的司法诉论"这样的博士论文和《产业美国》（Industrid America），却给劳夫林带来了更为广泛的兴趣和学识。

劳夫林可以视为现代失业局内人—局外人理论的先驱（1906b）。他指出，如果工会的工资要求超出生产力增加所允许的范围，那么社会上的非工会成员将为此以长时间失业的方式付出代价。劳夫林的货币经济学理论与芝加哥观点（货币数量论）并不一致。[3]同时，他也坚定地支持联邦储备体系并在他的创建过程中发挥着辅助作用（劳夫林，1914a、1914b）。[4]

就像哈珀一样，劳夫林也拥有"巨大的工作能量"（内夫，1967，779），坚持芝加哥传统中最基础的忘我工作理念。1888年，劳夫林加入了费城火险服务公司（Manufacturers Mutual Fire Insurance Company）——开始是秘书，随后很快便成为总裁。"他非常乐于告诉朋友们。"内夫证实（1967，780），"在他的一生中，从没有像那两年那样清闲。他相信学术比其他职业需要花费更多的时间和思考，因此他以一种没有别的教师能够做到的方式认真地培养自己成为学者，当然那些教师也没有必要为从事这一职业而感到抱歉"。然而，劳夫林也没有低估实际企业经验的重要性，就像他所说的那样，"最优秀的经济学家"必须拥有"一方面，专注、持久的逻辑推理能力；但是另一方面，也必须拥有彻底的实践精神，而非出于好感或仅是一时荒唐。对于前者，他主要受益于学术培训；而后者，则主要得益于他的日趋成熟以及对企业直观把握或是来自实践的知识"［Bornemann（博恩曼），1940，17］。因此，韦斯利·米契尔（1941，877）——这位劳夫林的开门弟子兼最优秀学生，写下劳夫林"真诚地推崇商业生活"并积极地为芝加哥大学商学院的建立而忙碌奔波这样的语句就不足为奇了。

内夫（1967，780）强调了劳夫林的四大特征，用以帮助解释他与芝加哥大学新建学院的成功："对学生有着真挚的情感，对学术充满热情，知人善任甚至对那些意见相左者也是如此，此外还有远超出其专业知识的丰富文化水平。"

优秀却不包容

科兹（Caots，1963，491）概括劳夫林是"一位固执的思想家，强硬而且有时有些不公的善辩者，极端保守派"[5]。举例来说，劳夫林很乐意将古典经济学的价值和分配理论同基督教教义等同起来，比如他的论文《生产力规律及其根本的基督教和谐价值信仰》（1909，134）。"事实上，"劳夫林认为，"我们发现……在我们为满足物质需要的过程中，经济学根本原则的实现形式即是基督教教义的体现。"（1909，125）科兹（1963，491）还指出，劳夫林是"一位不折不扣的个人主义者，他完全尊重同事的自由自主，反感哈珀对学院自由的侵犯，就像他同样反感政府对个人自由的侵犯"[6]。

劳夫林的经济学基础就是亚当·斯密、大卫·李嘉图以及约翰·斯图亚特·米勒等人的古典经济学观点。因此，哈珀选择劳夫林而非伊利使他从一个极端走向了另一个极端。事实上，劳夫林非常蔑视伊利热衷的用人为干涉来解决社会和经济问题（巴伯，1988，248），他还颇为戏谑地称其为"伊利主义"[多夫曼（Dorfman），1959，3：272]。劳夫林对像伊利一样的经济学家充满敌视，这在很大程度上解释了为什么他在美国经济学会成立 19 年后的 1904 年才加入该组织。[7] 因为在此之前，美国经济学会的主导思想更偏向于伊利所倡导的。

韦斯利·米契尔（1941）明确指出，劳夫林在经济思想上缺乏创新。[8] 更为严重的是，劳夫林的经济学思想似乎笼罩在精神分裂症中。一方面，他继续强调无论已存在的理论是否能解释客观事实，实证检验都是必不可少的，另一方面，无论事实如何，他都独断地反对就那些违背古典理论的推论进行质疑。[9] 正如哈罗德·G. 莫顿（Harold G. Moulton）所说，劳夫林"作为作家和教师最大的缺陷在于，他在争论过程中对针锋相对的那一方有失公允。他从不设法从其他同事的观点那里寻找共鸣……他通常只是指出其最薄弱的环节，然后去攻击其逻辑性"（博恩曼，1940，19）。1945 年，韦斯利·米契尔总结道：

> 虽然劳夫林存在着缺陷，但他是最优秀的教师。他的成功取决于他对经济学原理的忠诚信仰，说服学生接受其观点的热情，对我们个人利益的真诚关注，以及最重要的一点——让我们无法接受的努力与勤奋。（米契尔，1953，85）

尽管在劳夫林看来，任何偏离古典经济学教义的思想都是异教，但是他创办的新学院依然能吸引各方学者，这主要在于其学术上的优秀而非包容。劳夫林把当时最出色的经济学家集结起来，而不管他们的政治或理论信仰的不同。劳夫林政策的这一特点对于正确理解"柏米斯事件"来说尤为重要。[10]

爱德华·柏米斯（Edward Bemis）是一位同伊利非常类似的经济学家，

他在哈珀的邀请下离开范德堡大学（Vanderbilt University），转而加入芝加哥大学。虽然劳夫林对此持反对意见，几次三番对柏米斯的学术竞争力提出质疑，哈珀依然聘用了柏米斯。柏米斯也立即投身到了几场热烈的政治与意识形态的大讨论之中。

1895 年夏天，柏米斯在哈珀的敦促下离开了芝加哥大学。柏米斯总说劳夫林出于意识形态的原因攻击他。事实上，柏米斯是伊利的支持者。

劳夫林任人唯贤的原则也体现在索尔斯坦·凡勃伦身上。在劳夫林的努力下，凡勃伦从康奈尔大学来到了芝加哥，而且很快就当上了《政治经济学学刊》的主编。[11]然而，劳夫林不仅从康奈尔大学带来了凡勃伦这位经济学家，1892 年，银行与金融方面的专家阿道夫·C. 米勒（Adolph C. Miller）也来到了芝加哥。10 年后，米勒离开芝加哥而转投加州大学伯克利分校。韦斯利·米契尔评价米勒"能把我所听过的学问用最详尽的方式娓娓道来……但当我们与他交谈时，思维却不像同劳夫林交谈时那样灵活。我们知道，他是非常出色的经济学家，但我们却从他身上学不到什么"（米契尔，1953，86）。凡勃伦的存在使大家遗忘了米勒对芝加哥大学经济学领域的影响。

火星来客

索尔斯坦·凡勃伦，一位经济学史上的另类思想家，他被认为是美国旧制度学派之父，在 20 世纪前 30 年中对美国经济学的发展发挥了举足轻重的作用。其他两位旧制度学派的代表人物是凡勃伦在芝加哥大学的学生兼同事——韦斯利·米契尔以及约翰·R. 康芒斯（John R. Commons）。[12]索尔斯坦·邦迪·凡勃伦 1857 年出生在一个挪威移民家庭，在威斯康星州和明尼苏达州长大。[13]他的父亲把他送到了位于明尼苏达诺斯菲尔德镇（Northfield）的卡尔顿学院（Carleton College），约翰·贝茨·克拉克这位美国边际生产力理论之父——边际生产力理论是新古典主义经济学的奠基石——就在那里任教。虽然凡勃伦总是无情地批判新古典主义经济学，但他还是成了克拉克最宠爱的学生。

凡勃伦曾在约翰·霍普金斯大学待过短暂的几个月时间。1884年，他终于成功获得了耶鲁大学的哲学博士学位。当时，耶鲁大学被认为是全国最保守的地方。在那里，凡勃伦通过社会进化论学者威廉·G. 萨姆纳（William G. Sumner）的著作，首次接触到了进化论。同时，他也被心理学家赫伯特·斯宾塞（Herbert Spencer）和哲学家伊曼努尔·康德（Immanuel Kant）的研究工作深深触动。这两人的影响力一直贯穿于凡勃伦的一生。但是，当他获得博士学位后，却没能如愿申请到教师工作："出于健康问题，他回到了家庭农场，在那里孤独失落地度过了七年的时光。那里是他职业生涯的坟墓。他利用这段无奈又苦涩的时光来重新思考。"（多夫曼，1959，3：437）

1891年，迫于家庭压力不得不结束休息的凡勃伦，以毕业生的身份加入了康奈尔大学。在康奈尔，凡勃伦很快就吸引了劳夫林的注意，一年后，劳夫林把他带到了芝加哥大学。

究其一生，凡勃伦在"学术上无家可归"（多夫曼，1959，3：437）。"他就像一个火星来客，以一种带着讽刺的意味观察着我们这个星球上略显荒谬的经济和社会秩序"（Landreth and Colander 1989，392－393）。韦斯利·米契尔则形容说，上凡勃伦的课就像在没有麻醉剂的情况下进行活体解剖。

凡勃伦的讽刺艺术转化成了对新古典主义经济学和商业团体直接而无情的攻击。[14] 就像约翰·M. 克拉克在凡勃伦的讣告中写的那样："可能他的那些批判性文章让大多数读者有些困惑……而且凡勃伦的风格就像是用讽刺纠缠起来的电线，很难分开。"（J. M. 克拉克，1929，743）凡勃伦对经济学经久不衰的贡献是他所著的《有闲阶级论》 （Theory of the Leisure Class，1899b），在书中他提出了炫耀性消费的概念。[15] 但是，凡勃伦自己却把《职业本能》（The Instinct of Workmanship）一书视为其唯一重要的著作［蒂尔曼（Tilman），1992］。

凡勃伦从不把经济学看成一门独立学科。他希望建立一门能完全整合经济学、社会学、人类学和心理学的学科。[16] 詹姆士·洛布（James Loeb）是一位研究生理和心理因素交互作用人类行为的心理学家，约翰·杜威是一位关注达尔文进化论的哲学家和社会改革家。他们两位对凡勃伦在芝加哥大学时提出的整合学科构思影响深远。[17]

凡勃伦反对古典和新古典主义经济学原理[18]——事实上，有证据表明，正是凡勃伦造出了"新古典主义"这一说法。[19]他拒绝接受新古典主义经济学的原因在于，他反对社会科学中的抽象推理，他认为这些基本假设本身就是错的。[20]从这一角度来说，凡勃伦的观点与芝加哥学派利用价格理论作为主要分析工具的基本特征完全不符。新古典主义经济学原理的基本假设是主张在一个竞争市场环境下，个人和企业追求利益最大化，由此必然促进社会整体最优。这只"看不见的手"在亚当·斯密时代可能是正确的，但是凡勃伦认为，现在时代和环境都已发生改变。他认为父母的身份、可得性、职业以及懒惰、好奇心等都是人类的天性，它们在资本主义社会里被完全镇压了。1909年，凡勃伦完成了他对古典和新古典主义教义最有力的批评。在其中，他批评经济学是一门在"前提不变"的情况下狭隘地"为了微分而微分"的科学，与实际毫无关联（622，624）。凡勃伦指出，新古典主义经济学仅仅是分配理论而已，而对诸如生产和经济增长的解释毫无意义。

尽管在第二次世界大战的十年后，凡勃伦和旧制度学派的研究工作有了一定程度的复兴，但通常他们都被看成没有意义的历史遗迹。乔治·斯蒂格勒找到了旧制度学派为何得不到尊重的一个简单原因："除了敌视常规理论传统外，它一无是处。他们没有积极地研究日程安排，没有旨在解决问题或是准备采用的分析和解决问题的方法。"（凯奇，1983a，170）斯蒂格勒对凡勃伦和旧制度学派的否定是当时经济学家对他们持有异议的典型。约翰·莫里斯·克拉克（1929，742）在凡勃伦的讣告中提到，凡勃伦"要么被看做历史上最伟大的经济学家；要么干脆不被列在经济学家的范畴中；要么被看做伟大的创新先锋；要么干脆被视为缺乏建设性才能和智慧的批评家与讽刺家"。

不过，眼下最重要的就是，凡勃伦成了芝加哥学派的反面化身。值得注意的是，劳夫林是无可争议的强硬保守派和古典主义经济学的坚定捍卫者。洛克菲勒作为新建芝加哥大学的主要出资人是教科书中资本家的代表。但是劳夫林从康奈尔找来了一个人——大概洛克菲勒也没有明确反对——却旗帜鲜明地反对市场经济。在凡勃伦看来，市场经济并不能保护企业免受垄断的危害。因此，它对社会弊大于利。

凡勃伦之所以能在芝加哥从事教学工作，在于劳夫林对他作为学者的尊重。[博恩曼（Bomemann），1940，27]

14年后，凡勃伦由于其越来越怪异的生活方式而被要求离开芝加哥大学。大部分的抱怨来自凡勃伦的私生活。在他《有闲阶级论》1953年版本的介绍文章中，哥伦比亚大学的 C. 赖（怀）特·米尔斯（C. Wright Mills）写道："他的妻子不停地离开又回来。我们听说，女孩都喜欢凡勃伦，而他也从没有真正拒绝过。"（凡勃伦，1899b，ix）

凡勃伦被要求辞职不在于他的学术信仰，而在于组织和社会礼节已经悄悄地离他而去，而且他也没有了教学的欲望。哈珀是要求凡勃伦从芝加哥大学辞职的背后推动力，但是"劳夫林却对凡勃伦的离开深表遗憾"（博恩曼，1940，28）。凡勃伦能在芝加哥大学生存，"很大程度上是劳夫林从中调解的结果"（巴伯，1988，263）。

凡勃伦在斯坦福大学（Stanford University）、密苏里大学（University of Missouri）和纽约社会研究学院（New School for Social Research）度过了他以后的职业生涯。

得到认可

1907年，哈珀意外去世，哈里·普拉特·贾德森（Harry Pratt Judson）继任芝加哥大学校长一职。贾德森对劳夫林有着超乎寻常的信任，给了他在人事方面更大的自由（博恩曼，1940，33）。不久，劳夫林吸引了一些新人来到他的政治经济系，其中最值得注意的就是切斯特·赖特和莱昂·C. 马歇尔。[21]

劳夫林从俄亥俄卫斯理大学（Ohio Wesleyan University）找来了马歇尔。在那里，马歇尔充分展示出他是一位能干而且具有创新能力的图书馆馆长。虽然作为教师，马歇尔名声卓著，但是其最主要的长期影响力在于他是"一位杰出的管理者……不久劳夫林将学院的管理重担交托给了马歇尔。当劳夫林不在时……马歇尔承担着学院领导人的职责"（博恩曼，1940，33）。

当劳夫林 1916 年退休时，莱昂·马歇尔成为经济系主任，直到 1928 年他离开去了约翰·霍普金斯大学。保罗·道格拉斯（1972，36）在他的回忆录里提到马歇尔时，称赞他是"让人信任的领导者"。马歇尔对经济系的组织和制度发展贡献良多。埃梅特（1998，139）描述道："马歇尔在 20 世纪30 年代时就指明了经济学现代教学的方向……马歇尔在关于芝加哥研究生教育的真知灼见中概括了如何对社会科学教育进行根本转型：扩大能增加学生知识面的经济学知识教育，而对那些高端的经济学知识则相应减少。"

就科学成就来看，在马歇尔担任系主任期间最重要的学者无疑是约翰·莫里斯·克拉克。他是约翰·贝茨·克拉克的儿子，于 1915 年来到芝加哥大学。不用多说，父亲对约翰·M. 克拉克的研究工作产生了深远的影响。就像多夫曼所写（1959，5：440）的那样："在他的职业生涯中，约翰·M.克拉克表示他对父亲有所亏欠。甚至当他超越前人传统时，他依然坚持他的经济学灵感是在他父亲的研究中发现的。"

约翰·M. 克拉克出生于 1884 年，1905 年从艾姆赫斯特学院（Amherst College）毕业，并在 1910 年以一篇关于铁路经济的论文获得了哥伦比亚大学的博士学位。[22] 在科罗拉多和艾姆赫斯特学院短暂任教后，他于 1915 年来到了芝加哥大学，并在这里待了 10 年。由于他父亲的名声、他的东海岸背景以及他自身的良好声誉，约翰·M. 克拉克为芝加哥政治经济系赢得了声望和尊重。

劳夫林和他固执刻板的经济学观点使芝加哥大学政治经济系成了学术孤立地带。在严厉固执的劳夫林之后，绅士而温和的约翰·M. 克拉克正是芝加哥大学所需要的。约翰·M. 克拉克在 1926 年回到了哥伦比亚大学，并于1953 年从那里以教授的身份退休。[23] 他在 1963 年去世。

在芝加哥的岁月里，约翰·M. 克拉克既是他父亲的学生，又开创了他自己的时代。他强调正统思想、新古典主义和马歇尔传统的中肯性。但是，他的思想观点很大程度上受凡勃伦式的旧制度学派影响，并且在某种程度上对新古典主义经济学、市场经济和大企业发展持怀疑态度。

约翰·M. 克拉克（1919，281）强调，一个"完备的经济学理论"，一方面需要"价格理论"，同时也需要"社会经济学"。和凡勃伦一样，他认为"经济人一直是一个完全抽象的概念"（克拉克，1918，29）。多夫曼（1959，461）对此作了精心概括："他的贡献的最大价值在于将新古典主义和旧制度学派统一起来，作为一个完整的统一体。"弗里德曼在哥伦比亚大学时上过约翰·M. 克拉克的一堂课，他评价道："J. M. 克拉克在人际交往上非常害羞……虽然他在教学时有些结结巴巴……但是我认为他的课程仅次于哈罗德·霍特林（Harold Hotelling），是我在哥伦比亚上过的课程中最有价值的。它包含了与不同方法相结合的各种理论，与我在芝加哥所接触的完全不同，既有些严苛又不失中肯。"（弗里德曼，1998，45－46）

但是，约翰·M. 克拉克对经济学的第一项重要贡献却与新古典主义和旧制度学派的纷争毫无关联。与之相反，这是有关商业周期的理论，更为具体地说就是，有关加速度原理在其中的运用：消费和产出的改变将使投资支出的改变更为明显，而这一过程又将导致经济活动、收入和就业状况的上下起伏。[24]

旧制度学派思想的影响和对竞争日渐缺乏的忧虑，在约翰·M. 克拉克身处芝加哥岁月里出版的两部著作中一一呈现。在第一本著作《营运成本中的经济学研究》（*Studies in the Economics of Overhead Costs*，1923）中，他聚焦大型工业企业主要用来实施歧视性策略甚至是垄断策略的营运成本。[25]在第二本著作《企业的社会控制》（*Social Control of Business*，1926）中，他描述了自 19 世纪 70 年代以来，企业活动的社会控制在美国的增长速度令人吃惊，主要原因在于他在第一本书中提到的体系存在缺陷。因此，约翰·M. 克拉克总结（1926，251）得出结论：单纯的自由主义是不可能实现的，国家应该"慎重地转向社会自由主义计划体系"。

打了折扣的旧制度学派

在约翰·M. 克拉克离开芝加哥大学时，旧制度学派依然存在，只不过已经不再像凡勃伦时期那样激进。旧制度学派的后期发展主要由五位经济学家推动：韦斯利·米契尔、罗伯特·霍克西（Robert Hoxie）、切斯特·赖特、西蒙·E. 李兰德和约翰·内夫（后两位是稍晚一代的代表）。

韦斯利·米契尔出生在伊利诺斯州拉什维尔市（Rushville）。米契尔在劳夫林的指导下完成了博士论文，这使得米契尔在他的芝加哥岁月里一直专注于货币数量论的研究。[26] 1903 年，米契尔离开芝加哥大学，去了加州大学伯克利分校。在那里，他的后期工作转向了对商业周期进行纯实证研究。[27]他开始渐渐反对新古典主义经济学。正是基于此，多夫曼称米契尔是"凡勃伦最早的继承人"[28]（1959，3：455）。

罗伯特·霍克西在康奈尔大学完成了本科学业，在芝加哥大学师从劳夫林获得博士学位。霍克西一直在芝加哥大学任教，直到他在 1916 年自杀。霍克西与劳夫林的关系堪比劳夫林与凡勃伦的关系："霍克西和劳夫林就像东海岸和西海岸一样遥远，但是劳夫林的宽容让他找来了霍克西，还把他一直留在自己的系里。"（博恩曼，1940，29）

霍克西是一位最早"发现马歇尔经济学的静态均衡模型与现代工业劳动结构难以调和"的劳动经济学家，他关注工会的影响力。[29]在他去世后出版的著作《工会主义在美国》（Trade Unionism in the United States，1917）一书，40 年后被人评价为"美国经济学家对劳动组织理论所作为数不多的贡献之一"（多夫曼，1959，3：451）。虽然霍克西的研究有着制度经济学的特征，但是他并不仅仅是一位制度经济学家。从经济理论来看，霍克西关于需求、供给和市场价格的两篇论文（1906）为经济理论贡献了力量。

三位后凡勃伦时代的制度学派代表人物——赖特、李兰德和内夫，应当被看成研究经济制度的历史学家而非制度经济学家。切斯特·赖特毕业于哈佛大学，随后在康奈尔大学开始其教师生涯。劳夫林把他从康奈尔大学带到了芝加哥，而他从 1907 年至 1944 年都一直待在芝加哥。他的主要著作是对美国经济史的研究（赖特，1941）。公共财政方面的专家李兰德出生于 1897年，他在肯塔基大学（University of Kentucky）获得硕士学位，并在哈佛大学度过了其中一年的研究生时光。他在 1928 年来到芝加哥，并在 1939—1945 年期间担任了大学校长。1946 年，他去了西北大学（Northwestern University)。在 20 世纪 40 年代早期,李兰德担任芝加哥联邦储备银行的董事会主席一职。但是,无论是赖特还是李兰德,他们都不应列入对芝加哥大学经济学发展至关重要的学者当中。

内夫于 1899 年出生在芝加哥,他的父亲老约翰·内夫是芝加哥大学首位化学教授。内夫在哈佛大学接受本科教育,并在 1927 年从布鲁金斯研究所 (Brookings Institution) 的前身华盛顿罗伯特·布鲁金斯研究生学院 (Washington's Robert Brookings Graduate School) 获得了博士学位。1929 年,他又回到了芝加哥大学,接受历史系和经济系的双重聘用。

就像约翰·M. 克拉克一样,内夫介于价格论和制度学派之间。直到 1962 年去华盛顿之前,他都待在芝加哥。1988 年,他在华盛顿去世。[30]

内夫的第一部著作 (1932) 是有关英国煤炭产业增长的研究,一经出版便成为经典。但是随后,他的研究转而侧重于对人类未来的思考。内夫在芝加哥大学首创社会思想委员会 (Committee on Social Thought)。正是这个委员会吸引弗里德里希·哈耶克在 1950 年来到了芝加哥。就像赖特和李兰德一样,公平地说,内夫对芝加哥大学经济系后续发展的影响力十分有限。

与上帝过招

芝加哥经济学家对任何教义或是真理都抱持着批判态度—— 芝加哥传统的特征之一——归根结底在于弗兰克·H. 赖特。赖特出生在伊利诺斯州麦克林 (Mclean) 一个信仰正教的家庭,是家中长子:他的父母信仰普利茅斯弟兄会 (Plymouth Brethren) 这一"学术思想上颇为狭隘的教会"(希尔斯,1997,36)。

弗兰克·赖特在位于田纳西州的美国大学米利根学院 (American University, Milligan College) 和田纳西大学 (University of Tennessee) 接受基础教育。在那里,他学习了哲学、神学、社会学、历史学、文学、德语、法语和化学。随后,在康奈尔大学,他受到阿尔文·约翰逊 (Alvin Johnson) 和阿林·杨 (Allyn Young) 的影响,将自己的学习重心从哲学转到了经济学。[31] 1916 年,他凭借题为"商业利润理论"(A Theory of Business Profits) 的论文获得了博士学位。在康奈尔大学，他深受赫伯特·达文波特（Herbert Davenport）的影响。后来，当他在芝加哥开展教学工作时，将达文波特的《企业中的经济学》（Economics of Enterprise）一文列为必读材料之一。

在芝加哥大学工作两年后，1919年赖特成为爱荷华大学（University of Iowa）的副教授。九年后，他又回到了芝加哥，填补了约翰·M. 克拉克离开后经济学理论的空缺。赖特在芝加哥大学度过了他的余生。

赖特去世后不久，《芝加哥论坛报》登出如下文章："怀疑论是他出色的经济分析中最明显的特点，而这一特点也被延伸到了其他领域。"他的怀疑论的两个最大受害者就是医生和牧师。他认为医生和牧师都是大骗子。赖特认为，他们都是不懂装懂。赖特的学生唐·帕廷金回忆起赖特曾对药品有过如下言论："我曾经询问过一位研究药品的历史学家，在他看来，何时医生将救人多过杀人。[32]他回答说：'我认为那将发生在另一个时代。'"（帕廷金，1981，35）而对于宗教，赖特也有如下典型的反教言论："在基督教中，我们看到了对'历史的讽刺'：最初对人谦虚、温顺、忘我和自我牺牲的教育，转向了对企业高管不要贪图、滥用和炫耀权力与财富的教育。"（赖特，1956，277）

乔治·斯蒂格勒作为赖特最了解的学生，他在自己的回忆录里写道，赖特是"一个对学术和制度无情批判的人，这从他对权势和学术研究的质疑态度可见一斑。有时他没有办法阅读他那些重要的书籍，因为他在其中写满评语（甚至在行与行之间也是如此）"（斯蒂格勒，1988b，16）。[33]诺贝尔经济学奖得主詹姆斯·布坎南回忆他在芝加哥大学的学生生涯时，写道："对弗兰克·赖特来说，没有什么是神圣不可侵犯的，不管是宗教教义，还是维护社会秩序的法律与制度；不管是通行的道德标准，还是已经被普遍认同的或优秀或糟糕的文章。任何事物以及每件事物都是批评研究的潜在对象。"（布坎南，1991，244）布坎南相信，正是由于赖特接受的家庭宗教教育铸就了他的批判精神："只有早期与上帝这一假想中最至高无上的掌权者较量过，并且能在较量过程中毫无退让的弗兰克·赖特，才能轻松地与那些在科学、艺术、政治和历史中的代表人物过招。"（布坎南，1991，247、248）

赖特绝不盲目信仰任何"主义"——包括共产主义、社会主义和资本主义。1932年，他为全国学生联盟（National Student League）作了题为《有关共产主义：从一个前自由主义者的立场》（*The Case for Communism: From the Standpoint of an Ex-Liberal*，1932a）的报告。这份报告并不足以被共产主义政府看重，因为它是一位认为19世纪基于经济自由和政治民主的自由主义前途渺茫的学者发自内心的绝望。

大约20年后，赖特对共产主义的批判更为犀利。下文是他对马克思和恩格斯《共产党宣言》的评价："[它]号召全世界无产者联合起来，用暴力推翻现行社会秩序，因为'你们除了身上的枷锁外一无所有'。疯了，当然是完全疯了。但是，又有多少聪明的学者信以为真并积极加以传播呢。"同他对共产主义的批判相一致，赖特反对中央经济计划和任何发展公共政策的尝试，因为在他看来，政治决策过程——无论是民主政府，还是独裁政府的——根本上都是不合理的。"任何有关社会控制的讨论都是没有意义的。"赖特在他为哈佛经济学家萨姆纳·H. 史利特（Sumner H. Slichter）的《现代经济社会》（*Modern Economic Society*，1931）一书所作的评论中这样写道。

赖特对政客及其动机的怀疑根深蒂固。他曾经说过："掌权者不喜欢拥有和使用权力的概率，与软心肠的人在奴隶种植园里鞭打奴隶主的概率是一样的。"[34]不足为奇，赖特完全不相信政治改革家们：

> 当一个人或是一个团体要求权力来行善时，我总有一种冲动想说：噢，是的，谁不是用这个原因来索要更多的权力呢。而当他们拥有这些权力后，他们又做了什么？因此，我本能地删除了后几个字，只简单地留下"我要权力"；那就更容易让人相信了……我非常不愿意相信有了权力会真的行善。（赖特，1956，281）

事实上，赖特对人性有着无可救药的愤世嫉俗，但是，他不讥笑那些受苦民众，而是嘲讽那些理解——虽然他自己可能会否认，甚至表示同情——人类和社会局限性的人。

自由第一

赖特自认是一个崇尚真正个人自由的典型自由主义者。对赖特来说，自由本身就是其根本目标："积累财富、摆脱贫困是很重要，但是……对我来说，它们的重要性好像完全简化了。自由，就其本身而言，要重要的多。"（赖特，1956，269）赖特和古典主义经济学家之间有着本质的区别：功利主义使古典主义经济学家关注自由市场体系——结果是最大可能地累积消费者利益——但是赖特反对竞争体系，因为在他看来，在完全竞争条件下运行的市场是真正自由的化身。相较于消费者满意度，他对自由最大化更感兴趣。而且，赖特始终倡导经济自由对以其他各种形式存在的自由最为必要，包括宗教自由、政治自由和学术自由。

虽然赖特反对将自由竞争市场作为经济组织的最佳方式，但是他从未盲目反对资本主义和自由市场体系。事实上，赖特倾其一生同竞争经济的伦理基础开展斗争。伯恩斯坦（Bernstein，1996，219）评价道："赖特的讽刺风格和他对道德价值的关注，通常使他很难与自私自利和资本主义暴力妥协……但是他仍然支持资本主义，因为在他看来，其他替代形式更加难以接受。"赖特的学生艾伦·瓦利斯对此表示赞同："应该注意到，赖特自己从来没有接受过弗里德曼提出的观点，举例来说，《资本主义和自由》（Capitalism and Freedom）一书就被赖特认为太过简单，回避了许多敏感话题。另一方面，赖特就那些与弗里德曼的主张截然不同的社会政策进行分析，这些分析甚至更加全面。"[35]

1923 年，赖特发表了题为《竞争的伦理》（The Ethics of Competition）的论文。文中，他指出了竞争体系很难做到公平公正的三大原因：

第一，竞争体系的财富分配多少主要依赖于运气好坏和遗产继承多少，而不是努力程度大小："运气成分实在是太大了……而能力和努力则不值一提……运气成分不断累积，这就像一场赌博游戏。"（赖特，1956，56）

第二，竞争体系比赌博更甚，它还要可怜巴巴地用能被大众接受的公平标准来武装自己（比如，为每个人都设定相同的起点）。

第三，竞争体系并不被看做为满足需求而使用的可效仿工具，因为它的形成是为了满足其成员的要求，而忽视了影响生活质量的重要方面。"现代工业国家中，一切社会秩序都是用金钱来衡量的，但金钱其实是高尚的人生中微不足道的一部分，而这一部分又常常带来痛苦甚至是毫无意义的人生。每个人都不得不参与这场经济游戏，根据在这场游戏中的表现来评判他的成功。不管他在哪个领域或是他的兴趣如何，每个人还不得不为那些他真正感兴趣的其他竞争或是非竞争活动挤出一丝空间。"（赖特，1956，58）

赖特的观点还与芝加哥传统的另一大特征——重视学术成就完全一致。乔治·斯蒂格勒写道：

> 他对知识的献身就是例证，而且他的生活方式也更好地说明了这一点。他不为那些大、小人物提供顾问服务，不管是公开或是私下；他对课程教学从不敷衍了事；他不在知名媒体出风头……他的影响力主要来源于他在追求知识的过程中的无私奉献精神。弗兰克·赖特传达着对真理的理解，这种理解前无古人，而我也从未能企及。（斯蒂格勒，1988，17—18）

对于这点，赖特公开表示："对真理的追求……是伦理社会——也就是真正的社会——应有的理想模板。"（赖特，1956，34）"让我印象深刻的是"，希尔斯描述说，赖特"是一个如此诚实的人，以至于他要说服自己无视那些不确定性；是心怀远大希望的理想主义者，以至于没能符合他希望的东西都会让人感到失望"。

革命性的经济学家

要想给赖特打上一个特定的标签，比如经济学家，是一件非常困难的事。对赖特的描述有过许多尝试，比如：新古典主义经济学家，奥地利学派，以及制度经济学家。此外，还有下述两种说法。霍格森（Hodgson）认为："在赖特的思想中，既包含了新古典主义的特征，又充满了奥地利元素，它们两者都是重要的组成部分。但是同时，从理论角度上来说，他又是制度学派的代表。"（霍格森，2001，69）马尔科姆·卢瑟福德（Malcolm Rutherford）指出："赖特选择制度学派的观点来坚持其批判行为……同时又一直强调所有经济分析中的标准价格理论，无论是理论性质或是历史性质。"[36]

赖特最知名的经济学作品是依托于他的博士论文完成的《风险、不确定性与利润》（*Risk, Uncertainty and Profit*）。这篇论文被认为是"20世纪最重要的经济学专题论文"（霍格森，2001，68），"在整个学术领域，是在不确定情况下进行行为决策的首选之作"（伯恩斯坦，1996，219）。

赖特的分析旨在解释完全竞争机制下的政府如何产生利润。事实上，古典经济学理论总结认为，在那样的环境中，利润将最终消失。赖特将可保风险（火灾、偷窃等）和不可保风险区别开来。第一类风险不能提升利润水平，因为它是可保的。假定完全竞争存在，公司将在市场中面临接二连三的改变，而它不可能就这些改变进行保险。这些不确定性的处理方式能提升利润水平。根据他的分析，在完全竞争情况下，仅当经济达到抽象稳态即不确定性消失时，利润才会消失。

尽管赖特在《风险、不确定性与利润》一书中最基本的视角在于不确定性的概念，但是这并不是此书唯一的精华。[37]就像诺贝尔经济学奖得主吉拉德·德布鲁在芝加哥身处考利斯委员会中时所说，赖特的研究有着一般均衡概念中的所有基本元素。[38]在《风险、不确定性与利润》中，赖特设计出了第一个完全竞争的完整公式模型。

知名度较低的著作《经济组织》（*The Enonomic Organization*，1933）来源于赖特在爱荷华时的教学笔记。"价格体系"在赖特对"经济活动的社会组织"描述中扮演着重要的角色（4）："对价格体系基本准则的基本理解及其在衡量公共政策的探索性应用中，存在着民主制度下对经济繁荣的渴望，对工业效率的渴望以及对经济生活中负担分配和社会合作利益逐渐公正的渴望。"（32）[39]

在《经济组织》中，赖特首次提及在现今经济学教科书中非常普遍的经济周期图。他对经济发展过程中时间因素一丝不苟的分析使他得出结论：传统方法中将产量归结为土地、劳动力和资本是会让人产生误解的。根据赖特的分析，"促进生产发展的最基本元素或是源泉，在于自然、人类以及时间或是等待"。从这些主张就能明确看出，赖特比贝克尔就时间分配开展的启蒙分析更早。

作为一名经济学家，赖特参与了一些革命性的学术斗争。最突出的三大议题即是：量本利理论、垄断竞争和福利经济学。

赖特强烈反对在 19 世纪最后十年中占主导地位的奥地利量本利理论。[40]欧根·鲍曼—巴维克（Eugen Böhm-Bawerk）和他的奥地利学派对古典主义架构中生产要素及其要素回报工资、租金、利息和利润的区分倾注了大量心血，并对这四种不同形式的回报提出了专门的理论表达。赖特和耶鲁大学的欧文·费雪一起，反对这种奥地利方法。在研究利息理论的两篇文章（1936a，1936b）中，赖特将资本生产率和利率的经济学解释联系起来，基本上把所有生产要素都以资本产品的形式定义出来。[41]"利息是以资本产品的一种产出形式（或是某部分产出形式）被支付或是被获取，而不是从某一独特要素中专门分享而得。"（赖特，1956，25）

值得注意的是，赖特关于利率的研究文章与凯恩斯理论的出现年代相仿。赖特对凯恩斯的反对，其中之一在于凯恩斯将利率同现行投资流联系在一起。

赖特的第二项革命在于其对垄断或完全竞争概念的关注。关于竞争体系的解析内容并没有被真正定义过，即便是阿尔弗雷德·马歇尔也没能完成。在大多数情况下，它被当做完全垄断的对立面来定义。1933 年，琼·罗宾逊（Joan Robinson）和爱德华·张伯伦分别出版了他们的经典著作，其中都提到这种定义太过简单。[42]在《垄断竞争理论》（The Theory of Monopolistic Competition）一书中，张伯伦指出，垄断竞争是自由企业制度下市场结构的主导形式。他把垄断竞争定义为在既已存在产品差异化的情况下，对本公司的产品而言，他就是准垄断者。

张伯伦的理论在学术界得到了广泛认同。但是不难逆料，赖特又成了反对者。后来张伯伦（1957，296）写道："芝加哥学派的反垄断竞争"最大的特点就是"对垄断竞争理论的攻击充满热情"。具有讽刺意味的是，赖特和张伯伦都受到了同一位经济学家的深远影响——阿林·杨，他曾在赖特就读过的康奈尔大学执教，也曾在张伯伦就读过的哈佛大学担任教师。

赖特参与的第三场学术斗争是有关于福利经济学的。1924年，他发表了题为《对社会成本解释中的谬误》（Fallacies in the Interpretation of Social Cost）这篇社会成本方面的经典之作。他的研究显然比罗纳德·科斯就同一问题而发表的著名论文还要早，而且他对《财富与福利》（Wealth and Welfare）和《福利经济学》（Enonomics of Welfare）这两部著作中的某些观点提出了批评。而这两部著作正是阿瑟·C. 庇古（Arthur C. Pigou）为福利经济学的发展作出的杰出贡献。来自英国剑桥大学的庇古是第一个明确区分私人和社会边际成本的经济学家。根据庇古的研究，如果私人边际成本和社会边际成本是一致的，那么竞争体系就充分发挥了资源配置有效性的作用；相反，如果两者不同，那么体系将会导致市场失效，政府就应该以税收和/或补贴的方式加以干预。在1913年，阿林·杨就已经指出了庇古推理过程中的缺陷。[43]

赖特将阿林·杨的努力继续深化，批评了庇古推理过程中所选用公路建设所存在的逻辑问题。赖特指出，假设公路是由私人出资和开发建造的，那么根据一般意义上的经济学操作，税收将不会产生（赖特，1997，213）。由于赖特的批评，庇古在他下一版本的著作中删除了公路这一例子。赖特的分析"捍卫了新古典主义的观点，即在竞争情况下，资源将实现有效配置……庇古和他关于市场失效的理论恰恰不是市场失效。相反，它是政府失效，政府没能就稀缺资源的提供建立财产权利保障，因而导致了混乱的局面"〔布赖特（Breit）和兰塞姆（Ransom），1998，197〕。

大约40年后，科斯开创了一个新的时代。在这个时代，清晰明确的特定财产权利和自由市场经济的有效性之间关系密切。科斯承认当他在完成有关社会成本的名作时已经对赖特的观点了如指掌，他甚至补充说："我想说，我的文章题目其实就来源于弗兰克·赖特。"（科斯，1983a，215）

永久的怀疑

　　赖特对其他学者的影响就像他的著作对经济思想的发展一样，产生了深远的影响。布拉格（Blaug，1985，116）指出，赖特"两次战争间在芝加哥大学的教学影响了一代学生，许多著名经济学家在他们年轻时都从赖特那充满质疑、杂乱无章以及有些散漫的课堂教学中受到了影响"。雷德（1982，6）总结赖特对芝加哥传统的贡献是他"作为圣人和他的神谕，而不是研究计划的创始人……就像大多数学者一样，赖特的学生吸收了他的观点，但是没有将这些观点作为自己研究的起点。赖特帮助他们形成了自己的思想，但没有影响他们的研究方向"。

　　赖特的经济学思想与他最亲密的学生，比如弗里德曼、斯蒂格勒、迪克特和瓦斯利等之间的巨大鸿沟在于，赖特对数量方法的轻视与公开化的敌对态度。赖特攻击凯尔文·迪克塔姆（Kelvin Dictum）时所说的（"当你没有办法时，就说明你知识贫乏或是还不能满足要求"）成了芝加哥的经典名句："[这个说法]在现实中意义也很大：如果你没有办法，那就尽量想办法吧！"赖特还不屑统计数据在经济学家中的迅速传播，说道："这并不意味着经济学将成为或者可以成为纯粹的统计学。"

　　赖特对数理经济学的评价同样无情。在 1923 年，他写道："数理经济学家首先是数学家，随后才是经济学家，他们处理那些被过度简化的数据，低估了已知数据的前提假设和实际生活之间的分歧。因此，他们没有办法以通俗易懂的方式进行理论阐述，也没有办法让实用经济学家将理论运用到实际问题中去。"但是，他在 28 年后又写出了如下文章：

　　　　只有通过数学方法的应用，才能将决定价格、成本、产出和需求以及生产机构工资或租金的各种相互依赖的、多样化的复杂因素形成一个易于理解的单一体系……这个详细、抽象体系的根本价值在于告诉研究者现实情况下，如果一个经济变量发生改变，将对许多数据产生直接或间接影响，因此就能让他摆脱经济成因和经济效果概念的过于简单

化。（赖特，1956，27）

赖特对真正的经济学正在向数量、实证和数理科学方向发展的趋势有所保留，或者至少是怀疑，主要来源于他对经济学认识上根深蒂固的模棱两可。《经济组织》一书的开场白就是这种模棱两可的例证："在研究一门学科时，以提醒它的重要性作为开场白似乎并不常见。但是在经济学中，这样的劝说对于解释和强调它的重要性来说却是必需的。"（赖特，1933，1）

1941年，他写下了"社会科学与自然科学意义相同是十足的谬论"，但是十年后他却指出："有一种叫经济学的科学，是真正的甚至是精确的科学，它研究的基本规律和数学或是机械学科一样广泛。"（赖特，1956，135）另一篇评论文章也印证了这种说法："对现实经济的数字信息积累，加之统计技术的发展，已经对经济学的特征和内容带来了不可忽视的改变。不需要摒弃已有的原理，它扩大了与现实生活关系的稳定性或是多样性。"（赖特，1956，26）

正是由于赖特对数量经济学的态度，造成了他与芝加哥大学倡导数量方法与实证检验的同事们关系紧张，其中包括亨利·舒尔茨和保罗·道格拉斯。有段时间，赖特和道格拉斯的摩擦非常严重，以至于他们彼此互不说话，仅用书信的方式维持沟通。斯蒂格勒在他的回忆录里就大量引用了这些信件，在其中一封信中，道格拉斯告诉赖特："从你的私人对话以及公开发表的演说和对他人的言论都可以清楚地看出，你把我看做一个吹牛者和一个煽动者。"（斯蒂格勒，1988b，184）

如同"苏格拉底"

雷德在《芝加哥经济学》（Chicago Economics）的回顾中写道："在准备这篇论文时，我被芝加哥经济学家和法律学者［如爱德华·李维特和罗伯特·伯克（Robert Bork）］对艾伦·迪克特的感激之情深深触动了。尽管斯蒂格勒一再强调施加'影响'的难度，但似乎迪克特对从20世纪30年代直到现在的芝加哥经济学家代表人物都产生了深远的影响。"

虽然迪克特的名气比不上赖特或是凡勃伦，但他依然是缔造芝加哥传统和芝加哥学派的重要人物。同期的芝加哥经济学家，不管他们隶属于商学院、法学院或是经济系，都知道迪克特而且对他评价颇高，承认他对芝加哥大学经济学的发展起到了至关重要的作用。吉姆·霍克曼相信迪克特是"不折不扣的货币理论专家"[44]。萨姆·佩尔兹曼说，迪克特的格言就是："不要直接跳到结论。如果你发现事实与竞争模型不符，不要马上武断地认为'这是垄断'，你应该仔细分析，然后才得出结论。"[45]

虽然两人的风格和研究方法截然不同，但是迪克特被认为是继承赖特研究成果的学术催化剂。来自芝加哥大学法学院的伯纳德·迈尔泽（Bernard Meltzer，1966，5）指出："［迪克特］是一位极其优秀的教师，不仅对学生而言如此，对他们的教师而言也是如此……他领导了美国最为成功的成人教育项目之一。"来自加州大学洛杉矶分校（UCLA）的韦斯利·李伯勒（Wesley Lieberer）指出，迪克特在反托拉斯领域作出了杰出的贡献，但是"对我来说，他最重要的贡献并不是有形产物……他在学生中发展并巩固了一种思维模式，如果没有这种模式，他们所做的一切可能完全做不到，或者不能完成得如此出色"（科斯，1983）。迪克特学术催化剂的作用使他成为芝加哥传统的奠基人之一。"在芝加哥经济学家形成现今政策观点的过程中，迪克特和弗里德曼是其中最主要的学术推动力"斯蒂格勒如是说（1982b，170）。

迪克特于 1901 年出生在苏联时期的彻特雷斯克的乌克兰镇（Ukrainian town of Chterisk），但 12 岁时就跟随父母来到了美国。1924 年，他从耶鲁大学获得了学士学位。他的姐姐罗丝（Rose）在 1938 年时嫁给了米尔顿·弗里德曼，她在回忆录里写道："艾伦从耶鲁大学毕业后四处游荡，先是在美国，随后在欧洲……在他生命的那段时间里，他是一个社会学家。就像一句古话说的那样，'如果一个人在 30 岁前不是一个社会学家，那么他没有心灵；如果一个人在 30 岁以后还是一个社会学家，那么他没有大脑'。"（弗里德曼，1998）

在迪克特发现自我的岁月里，他曾在煤矿和纺织厂里工作过。他游历英国、法国和捷克斯洛伐克，以了解工人的劳动。他作为社会学家的同情心解释了当他回到美国后，为何担任了俄勒冈州劳工联盟（Oregon State Federation of Labor）的职工教育主任一职以及波特兰劳工学院（Portland Labor College）的院长一职。[46]

1927 年，迪克特以毕业生的身份加入了芝加哥大学。三年后，他成为芝加哥大学经济学讲师，同时成了保罗·道格拉斯的研究助理，和道格拉斯一起，他完成了著作《失业问题》（The Problem of Unemployment）。1937－1938 年，迪克特在伦敦政治经济学院（LSE）访问。赖特在那段时间里对每一个与道格拉斯关系密切的人都心存质疑，因此他请伦敦政治经济学院的莱昂内尔·罗宾斯（Lionel Robbins）对迪克特作出评价。罗宾斯提到了迪克特"各方面都非常出色——是一个彬彬有礼的人"，还表扬了"他的判断力、学识和分析能力"（科斯，1993b，244）。迪克特从伦敦回到华盛顿后，在多个政府部门任职。直到 1946 年，他回到了芝加哥，并在亨利·西蒙斯去世后接替了他的位置，成为芝加哥大学法学院的一名经济学家。

当 1932 年保罗·萨缪尔森来到芝加哥大学时，迪克特正在教授基础经济学课程。萨缪尔森告诉莱昂纳德·席尔克（Leonard Silk），他在上课时"就像小猫吃到了猫薄荷，就像我的大女儿在九个月大时将放在她舌头上的冰淇淋吃到嘴里一样。她变得疯狂——这是她从未试过的东西！我上经济学时就有这种感觉……〔迪克特〕非常冷静，在讥讽别人时还带点幽默。他是一个打破陈规的人。在那个经济大萧条的年代里，作为芝加哥学派的顶梁柱，他带来了使人心情愉悦的灵丹妙药"。席尔克将迪克特描述为"对政府和社会制度的尖酸批评家"（席尔克，1976，46）。

在 1985 年的一次教学过程中，斯蒂格勒用如下语言来描述迪克特："他有着强烈、独立的思维方式，他对问题的思考总是那么深入，对那些广泛接受和认同的观点进行深度剖析，分析其中的浅薄性与不一致性……我已经记不清有多少次了，迪克特总是礼貌地质疑我的观点，这使我要么改变了自己的观点，或者找出证据来加强分量。如果我们身处希腊的话，我肯定会叫他苏格拉底。"

迪克特着手处理的第一个问题就是失业、经济停滞以及应对这些问题的政策——作为一个在大萧条时期开始其职业生涯的人来说，这不足为奇。在政府政策方面，迪克特偏向于用直接货币创造来代替高额税收的公共金融政策。在大萧条时代，他发现了通过有计划的公众工作来提高劳动力需求的可能性（迪克特，1930）。

随着他的理论进一步深入，迪克特得出结论：那些诸如开放市场运营一类的传统货币扩张政策在经济萧条时期是不适用的。他的理由在于，经济萧条时期，商人普遍缺乏信心，因此就算银行愿意以低息方式提供贷款，他们的市场——商人——也不愿意抓住这个机会。

经济萧条使很多人困惑不已，当时有一种时髦的观点认为，技术进步导致了大量失业的产生，而迪克特却积极地为此辩护。20 世纪 20－30 年代早期的技术发展让国家的许多经济政策找到了借口，迪克特仔细分析了技术进步的动态性、经济发展、失业以及新兴部门中的工作机会创造：

> 显而易见，随着机械工业的发展，铁路业、采矿业、农业领域的就业率将会降低，但是这种降低一定会被演员、教师、理发师、保洁员、印染工、冲压工、厨师、司机、卡车驾驶员、建筑技工和洗衣店工人数量的上升抵消。这里仅提到了一些将会增加的职业——这些职业达不到工程师梦想的标准，却符合人类生存必须满足的"需要"。这种发展肯定还将继续。首先，用来生产食物的工人数量将会减少；其次，我们很快就能发现全国一些工业企业的产业工人数都会下降——但是大量服务性职业将填补空缺。（迪克特，1933，14）

法律经济学教父

至此为止，肯定有人会问：迪克特作为如此天才的经济学家为什么出版的著作那么少呢？据他的姐夫弗里德曼所说，赖特是最大的原因：

> 艾伦·迪克特，就像霍默·琼斯（Homer Jones）和乔治·斯蒂格勒一样，是赖特思想观点的门徒。虽然我也从赖特那里受到了许多影

响，但是我却不把自己看成门徒之一。我对经济学科学的一面更感兴趣，而不是哲学的一面。与赖特关系密切的艾伦、霍默，以及稍微有些疏远的乔治，都不太敢于写作，因为赖特需要的是绝对的完美。尽管弗兰克·赖特自己是个多产的作家，但是像艾伦·迪克特却很怕写作。赖特的专长就是出版作品。[47]

有时不得不由其他人来阐述迪克特的观点。"大约在十年以前，"斯蒂格勒在 1970 年时写道，"艾伦·迪克特提出了公共支出的规律：公共支出的主要受益人是中产阶级，但是其资金来源中有很大一部分是穷人和富豪上交的税款。"斯蒂格勒的其他文章旨在阐述和解释迪克特法则——"投资者拒绝做哪些事"。

事实上，迪克特身处有关全民福利与压力集团行为的冲突这一研究计划的发祥地。"告诉政府必须要做实事"，迪克特在 1951 时指出，"难道我们不是正在鼓励有组织的工人团体和雇主团体的增加吗？这将会使国家成为一个战场"。[48]这番言论证明了迪克特是公众选择理论和由乔治·斯蒂格勒、萨姆·佩尔兹曼、加里·贝克尔和理查德·波森纳提出的芝加哥管制理论的先驱。

1964 年，迪克特发表了一篇举世瞩目的论文，其中提到了实物的市场和思想的市场。他还写下了一种自相矛盾的情况：为什么市场中那些坚持自由十分重要的人与那些反对自由市场和政府干预实物市场的人是同一群呢？迪克特的解释阐述了他自己的理解："每个人都希望不断加大自己所从事职业的重要性，同时最小化邻居的职业。学者身处追求真理的过程中，其他人则身处维持生计的过程中……因此，在学者当中，肯定存在着对公民自由——包括言论自由——和经济自由相反的认识。"（1964，6，5）

科斯（1994，67）放弃了用华丽的辞藻来评论迪克特的文章："思想的市场是一个学者完成他们自己贸易的市场。对这种自相矛盾的解释是利己主义和自尊。自尊使学者要设法提高他们自己那个市场的重要性。其他人需要遵守规章制度似乎就显得非常自然，特别是因为学者本身在制定规章。但是利己主义与自尊相融合后，使得其他人在遵守规章的同时，规章制度对他们却并不适用。"

迪克特对垄断的研究是他对现代经济学最杰出的贡献。基于此，他成为法律经济学创始人之一。在 20 世纪早期，芝加哥大学的学者们对垄断是一种给社会健康和经济、社会发展带来极大威胁的普遍现象达成了共识。凡勃伦和赖特都经常写文章提及垄断，亨利·西蒙斯也对垄断积极关注。"1950年，"斯蒂格勒（1988b，99）说，"我相信垄断是美国公共政策的主要问题，应该大胆地削弱几家大公司和一些与他们相勾结的出版机构。"[49]

迪克特帮助人们改变了这种对垄断的看法——首先是在芝加哥大学，随后在更广泛的范围里。迪克特在芝加哥法学院同爱德华·李维特一同教授的反托拉斯法课程就是这种改变形成的地方。迪克特的主要创新之处就在于通过价格理论来研究垄断和反托拉斯法，而他的研究也刺激了其他人的相关研究，包括瓦德·鲍曼（Ward Bowman）、罗伯特·伯克、约翰·麦吉（John McGee）和李斯特·塞尔。[50]迪克特总结了通过研究发现的重要的效率问题，即不应夸大垄断力量，因为通常意义上假设垄断可能的做法——比如掠夺性价格，在现实生活中很少发生。

这些关于垄断及其政策的新视角，使芝加哥经济学家不久后成为反对美国反托拉斯法的生力军。斯蒂格勒（1988b，165）指出："对效率的关注和强有力竞争的恢复，已经大大削弱了反托拉斯政策的理论基础，在垂直整合的情况下，错误地确定了垄断市场的做法——反托拉斯法的补救措施，应当作为重要的和持久性的垄断问题保留，它们中很多或绝大部分由政府规章所建立。美国 20 世纪七八十年代反托拉斯执法行动的改革，说明在芝加哥大学所做工作的重要性。"这些改革显然具有芝加哥式经济学的印记，而且迪克特的主导地位在这一演变中是关键的和不可否认的力量。

注 释：

〔1〕想了解更多关于詹姆斯·劳夫林的生活和工作，参见伯乐曼（Bornemann，1940）、米契尔（1941）、多夫曼（1959）和内夫（1967）等。

〔2〕1916 年劳夫林从芝加哥大学回来。

〔3〕想了解更多关于劳夫林的反数量理论的看法，请参见斯格斯（1995）。

〔4〕想了解更多关于在建立联邦储备体系中劳夫林的作用，参见伯乐曼（1940）。

〔5〕在劳夫林的学生中，和他个性最相似的是 H. 帕克尔·威利斯（H. Parker Willis）。他获得了芝加哥大学的学士学位，并留校，直到 1898 年，帕克尔·威利斯在学术界和公众生活中都是成功者。参见多夫曼（1959）。

〔6〕一份关于哈珀和劳夫林发生冲突的问题的清单，参见贝克尔（1988）。

〔7〕想了解更多的信息，参见考克斯（Coatz，1963）和多夫曼（1959）。

〔8〕劳夫林很清楚地知道他最初对经济发展的贡献非常有限的事实，参见多夫曼（1959）作为引证例子的劳夫林的函件。

〔9〕劳夫林自己是第一个广泛使用图表的经济学家。

〔10〕这一事件的整个故事在鲍勃的著作（1988）中得到了阐述。

〔11〕如果理查德·伊利已经是芝加哥大学政治经济学第一部门的负责人，那索尔斯坦·凡勃伦是否在这部门有一席之位是很值得怀疑的。

〔12〕沃特·汉密尔顿（Walter Hamilton）早在 1914 年就已创造了"制度"这一经济学概念。参见汉密尔顿（1919）。

〔13〕想了解更多信息，参见多夫曼（1934）。

〔14〕典型的例子来源于凡勃伦（1899b）和凡勃伦（1904）。

〔15〕有证据表明，关于炫耀性消费的见解，凡勃伦大量的思想都是从约翰·雷（Jahn Rae）的思想中借鉴而来。参见安格尔和特尔曼（Edell、Tilman；1991）。

〔16〕有些人认为，凡勃伦研究工作的主要部分涉及文化人类学。参见阿尔泰和艾伦德（Aalt、Ekelund；1988）。

〔17〕凡勃伦在约翰·霍普金斯大学短暂停留期间，他已经认识了杜威。杜威当时也是个学生。他们两个越来越多地相互影响。参见特尔曼（1998）。

〔18〕然而，凡勃伦和新古典主义经济学鼻祖阿尔弗雷德·马歇尔之间的交往比通常想象中的要更加密切。参见尼曼（Niman，1998）。

〔19〕对术语"新古典主义"的解释，详见奥斯普罗莫盖斯（Aspromourgos，1986）。凡勃伦是第一次使用这个术语的经济学家。

〔20〕在《为什么经济学不是一门进步发展的科学？》的文章中，凡勃伦指出，经济学是一门晦涩的科学，因为它开始于一系列的假设：人类是快乐与痛苦计算的智者，就像一个在刺激物的催促下来回摆动的、由欲望与幸福组成的均匀的球……（凡勃伦，1919）。

〔21〕在芝加哥大学商学院的发展中，莱昂·马歇尔也起到了重要作用。

〔22〕在霍克曼（Hockman）的著作中，能够找到很多有关 J. M. 克拉克的传记和参考书。

〔23〕在接下来的几十年时间里，芝加哥大学和哥伦比亚大学之间发展起了一批精深的相互交流的学者，很多芝加哥的经济学家例如乔治·斯蒂格勒和加里·贝克尔在哥伦比亚大学都工作了几年的时间。

〔24〕详见约翰·莫里斯·克拉克。克拉克在他的工作中认识到了韦斯利·米契尔商业循环研究的影响力。实际上，克拉克的加速原理在很大程度上深受保罗·道格拉斯关于大萧条思想的影响。

〔25〕关于新古典主义理论贡献的有效性，这本书引用了 J. M. 克拉克和当时还在洛瓦大学教书的弗兰克·赖特的激烈争论，在《政治经济学学刊》上，能够看到他们之间相互交流的情形。

〔26〕韦斯利·米契尔的博士论文甚至成了一篇经典著作。

〔27〕这项工作最终导致米契尔于 1920 年加入国家经济研究局。

〔28〕对于米契尔来说，主要的灵感来源便是索尔斯坦·凡勃伦。霍曼评论道（1928）："这不仅仅是一点好奇。统计数据分析领域，我们的绝大多数杰出的经济工作者应该对这位令人印象深刻的哲学家凡勃伦表示深深的感谢，他是一个勇敢的经济学家。"

〔29〕罗伯特·霍克西清楚地知道，H. 格雷格·刘易斯和芝加哥大学在劳动经济学封面所形成的坚实传统。

〔30〕关于内夫的自传，参见内夫（1973）。

〔31〕实际上，弗兰克·赖特在康奈尔大学读哲学硕士学位时便参加了一些争论。

〔32〕《芝加哥论坛》1972 年 5 月 28 日。

〔33〕参见作者 1997 年 10 月 28 日的采访。

〔34〕《芝加哥论坛》1972 年 5 月 28 日。

〔35〕从艾伦·瓦利斯出版的《纽约时间》（New York Times）一书中所选择的一封信（1972 年 7 月 25 日）。

〔36〕卢瑟福德 2003 年的《芝加哥经济学和制度经济学》被贴在维多利亚大学的马尔科姆·卢瑟福德的网站上。

〔37〕另一个更早对不确定性因素分析有贡献的经济学家是艾伯特·哈特（Albert Hart），他 1936 年在芝加哥大学获得硕士学位。1932－1939 年间哈特在芝加哥大学担任助教和教员。

〔38〕德布鲁的观点被认为是与李斯特·泰勒交流后形成的观点。参见笔者 1997 年 3 月 12 日对德布鲁的采访。

〔39〕价格理论作为一个中心论点在本书的第三、第四两章将详细介绍。

〔40〕另一个看法是，关于弗兰克·赖特写的"资金和利益原理"是科恩创作的 （1998）。

〔41〕参见赖特的论文《利率》（Interest）（1997）。

〔42〕一个总是被罗宾逊和张伯伦分析忽视的先驱是皮尔·思瑞珐 （Piere Sraffa）。参见思瑞珐 （1926）。安特卫普大学的威尔弗雷德·帕杰泽斯 （Wilfried Parijs） 将注意力集中于先驱思想家思瑞珐的角色。

〔43〕赖特总是趋向于杨 （1913）的分析。

〔44〕参见作者 1996 年 10 月 29 日对萨姆·霍克曼的采访。

〔45〕同上。

〔46〕在关键的时刻，迪克特却深陷政治旋涡。尽管有不同的故事在芝加哥大学校园传播，但是那份文件一直未能被他本人所证实。在我开始有关芝加哥学派的研究的时候，迪克特已经 94 岁了，并且他的大多数芝加哥大学的朋友都反对他发表有关意见。

〔47〕参见作者 1996 年 11 月 1 日对米尔顿·弗里德曼的访问。

〔48〕迪克特的话被引入芝加哥大学 1951 年 3 月出版的刊物中。

〔49〕1950 年雅格布·维纳——一位芝加哥大学的经济学家，呼吁大量增加拨款以增强反垄断部门、司法部和联邦贸易委员对于垄断的限制性力量。参见雅格布·维纳 （1950）。

〔50〕参见，例如鲍曼 （1952）、伯克 （1954，1978） 以及麦吉 （1958）、特尔瑟 （1960，1964） 等。

第三章

芝加哥学派（Ⅰ）：严厉的导师

英国著名经济学家莱昂内尔·罗宾斯（1962，16）曾把经济学描述为"经济学是将人类行为目的和可用于不同用途的稀缺手段之间的关系来研究的科学"。补充来说，罗宾斯的定义建立在任何经济问题都是由人类行为、可选用途、稀缺手段三个基本部分组成的认知之上的。在他的《经济组织》（1933）一书中，弗兰克·赖特将经济问题划分为五个相互关联的子问题。

第一个子问题是关于一个社会怎么决定生产哪些商品和服务，以及按什么比例生产。第二个子问题涉及生产的组织。赖特把这个子问题分成"在各行业分配现有的生产力和材料"和"在每个行业有效协调各种生产资料、进行分组将产生最大的结果"。第三个子问题是关于在社会成员中分配产出。消费和生产相符的制度需求是第四个子问题的核心。第五个子问题是一个相对长远的问题，是关于经济进步与保持和改善社会结构的问题。

所有这五个子问题都涉及选择。从本质上来说，有两种机制可供选择：一种极端基于指挥原则的中央计划机制；另一种极端基于自由原则的市场机制。严格的中央计划机制往往会不可避免地与政治独裁联系在一起，而自由市场经济则往往伴随着政治民主。

在权力下放、竞争、自由市场原则基础上的民主制度内，价格体系能够表达所有的经济要素的愿望与需求。鉴于某些清楚界定的条件得到满足的情况下，价格机制（即相对价格运动）会为上述五个子问题中的每一个问题的解决提供一个最优解。

第二次世界大战之后，新古典主义的价格理论逐渐垄断芝加哥大学经济学家的方法。这一转换由雅格布·维纳开始，而由米尔顿·弗里德曼和加里·贝克尔进行到最高点。弗里德曼和贝克尔一贯主张新古典主义的价格理论融合了实证检验，是真正的经济学。这个对经济问题的特别方法和分析范式，体现典型的芝加哥学派研究风格。本章将论述维纳和弗里德曼以及追随他们工作中的其他一些芝加哥经济学家的思想。

严厉的导师

就像本书里的定义，芝加哥学派是一种信念，即价格机制是成功地解决经济问题的关键因素，芝加哥经济学家们使用这个概念理解和解释范围广泛的经济社会现象。[1]尽管价格理论贯穿于整个课程体系，但关于价格理论研究生 301 课程（或者说编码为 301 的研究生课程）真正致力于将芝加哥学派的这种理念传授给学生。迈尔文·雷德（前芝加哥研究生和商学院的教授）写道：

> 301 课程的教学一直是系里有影响力的重要人物的特权，多年来已被先后确定与维纳、弗里德曼和贝克尔一体。虽然这些经济学家各有自己不同的的研究重点，但他们有一定的教学风格的共性，从而整体上给予 301 课程和训练计划持续的特质。共同点是一个有组织的介绍，严肃性的宗旨和严格的标准的组合。301 课程一直是强劲的，教师的督导也是严厉的。（雷德，1982，8－9）

不过，认为芝加哥学派侧重于价格理论开始于 1916 年维纳的到来是不完全正确的。赖特也不断强调，新古典主义的价格理论作为任何架构的一个不可缺少的组成部分，是获得对经济学问题正确认识的基本路径。在维纳和赖特之前，赫伯特·J. 达文波特就已经在他的课程中大力强调新古典主义价格理论。

达文波特 1861 年生于弗蒙特州的伯灵顿（Burlington），父母给他留下了大量的财富。他受到了多种教育，曾先后就读于哈佛法学院、莱比锡大学、巴黎科学政治学院、南达科他州大学，并且最终于 1898 在芝加哥大学获得经济学博士学位。在内布拉斯加州的林肯市担任高中校长几年后，达文波特在 1900－1908 年任教于芝加哥大学，离开芝大后他成为密苏里大学经济学系的系主任和商学院的院长。[2] 1916 年，达文波特启程前往康奈尔大学。就像他在芝加哥大学任教期间给予他强烈影响的亲密朋友索尔斯坦·凡勃伦一样，达文波特在"本质上是一个好争论者"，始终坚持"经济理论的经典路线"[Paul Homan（保罗·豪曼），1931，696]。然而，在某种意义上说，达文波特曾经拒绝凡勃伦的制度化的做法，并同詹姆斯·L. 劳克林一样相信自由贸易的价值。赖特认为，达文波特在他的时代是一个"最重要和最原始的思想家"[3]（帕廷金，1973，791）。韦斯利·米契尔描述达文波特是"美国技术经济理论最好的导师之一"（W. C. 米契尔，1967，301）。

达文波特出版了好几本著作，基本的价格理论构成了这本著作的一部分："所有的经济目的和方法都取决于对价格的重视。价格是所有工业和商业的关键性的因素，因而价格理论也就成为所有经济理论的核心。"（达文波特，1914）虽然数学不是他的长项，但是达文波特明白基于一般均衡分析的价格理论的基本要义：

> 价格在复杂的市场运行中有自己的设置，所有的部分都是与所有的其他部分相关的，并且相互密切依存。当其中一部分发生变化时，其他部分也会跟着变化……我们开始于完全正确的假设，即任何商品的市场价格都是由商品的需求和供应决定的，并认为这价格是供需之间的均衡点。但请注意，此方式下，价格问题的制定关注的是在一个时期本身只有一种商品，价格理所当然地被默认为已经固定在所有其他生产的均衡水平。（多夫曼，1959，3：385）

像凡勃伦和其他制度学家一样，达文波特为经济学适用性的有限制的解释进行抗辩。在达文波特的讣告中，保罗·豪曼指出：对达文波特而言，"经济过程是人们企图为自己实现增益的严格过程，而经济学则是就在现代世界中谋求和实现此目标所采取的方式进行分析；该过程的组织围绕企业家

展开，受利润动机驱动，并就基于所有促进因素贡献量的企业家们的活动和选择的结果作出反应"。（豪曼，1931，697）

举例来说，达文波特对政府的干预普遍麻木不仁。[4]他拒绝了社会主义，反对大多数形式的劳动改革。他支持提供基于开支的所得税。

他对萎缩的分析也是值得注意的。在动态的商业危机中，信用机制和刚性的工资发挥了关键作用。达文波特支持在高失业率期间增加公共工程建设。

达文波特的作用尽管是显著的，但是芝加哥大学价格理论教学的名声在很大程度上取决于这几个名字：维纳、弗里德曼和贝克尔。可是，这些严厉导师的更多的共同点不仅仅是经济学 301 课程的教学。维纳是弗里德曼在芝加哥大学时的老师，他在贝克尔读普林斯顿大学本科时教过他，贝克尔是弗里德曼在芝加哥大学时的学生。弗里德曼简洁地概括了维纳的关键作用："从专业角度讲，维纳的课程在理论上开辟了一个新的世界。他使我认识到，经济理论是一个连贯的、合乎逻辑的整体，并不是由一套互相脱节的主张所简单构成的大杂烩。"（布赖特和斯宾塞，1995，85）乔治·斯蒂格勒描述维纳为"非常博学，在教学上严谨并且有系统……［而且］……在新兴古典微观经济学中，是详尽培育芝加哥传统的创始人"（布赖特和斯宾塞，1995，99）。

巨大的欺侮

埃萨·林德贝克（Lindbeck）认为雅格布·维纳是四大经济学家之一，如果他活得足够长时间的话，他最有可能获得诺贝尔奖。毋庸置疑，维纳受到了他后面的经济学家的高度尊敬。马克·布拉格（Mark Blaug，1985，256）描述他是"有史以来最具经济思想的伟大的历史学家"。[5]在纪念维纳诞辰 100 年之际，宾夕法尼亚大学的阿瑟·布卢姆菲尔德（Arthur Bloomfield，1992）——维纳生前的一个学生，列举了很多赞扬维纳的其他杰出的经济学家。

当维纳在 1962 年 12 月被授予弗朗西斯·A. 沃克勋章时，AEA 荣誉和奖励委员会对他有过如下刻画：

他是理论敏锐性（无须花式技巧）和对政策问题警觉性高度结合的代表。在所有领域，他都作出了贡献。他的名字将作为一个平减物价指数的自命不凡的胡言乱语者，同时作为一个原创者光辉永存。[6]

维纳 1892 年出生在蒙特利尔，他的父母是从罗马尼亚移居美洲的。他先在麦吉尔大学斯蒂芬·利考克（Stephen Leacock）的手下学习，而斯蒂芬·利考克是在芝加哥大学获得的博士学位。1915 年 11 月，维纳前往哈佛大学，在那里他受到了当时杰出的国际贸易经济学家弗兰克·W. 陶西格（Frank W. Taussig）的强烈影响。1916 年在芝加哥大学短暂逗留后，维纳在 1917－1919 年间跟陶西格到了华盛顿，并且和他一起在美国关税委员会工作。1919 年他回到了芝加哥大学，1925 年成了那里的全职教授。1946 年，他离开芝加哥大学去了普林斯顿大学，并于 1960 年退休。在那里，他工作生活了 10 年，直至去世。[7]

三个因素促使维纳离开了芝加哥大学。他与时任芝加哥大学校长的罗伯特·哈钦斯似乎存在严重的意见分歧——虽然维纳明确否认了这一说法。[8]他也想与定居在西海岸的孩子们离得更近些。最后一点，在芝加哥大学生活30 年后，由于西海岸热烈的学术经济氛围，维纳被吸引到了西海岸。

保罗·道格拉斯，一个与维纳同一时间在哈佛大学学习的芝加哥学派主要经济学家，回顾了陶西格常常如何欺侮他的学生，并且维纳显然在相当大程度上照搬了陶西格无情的课堂方式。正如保罗·萨缪尔森证实的（1972，6）："维纳是一个学生，是苏格拉底式方法的大师弗兰克·陶西格的优秀学生。陶西格在他的班级上表演，就像帕布罗·卡萨尔斯演奏他的大提琴。他知道哪个白痴会弄糟里卡尔多在利润和实质工资之间的协定；他知道哪个任性的学生要置身于课堂的口语互动之外，以免他缩短对话。维纳增加了一个新成分：恐怖。"布卢姆菲尔德（1992，2057）的回忆印证了萨缪尔森的描述："学生被叫到黑板前，被一系列棘手的问题轰炸，直到出了错误，接着被藐视地盯着看。这的确是一种可怕的和侮辱性的经验。因为我自己曾亲历过这样的经验，清楚其间的感受。"

斯蒂格勒（1988b，20）讲述了学生在枚举某个产品的需求弹性的其他合理决定因素的末尾时犯了一个错误的故事："维纳发怒说：'某先生，你不属于这个班。'当维纳这样说的时候我的脊骨感到有些刺痛。我想，可能班上所有其他学生都和我一样，开始有刺痛感。"但是，斯蒂格勒也承认："然而，出了教室，维纳是和善而乐于助人的教师。"布卢姆菲尔德（1992，2057）补充说："雅格布·维纳纯粹是一个伟大的教师。维纳的残忍似乎仅局限于经济学 301 课程。在我跟他上的其他课程中，他变成了一个完全不同的人：令人敬畏。他没有粗暴地对待学生。"类似的阵营中，马丁·布朗芬布伦纳形容维纳是"一个自负的犹太拿破仑，面部表情在快活、挑战和极端蔑视之间像快速列车一样飞快交替"（D. 古德温，1998，1776）。

埃弗塞·多马（Evsey Domer）在 1940 年上过维纳的经济理论课程，最好地表达了维纳的矛盾教学方法："维纳用的手法是高超的，因为他是极其恶劣的。他会在黑板上写出一个论点，挑逗我们去评论它，然后愚弄那些想去尝试的人。击败他成了我最大的野心。我会为战斗而花费数小时来准备；幸运的是，我懂点儿数学。我曾经赢过辩论吗？那个夏季可能有好几次我赢了。但是报复的甜蜜感觉是多么快乐呀！你能想到更有效的教学方法吗？但是你能像维纳那么可恶吗？"〔圣伯格（Szenberg），1992，121〕萨缪尔森（1991）从另一个角度补充道："多年后当我与雅格布·维纳讨论有关他的暴行的传说时，他说该系已给了他筛选高水准候选人的功能。它对没有准备好的人是不起作用的。"

关于维纳和弗里德曼，詹姆斯·布坎南有几件好事情要说：

> 如果我对芝加哥学派的揭发局限于像雅格布·维纳和米尔顿·弗里德曼这样的人（在那里他们也都是我的老师），那么，我怀疑自己会出现在没有著作或仅有少量著作发表的博士名单上。雅格布·维纳，在生活中给自己任务的古典的博学学者，似乎被认为在破坏学生的信心，而且米尔顿·弗里德曼主导智力辉煌的论据和分析能转移学生模仿的作用。（布赖特和斯宾塞，1995，173－174）

维纳发起新古典主义价格理论的系统教学成为芝加哥大学所有经济学教育的支柱。维纳作为一个有着经济学知识的杰出历史学家而家喻户晓；鲜为人知的事实是，维纳是第一个批评约翰·梅纳德·凯恩斯的理论的人。这最初是令人惊讶的，因为维纳对"经济大萧条"的分析与凯恩斯的分析并没有太大的实质性区别。[9]

与凯恩斯打交道

像 20 世纪 30 年代的经济大萧条那样的事件，显然会留给经历过它的经济学家们一个难以抹去的印记。维纳也不例外。

在 1931 年，凯恩斯理论发表前 5 年，维纳已经提出用财政政策去对付经济萧条。同年，凯恩斯参观了芝加哥大学，参与了哈里斯基金会讲座。30 年后，维纳（1963，263）拒绝承认他应对经济萧条的政策在某种程度上是源于凯恩斯理论的任何意见："我的关于财政政策的思想至少早在 1931 年夏就已经深深植根于我的脑海，我不认为我的思想起源于凯恩斯，对于其论著我那时知之甚少。"维纳已经论述了当商业条件改善时扭转扩张性财政政策的政治问题。

1933 年的两个出版物概括了维纳对经济萧条和政策需要做斗争的理解。他辩论说，利润率的下降是由产品价格下降比商业成本下降更快造成的，它是经济大萧条的起源。只要美国保留金本位制，那么解决利润率问题的办法就只有降低工资。而当美国随后放弃金本位时，他倡导依赖成本压缩并提高物价水平的政策。为了实现这个政策的目的，流通领域货币供应的增加是必须的先决条件。他不相信企图促使银行扩大贷款余额将会开花结果。他的结论是，一个依赖银行系统的借贷或直接货币创造赤字预算的政策应该是根本解决问题的诀窍。

维纳关于如何战胜经济萧条的观点，充分反映在芝加哥大学第一期的公共政策小册子里。这些小册子的第一本由 11 位芝加哥经济学家签名（布卢姆菲尔德，1992，2073）。在这些签名的经济学家中，维纳可能是最善于表达的，而亨利·西蒙斯和保罗·道格拉斯则是其他签署者中最有名的，但赖特肯定是最有名的缺席者。[10]

尽管小册子的题目是"平衡预算"，但维纳和同事们争论说，联邦政府不应该在经济萧条期间平衡预算。他们确定了诸如紧急支出、公共债务以及投资支出的项目，而且公共工程的开支不应由现行税收承担："在经济深度萧条期，对纳税人的伤害是打击性的。以现行税收要求他们支付每项政府活动费用，从而避免增加公共债务，似乎不能被证明是正当的。当然，避免借贷引致政府信用被严重损害却是必须的策略。"（维纳，1933，5、6）

维纳清楚地意识到，经济大萧条的基本性质是一种社会经济和金融危机。逻辑上，形势的分析不能期望在主要宏观经济总量中导致变动的综合理论，也不能把相应的政策处方作为在非特殊时代的理性应用。

这基本的洞察力使维纳成为凯恩斯《就业、利息和货币通论》的第一个批评家。在他对凯恩斯《通论》评论的第一段，维纳（1936，147）已经定下了基调："它带来了许多新的见识，但它展示的辩证技巧是如此无法抵抗大萧条，以至于它比本身或许更有说服力。"维纳看到，在凯恩斯的论点里，唯一的相关性是对商业周期的（非常）短期分析。维纳反对凯恩斯关于三个基础性问题的分析，这三个基础性问题是失业补助、利率的确定、特别是消费函数。[11]

尽管凯恩斯（1936，17）承认"真实的工资与产出量（并且因此就业）是唯一相关联的，因此，通常就业增加导致的是伴随着真实工资水平的下降"，但他认为降低工资水平作为解决自然失业问题是不可能的。维纳（1936，149）抗辩道："凯恩斯的论点显然是：失业补助政策造成的通货膨胀局面好于工资水平下降所引起的通货膨胀局面。遵照凯恩斯的说法，在企业组织里，印刷机和工会代表之间将会有持续的赛跑，如果印刷机能维持持续引导，而且只要不考虑质量，就业的数量是相当重要的。"

维纳认为凯恩斯保留了他决定利息的观点："显然利息测量已被提供的保费，促使人们以某种形式保存他们的财富而不是存储货币。"[12]凯恩斯推理的核心是：假设通常人们倾向于显示流动性偏好，他们希望以货币的形式保留一部分自己的资源。凯恩斯称，忽略流动性偏好导致古典经济学家相信，储蓄和投资将始终平等。

然而，维纳称"凯恩斯极端地夸大了流动性偏好在过去，并且可能会在将来所发挥作用的程度，作为实现充分就业的障碍"。

依照维纳所说，凯恩斯对决定利息的解释因素是"他的分析中最易受到攻击的部分"。他发现，在凯恩斯的综合理论中没有理由放弃古典主义，"利息是对储蓄的奖励，它直接由关于利息的储蓄供应表和投资资本的需求表决定"。凯恩斯的货币利息理论也遭到了赖特（1937）的强烈攻击。

维纳批评的第三点是关于消费函数，凯恩斯写成 Cw= cYw，c 是来自收入的消费倾向。凯恩斯假定这个消费函数和消费倾向是相对稳定的，因为消费和工资收入单位的测量允许由真实工资变动导致的支出变化。维纳（1936，164）挑战这个主张："如果萎缩是以货币收入减少的形式而价格仍然相同，那么真实收入萎缩的消费反应可能一度完全不同于如果货币收入仍然相同但价格不同条件下的增长。"

维纳也批评凯恩斯的消费函数，因为凯恩斯遗漏了"财富"（"资源聚集"）作为一个观察消费模式的解释性变量。

敌对的倾向

27 年后，维纳回顾他 1936 年对凯恩斯综合理论的评论，认为没有理由改变他对于凯恩斯主要工作的观点："在经济萧条特别是短期经济萧条的分析界限内，我把达到经济学中一种'凯恩斯式的革命'的主张作为因为真实的理由而允许表现的一种狂热……就其是否足够作长远分析。如果没有被不正当的政府干预抵消，特别是（在真实的竞争性经济中）存在强大的自动力量的否定将最终恢复'平衡'，我至少对一些敌对倾向仍然持怀疑态度。"

接下来，维纳过分强调短期行为，谴责凯恩斯缺乏客观性和理智，尤其是因为他对从里卡多到马歇尔和庇古的正统英国经济学的攻击。维纳写道：

> 我自己沐浴在此种传统当中，但到了 1930 年或 1931 年时，我意识
> 到，从很大程度上讲，此种传统对于主要经济波动的本质和根源问题缺

乏真知灼见，或者提出了误导性见解。我理所当然认为对"衰退"与"繁荣"的标准分析程序的不相称性，不是由于一般的愚蠢或有害的偏见，而是缺乏短期分析的专业兴趣和献身精神导致的⋯⋯凯恩斯仍然以书面形式白热化地反抗英国的古典传统，并对短期运行的现象忽略或故意抽象，蓄意和愚蠢地否认它们的存在，而他自己放弃承认或探索的可能性，在短期现象里往往有产生与短期运行相当不同的长远后果的内在力量。（维纳，1963，254－255）

尽管对《通论》持批评态度，维纳仍然认为凯恩斯是一个够资格的"英雄人物"，并对凯恩斯的人格和智慧钦佩有加，但他更多地把凯恩斯看做一位先知和政治家：

我确信凯恩斯经常解释在这样一个时期，他的角色是先知和政治家。我假设，他曾经写道："话语有点狂野，因为它们是轻率思想的攻击。"我不想挑战先知和政治家，因为他们有特殊的职业许可去促使他们的目标脱离乏味的、禁止行使其所有修辞资源的劝导。我相信专业分工的优点，然而，我很困扰，当经济学家采用先知和政治家的角色与策略，尤其是当有任何理由怀疑所涉及的是虚假的预言。（维纳，1963，265）

不过，维纳对作为经济学家的凯恩斯显示了极大的尊敬。维纳赞同凯恩斯关于在战后建立统一国际货币体系的主张。

维纳对凯恩斯的尊敬也解释了在1940年他为什么试图授予给凯恩斯芝加哥大学一个名誉学位的背后驱动力。然而，赖特强烈反对。赖特确实承认凯恩斯是一个有非凡智慧的人，但他同时指出，"我认为，打个比方来说，凯恩斯先生关于货币与通货理论的观点恰恰将窗外开启城堡的钥匙交给了正在撞击城门的腓力斯人"。（伯恩斯坦，1996，222）

但就像西蒙斯一样，赖特对凯恩斯的态度比维纳更具敌意。唐·帕汀金（Don Patinkin）有特权检查赖特自己的那本《通论》。用铅笔写下的批注在整本书中随处可见"多余的'胡言乱语'——有些地方甚至措辞更加严厉——在这些页脚边俯拾皆是"（帕汀金，1981，299）。在他于 1950 年在 AEA 年会上发表的主席演讲中，赖特对"经济学学作和教学中存在运动（我不会称之为广告）"进行了评论，并且称："最新兴的'新经济学'——但依我看毋宁说是观点——最为荒谬，后果最为有害的经济学，即为约翰·凯恩斯爵士所提出的经济学，此公 10 年来成功地将经济思想退回到了黑暗时代。"（赖特，1956，252）

在对《通论》的评论中，赖特（1936a）声称凯恩斯可能"成功地成为我们最坏的奇想和吹牛者的学术偶像——更不要说这本书作为法西斯运动的经济圣经的可能性"。

大半个世纪后，弗里德曼（1997）对凯恩斯给出了下面的定论："凯恩斯的技术经济学遗产是应该强烈肯定的。在我看来，他对政治的遗产并不如此……凯恩斯用两个概念说服一个包括经济学家、政策制定者、政府官员及感兴趣的市民的广大群体是非常有效的……首先，是政府的公共利益概念；第二是慈善的专政概念，只要优秀的人掌权，一切都会很好。"弗里德曼继续评论道，政治遗产非常有害是由于两个因素："首先，经济分析无论怎么样，慈善的专政很可能迟早将导致社会极权主义。其次，凯恩斯的经济理论呼吁一个比经济学家更广范围的群体。"

非常值得注意的是，弗里德曼对凯恩斯的评价几乎与维纳相反。维纳对凯恩斯作为一个经济学家持有否定看法，但是在更广泛的背景里有着更肯定的看法。[13]

杰出的通才

维纳对凯恩斯运用综合理论的宏观经济学分析范式和对经济大萧条的分析，证明他是一个非常有技巧和能力的"杰出的通才"。[14] 然而，维纳的真正贡献却是在另外三个主要的经济学领域：国际贸易理论、经济思想史和新古典主义价格理论。

关于国际贸易理论，维纳密切调查各种保护性关税的论点，而且有时在这些保护性关税的论点里发现理论的理由。不过，他有历史和现实的原因反对这些保护论点。在他的国际经济学论文集的导言里，他写道："我仍然是一个自由贸易者，不支持新保护主义。"（维纳，1951，9）作为贸易政策的基石，维纳的自由贸易主义和它的可取性的观点，与20世纪早些时候的陶西格有着根本的不同：陶西格认为纯粹的自由贸易主义有几个方面需要修改，而且它的应用也不像19世纪末期经济学家们所想象的那么容易和简单。[15]然而，陶西格强调国际贸易古典理论的核心仍然没有一个强劲的竞争对手。

不过，20世纪30年代，在关于国际贸易专业化模式解释的智力战斗中，维纳最终输了。[16]维纳的被普遍认为是"真实成本计算法"的方法基于贸易流动受价格主导的假设，而且这些价格和生产要素使用的数量与他们的真实成本是成正比的。真实成本计算法败给了赫克歇尔－俄林模型（Heckscher-Ohilin model），在这个模型里，贸易流动根本基于禀赋不同的要素。[17]

维纳对国际贸易政策领域的其他重要贡献是关于倾销（1923）、国际收支平衡调整（1924）及关税联盟（1950）。在他的《关税联盟问题》（The Customs Union Issue）一书中，维纳第一次阐述了关税联盟的严谨分析。这本书构成了詹姆斯·米德（1956）在这一领域的典范性著作的理论基础。维纳反对那个时期经济学家们的主导看法，关税联盟的创建代表一个向自由贸易运动的必然趋势。

维纳的论点就在于他提出的贸易创造和贸易转移之间的区别。贸易创造是一个国内高生产成本的关税联盟成员国被有较低生产成本的其他成员国替换，而贸易转移是低成本非成员国被有较高生产成本的会员国替换。从一般福利经济学的角度来看，维纳得出的结论是：关税联盟将是有益的，或者说不依赖于这两种倾向的关系。

在他的博士论文里，维纳根据固定汇率研究了收支平衡调整，他以他的祖国——加拿大为例，运用1900－1913年的经济资料，仔细分析了运行中的资本进口机制，得出结论说这个结果与古典黄金价格流动理论的预测是一致的。维纳称资本输入导致与进口相对的出口商品价格上涨，进而国内贸易商品进出口净价格上涨。这些相对价格的变化促使人们调整他们的开支（少点儿国内产品，多点儿进口产品）。最终结果是形成当前账户的收支平衡的赤字。维纳的分析遭遇了众多经济学家的批评。[18]

在维纳的经济思想史著作中，国际贸易理论同样占有重要地位。他的《国际贸易理论研究》（*Studies in the Theory of International Trade*，1937）详细叙述了自由贸易学说的思想史。欧文总结为："雅格布·维纳以其最好的表达力，使这个独特的学说结合了四种不同思路的元素。首先，它包含了全世界同胞的斯多葛－世界主义者信念。第二，它描述了人类从贸易和货物交易中带来的好处。第三，它表达了经济资源在全世界分配不均的观点。最后，他把这整个的安排归功于上帝神圣的干预，上帝有着促进商业与人们之间和平合作的意愿。"（欧文，1996，15）

作为一位经济思想史学者，维纳也侧重于效用理论（1937）、经济学分析方法（1925b）、重商主义和亚当·斯密的研究。维纳是首先对斯密的历史作用给予足够关注的人：每个人都必须熟悉两本写于19年前的著作：《国富论》和《道德情操论》，以便真实地理解斯密的世界。"斯密是折中学派的代表……斯密的思想包含了自然科学、哲学、神学、心理学、历史学对当代问题的思考，在斯密的巧妙安排下，所有这些学科的知识产生出大量自然秩序存在的证据，对人类有着的倾向得以分辨出来"。（维纳，1927，199、200）

然而，维纳也第一个强调"亚当·斯密并不是一个主张完全自由放任的教条主义者，他很少信任政府的能力或诚意。他知道谁控制了他，他就试图为自己的目的服务……不过，他明白，如果缺少更好的工具，依靠政府是必不可少的，政府执行很多事情，包括诸如个人不会做、或不能做、或只能做得很糟糕的事情"（维纳，1927，231－232）。

维纳也第一个挑战商业主义是把权力当做外交政策的唯一目标学说的观点。在其1959年6月在瓦巴士学院（Wabash College）发表的五次关于经济学与自由问题的讲演中的第二讲中，维纳说："尽管受德国的影响，现代学者一般把商业主义政策翻译成唯一的建立国家权力的最终目标，在我看来，这基本上是错误的。作为最终目的，商业主义者为自己的国家寻求权力和财富，并相信每个先决条件都是为实现其他目的而附属的手段。"

在讨论微观经济学和价格理论时，必须提到维纳 1931 年的著名论文——《成本和供应曲线》（Cost and Supply Curves）。这篇论文之所以著名，是因为它在公司内部经济体系条件下对长期和短期成本曲线的错误表达。维纳在价格理论领域的另一个有趣的出版物是解决一个人如何知道一个确定的市场价格是否为一个竞争性价格的问题。[19]第三个贡献是他 1921 年的价格政策论文《价格政策：市场价格的确定》（Price Policies：The Determination of Market Price）。在这篇论文里，维纳提到在真实世界里有不同市场结构出现。在爱德华·张伯伦和琼·罗宾逊的经典贡献前十多年，维纳就已区分了完全竞争、垄断和一些实际市场结构（或形式）的中间集合形态。

斯密杰出的精神上的儿子或……

"我尝试过影响公共政策。我说过也写过政策问题。然而，在这样做时，我希望我不是表现我的科学能力，而是体现一个见多识广的公民的能力。我相信作为一个经济学家，我的知识能够帮助我形成对很多问题的更好的判断。但是根本上，我的学术述作不应当以我的公共政策行为作评价。"这是弗里德曼在 1985 年 3 月 21 日的一次演讲中的自我剖析。

弗里德曼演讲的背景就是向很多人表白，自己更是一个右翼的政治活动家，而不是一个学术优秀的经济学家。斯蒂格勒关于朋友弗里德曼在专业经济学家中的名望有限有着自己的观点："他在民营企业担任咨询工作并未使自己被大多数的专业经济学家接受。"[20]弗里德曼作为私营企业领导朋友的角色，被认为是受经济学家更多体谅的一个很好的协议，只是他做得较差。

以下是宾夕法尼亚大学名誉教授爱德华·赫尔曼（Edward Herman）的描述，他保持相同的负面看法。"弗里德曼"，赫尔曼（1995，36）说，"在战后初期是一个极端主义者和有点古怪的人……弗里德曼是一个权力的空想家，他在追求政治议程时的智力机会主义经常是笨手笨脚的，有时甚至是可笑的"。萨缪尔森也不是弗里德曼的追随者，他以更成熟的眼光看待弗里德曼："我不认为米尔顿是一个吹牛者……他相信任何时候他说什么就是什么。但他对自己的观众也有着非常健康的尊重。如果你是一个乡下人或对专业经

济学无知，他给你的仅是一个废话答案。"（席尔克，1976，48）[21]

弗里德曼可能是有史以来自由市场经济最热情和最善于表达的支持者之一。就像《纽约时报》经济学家莱昂纳德·席尔克（1976）指出的那样："通常亚当·斯密被尊称为现代经济学之父，而米尔顿·弗里德曼可能是他最杰出的精神上的儿子。"

弗里德曼是"亚当·斯密最杰出的精神上的儿子"的隐喻，使他具有更多迷人的想象。弗里德曼差不多被当成是一位苏联公民。他的父母生于卡珀索－罗塞尼亚，后来各自移民到美国并在那里结婚，并最终定居在纽约的布鲁克林。1912 年弗里德曼出生后不久，他们搬到了新泽西，弗里德曼 15 岁时，他的父亲去世了。

在高中，弗里德曼数学非常好，并且获得了拉特格斯大学的部分奖学金。进入该校以后，他靠当侍者和百货公司店员补充自己的收入。在拉特格斯，他计划主修数学，但是两位教师使弗里德曼改变了自己的想法。他们是：阿瑟·伯恩斯（Arthur Burns），后来成了联邦储备体系的主席和美国驻西德的大使；霍默·琼斯，后来成了圣路易斯联邦储备银行的副行长。在他的论文集中，弗里德曼（1998）写道："我受到的最大恩惠，除了我的父母，无疑就是阿瑟·伯恩斯。他是我在拉特格斯的老师之后成为我成年生活大部分时间里可信赖的朋友、导师和教父。"

当从拉特格斯学校毕业时，弗里德曼已经得到两份全额奖学金提议：一份来自布朗大学的应用数学；一份是来自芝加哥大学经济学。在伯恩斯和琼斯的影响下，弗里德曼选择了芝加哥大学和经济学。在芝加哥大学，赖特、维纳、西蒙斯、劳埃德·明茨、道格拉斯以及亨利·舒尔茨都教过他，而罗丝·迪克特（Rose Director，也就是艾伦·迪克特的姐姐）是他的同学。罗丝·迪克特和弗里德曼成了终身的伙伴——作为丈夫和妻子。

其他芝加哥的同学包括乔治·斯蒂格勒和埃伦·瓦利斯。弗里德曼、西蒙斯、斯蒂格勒和瓦利斯是"赖特共同体"的"主要成员"。数年后，弗里德曼表达了赖特影响的第二个思考，声称"赖特的态度和自然矛盾太多，往往会导致他人的学术生产力窒息"。[22] 一年后，弗里德曼 1933 年离开芝加哥大学而到了哥伦比亚大学，与著名的数理学家和统计学家哈罗德·霍特林以及韦斯利·米契尔一起工作。

1946 年，在获得哥伦比亚大学博士学位前（那一年他开始了在芝加哥大学的 30 年的教授之职），弗里德曼开始了对他将来事业有着显著影响的三项关键性工作。

西蒙·库兹涅茨（1971 年诺贝尔和平奖得主）雇用弗里德曼帮他在国家经济研究署作一个有关收入问题的研究项目。库兹涅茨和弗里德曼（1945）分析了收入的永久和临时组成部分的区别，这个区别成了弗里德曼消费函数研究的骨干，而且（部分地）为他赢得了 1976 年的诺贝尔奖。

弗里德曼的第二项和第三项工作是关于战争的。1941—1943 年，弗里德曼的工作基本上都花在了美国的财税分配问题的研究方面。立即改革从源头上扣缴的所得税是他工作的项目之一。"毫无疑问"，他 40 多年后说，"二战期间没有从源头扣缴税款，去收集征收税项的金额是不可能的。但它也确实存在扣压，否则使税收在战后比本来的更高是有可能的"。（布赖特和斯宾塞，1995，88）

1943—1945 年，弗里德曼作为一个数学统计学家在哥伦比亚大学的战争分工研究的统计研究小组工作。[23] 在那里，弗里德曼成了一个怀疑论者，他对基于多元回归和深奥数学模型的计量经济学预测持深度怀疑。这种怀疑随着岁月的流逝而不断增长，最终，它掩盖了弗里德曼在纯统计学领域所作的第一重要的科学贡献的事实。

……或马歇尔的追随者？

在二战末期，考利斯经济学研究委员会设置在芝加哥大学。事实是，该委员会的杰出成员——如雅格布·马尔沙克、劳伦斯·克莱因和佳林·库普曼斯等——大量参与了瓦尔拉斯一般均衡经济学的发展，并建立深奥的计量经济学模型，这些都成为他们与芝加哥大学经济学系弗里德曼小组的一个长久摩擦的起源。尽管有数学技能去做研究，但弗里德曼从来没有去建立深奥的模型。他的经济学研究总是用基于新古典主义价格理论和现有的实证检验过的简单模型。主要是因为弗里德曼的工作和影响，在二战后的几十年里，与马歇尔的相结合，局部均衡经济学成为芝加哥大学"科学的经济学"（Scientific economics）。

在考利斯委员会工作的经济学家是最严厉对抗弗里德曼著作中经济学方法问题的人。[24]尽管他1952年的论文《积极经济学的方法论》（The Methodology of Positive Economics）相当出名，但是，实际上早在20世纪40年代初他就已经研究出了他自己方法论的主要内容。[25]他认为经济研究学者所面临的方法问题不应是从科学哲学的高度，而应是从务实的角度来看——也就是说，经济学家在研究经济学过程中碰到的这些问题时，应当从实际出发，用理论指导分析并提供解决的对策。

弗里德曼反对有关理论需要有切合实际的假设的观点。他甚至辩论道："真正重要和重大的假说会发现'假设'是对现实非常不准确的描述，而且一般来说，理论越重大，假设就越不切实际。"（弗里德曼，1953，14）

弗里德曼与经济学的重大发展紧密联系在一起，对于寻求现实主义的假设，他没有找到非常实际有用的原则。瓦尔拉斯的一般均衡经济学、垄断性竞争分析和制度主义尽管能够解释经济问题，但仅仅是部分解释。弗里德曼试图创建自己的经济学体系，并努力寻求实用主义的方法论原则。实际上，弗里德曼的思想、观点和经济学研究原则，显然背离了那些主流经济学的轨迹。正是在这样的意义上，莱昂内尔·罗宾斯称弗里德曼为"革命性经济学家"。

弗里德曼的思想和方法论观点与他在新古典主义价格理论领域的进一步工作有着紧密的联系，因为后者是一个业务分析工具，必须作出强大的假设。在和统计学家伦纳德·萨维奇以及他的学生埃伦·瓦利斯一起，对涉及风险时个人效用函数的选择作出巨大贡献之外，他也对无差别曲线的推导作出了贡献。[26]进一步地，他也在马歇尔需求曲线中做了划时代的工作。在分析消费时他研究出了固定收入的假设，他还对菲利普斯曲线给出了很好的修正，该曲线是凯恩斯宏观经济学的基石之一。

在1949年，弗里德曼发表了一篇题为《马歇尔需求曲线》（The Marshalliam Demand Curve）的论文。[27]弗里德曼的基本观点是：随着需求曲线的移动，货币或者名义收入假设是连续的。照弗里德曼所说，马歇尔心里想的是在分析时真实收入应当保持连续性，这将导致需求曲线的移动。在弗里德曼看来，这个马歇尔或者收入补偿需求曲线在经济分析中大量消失的事实是非常令人遗憾的。他把这个"错误"看做一种事实征兆。在他的论文里，一般均衡方法是对马歇尔部分均衡分析优先考虑。前者"是反映经济分析的基本算术上的和描述性的方法"，而后者表示"分析和解决问题的思想方法"。瓦尔拉斯均衡分析方法"对绝大多数的结果更没有用"（弗里德曼，1953，100）。对弗里德曼而言，瓦尔拉斯方法比纯粹的技术方面更危险。相反，所谓的瓦尔拉斯均衡分析，实际上是关于"经济理论的另类概念"，在弗里德曼的思想中，"理论的检验在于它解释事实的价值，在于经济环境变化的后果预测。抽象、一般性的、数学的优雅——这些都是次要的，它们自己也需要通过应用的检验来作评价"（弗里德曼，1953，89、91）。而在马歇尔的思想中，"抽象、一般性的、数学的优雅，在一定程度上成为了目的本身，通过标准去评价经济理论。事实写在这里，不用解释"（弗里德曼，1953，91）。

缺乏光辉的先锋

弗里德曼 1934 年从哥伦比亚返回到芝加哥大学时，从事需求问题的研究主要是因为他得到了一份亨利·舒尔茨研究助手的工作。尽管实际上，他相当反感他所做的研究工作的类型（尤其是来自赖特的工作）。舒尔茨是芝加哥大学经济学系运用量化方法的先锋。1938 年，舒尔茨创作了他对经济学的主要贡献——《需求的理论和测量》（The Theory and Measurement of Demand）。

米尔顿·弗里德曼将舒尔茨描述为"一个非常独特的、知识渊博的老师，有着坚韧、耐心且勤奋品质的学者，拥有透彻的分析问题的能力"（弗里德曼，1998，38、52）。斯蒂格勒也曾评论过"舒尔茨独特的教学风格"（斯蒂格勒，1988，27）。

其他很熟悉舒尔茨的人不赞同弗里德曼和斯蒂格勒对亨利·舒尔茨作为

经济研究者和个人的评价。萨缪尔森（希尔斯，1996）称舒尔茨是"一个缺乏自信和光辉的热心的先锋"。西蒙（1996，53）"喜欢这个害羞的、有奉献精神的人"。保罗·道格拉斯（1982）的说法，亨利·舒尔茨"彻底、精确且善意，他是我曾认识的最真实的真理探寻者"。

舒尔茨于 1925 年在哥伦比亚大学获博士学位，其导师是亨利·摩尔。亨利·舒尔茨 1893 年出生于当时的俄罗斯属波兰，1907 年随家庭移民到了美国，而且非常窘迫地生活在纽约市较低的东侧。舒尔茨 1916 年从纽约城市大学获得学士学位，然后他去了哥伦比亚大学，并在那里受到埃德温·塞利格、韦斯利·米契尔和约翰·杜威的影响。[28]第一次世界大战期间在法国的战争中受伤，1919 年在 LSE 短暂逗留后返回美国，从事不同的政府工作，包括在劳动部和美国关税委员会任职。[29]

1926 年，舒尔茨接受了芝加哥大学的教职。[30]与 1920 年到此的保罗·道格拉斯一起，奠定了经济理论的实证检验的根基，成为芝加哥传统的基本组成部分。正如舒尔茨的学生泰德·云特马（Ted Yntema）所说："舒尔茨承担了没有事实的理论和没有理论的事实之间代沟的桥梁作用。"

从一开始，舒尔茨就被数学经济学激起了兴趣。在这方面，他成为古诺、瓦尔拉斯和帕累托理论的忠实信徒（云特马，1939，155）。詹姆斯·霍克曼教授写道："亨利·舒尔茨连接了以前知识断开的三个分支：（a）消费者需求理论；（b）回归和时间序列分析统计理论；（c）经济数据的经验分析。"最后这个元素是"他工作中最独特的一个方面"（霍克曼，1997，2）。

这个描述非常符合亨利·舒尔茨的一个学生肯尼斯·鲍尔丁（Kenneth Boulding，1992）的回忆："我记得他有一次来到统计实验室，我们正在那儿使用机械计算机求相关系数。他同情我们，并且说：'我知道这是非常枯燥的，但是你们正在熟悉这些数据。'当然，今天，除了计算机外，没人熟悉这些数据。"舒尔茨对于尤·金·斯鲁特斯基 1915 年发表的关于消费理论的论文《论消费预算理论》贡献卓著。如舒尔茨自己所言，弗里德曼在写作《需求的理论与测算》一书时提供了"无法衡量的帮助"。事实上，有关相关需求理论的第十八、第十九章主要出自弗里德曼的手笔。在该书里，舒尔茨没有提及赖特却多次提到"我的朋友和同事"维纳。《需求的理论与测量》一书是献给美国计量经济学的先驱之一亨利·摩尔的。1938 年，亨利·舒尔茨连同其夫人和两个女儿在一起车祸中丧生，几乎同时，他的杰作首次出版。

消费革命

实际上，作为新古典主义价格理论家的弗里德曼，也曾热切投身于消费和消费理论研究。在 1935－1937 年间，他主要就是研究这个主题。弗里德曼的消费研究工作必须视为他对凯恩斯的以集合方式分析消费问题的宏观经济学的一种批评或者修正。弗里德曼强调并运用价格理论展开对消费问题的深度研究，这种分析完全继承了芝加哥经济学的分析范式。

凯恩斯提出的消费函数是 $Cw = cYw$，其中 c 是当前收入的消费倾向。他似乎非常确定这个关系："从我们事先所知的人性和具体的经验事实两个方面，我们以极大的信心依靠这个基本原则，一般地说，当他们的收入增加时他们的消费也增加。"（凯恩斯，1936，96）凯恩斯主张的合乎逻辑的结果是：当一个国家变得富有时，一个人就会期望储蓄率继续上升。

库兹涅茨曾经研究过美国超过一个世纪的统计数据，发现储蓄率并没有上升。作为库兹涅茨的伙伴，弗里德曼的发现和所做的工作为其著作《消费函数理论》（Theory of the Consumption Function；1937）提供了背景，他认为这部著作是"我的最好的纯学术贡献"（弗里德曼，1998，222）。[31] 像弗兰克·莫迪利亚尼与戴维·布伦伯格在 1954 年对消费和储蓄的生命周期理论的具有突破性的工作一样，弗里德曼的消费效用分析和消费函数分析，通过注重暂时的因素改革了消费理论基础。

弗里德曼从"作为记录的收入（我们称为测量收入）和消费者适应他们行为的收入（我们称为固定收入）之间，在测量消费和固定消费之间"的差别奠定了他的理论（弗里德曼，1957，21）。

弗里德曼总结说，存在"一个比例在固定的消费和收入之间，它对固定收入的所有方面发生影响，但是它依赖别的变量，如利率、财富对收入的比例……消费者收入单位中的临时部分对他的消费没有影响。消费是由更长期的收入决定的，再加上直接影响消费的暂时性因素"（弗里德曼，1957，221）。

弗里德曼的固定收入分析，解决了凯恩斯收入函数中的自相矛盾之处。真正的弗里德曼的模型意味着当收入增加被看成主要是临时性的时，储蓄率就会上升。弗里德曼的固定收入假说在他的货币分析——数量理论的核心中也起了关键作用。

数量理论提出了这样一些问题：什么决定货币的周转率？或者，用另一种方式提出同样的问题：什么决定货币的需求？弗里德曼和他芝加哥大学的学生做的实证研究的主要发现之一是：周转率是一个有长期或永久收入的稳定功能。在这些发现的基础上，弗里德曼总结说：要达到稳定的价格，货币发行当局可以做的最好的事情是按照一个固定的规则增加货币供应量。

关于他们的消费理论，弗里德曼和莫迪利亚尼充分认识到他们欠着玛格丽特·G. 里德（Margeret G. Reid）的智力债务，她是罕见的能够在经济学领域里取得极大成功的女性。[32] 在其诺贝尔奖致辞中，莫迪利亚尼盛赞了里德富于想象的分析极大地鼓舞了他。在对自己著作《消费函数理论》的导言中，弗里德曼承认里德是那种"具有积极性、毅力和创造力的经济学家……"（弗里德曼，1957，ix）。

在 20 世纪 50 年代早期，里德为不同的收入类别写了几篇经典论文。她研究了美国四个州的农民和城市家庭收入与消费的关系，发现收入与消费支出的联系对农民家庭是更困难的。对这种现象，她给出了一个试探性解释：他们的收入随着时间的推移表现出非规律性。里德试图发展不同的收入概念。

杰出的女性

玛格丽特·G. 里德 1896 年生于卡代尔（Cardale）的一个苏格兰大家庭。她在加拿大马尼托巴（Manitoba）大学获得家政学学士学位。她开始在当地一所高中教书，但在她参加一个某些当地校长严格禁止的舞会后被开除了。"这对于玛格丽特是非常典型的。她是个有着很好幽默感的勇敢女士。不过，她也有一个非常强烈的目的感和意志，这是真正不平凡的。玛格丽特轻易就打破了所有反对妇女出现在学术界的限制，在那些日子里，她是如此典型的具有勇敢精神的女性。"玛丽·让·鲍曼（Mary Jean Bowman）回忆说。在芝加哥大学的日子里，她非常了解里德。[33]

1921 年那个舞会事件发生后不久，里德离开加拿大到了美国，并于 1939 年成为美国公民。里德终身未嫁，去世于 1991 年，享年 95 岁。芝加哥大学成为她的唯一继承人。

里德在芝加哥大学读研究生时，赖特是对她的发展的主要影响者。黑兹尔·基尔格（Haze Kyrk）同样对她产生了影响，在她的指导下，里德写出了她的博士论文。这篇论文是她第一本书《家庭生产的经济学》（The Economics of Household Production，1934）的基础（1934）。在这本书里，里德把家庭生产定义为是由家庭成员所完成，并为家庭成员创造福利的无报酬活动。为了评估以美元计算的家庭生产的市场价值，她提出了机会成本的方法（在这种情况下，因为家庭生产，收入是固定的）。在以后的工作中（1943），她研究了几种其他的评估方法，诸如市场代替品的零售价格和雇人做同样工作的成本的对比。在 1947 年，她得出的结论是：家庭生产的价值介乎于美国 GNP 的 20% 到 22%。（里德，1947）

在基尔格的鼓励下，里德到爱荷华州立学院继续她的研究。她从 1930 年起留在那里直到 1943 年，她待在那儿的这段时间与 T. W. 舒尔茨的非常一致。据鲍曼说："T. W. 舒尔茨在让我们妇女获得学术赞誉上起了非常重要的作用，玛格丽特·里德肯定值得。"[34] 1945－1948 年，她曾担任美国农业部家庭经济处处长。在伊利诺伊大学任教三年后，她于 1952 年重返芝加哥大学。她正常退休是在 1961 年，但她继续活动直到将近 90 岁。"在图书馆里，有一张只能由她自己使用的固定座位的桌子。作为正常程序里的一个唯一的例外，图书馆留着她的桌子和上面总是原封不动的一切。"芝加哥商学院的克莱尔·弗里兰德回忆道。[35]

在 1980 年，AEA 使里德成了一个杰出的经济学家。她是第一个获得这项荣誉的女性经济学家。AEA 给予她荣誉的动机不言自明："她的高标准和致力于科学的专心已经影响了几代师生……玛格丽特·里德是消费者和家庭行为几个研究领域的先锋之一……芝加哥大学的经验传统在很大程度上归功于玛格丽特·里德的榜样和教学。在对数据的艺术化运用的批判性思维方面，她是一个著名的导师。"[36]里德是首个真正地以实证为本的经济学家。

毫不夸张地说，里德同其博士学位论文指导老师基尔格一起创造了家庭经济领域，她带来了诸如消费经济学问题的重要的新视野。[37]而黑兹尔·基尔格、罗丝·迪克特·弗里德曼、鲍曼无疑是芝加哥大学早期时代杰出的女性经济学家的代表。

黑兹尔·基尔格 1904 年进入俄亥俄州卫斯理大学，并且在莱昂·C. 马歇尔家中担任家务助理。马歇尔那个时候是俄亥俄州卫斯理大学的经济学教授。马歇尔到芝加哥大学后，基尔格跟随着，并于 1920 年获得博士学位。在几个其他机构任职后，基尔格 1925 年返回到芝加哥大学，并一直留在那里，直到 1952 年退休。[38]基尔格全部的学术生涯集中在家庭开支的实证研究方面，同时也在几个政府部门任职，包括家庭经济署和二战期间的价格管理办公室。

罗丝·迪克特·弗里德曼 1911 年出生，在芝加哥大学学习。在那里，她作为赖特的研究助手工作，但从未完成她的博士学位。[39]在 20 世纪 30 年代，她在华盛顿的自然资源委员会工作，而且加入了位于纽约的国家经济研究署。

罗丝对经济学研究的主要贡献是 1947 年和布雷迪一起出版的报告。她们明确地表达什么将被认为是相对收入假说，即：一个家庭的消费取决于它在团体收入分配中的相对位置而不是绝对收入水平。

鲍曼 1908 年生于纽约，1938 年从哈佛大学获得经济学博士学位。在做过其他几份工作后，她于 1958 年作为经济学和教育学教授进入芝加哥大学。尽管教育经济学是鲍曼研究的一个首要领域，但她也致力于关注不确定性条件下期望和决策问题的研究。

与凯恩斯主义教条作战

由里德提出并由弗里德曼和莫迪利亚尼使之开花的消费分析已成为现代宏观经济学的一个标准分支。弗里德曼对宏观经济学理论所作的另一个主要贡献是他对菲利普斯曲线的批判。

　　萨缪尔森和罗伯特·索洛都是荣获诺贝尔奖的麻省理工学院经济学家，他们在 1960 年提出菲利普斯曲线作为短期宏观经济管理的一个应用工具，表达政策制定者在通货膨胀和失业之间做出的一个折中方案。也是在 1960 年，两个年轻的芝加哥经济学家罗本·凯瑟尔（Reuben Kessel）和阿蒙·阿尔钦（Arme Alchian）一起发现了违背当时流行的价格通常比工资升得快的观点的证据。因为对凯恩斯经济学和菲利普斯曲线，工资差距的存在是至关重要的。考察过范围广泛的经验证据，阿尔钦和凯瑟尔得出结论："无根据的有效性已被赋予了工资滞后假说。"

　　弗里德曼让步说，菲利普斯曲线从根本上关注工资制订和失业问题，"在价格理论和货币理论之间不易保持"（弗里德曼，1976a，213）。然而，在他的《价格理论》（Price Theory）一书里，他对这个问题却花了一整章给予论述。菲利普斯曲线把名义工资变化率与失业率联系起来，当失业率下降，通货膨胀率上升；反之亦然。针对这一背景，欧佩克 1974－1975 年抑制经济衰退的政策结果表明：通货膨胀率和失业率有可能同时上升。这个结果实际上被后来的经济学家们定义为"滞胀"（Stagflation）。这是一个十分令人吃惊的局面。然而，实际上，"滞胀"这个词（停滞和通货膨胀）出现的 5 年多前，弗里德曼（1966，1968）和哥伦比亚大学的埃德蒙·菲利普斯（1967）就已经对菲利普斯曲线和它的政策含义进行了理论性的反思。他们认为，作为一种极端的情形，菲利普斯曲线也可能是垂直的。

　　1976 年，弗里德曼写道："菲利普斯曲线的讨论在 1926 年始于真理，经过了 30 年的错误后，现在又返回到 1926 年和起初的真理。那是一个大约 50 年的完整回路。"事实上，在 LSE 的 A. W. 菲利普斯发表其关于失业与工资变化率之间关系的著名论文 32 年前，欧文·费舍尔就已展开类似的研究。

　　然而，弗里德曼指出，菲利普斯和费舍尔之间有两个主要差别：费舍尔分析价格变化而菲利普斯分析工资变化，而且费舍尔和菲利普斯的根本性不同是对因果关系的方向。对费舍尔来说，价格的变化率直接寓于政策运行中，即在政策进程中，所有其他方面的开支不直接改变，以符合价格水平变动，厂商发现他们的利润率在增加，因此对扩大生产有刺激作用，这就导致就业的临时增加。相反的，菲利普斯认为开始于就业水平的变化的进程，导致名义工资变化率的变动，而且因此导致进一步的通货膨胀。

弗里德曼称菲利普斯的分析是完全靠不住的，因为任何严肃的劳动力供需分析都应该集中在真实工资而不是名义工资上。连续的真实工资上升可以引起任何形式的通胀率上升。菲利普斯犯这个错误是因为凯恩斯革命的一个根本性因素："假设价格与产出是高度严格相关的，以至于需求的改变……将会几乎全部反映在产出上而很少反映在价格上……［菲利普斯］因此假定名义工资的改变等价于实际工资的改变。"（弗里德曼，1976a，219）凯恩斯分析的另一个特征是"实际工资可以被意料之外的通胀所改变。实际上，凯恩斯的完全就业政策可能性的整个论点起因于假设，工人不接受直接形式的名义工资减少而接受由通货膨胀造成的较低的真实工资是可能的"（弗里德曼，1976b，220）。

关于宏观经济的稳定性政策，弗里德曼在他的诺贝尔获奖演说中告诉观众关于预期的和出乎意料的改变的区别。"如果每个人都预料价格将会上升20个百分点，只是说说的，那么这个预期将会包含在将来的工资（和其他）合同里。如果每个人都认为价格不会上升，那么实际工资将会正好如期表现出来，而没有理由是膨胀率20%而不是零利率与不同的失业水平相关"（弗里德曼，1976b，352）。

然而，意料之外的改变是一个完全不同的事情。例如，从最初一个稳定的位置开始并且让其有一个意料之外的名义需求的加速。这将使每个生产者作为一个出人意料有利的对他产品的需求……对他是理性的，解释至少部分特殊并对他作出反应，通过寻求生产更多的……他将愿意付出比为了吸引额外的工人而更高的名义工资。对他来说，实际工资是依据其产品价格的工资，而且他感到价格比之前更高。

然而，对工人来说，新形势本身呈现的相当不同。事实对他们来说，就是工资的购买力不是高于他们所生产的某种商品，而是全部商品。他们和他们的雇主对一般价格的预期比对他们自己生产的某种物品的价格预期调节都很可能更慢——因为获取这方面的信息的代价更高昂。因此，当实际工资上升时，工人可能感觉得到名义工资的上升，而且因此增加供应。在同一时间，当实际工资下降时雇主能有所预期，并因此增加就业机会的提供。当然，当这些发生时，工人和雇主对现实进行调节，初始的创造就业的效果就会消失。

当弗里德曼1976年年末在斯德哥尔摩提出这种分析时，它以自己的方式成了主流宏观经济理论的一部分，当他9年前在AEA发表同样的观点时，却造成了相当多的争议。[40]正如弗里德曼－菲利普斯的分析所指出的那样，垂直的菲利普斯曲线被描述成非加速的，或者自然失业率的失业水平。自然失业率不是一个永恒不变的数，而是指就业率"与劳动力市场现在的真实条件相一致。通过清除劳动力市场的障碍和减少摩擦，它会降低。通过制造额外的障碍，它会上升。这个概念的目的是为了将就业环境的货币因素从非货币因素中分离开来"（弗里德曼，1976a，228）。

太久的阴影？

弗里德曼对价格理论和货币经济学作出了杰出贡献。一些人认为"他向20世纪最有影响的经济学家凯恩斯提出了挑战"（布赖特和兰塞姆，1998）。用达尔德丽·麦克洛斯基的话说就是："1935－1965年这30年就是被这个英国人、英国学术界的伊顿毕业生的儿子主宰着，而随后的30年则被这个北欧犹太裔制衣工人的儿子、毕业于Rutgers的美国人统治着。1935年后的30年间，大多数人都认为社会主义不可避免，或者至少是不错的选择，这部分地因为梅纳德是这么说的；1965年后，越来越多的人认为资本主义是不可避免的，或者至少是不错的选择，部分地因为米尔顿是这么说的。"（麦克洛斯基，2003，143）

弗里德曼对于价格理论和货币经济学没有直接关系的问题观点鲜明，并通常通过其夫人罗丝表达出来。

首先，弗里德曼夫妇是家长通过使用学券制拥有教育选择自由的热心捍卫者。[41]其次，他们赞成志愿军制度。[42]再次，弗里德曼毫不犹豫地称一个公司的社会责任是在公平竞争的游戏规则里严格运用自己的资源和参与社会活动规划来增加自己的利润（弗里德曼，1970）。最后，他确信绝大多数福利计划进一步使穷人更穷，他强烈要求引进一种负所得税制度（弗里德曼，1962）。

弗里德曼在芝加哥大学对经济学家以及他们工作方式的影响是巨大的。甚至在 21 世纪早期，人们在论辩中经常公开表示疑问，"米尔顿·弗里德曼对这个问题的想法会是什么呢？"

然而，在芝加哥校园，有越来越多的人提出弗里德曼的影响是否太过深远的疑问。按照弗里德曼的学生加里·贝克尔所说："有些学生发现课程强度、高要求标准和弗里德曼评论问题的直率以及著作深奥以至于心理上难以吸收……然而，绝大部分学生发现弗里德曼的方法使人大开眼界，而且受到他价格理论光辉见解的影响，愿意克服压力和低分数自卑。"（贝克尔，1991，141）

弗里德曼既能对其他人的观点和作品产生广泛而深刻的影响，同时又使其他人成为仅靠自动驾驶仪操作，严格按着弗里德曼计划的要求飞行的人。他作为一名经济学家能够靠其卓越的智慧和才华正常地穿越这条狭窄的位于上述两种倾向之间的界限吗？

贝克尔谈道："我相信，一些优秀学者回避与弗里德曼一起工作，不是因为他们不能形成热情，而是他们心理上不能处理他的锐利和生硬的批评以及他快速的见解。本质上，他们害怕智力打击。我也有那些担心，不过我设法控制它们以足够认识我能从他那里学到多少。"（贝克尔，1991，144）然而，实际上，1957 年贝克尔从芝加哥大学临时离开，至少部分也是由逃避弗里德曼过强的智力影响的心理造成的。"如果你与米尔顿的观点不一致，会让你每天非常难去面对他"，这正如李斯特·塞尔所说。塞尔 1956 年毕业于芝加哥大学，并且几乎他的整个职业生涯都在那里度过。[43] 他与考利斯委员会的几个人，尤其是库普曼斯的热烈讨论，对见证过他们的人来说是传奇性的。弗里德曼在这些和其他的讨论中，通过他极度的自信给人以巨大帮助。[44]

　　弗里德曼 1976 年停止教授经济学 301 课程。贝克尔接替他，继续价格理论——或者说简单经济理论的严格教学，如他在后续 20 年里所定义的那样。虽说在芝加哥大学教授经济学 301 课程必然被认为同维纳、弗里德曼和贝克尔有着紧密的联系，但是依然可以找到区别来。

　　尤金·洛特温指出了维纳与其他二人的不同之处。（洛特温，1983）布郎芬布伦纳（Bronfenbrenner）认为，像维纳和赖特这些早期的芝加哥人显得对"收入分配的道德和美学问题更加关注，虽然不能与对经济自由和分配效率问题的关注同日而语"（布郎芬布伦纳，1962，73）。罗丝·艾米特提出了不同的观点，她指出，"到 20 世纪 40 年代，由于一大批致力于发展以市场为出发点的社会总解决方案的经济学家的出现"使得芝加哥不同于主流经济学。（艾米特，2002，1：xviii）

　　维纳、弗里德曼和贝克尔各自的研究领域也有很大区别，维纳集中于国际贸易和经济思想史的研究，弗里德曼（其早年除外）主要致力于货币理论和宏观经济学的研究，被看做 20 世纪的主要改革家之一，他将经济分析应用于包括歧视、犯罪和家庭等范围广泛的社会现象的研究。

注　释：

　　〔1〕芝加哥学派和凯恩斯主义之间的显著差别在于这样一个事实，即凯恩斯声称，新古典主义价格理论是附属于他的有效需求理论。参见凯恩斯（1936）。

　　〔2〕达文波特的思想是从霍曼和多夫曼那里得到的。赫伯特·达文波特曾师从密苏里大学的索尔斯坦·凡勃伦。

　　〔3〕达文波特 1916－1917 年间在康奈尔大学做访问学者，其间，弗兰克·赖特主持达文波特讲座。

　　〔4〕参见达文波特（1897）和达文波特（1914）中的评论。

　　〔5〕很难找到另一个候选人有资格得到"有史以来最具经济思想的伟大的历史学家"的荣誉。彼得·格林威治这样写道："引人注目的例外是，熊彼特关于这个课题各方面的广博的知识至少能够与维纳匹敌。但熊彼特的思想（也许部分原因是因为他的主要著作未完成）从来不与实际相符合。维纳用精确的判断和历史技巧表达了自己的观

点。"参见格林威治（2003）。

〔6〕转引自《美国经济评论》1963年5月，第686页。

〔7〕更多有关维纳生命最后时期的状况，参见布卢姆（Baumol, 1972）。

〔8〕参见维纳（1991）。然而，从芝加哥大学图书馆现存的弗兰克·赖特和雅格布·维纳之间的信件可以清楚地了解，他们两个都对哈钦斯管理这个大学的方法表示不满意。其中，维纳更甚。在一封标有日期为1934年10月13日的信中，维纳曾写到哈钦斯"并不具备一个大学校长的条件"。

〔9〕维纳和凯恩斯之间的关系以及他们的著作都曾被戴维密切审查（1911）。帕廷金（1981）和布卢姆菲尔德（1992）也谈过这个问题。

〔10〕赖特的缺席无疑是按照经济学家参与政策讨论的基本态度的一个写照。在一封写给华盛顿霍华德大学的阿贝·哈里斯（Abe Harris）的信中，赖特曾写道："我已经确信，有一件事是绝对必要的，如果经济学要在相当一段时间内对任何事物发挥任何作用的话，必须保持绝对远离当前的政治争论。"（弗兰克·赖特，1934年6月30日，美国芝加哥大学通信部）

〔11〕关于凯恩斯宏观经济政策的基本框架，参见凯恩斯（1937）。

〔12〕在1944年，马丁·琼斯（Martin Jones），一位来自芝加哥商学院的经济学家，得出的结论是：储蓄倾向和投资倾向不等并未对过去的经济结构变化发挥重大作用。参见琼斯（1944）。

〔13〕维纳认为，凯恩斯是非常接近哈耶克的。哈耶克是凯恩斯在英格兰的主要对手。

〔14〕这是莱昂内尔·罗宾斯对维纳的描述。参见哈钦斯（1994）。

〔15〕参见陶西格（1920）论文中所表达的自由贸易立场。

〔16〕关于对这个问题的详细讨论，参见戈登（Corden，1965）。

〔17〕维纳关于成本的观点刊登在维纳（1932）的论文中。艾莫特（2002）提供了一封关于赖特答复维纳分析的信件。

〔18〕对于维纳分析的批评性意见，参见凯恩克罗斯（1953）。

〔19〕维纳为研究这一主题曾对水泥行业进行了详细的了解。见维纳（1925）。

〔20〕这些话是斯蒂格勒在米尔顿·弗里德曼和罗丝离开芝加哥大学前往旧金山的告别演讲中提出的。斯蒂格勒的演讲稿现仍保存在芝加哥大学的办公室文件柜中。

〔21〕米尔顿·弗里德曼和罗丝（1998）援引了一封他们1995年12月收到的来自保罗·萨缪尔森的信："我希望这将是说，我们认为，尽管我们不上了，我们理解其中的

逻辑和经验不同。"

〔22〕参见作者 1996 年 11 月 1 日对米尔顿·弗里德曼的采访。

〔23〕想获得更多这些片段的信息，参见瓦利斯（1980）。

〔24〕一个典型的例子是库普曼（1957）的论文《经济学科的建立》。也可参见罗特温（1959）和萨缪尔森（1963）。

〔25〕这也是弗里德曼两本书的基本观点。对弗里德曼方法论更精彩的讨论可以在哈里斯、麦吉（1990）以及霍曼德（1996）的论文中找到。

〔26〕参见米尔顿·弗里德曼和艾伦·瓦利斯 1942 的论文：《由实验而派生出来的无差异曲线》。参见朗格（1942）。

〔27〕道恩·帕廷金、弗兰克·赖特和雅格布·维纳在他们芝加哥大学的授课过程中，已经涉及马歇尔需求曲线。参见帕廷金（1981）。

〔28〕他的学位论文曾刊登在舒尔茨主编的文集中。

〔29〕关于亨利·舒尔茨的生物学研究的记载，转引自云特马（1939）和霍克曼（1997）的观点。

〔30〕舒尔茨（1927）是关于这方面的一个极好的例子。

〔31〕正如米尔顿·弗里德曼在他书的序言中承认，他妻子罗丝、道斯·布隆迪和玛格丽特·里德做了大量的实验工作，这些工作极大地促进了他的研究。他清楚地提到了玛格丽特·里德的初始工作。想了解更多关于永久性假设的历史背景，参见曹（Chao，2003）。

〔32〕第一个得到芝加哥大学经济学博士学位的女性是凯瑟琳·本明特·戴维斯（Katherine Bement Davis），索尔斯坦·凡勃伦的学生之一。他在 1900 年授予她博士学位，毕业论文题为《影响生活和工资基础的国家制度》。第二个获得经济学博士的女士是爱迪丝·阿伯特（Edith Abbott），她在 1905 的学位论文是《关于美国低技能劳动力工资的统计学研究》。想要更多关于经济学界的女士的历史背景信息，参见迪曼德和福格特（Dimand、Forget，1996）。

〔33〕参见作者 1997 年 11 月 11 日对玛丽·让·鲍曼的采访。

〔34〕同上。

〔35〕参见作者 1997 年 10 月 28 日对克莱尔·弗里兰德的采访。弗里兰德曾经指出，在生命的最后一年里，里德致力于撰写两篇文章：人力资本和死亡率。这些文章迄今未发表。依弗里兰德的说法，是《政治经济学期刊》阻止她们在学术上走得更远。

〔36〕援引自《美国经济评论》1980 年 9 月，公开版。

〔37〕第三个应被提及的名字是爱丽伯斯·哈特（Elisabeth Hoyt），一个将整个生命都贡献给爱荷华州立大学的哈佛博士。她是赫泽勒·柯克（Hazel Kyrk）和玛格丽特·里德的亲密朋友。

〔38〕柯克一个非常全面的观点，参见柯克（1953）。

〔39〕多罗丝·布拉德（Doroth Brady）是另一个主要从事实验研究的女性经济学家，她在家庭和消费经济学的发展中扮演着重要的角色。布拉德从来没在芝加哥大学有一个正式的职位，她总是到各处云游，因此，她当然对在芝加哥大学的研究没有影响力。

〔40〕这无疑是弗里德曼最有影响力的文章之一。

〔41〕参见弗里德曼（1955）。

〔42〕参见弗里德曼（1967）。

〔43〕参见作者 1997 年 10 月 30 日对李斯特·塞尔的采访。

〔44〕据吉姆·拉里所说，乔治·舒尔茨曾说过，他希望他对一件事情的确认就好像米尔顿那样。参见作者 1997 年 10 月 29 日对吉姆的采访。

第四章
芝加哥学派（Ⅱ）：贝克尔化

芝加哥学派的支柱在于相信新古典价格理论的分析能力和预测能力。但这并不等于说价格理论是一套坚如磐石的教条。根据米尔顿·弗里德曼的说法，唯一固定不变的概念便是："那是个关于拥有特定偏好的个体选择资源以满足自身需要的一脉相承的理论。基本的价格理论本质上主要处理一个问题：为什么人们会如此行为？"[1]很难找到像加里·贝克尔那样的经济学家，如此彻底且始终如一地致力于这种单一问题。在那些年里，贝克尔以对诸如种族歧视、犯罪和惩罚、吸毒成瘾、家庭和婚姻等问题的分析而著称。

贝克尔研究工作的非传统导向经常激起骚动，并引起诸如罗伯特·索洛之类不断增多的评论："有些事情是不应该被分析的，似乎它们注定是被买卖的。以哲学的观点来看，可称之为原物，事物本身固有的属性。存在着各种各样本质上与经济环境不同的火社会环境。"[Warsh（瓦什），1993，138]乔治·斯蒂格勒对贝克尔式经济分析的看法与索洛含蓄的道德谴责针锋相对："将感情的认同视为种族歧视需要勇气。作者注定会被一些读者（甚至更多的是被非读者）斥为道德冷血，如不是彻底的偏见的话。但贝克尔的这种勇气和强大分析能力的罕见结合，其社会价值是巨大的。"（斯蒂格勒，1988b，196）

正如贝克尔乐意承认的那样，[2] 在他所做的所有研究中，迄今为止，人力资本领域的研究对经济学产生的影响最为显著。但是，西奥多·W. 舒尔茨和雅格布·明策尔（Jacob Mincer）必定会被视为这一研究课题的真正发起人。

贝克尔、明策尔和舒尔茨之间的关系非比寻常。明策尔于 1957 年在哥伦比亚大学获博士学位，并作为芝加哥大学的博士后度过了接下来的两年。1945－1961 年，舒尔茨一直担任芝加哥大学经济学系的主任，并在此之后很长一段时间继续作为最杰出和最有影响的成员之一而留在经济学系。贝克尔于 1955 年在芝加哥大学获得博士学位，此后，在他转往哥伦比亚大学之前，一直在那里担任助教。

农民的智慧

西奥多·W. 舒尔茨于 1902 年出生于南达科他州阿灵顿的一个德国移民家庭，乡村生活和农业主宰了他的青年时期和成年的早期，贫穷对他而言并不陌生。1924 年，他进入南达科他州立学院的农业经济学系学习。1927 年他进入到威斯康星大学继续深造，并于 1930 年在那里获得了博士学位。此后，舒尔茨来到爱荷华州立学院，1935－1943 年期间一直在那里担任经济学和社会学系主任。他成功地使这个弱小而冷清的系有了新的活力，尽管面对着大萧条那样的极其不利的外部环境。

舒尔茨带到爱荷华的众多年轻男性经济学家中，包括肯尼斯·鲍尔丁、杰哈德·丁特纳、阿尔伯特·哈特以及乔治·斯蒂格勒。舒尔茨同样也带来了一群杰出的年轻女性经济学家——其中最出名的是玛格丽特·里德。1944 年，舒尔茨离开爱荷华并加入芝加哥大学教席，在那儿度完了余生，直至 1998 年 2 月与世长辞。

作为一名经济学家，舒尔茨被他的学生玛丽·琼·鲍曼（1980，81）描述为："他构造了增长的非正规模型；他对深奥的模型（被阿瑟·林德贝克称为'萨缪尔森'遗风）没有多大兴趣。这种模型不是他的风格，而且他认为它们对于公共政策面临的现实问题和对它们的理解太过遥远。"舒尔茨的另外一名学生马克·内夫（1999，728）注意到："尽管就技术意义而言，他没有真正掌握这些科目，当他看到它的时候就知道那是好的理论和好的计量经济学……他敏锐的经济学直觉和深邃的洞察力最后被证明比任何技术专长都更可靠。"他提供的经济学研究以直观、开放和易于理解为特征，这一特征在他的讲座中以及与学生一起工作时都有显现。用 D. 盖尔·约翰逊的话来说就是："与 T. W. 舒尔茨工作是双向行车道：你不仅能从他那里获益良多，而他自己也总是渴望从你那里获益。"[3] 鲍曼（1980，82）对此表示赞同："舒尔茨作为智慧催化剂也是杰出而高效的。"

还是在爱荷华州开始将价格理论工具应用于农业经济学时，舒尔茨就已经与芝加哥学派联系在一起了。在他第一本主要著作《农业政策重新定向》（Redirecting Farm Policy）中，他写道："农业生产涉及几百万企业家的决策，每一个都面临不同的资源组合，而消费则涉及数量更多的消费者的决策，他们在需求、口味及购买能力上有着广泛的差异。这些决策和行为通过价格能得到有效协调。"（舒尔茨，1943，8-9）。后来，舒尔茨（1979，640）将价格理论工具应用到了贫穷国家的问题中："最大的错误在于这样一个假设：规范经济学理论对于理解低收入国家的问题是不够的，因此需要一个单独的经济学理论。"可以毫不夸张地说：舒尔茨对于农业经济学和发展中国家经济学的贡献可与 H. 格雷格·刘易斯之于劳动经济学以及艾伦·迪克特之于法律经济学的贡献媲美。1979 年，舒尔茨与刘易斯共同分享了诺贝尔经济学奖。

舒尔茨对于得出强烈的政策结论毫不迟疑，他对政府的农业政策变得非常挑剔[4]，并在他 1977 年的一篇题为《经济学、农业以及政治经济》（Economics, Agriculture, and the Political Economy）的论文中写道："当进出口被控制时，农业产品的价格就会显得十分奇怪。当销售委员会拥有垄断地位时，农民和消费者被很好地告知要当心。当政府批准对农产品进行收购时，农业经济被置于破产管理的境地。当农业部长将农业科学家视为文员时，农业研究企业就变得步履维艰。"（舒尔茨，1993，227）。约翰逊解释道："他的一个主要观点是：提高产出价格或发放与投入或产出密切相关的补贴的政策，对改善农业领域中低收入群体的经济状况收效甚微或毫无意义。他坚称价格的首要功能在于引导资源的使用，以及对它们的应用以增长或改变收益的分布，由浪费资源而导致的收入对收入的增加几乎没有什么作用。"（D. G. 约翰逊，1979，549B）。

舒尔茨对客观公正与学术真诚的坚持，导致他于 1944 年离开了爱荷华州。舒尔茨在洛克菲勒基金会的支持下创办了一系列战时农场和食品政策小型宣传册。由奥斯瓦尔德·布朗李（Oswald Brownlee）撰写的第五本宣传册认为：一公顷的土地能够生产出比黄油更多的人造黄油。作为这一声明的结果，舒尔茨和他的年轻经济学家同人成为众多攻击的受害者。这些攻击的来源，有《得梅因纪事报》（Des Moines Register，爱荷华州最有名的报纸）等，势力强大的爱荷华州乳制品生产商的游说者甚至试图阻挠布朗李的宣传册出版。舒尔茨愤而辞职离开了爱荷华州，而年轻经济学家中的最出色者——包括里德、约翰逊以及阿尔伯特·哈特——也同样离开了。[5]里德和约翰逊跟随舒尔茨来到了芝加哥大学。

在芝加哥大学，舒尔茨从农业经济学转到当时尚属处女地的人力资本领域："在我的工作以及和我的研究生们的工作中，我们发现：20 世纪 40 年代和 50 年代期间，绝大部分的农业产出增加都与土地和其他物质投入的非对应增加一同发生，甚至还伴随着实际上更少的劳动力……有 30%－40%的产出的增加无法解释。这显示劳动力的质量提高了；物质投入也是如此。如果回顾过去就会发现：劳动者技能提升了，健康状况改善了，尽管在开始时我们还不能测量它。"实际上，舒尔茨第一次接触到这一发现是在 20 世纪40 年代晚期，作为国家计划协会拉美分会一项研究的负责人，他调查了墨西哥和巴西等拉美国家所取得的快速经济增长。这导致了舒尔茨关于人类脱离饥饿和贫困前景的更为乐观的结论。[6]

舒尔茨喜欢将自己的领悟同 18 世纪杰出的经济学家大卫·李嘉图以及托马斯·罗伯特·马尔萨斯提出的学说进行比较。[7]李嘉图提出了收益递减法则，这意味着投入的增加带来小于相应比例的产出的增加。马尔萨斯坚持认为人口增长的速度总是快于食物产量的增长。舒尔茨（1979，641）则认为："……人类拥有能力和智慧以降低自己对耕地、传统农作物以及濒临枯竭的能源的依赖，并能降低实际成本以生产食物满足不断增长的世界人口的需要。通过研究我们发现了耕地的替代物，这是李嘉图所预料不到的。而且随着收入的增加，父母倾向于生育更少的小孩，以子女的质量替代数量，这又是马尔萨斯所未能料及的。"

舒尔茨与他的同事和学生于 20 世纪 40－50 年代在芝加哥大学进行的这项研究的政策结论，同当时的某些流行理论相去甚远。其中一种流行理论认为：对那些想尽可能快地赶上发达国家的穷国来说，他们必须将储蓄——以及获得的外来援助——投资于钢铁厂、庞大的工业集群、城市扩张以及其他的有形资产中。舒尔茨（1961，16）认为这是一条错误的发展路径："通过传统资本的增加当然能够获得某些增长，即使可用的劳动力缺乏技能和知识。但这种增长率将会非常有限而且不可持续。"

忠实于他的传统

毫无疑问，T. W. 舒尔茨是强大的芝加哥传统在农业经济学领域的奠基者。"但也许，"芝加哥大学的研究生丹尼尔·萨姆纳指出（1996，14），"他对芝加哥大学农业经济学最不朽的贡献是鼓励他的学生 D. 盖尔·约翰逊跟随他一起离开爱荷华州。"尽管索尔斯坦·凡布伦和亨利·舒尔茨等人此前在这一领域做了一些研究，但芝加哥大学的农业经济学是在 T. W. 舒尔茨和约翰逊的努力下才真正兴盛起来的。1948 年，他们的农业经济学研究项目获得了洛克菲勒基金会的资助。在 20 世纪 50 年代，他们成功地增加了外国留学生的数量，其中绝大多数来自以色列、拉丁美洲以及亚洲，他们在芝加哥大学被当作农业经济学家来培养。而他们的学生毕业后又遵循芝加哥大学的模式，在耶鲁大学、明尼苏达大学、普度大学以及北卡罗来纳州立大学等美国其他一些大学设立了农业经济学研究项目。

D. 盖尔·约翰逊 1916 年出生于爱荷华州云顿（Vinton）小镇的一个家庭农场。他 1938 年在爱荷华州立大学获得学士学位，一年后获得威斯康星大学硕士学位。在芝加哥大学度过了两年之后，约翰逊回到母校，并在 T. W. 舒尔茨的指导下于 1944 年获博士学位。后来，他随舒尔茨一起来到芝加哥大学，但 20 世纪 40 年代下半叶他在美国国务院以及陆军部各待了一年。1954 年，约翰逊晋升为芝加哥大学的全职教授。1960－1970 年他担任社会科学部的主任，1971－1975 年和 1980－1984 年两度担任经济系学主任。T. W. 舒尔茨和约翰逊两人执掌了经济学系 1945－1985 年期间的大半时间。约翰逊逝世于 2003 年 3 月。

约翰逊专注于农业经济学研究。在苦心经营的博士论文中，他（1944）提出了严格区分政府在资源分配和维持农场主收入的可能措施之间的农业政策的强有力的证据。这两个问题通常是联系在一起的，这一事实使得约翰逊对农业政策一直大加抨击。[8]在 1947 年的著作中，约翰逊证实了舒尔茨的一个构想——运用期货价格替代直接的政府干预作为降低农场主不确定性的方式，并因此增加他们获得信贷的机会。

除了担负众多的管理和组织职责外，约翰逊还是一位多产的作家。他对农业劳动力市场以及中央计划经济的农业领域进行了尤为仔细的研究。对社会主义农业的观点持绝对否定态度，他认为相对于除奴隶制和战争以外的其他任何制度或环境，这一制度业已导致更多人类痛苦、贫困以及剥削。约翰逊甚至坚称"社会主义化农业造成的死亡人数，例如在斯大林的苏联和毛泽东的中国，完全比得上第二次世界大战导致的死亡人数，其中包括希特勒试图灭绝的犹太人和其他民族"。[9]

约翰逊与凯伦·布鲁克斯（Karen Brooks）合写了一部关于苏联农业的著作，他们在书中详尽分析了食物补贴、预算赤字以及货币过剩如何相互关联，以及价格扭曲最终会如何动摇整个经济（布鲁克斯和约翰逊，1983）。约翰逊也是中国农业体制以及它在 20 世纪 80 年代经历的巨大改革的留心观察者。[10]

农业工人分析是约翰逊重新恢复的一个研究主题。在早期的一篇论文中，约翰逊指出，在 20 世纪 30 年代，农民的收入大约只有工厂工人收入的 2/3，而且要平衡这种差距，须有 400 百万的农业居民转移出农业部门。他也找到了农业领域资本高回报的依据（约翰逊，1948b）。

约翰逊以一篇为农业和农民进行广泛辩护的辩解书结束他作为教师和研究者的全职生涯，这一主题他已经研究了 60 余年。[11]在 1996 年美国经济学会年会的理查德·T. 伊利（Richard T. Ely）讲座上，他声称："只有农民能够生产出超过他们自己消费的剩余产品时，城市才可能出现，资源才能释放出来以支持那些研究自然并了解它的一些重要的秘密研究人员。工业革命也是通过两项重大的农业改进才成为可能：劳动生产率的快速提高，这使劳动力得以从农业中释放出来以生产其他有用的物品；食物生产的增加，这满足了不断增长的人口的需求。"（约翰逊，1997，1）

工具的发明者

约翰逊的一个主要贡献关系到农业领域的总需求函数（约翰逊，1950），一项兹维·格里切斯和马克·内夫后来所研究内容的先驱分析。

格里切斯 1930 年出生于立陶宛的考纳斯市，在希特勒的集中营里失去了全部家人。1945 年，他来到巴勒斯坦。在那里，他被英国人俘获，并送到了塞浦路斯的一个俘虏收容所。两年后，他最终设法进入以色列，在那里的希伯来大学研究历史和语言。他在希伯来大学最初选择的研究领域是农业经济学，但由于缺少正规教育而未被允许参加该系的入学考试。

格里切斯于 1951 年来到美国，并于八年后成为美国居民。到 1954 年时，他已获得加利福尼亚大学伯克利分校的农业经济学学士和硕士学位，耶·蒙德拉克（Yair Mundlak）和阿诺德·泽尔纳（勒）（Arnold Zellner）是他的同学。在伯克利，他深受伊凡·李（Ivan Lee，在爱荷华州立大学获统计学博士学位）和乔治·库兹涅茨（西蒙·库兹涅茨的兄弟，擅长于心里测验学）的影响。特别是伊凡·李，他鼓励格里切斯去芝加哥大学进行博士研究。格里切斯于 1955 年来到芝加哥，并于 1957 年获得博士学位。"在芝加哥，对我最重要的老师，"格里切斯后来评价道，"是〔T. W.〕舒尔茨和〔阿诺德·〕哈伯格。舒尔茨在某种程度上是一位导师……"（克鲁格和泰勒，2000，178）。格里切斯于 1964 年成为芝加哥大学的全职教授，并在一年后被授予约翰·贝茨·克拉克奖。[12]

1969 年格里切斯来到哈佛大学，在那里度过了余下的职业生涯。在 1999 年 11 月逝世之前不久，格里切斯断言："当我到达哈佛时，我非常地怀念芝加哥。因为芝加哥是一个部门，而哈佛不是。"[13]（克鲁格和泰勒，2000，179）

在记述 1956－1965 年期间芝加哥大学农业经济学这一主题时，萨姆纳（1996，21）写道："这一时期，芝加哥大学最重要的加入者是开始作为学生、不久后成为教员的兹维·格里切斯。格里切斯的贡献相当广泛。"格里切斯对芝加哥——以及整个经济学界——最深远的影响，是他构建有效研究工具的工作。用他自己的话说："我从农业经济学开始，这是一个认真对待数据和计量经济学并利用它解决实际问题的领域。计量经济学是一个工具，而不是它自己的终极目标。这也是我对它的态度。"（格里切斯，1998，xi）。格里切斯对分布滞后模型解答的贡献是其工具建模实际导向的极好例证。[14]在他最初的农业经济学主要专著中，他论证了新品种最早被那些考虑到市场规模、天气、土壤以及其他条件后最有利润的地方所接受（格里切斯，1957）。格里切斯是最早计算研发投资回报的学者之一。他总结道："截至1955 年，投资于杂交玉米研究的 1 美元投入，平均每年至少有 700% 的回报。"（格里切斯，1958，419）。这种高投资的边际回报率是任何其他领域的投资回报所无法达到的。

至于谈到农业领域衡量全要素生产率的研究方法——这一主题格里切斯自己在后来的研究中进一步发展了，格里切斯有关杂交玉米的论文也很重要。[15]他也是率先尝试评估劳动力投入质量变化的学者之一。[16]后来，他的研究得出这样的结论：计算出的全要素生产率中大约有三分之一要归因于美国劳动力教育程度的提高（乔根森和格里切斯，1967）。

即使在早期研究中，格里切斯也没有将自己局限于农业领域。比如，他根据对马力和自动变速之类特征的隐性需求分析汽车的需求（格里切斯，1961a）。这篇文章开启了对享乐价格概念的研究，这一概念启迪了众多学者，包括舍温·罗森。一年后，格里切斯与人合作了一篇关于汽车行业重新造型成本的论文［费舍尔、格里切斯和凯森（Kaysen），1962］。在芝加哥岁月的后期，格里切斯专注于增长计算法、价格水平对产品质量的指示作用、研究与开发、生产率以及经济增长等方面的研究。

马克·内夫是另外一位扎根于芝加哥大学农业经济学项目的重要工具构建者。内夫于 1933 年出生在芝加哥，并在芝加哥大学完成本科教育，之后成为学术游民。他在约翰·霍普金斯大学获得硕士和博士学位。在短暂停留于美国农业部、约翰·霍普金斯大学以及明尼苏达大学之后，他分别在斯坦福大学（1960－1965）和耶鲁大学（1965－1969）任教，直至 1969 年重返芝加哥。他在芝加哥大学做了五年经济学教授。1974 年，他加入西北大学教席，在那里度过了八年。1982 年后，内夫又分别任职于宾夕法尼亚大学、马里兰大学以及国际粮食政策研究所。他改写自己的博士论文形成了关于农业供给的著作，在书中格外强调农场主对价格变化的敏感（内夫，1958b）。在构建农业供给函数的努力中，内夫在模型中率先采纳了自适应预期假设（内夫，1958a）。在后来的工作中，内夫继续从事着为经济学家提供经济计量和统计工具的研究，并从事与农业和人口经济学相关问题的研究。

耶·蒙德拉克于 1978 年以兼职教授的身份加入芝加哥大学经济系，并在最近几年为农业经济学领域作出了卓越贡献。蒙德拉克 1927 年出生于波兰，但他的父母于同年移民以色列。蒙德拉克在加州大学戴维斯分校获农业经济学学士学位，在加州大学伯克利分校获统计学硕士学位。1957 年时，他又在伯克利分校获得农业经济学博士学位。之后他返回以色列，在那里他成为坐落于耶路撒冷的希伯来大学的教授，同时成为以色列农业发展的智性驱动力。

乔治·托利是另外一位对农业经济学颇有价值的贡献者。[17] 托利分别于 1950 年和 1957 年获芝加哥大学经济学学士和博士学位。1955－1966 年，他一直任教于北卡罗来纳州立大学，并于 1966 年重返芝加哥。

托利的成果集中在城市经济学、环境经济学以及自然资源经济学。在农业经济学研究中，托利着重关注定价政策的作用。[18] 托利与蒙德拉克和内夫一样，是芝加哥学派农业经济学领域的重要人物。

非正常性

T. W. 舒尔茨作为学者深入研究的三个主题——农业、贫困和人力资本——明显具有内在关联。舒尔茨在自己的诺贝尔获奖致辞中陈述如下：

> 世界上穷人占绝大多数。如果我们掌握贫困的经济学原因，我们就会了解更多真正重要的经济学。世界上绝大多数穷人以农业为生，如果我们懂得农业经济学，我们就会掌握更多贫困经济学……许多低收入国家的农业具有为继续增长的人口生产更多食物的经济潜力，如此一来就能极大改善贫民的收入和福利。改善贫民福利的决定性生产要素不是空

间、能源与耕地，决定性的要素是人口质量的提高。（舒尔茨，1979，639—640）

尽管明策尔（1958）通常被认为是第一个使用"人力资本"（human capital）这一概念的经济学家，而实际上舒尔茨才是第一人。在他 1953 年的论文《经济增长中的土地》（Land in Economic Growth）中，舒尔茨论述了土地、劳动力以及资本这些传统生产要素的作用，并提出"促进资源质量改善的新资源组合。它们主要是人力资本。这些新资源的存量相对于传统要素组合已经增长，而且它们的回报也相对较高"。几年后，他将人力资本或人力财富定义为"因在国民身上进行投资而引起人们发展各种技能并进而导致人力效力的改善"（舒尔茨，1959b，75）。舒尔茨第一次系统地处理人力资本投资，是在他 1960 年任美国经济学会主席的就职演说中（舒尔茨，1961）。

20 世纪 50 年代和 60 年代早期，"人力资本"并非一个广为人知或令人舒服的概念。贝克尔指出："把学校教育视为投资而非文化体验被认为是冷血的和极端狭隘的。因此，我犹豫了很长时间才决定将我的著作命名为《人力资本》（1964）……只有经济学家们才逐步接受人力资本这一概念，以作为分析多种经济和社会问题的有用工具。"（贝克尔，1993b，392）

对人力资本这一概念的反对首先来自这样一种观点：对学者而言，把人当做机器一样对待，并将有关这些事情的论文和著作视为在国民身上进行投资的回报率以及个人投资自身的激励因素，所有这些都是令人厌恶的。"为什么我们如此不情愿承认人力财富的作用？" T. W. 舒尔茨在 20 世纪 50 年代末自问，"这样做的纯粹意图似乎冒犯了我们自己，公开讨论此事显得有些触犯众怒。它为何如此令人不快？答案在于我们不能轻易超越我们的道德准则和信仰；我们强烈禁止把人视为投资，除了我们憎恶的奴隶制外"（舒尔茨，1959a，110）。

还有来自意识形态方面的反对意见。马克思主义的世界观声称资本对劳动的剥削是人类的根本问题，一旦人力资本概念被现实所接受，必然开始动摇它的基础。如果传统上被视为劳动的部分实际上成为了资本，如果劳动中蕴涵着资本，那么什么样的资本在剥削什么样的劳动呢？

对人力资本概念的反对也来自经济学家自己。绝大部分经济学家在接受经济学理论训练时都被告知，产出要素分成三类：土地、劳动和资本。人力资本打破了这一简单的分析框架，从而迫使经济学家采纳一个更为复杂的方法。

20世纪70年代早期，当肯尼斯·阿罗和约瑟夫·斯蒂格利茨几乎同时提出信号筛选理论以及迈克尔·斯宾塞提出信号传递理论的时候，对人力资本理论的反对变得尤为强烈。[19] 简而言之，这些理论认为，教育首要的不是为增强工资收入能力而进行的投资，如人力资本学派所宣传称的那样；相反的，它仅是挑选更有能力职业的筛选手段，或是向市场发出有关技能水平信号的机制。"即使学校教育也存在这种功能，"贝克尔回答道，"教育私人回报率的重要性丝毫不受影响。而且应该指出的是，事实上没有任何努力被用来测定筛选的实证重要性……大学实际上是惊人昂贵的'职业介绍所'"（贝克尔，1993，8）。

鸿篇巨制

将舒尔茨、明策尔以及贝克尔视为把人力资本引进主流经济学的先驱并不是说他们是最先涉足这一主题的学者。[20] "在少数将人力视为资本的学者中，"舒尔茨指出（1961，2-3），"有三位杰出的人物。哲学家及经济学家亚当·斯密明显地把一国所有居民拥有的全部已成习惯且有用的能力视为资本的一部分。海因里希·冯·杜能（Heimrichvon Thünen）也是如此，他一直坚持认为施加于人的资本概念并未使其丢脸或损害其自由与尊严……欧文·费雪也清楚而中肯地提出了一个包括一切令人信服的资本概念。"舒尔茨也承认他的芝加哥同事弗里德曼和哈里·约翰逊对人力资本的早期贡献。[21]

不论如何，加里·贝克尔都应该是人力资本领域首届一指的经济学家。贝克尔1930年出生于宾夕法尼亚州的波茨维尔（Pottsville），在普林斯顿大学完成本科学业（维纳是他在那儿时的经济学教授）。贝克尔险些与经济学职业擦肩而过："从在普林斯顿大学的本科时期开始，我对社会问题要远比对通常由经济学家考虑的问题更感兴趣。高年级时我差点儿转修社会学专业，因为经济学显得过于狭隘。幸运的是，我来到芝加哥大学开始研究生学习，来自米尔顿·弗里德曼、H. 格雷格·刘易斯、T. W. 舒尔茨以及其他芝加哥学者的激励使我确信经济学同样能够用来研究'社会'问题。"（贝克尔，1995，xvi）那些传统上由经济学家考虑的问题更多是货币或宏观经济学类型的。[22]贝克尔在它们身上一试身手，但这些主题确实难以引起他作为研究者的兴趣。

贝克尔的博士论文形成了他的第一部主要著作：《歧视经济学》（The Economics of Discrimination）（1957）。在书中，贝克尔把价格理论应用于对特定社群成员的歧视、偏见以及敌意现象的分析，这一现象由诸如种族、宗教和性别等因素激发。利用一个简单的国际贸易模型，贝克尔引入了所谓的歧视系数，如同贸易关税一样，用来定义或衡量歧视行为和感觉的强烈程度。[23]对贝克尔分析的反应为贝克尔职业余生的成就如何被理解奠定了基调——此前从未听到把像经济学这样的唯物主义科学的工具应用到诸如歧视这样深远的"人类"伦理议题。正如罗森所回忆的那样（1993，33）："很难描述这在当时是多么勇敢的工作，考虑到美国当时的趋势，以及经济学家和其他社会科学家对远离熟悉领域的研究工作的普遍怀疑态度。"值得一提的是，在斯蒂格勒和其他学者干预后，芝加哥大学出版社才同意出版贝克尔的著作（斯蒂格勒，1988b）。

贝克尔于 1957 年离开芝加哥大学前往纽约的哥伦比亚大学，在那里与明策尔合作推进自己对人力资本的兴趣。贝克尔在 1964 年出版了自己的鸿篇巨制——《人力资本》（Human Capital）的第一版。1993 年，贝克尔的芝加哥同事罗森对于他的著作发表了这样的评论："事实上书中的每个观点都是研究群体一直追求的。今天重读这部著作，仍会觉出它很好地经受住了时间的考验。"书中嵌入的基本假设是：人力资本投资（如教育、培训和健康）同样地能像其他投资那样被分析。当收益超过成本时人们就会进行投资。一个最重要的结论是教育回报率的计算，研究发现，小学教育产生比高中教育更高的回报，而后者的回报相应地要高于大学教育（贝克尔，1993a）。

在《人力资本》中，贝克尔也认真地对已经成为政府民众培训政策基石的定理提出了质疑。根据阿瑟·庇古的外部性分析，培训具有外部性。庇古主义的论据在于，投资发展员工能力的企业总是面临着员工被其他企业引诱走的风险，它们（其他企业）将由此获得人力资本投资的好处。这一分析导致了这样的结论，即：市场机制会使培训投资不足，因而政府应该承担培训投资的替代责任。

贝克尔提出了一般培训和求知与公司特定培训之间的明显区别。他证明庇古主义的论据是错误的，至于被关注的一般培训——接受培训的人会自己付费，通过获得高于其培训期所从事工作价值的薪水。

正如罗森已指出的那样，贝克尔的人力资本理论分析框架激发了产生一些重要洞见的众多研究活动。由公司特定技能培训投资所获的收益解释了"为什么具有高度专业技能的工人不喜欢离职，而且是经济不景气时最后被解雇的人员"（贝克尔，1993a，393）。年轻人之所以比老年人更倾向于流动，是因为给定几乎同样的迁移成本，年轻人有更多的时间通过更高的收入来弥补这些成本。[24]男性和女性之间的工资差距——所谓的性别差异——与这一事实有关，即："传统上，女性比男性更有可能兼职和间歇工作，部分是因为她们在有了孩子后通常会退出劳动一段时间。因此，她们更少有动机投资于提高薪资和工作技能的教育和培训。"（贝克尔，1993b，394）

贝克尔的人力资本理论还在著名的列昂惕夫（Leontief）之谜上显露出新光芒。诺贝尔奖获得者瓦西里·列昂惕夫（1953）发现：作为世界上最发达的经济体，美国事实上也在出口劳动密集型产品。按照传统国际贸易理论的假定，美国应该出口资本密集型产品，而劳动密集型产品的生产应该由欠发达国家承担。这一谜团的可能解释在于："美国实际上被赋予了特别优秀的人力资本，这是植根于劳动力身上的，但在基于国家统计数据的计量经济研究中没有被考虑进去。"（Sandmo，1993，11）由人力资本理论引起的另外一个有趣的发现是：遍及非洲大陆大部分地区的持续（甚至增长的）欠发展可能与非洲年轻人的高死亡率有关（其中大多是因为艾滋病的肆虐），这阻碍了对人力资本的投资。

人力资本理论促使贝克尔对付棘手的问题，如不同族群对于投资人力资本的态度："美国不同族群的差异是很吸引人的。小家庭在孩子的教育和培训上花钱更多，而那些大家庭的花费则少得多。日本人、中国人、犹太人和古巴人的家庭较小因而孩子受到良好的教育；而墨西哥人、波多黎各人和黑人的家庭更大，因而他们的孩子所受到的教育则要少……因此，存在这样的事实毫不足怪：在美国，相对于其他族群的孩子而言，来自小家庭而人力资本投入多的子女的收入/职业层级明显上升得更快更高。"（贝克尔，1993a）

内生增长时代

人力资本理论导致了经济增长理论的根本修改。在舒尔茨、明策尔以及贝克尔发展人力资本理论的同时，主要由索洛发展的新古典增长理论支配了那时的经济学课程。索洛模型的基本观点认为：在一个稳定的国家，人均产出（或收入）的增长率受技术变化的制约。这通常被定义为索洛余值（Solow residual）。

新古典增长理论中仍有两个主要的问题未能解决。国家之间经济增长收敛的论断是必然的：如果两个国家有着同样的人口增长率、一样的储蓄率以及一致的生产函数，那么它们最终会达到同样的收入水平。然而，这一收敛假设的证据还未能厘清。[25]索洛模型的另外一个缺陷在于认为经济增长主要由"某物"——索洛余值、技术变化、生产力要素等驱动，这与传统经济学理论的解释显得格格不入。但是正如舒尔茨1961年的遗憾表示那样，把这"某物"定义为"资源生产力"而不是忽略它，显示了我们的无知（舒尔茨，1961，6）。

芝加哥大学是探究新古典增长模型两个缺陷的大本营。其中率先进行这些研究的是罗伯特·卢卡斯和保罗·罗默（Paul Romer），后者于1983年在芝加哥大学获得了博士学位。罗默在他的博士学位论文中提出了一个观点并在随后发表，他认为新古典的有关投资收益递减和资本边际收益递减的假设根本不正确（罗默，1986）。罗默将这一思想的源头追溯到了阿罗和阿尔弗雷德·马歇尔的研究工作，但弗兰克·赖特在1944年发表的作品中仍在如此陈述。[26]形成资本聚集的回报递增的关键因素在于知识和溢出效应：[罗默提出的模型认为]……增长主要是由前向的知识积累所驱动，那些利润最大化机构……投资于知识有着天然的外部性。由于知识不可能完全成为专利或被保密，因此一个企业创造的新知识肯定会对其他企业的生产能力产生正向的外部性（罗默，1986，1003）。

卢卡斯于 1985 年在他的剑桥大学马歇尔讲座中形成了自己的基本观点和模型。基于每个工人的人力资本不仅提升他自己的生产力，还能提升其他工人的生产力，他将人力资本视为一种非竞争性或者正向的外部效应。卢卡斯的一项研究成就始于这样一个疑问："为什么资本会从富国流向穷国。"（卢卡斯，1990a）出发点是新古典的贸易和增长理论的逻辑结果——资本总是流向其边际产量最高的地方（即资本缺乏的经济体，通常是所谓的穷国）。

卢卡斯断定这一理论与可得到的证据明显不一致。卢卡斯认为其原因在于不同区域劳动力质量的巨大差距："如果知识外溢局部足够一致的话，那么对人力资本差别的校正将最富国和最穷国的预期资本回报比率从大约58% 最少降低到了大约 5%。"（卢卡斯，1990a）在 1991 年计量经济学会的费舍尔－舒尔茨讲座中，卢卡斯（1993）指出"增长的主要引擎在于人力资本的积累——知识；国家之间生活水平差异的主要原因也在于人力资本的差异。实体资本（物质资本）的积累起着基本但显然是辅助性的作用。"

卢卡斯在马歇尔讲座中提出的一些观点，后来由 1990 年加入芝加哥大学教席的南希·斯托克（Nancy Stokey）进一步完善。南希·斯托克于 1972 年在宾夕法尼亚大学获得经济学学士学位，六年后在哈佛大学获得博士学位。1976－1990 年，她任教于西北大学。来到芝加哥大学经济系后，南希成了卢卡斯的生活伴侣。在一系列有关内生增长的研究项目论文中，南希对诸如人力资本投资与国家的开放程度的相互作用等概念进行了考察。

贝克尔与凯文·墨菲和罗伯特·田村（Robert Tamura）合作构建了一个内生增长的有趣模型（1990）。该模型的特别之处在于为一些国家或地区持续的慢速增长现象提供了新的解释。他们在模型中嵌入了人力资本理论与贝克尔式的家庭分析理论。[27]这种模型的一个主要结论认为，经济不会仅有一种稳定的状态（而应有两种）。一种状态以大家庭、较少的人力资本和缓慢的经济增长为特征；而另一种状态则以小家庭、较多且逐渐增长的人力资本以及相对快速的经济增长为特征。这种差异的原因在于："当人力资本充足时，人力资本投资的回报率要相对高于养育小孩的回报率；而当人力资本缺乏时，人力资本投资的回报率要相对低于养育小孩的回报率。因此，具有有限人力资本的社会会选择更大的家庭规模，而对每个成员的投资相比较；而那些具有充足人力资源的社会则恰好相反。"（贝克尔、墨菲和田村，1990，S_{35}）在 20 世纪 70 年代早期，贝克尔与他芝加哥大学的导师 H. G. 刘易斯合作发表了一篇有关小孩数量与质量之间相互关系的文章（贝克尔、刘易斯，1973）。

贝克尔、墨菲和田村的分析是否会不可避免地得出穷国将一直陷于非增长状况的结论呢？答案是否定的，即："一个国家只要具有利于投资的适度持续的良好时机与政策，就能够从最初的'马尔萨斯'均衡转换到其后的'发展'均衡。"（贝克尔、墨菲和田村，1990，S_{35}—S_{36}）这些转换点的特征表现为：快速的人力和实物资本积累，出生率的下降与家庭规模的缩小。他们强调了一些帮助引发西方世界早期增长的转变："……改进使用煤炭的方法，更好的铁路和海洋运输，价格管制的减少以及对外贸易。"（贝克尔、墨菲和田村，1990，S_{34}）贝克尔、墨菲和田村的模型构成了卢卡斯 1997 年库兹涅茨讲座的基础（卢卡斯，2002）。

重回巴尔干化

在贝克尔成为 20 世纪下半叶的杰出经济学家的过程中，芝加哥大学的一些经济学家发挥了重要作用。对贝克尔具有较大影响而又鲜为人知的一位是 H. G. 刘易斯，在他的指导下，贝克尔写出了有关歧视的博士学位论文。刘易斯是现代劳动经济学的开拓者。追随刘易斯的足迹，贝克尔和其他芝加哥大学的经济学家，包括阿尔伯特·里斯、舍温·罗森以及詹姆斯·霍克曼，都成了著名的劳动经济学家。

刘易斯 1914 年出生于密歇根的哈默（Homer），作为学生和职员在芝加哥大学生活了 40 余年，因而求学期间得以受教于诸多杰出导师如弗兰克·

赖特、雅格布·维纳以及亨利·西蒙斯。分别于 1936 年和 1947 年获得学士和博士学位。[28] 从这些大师身上，刘易斯学习了价格理论。受保罗·道格拉斯的影响——他曾经一度是道格拉斯的研究助手，刘易斯形成了对数量经济学的嗜好。作为一名出色的数学家和统计学家，刘易斯也曾在专业上与亨利·舒尔茨靠得很近。在亨利·舒尔茨于 1938 年意外去世后，刘易斯成为系里教授统计学的第一人选。

刘易斯创造性地将基本的价格理论应用到了劳动力市场运行方式的研究中，[29] 用他的学生阿尔伯特·里斯的话来说，刘易斯应被视为"分析劳动经济学（与普通劳动经济学相反）"之父。这意味着"经济学理论及计量经济学在人力资本的形成、市场和非市场活动之间的时间安排、不同用途的劳动力的分配以及劳动力的补偿等问题上的应用"（里斯，1976，S_3）。罗森描述了这一历史背景：

> 当刘易斯在 20 世纪 40 年代初进入这一领域时，他很难被视为劳动经济学家，他的著作在 20 世纪 60 年代之前一直被排除在这一领域的主流之外。从 20 世纪 30 年代之前开始，由来已久的方法主宰着劳动经济学，大萧条中的大量失业以及上升的工联主义使得十足（完全）的劳动经济学方法对绝大多数经济学家毫无吸引力。理性的模型受到嘲弄，边际生产率和公司理论被经济学家认为毫不相关，工资的决定被认为对竞争力量免疫。劳动力市场是"分立的"。

将众多劳动经济学惯用方法类型化的学者为哈里·埃尔文·米利斯（Harry Alvin Millis），他在印第安纳大学获得学士和硕士学位（布朗等，1949）。1899 年，他在芝加哥大学获得博士学位。韦斯利·米契尔和赫伯特·达文波特是他的学生同伴。在阿肯色州大学、斯坦福大学和堪萨斯州大学短暂停留后，他于 1916 年返回到芝加哥。1928 年他成为经济系的掌门人，并执掌这一职位达十年之久。米利斯始终将他的学术工作与公共服务结合在一起。他是美国移民署和全国劳工关系委员会的成员，此外，他作为一名劳动纠纷的仲裁者也赢得了广泛的赞誉。

刘易斯在米利斯去世的前一年获得了博士学位。理查德·弗里德曼——一位毕业于芝加哥大学的耶鲁劳动经济学家，认为刘易斯的著作是"创造性的综合……他的百科全书般的分析远甚于文献综述或者机器计算的元数据统计"[阿瑟菲尔特（Ashenfelter），1994，143]。他的两部主要著作包含着开创性的素材，主要是关于劳动力需求和工会对差别工资的影响方面的（刘易斯，1963、1986）。至于刘易斯有关学生方面的工作，弗里德曼将其描述成"理想的读者"，会"仔细检查你所做的作业，直至找不到一处错误。在库兹涅茨式关怀下通过分析统计学的学习，刘易斯影响了一代劳动经济学家进行实证分析的方式。刘易斯是劳动经济学的良知……他有一种为得到正确的东西而甘愿献身的精神"[30]。

刘易斯对其学生倾注的关注和时间并不意味着使他们的生活更轻松容易，正如里斯所证实的那样："一篇论文只要还有修改余地就是不合格的，不管已经写了多久。"杰夫·比德尔（Jelf Biddle，1996，174）赞誉刘易斯具有"强烈的责任感——对他的部门、他的学生和他的经济学家同事以及严谨而公正的学者的理想"。

刘易斯在1975年离开了芝加哥大学，成为北卡罗来纳的杜克大学的经济学教授，在那里直至1992年逝世。尽管刘易斯将他离开芝加哥大学归因于"他和妻子希望在更温暖的气候环境中落叶归根，并能在那里最终退休"（比德尔，1996，183），但有相当多的证据表明，他离开芝加哥大学至少部分是因为失望。[31]里斯（1976，S$_8$）曾经暗示道："他长时间不被认可。他的提升非常缓慢。他的薪水低于他的那些拥有不可靠但更显眼成就的同事。尽管他曾因此沮丧，但并未表现出来。"刘易斯花了18年才完成从普通教师到全职教授的晋升过程。

刘易斯的继承者

刘易斯最杰出的学生之一是阿尔伯特·里斯（Albert Rees），他1921年出生于纽约，1992年在新泽西州的普林斯顿去世。在欧柏林学院（Oberlin

College）获得学士学位之后，里斯来到芝加哥大学，在那里于 1947 年获得硕士学位，并在三年后以一篇有关碱性钢产业工会效果的论文获博士学位。[32]里斯在芝加哥大学任教将近 20 年（1948－1966），并在 1961－1964 年期间担任经济学系主任。他在 1966 年转至普林斯顿大学，并于 1979 年就任斯隆基金会（Sloan Foundation）主席。跟他的导师刘易斯一样，里斯致力于工会作用的研究。[33]尽管他认可工会主义可能增加工资下调的刚性，但基于实证研究他认为："在解释萧条时期产业内部的工资变动的差异上，产品市场的竞争程度可能与工会组织的程度一样重要，或比之还重要。"（里斯，1951，153）。

里斯驳斥了 20 世纪 50 年代流行的"工会导致工资水平螺旋上升"理论。[34]在 20 世纪 60 年代早期，他论证道："即使在一个具有强大工会的经济体中，只要我们愿意使用紧缩的货币政策和高的边际税率，以及承受略微高于摩擦水平的失业后果，通货膨胀就能被中止。"（里斯和汉密尔顿，1963，64）

从 20 世纪 70 年代开始，两位劳动经济学新人在芝加哥大学脱颖而出：舍温·罗森和詹姆斯·霍克曼。尽管他们的研究遵循着刘易斯的劳动经济学方法，但刘易斯对他们两人的直接影响要小于对里斯的影响，因为在刘易斯离开芝加哥大学之后，罗森和霍克曼才进入该校经济学系教席。

罗森 1938 年出生于芝加哥，在普度大学接受了他的本科教育。在普度大学经济学家托马斯·登伯格（Thomas Denberg）的建议下，罗森放弃了工程学，转而学习经济学。[35]被耶鲁大学拒绝后，罗森于 1962 年进入芝加哥大学。他的同学包括后来成为著名经济学家的那些非比寻常的人物——罗伯特·卢卡斯、尤金·法玛、萨姆·佩尔兹曼、尼尔·华莱士以及菲尼斯·韦尔奇（Finnis Welch）。在刘易斯的指导下，罗森于 1966 年以一篇关于铁路行业就业问题的学位论文获博士学位。

1964 年罗森赴罗彻斯特大学（University of Rochester）同罗伯特·福格尔一起工作，后者成为芝加哥学派另外一位主要的经济学家。在罗森到达罗彻斯特大学两年之前，艾伦·W. 瓦利斯担任了罗彻斯特大学校长。同罗森一样，其他几位芝加哥大学的毕业生因为瓦利斯的缘故也来到了罗彻斯特，其中包括鲁迪格·多恩布什、迈克尔·穆萨以及罗伯特·巴罗（Robert Barro）。

1977年，罗森在指导完理查德·塞勒的博士论文之后重返芝加哥大学。[36]到20世纪90年代中期，泰勒来到芝加哥大学，并利用他的准理性经济学和行为金融学理论挑战有效市场假设，该假设是GSB在金融学领域拥有世界声誉的奠基石。罗森于2001年3月辞世。

对劳动力市场相关问题的分析是罗森学术研究中最主要的论题。同刘易斯一样，罗森就工会行为的经济效果这一主题发表了好几篇文章。[37]在罗纳德·科斯有关公司本质这一影响深远的贡献感召下，罗森分析了交易成本在劳动力市场运作方式中的作用。（罗森，1988）。

罗森是在贝克尔回归七年后回到芝加哥大学的，这使罗森的研究课题明显地受到了贝克尔的影响。有关人力资本的问题成了他著作中的焦点，尽管还在罗彻斯特大学时他就已经接触到它们了。在对瑞典模式——社会经济学组织的一种长期被视为纯资本主义与低效率社会主义之间的"第三条道路"——究竟出了什么毛病的分析中，罗森将人力资本理论和劳动与家庭经济学相综合（罗森，1996）。在其职业生涯中，罗森博得了严谨建模专家的声誉。此外，他于1974年完成的有关产品差异化的论文也是他最重要的成就之一（罗森，1974）。

罗森被视为杰出建模专家的另外一个范例是他对超级明星的经济学分析（罗森，1981，1983b）。[38]他发现了有关现代超级明星现象存在的两个决定性要素："一个是消费或使用服务的技术必须如此，即使得天资平庸者不足以替代天资聪慧者，这一服务由天资聪慧者的相关活动提供；另一要素则与服务的生产技术的独特性有关，通过受众的使用。"（罗森，1983b，454）。现代媒体的重要性在于这样的事实：他们"展现技术实际上允许个人以极小的代价克隆自己……在这方面，绝大多数的经济活动是没有约束的"。

罗森在他的超级明星论文中提出的第一要素作为这一现象——天资平庸者不足以替代天资聪慧者——存在的解释，在他对美国律师市场的分析中也起着非常重要的作用。罗森对于律师中的超级明星们作出如下评价：一小部分精英律师享有高额收入，"收入上的如此集中是大部分法律诉讼被经济有效地分配给最具天赋的律师们的自然结果"。罗森对作为社会产品的律师服务是否有存在必要这一问题给出了自己的回答："建立在私有产权基础上的市场经济，其效率的实现需要有序的方法来解决特定环境下的产权争端。法律职业易于从事，因为事实上所有的民事争端和诉讼只不过是将资源从一方转移到另一方……要回答这一常规问题，必须评估争端解决方案可能的预期效果是否会提升效率经济，否则就不会发生这样的社会行为。这就是使得事后成本值得承担的缘由。"（罗森，1992，243－244）

亨利的继承者

詹姆斯·霍克曼 1944 年出生于芝加哥。1965 年他在科罗拉多学院获得数学学士学位，三年后在普林斯顿大学获经济学硕士学位。1971 年，他以论文《论劳动力供给和商品需求》（*Three Essays on the Supply of Labor and the Demand for Goods*）在普林斯顿大学获经济学博士学位。依据霍克曼的说法，"在普林斯顿，我的博士生导师阿尔伯特·里斯对我的成长起着较大的作用。至少与来自加里·贝克尔和雅格布·明策尔的影响一样"[39]。霍克曼在哥伦比亚大学度过了 1970－1974 年间的时光，1974 年以后，他一直在芝加哥大学经济学系任教。

霍克曼成了一名计量经济学应用工具的建模者。1985 年时，他成为亨利·舒尔茨教授的助手，这强化了霍克曼对自身作为继承者——舒尔茨几十年前在芝加哥大学的研究工作——的认知。[40]此前一年，美国经济学会授予其约翰·贝茨·克拉克奖。在颁奖词中，美国经济学会强调了霍克曼在计量经济学和统计学中的杰出成果。[41]

瑞典皇家科学学会也认可共同分享霍克曼对经济学的重要贡献，宣布由他和加利福尼亚大学伯克利分校的丹尼尔·麦克法登（Daniel McFadden）共同分享 2000 年诺贝尔经济学奖。在颁奖词中，皇家学会提及两位得主在"微观计量经济学领域"的贡献，即"个体和家庭经济行为的实证分析：诸如劳动供给决策、消费、迁移和职业选择"。霍克曼的获奖致辞的主题是微观计量经济学对普通经济学知识的贡献。[42]学会还特别提及霍克曼作为"计量经济学政策评估领域最著名的研究者……［他］……最有影响的成果涉及由非随机选择过程产生的数据而引起的问题"。此外，皇家学会强调："霍克曼对于微观经济学理论的贡献已经与应用实证研究协力成长，特别是在劳动经济学领域。"

霍克曼对于劳动经济学的主要贡献在于对劳动力供给的分析，尤其是对女性在这种供给中的作用给予了特别关注。[43] 传统劳动经济学从工作时间方面来定义劳动力的供给。真实工资水平的变动被认为产生了收入和替代效应——这两者的平衡决定了工作时间的变化。在这一分析中，是否参加工作的决策被简单地忽略了。在 1993 年，霍克曼断言：劳动力供给研究方面的一个最主要发现是"同重要经验结果的关键性区别……在于劳动力供给选择的外延边际（即劳动人口参与率和就业选择）与选择的集约边际（即工人对工作时间和工作星期的选择）之间"。差不多 20 年之前，霍克曼在一年中（1974a，1974b，1974c）发表了三篇有关劳动力供给的专业论文。

与罗森和众多其他经济学家一样，霍克曼也为人力资本的革命着迷。通过开发一个有关劳动力供给、收入、消费和非营利教育的周期模型，他作出了有趣的贡献（霍克曼，1976）。白人和黑人之间年龄消费概况的差异是这篇文章的一个主题。[44] 美国黑人的经济成就是霍克曼的另外一个主要研究课题。贝克尔的成果——特别是他影响深远的有关歧视的经济学研究——显然是这一领域的权威之作。霍克曼驳斥了某些研究者这样的主张：针对黑人群体相对低工资水平的反歧视行动的积极作用是非常有限的。霍克曼抗辩的一个关键点是美国南方黑人和北方黑人成就的明显差别。"记录来自南方黑人（南方黑人更有成就），"霍克曼（1990，235）总结道，"这表明黑人正逐渐受到劳动力市场的青睐，这一事实通过赋予联邦公民权政策以主要作用能被更经济地解释……但是，将南方黑人的全部进步归功于民权法是不正确的……社会行为主义连同学校教育质量的提高和产业的发展都是重要的促成因素"。到 1998 年时，霍克曼已经断言："仔细研读所有可能得到的证据就能证实这一事实：在 20 世纪 90 年代的劳动力市场上，绝大部分黑人和白人之间的悬殊的收入差距是由于他们进入市场时技能的差异造成的，并非劳动力市场上的歧视所致。"

霍克曼因其有关劳动力市场政策的成果而被广大民众所熟知。他曾极度抨击那个普遍观点，即因其自身的缺陷，美国的劳动力市场和教育体制无法赋予工人现代经济所需的必要技能，从 20 世纪 70 年代中叶开始，低技术工人的工资水平已经相当恶化。[45]对人力资本投资的巨大需要被这一新共识的拥护者所希望了解，因此他和他的同事们计算出了这一"需要 1.66 万亿美元（1989 年的美元）的人力资本投资，以使 1979 年低技术工人的工资水平达到受过大学教育的工人的工资水平"[霍克曼、罗瑟卢斯（Roselius）和史密斯，1994，117]。除此令人难以置信的数字之外，"……培训项目有效性的证据显示，政府等提供的公共培训是无效率的，而私人培训项目的收益回报要高得多。但是，私人培训项目显然将贫困的工人排除在外，因为这一类型的培训回报很低"（霍克曼、罗瑟卢斯和史密斯，1994）。对霍克曼和他的同事们来说，摆脱这一困境唯一可行的办法在于"经济有效的项目应该致力于小学与初中阶段的早期培训和教育，而不是后中等教育阶段的教育和培训"（霍克曼、罗瑟卢斯和史密斯，1994，117－118）。

家庭时光

刘易斯、里斯、罗森和霍克曼都是在劳动经济学领域产生过重要研究成果的芝加哥学派经济学家。[46]当然，贝克尔也是如此——不仅是因为其对人力资本理论的杰出贡献。贝克尔有关时间作为经济因素的分析也属于劳动经济学领域的研究。[47]在他的诺贝尔奖谢词中，贝克尔（1993b，386）说："不同的约束条件决定了不同的环境，但最基本的约束条件是有限的时间。经济学和医学的成果极大地延长了人类的寿命，但并没有延长时间本身，对我们每个人而言每天依然只有 24 小时。因此，当富国的商品和服务极大丰富时，消费它们的总时间并没有发生任何变化。"

贝克尔对时间分析的灵感主要来源于雅格布·明策尔（1963），他曾断言：如果忽略时间因素的话，那么对数个商品的需求分析将存在严重缺陷。贝克尔的基本观点与明策尔的观察相符：要想得出任何活动或产品的全部成本，必须将生产或消费中所需的时间包含在内。这改变了选择理论的传统观点——新理论的核心要点在于"家庭既是生产者又是消费者的假设。这一理论极大改变了传统选择理论的成本最小化原则"（贝克尔，1965，516）。

贝克尔有关时间因素的研究成果与其他主题形成了 1981 年的《家庭论》（*A Treatise on the Family*）——一本几乎即刻产生巨大影响和争议的著作。在他的诺贝尔奖获奖演说中，贝克尔描述了自己投入此书的努力：

> 写作《家庭论》是我经历的最困难持久的智力努力……充实这一大主题需要超过 6 年的智力献身，经历无数的白昼与黑夜，耗尽了我全部的心智。伯特兰·罗素在其自传中写道：写作《数学原理》耗尽了他的才智，以至于他不再适合真正艰辛的智力劳动。在《家庭论》写作完成之后，我花了将近两年时间才恢复了我的智力兴趣。（贝克尔，1993b，395）

贝克尔提出了许多有关家庭经济的问题，如投资决定的作出应该以福利最大化为目标。在贝克尔的分析中，福利最大化不仅局限于物质要素。当人们结婚、决定养育小孩、在家庭成员之间分配工作、制订计划分配遗产，甚至决定离婚时，他们都是基于所涉及的成本和收益作出决定的。这一分析框架以及由此得出的结论，与当时西方世界人们考虑家庭结构和成员关系的方式完全相反；因此，体会他在《家庭论》中的思维过程一定会是令人格外费心费力的。由于其早期研究成果遭受的抵制，贝克尔肯定已预先意识到他的方法会面临激烈的反对。比如说，贝克尔的生育理论——他博大精深的家庭理论中的一个关键构成要素，就受到了保罗·萨缪尔森的激烈批判。

贝克尔分析中一个最重要的结论是：在现代社会中，时间变得尤为昂贵——包括抚育小孩所花费的时间。而且，孩子需要更多的教育和培训以获得所需的技能，而这会进一步增加抚育小孩的费用。因此，现代社会出生率下降以及已婚夫妇自主选择更小家庭，就毫不奇怪了。

另一个有趣的隐含意义事关离婚：与通常观点相反，富人的离婚率要低于穷人。对于贝克尔来说，这一实证证据与他的理论十分契合，因为越是富有的夫妻，他们生活在一起的收益会更多。在贫困家庭中，离婚双方的损失很少。

坏孩子定理（Rotten kid Theorem）是贝克尔的家庭论中最广为人知的部分。该理论认为：无私父母的自私小孩会通过行为表现出无私的现象——但实际上是自私的。这些"坏孩子"懂得以取悦施恩者的方式来满足自己的最大利益，并因此掩盖他们真实的动机。

贝克尔的《家庭论》遭受了他的《人力资本》同样的境遇。两部著作都把能够吸引更多经济学家的研究项目提上了日程。在评论这一著作时，约兰姆·本－波拉斯（Yoram Ben-Porath，1982）写道："贝克尔带给我们的首先是一整套分析框架和分类方法……如果（该框架）被孤立地考察，那么便不能排除这样的风险：它实际上成了一种空洞无味的语义练习……它的有效性不在于其实质性前提的对或错，事实上它隐含了一个合理的战略，从而使导出新推断和将它们与更多其他发现联系起来成为可能。"

正如贝克尔所乐意承认的那样：[48]他在《家庭论》中形成的分析主要源自詹姆斯·科尔曼（James Coleman）的影响，后者就是那位将所谓的经济人（Human economics）概念引入社会学的学者。[49]科尔曼最有影响力的著作可能是《社会理论的基础》（Foundations of Social Theory，1990）。在书中，科尔曼发展了理性选择理论，该理论暗示社会结构、群体规范以及诸如此类的因素起源于理性个体有明确目的的行为。无论如何，它经常是双向进行的：社会准则和习俗对于理解和解释个人的行为是非常重要的。

科尔曼1926年出生于印第安纳州的贝德福德市（Bedford），在普度大学获得化学工程学士学位。他在研究生时转向了社会学，并于1955年在哥伦比亚大学获博士学位。在哥伦比亚大学时，科尔曼师从斯蒂格勒研究了价格理论。但这一课程对青年科尔曼并没有太多影响。[50]20世纪50年代晚期，经济学方法或理性选择理论在社会学应用的吸引力叩开了他的心扉，那时他离开芝加哥大学社会学系来到约翰·霍普金斯大学，他在那里从1956年一直待到1973年。1961年时，他写出了自己的第一部主要著作——《青春期社会》（The Adolescent Society），经济学方法已经清楚地出现在此书中。科尔曼于 1973 年重返芝加哥大学，在那里度过了职业生涯的剩余时光，直至 1995 年辞世。

贝克尔将科尔曼描述为"一个比绝大多数掌握更多经济学理论的经济学家更好的现实经济问题分析家"（克拉克，1996，379）。约翰·霍普金斯大学的社会学家爱德华·麦克迪尔认为科尔曼"作为他那个时代卓越的社会学家，既是理论家又是实证研究者"（克拉克，1996，368）。丹尼尔·帕特里克·莫伊尼汉（Danaiel Patrick Moynihan）写道，"科尔曼称得上我们时代最早的政治立场不正确的学者之一"，而且他"在某种模式下被敌意地抨击，这种模式被汉娜·艾伦特（Hannah Arendt）在欧洲极权主义中坚分子中观察到的，一种即刻化解事实的各种陈述为动机问题的能力"[51]。

学业与教育是科尔曼研究中的主要元素。在一项为美国国会进行的研究中，他和他的研究伙伴得出这样一个结论：在综合班级里，黑人小孩获得了更好的学业成绩。[52] 在九年后才发表的新研究基础上，科尔曼和他的团队得出结论：废除种族隔离的努力（如校车接送）已经产生事与愿违的后果，因为它导致白人小孩逃离了那些黑人小孩占绝大多数的学校。[53] 这些结论使科尔曼成为某些恶意攻击的目标。科尔曼面对的愤怒爆发可以与他在 1982 年所经历的相提并论，当时他发现的证据表明：私立学校和天主教会学校学生的成就整体好于公立学校学生的成就。[54] 几年以后，科尔曼对这种系统性差异作了如下评价："……美国公立教育建立的基础，即某些基本前提，对社会结构是不合适的，而正是在这样的社会结构上建立了我们今天的社会。也许学校不应是政府或较大社团的机构，而应该是最靠近孩子的家庭社区。"（科尔曼，1985，17）

犯罪合理化

对于根据研究得出的严厉政策结论和建议，科尔曼总是非常犹豫。[55] 贝克尔也是如此。在能带来最前沿的新难题时，非常严肃的经济学研究允许研究者得出某些结论。正如贝克尔所争辩的那样，"……多数情况下，经济学科学家无需提出政策议题"[56]。贝克尔主要是对实证经济学感兴趣，而对公共政策的规范层面兴趣不大（至少在他的学术论文中）。[57]贝克尔自己的著作是这一态度的佐证，一项主要成果除外——他的有关犯罪和惩罚的经济学分析。

贝克尔以他在犯罪问题上的第一部著作，再一次震惊了学术界的绝大多数人（贝克尔，1968）。贝克尔的著作直接违背了精神病专家卡尔·门宁格1966年的著作《惩罚的犯罪》（*The Crime of Punishment*）里的基本观点。在贝克尔发表他的犯罪分析之时，门宁格的著作在政策界影响甚巨。门宁格的基本观点认为：犯罪分子往往也是他们自己的受害者——是他们的家庭环境，他们所接受的教育（或者根本没有），或者其他与他们意愿或个性格格不入的环境的牺牲品。以这种方式看待社会犯罪问题，显而易见的结论就是：对犯罪的惩罚越猛烈，有关这一问题产生的根源和解决方法，你所失去的就越多。

贝克尔的基本观点是：犯罪仅因它"付出代价"而发生。在他的诺贝尔奖获奖演说中，贝克尔将他有关犯罪的著作的特征描述为：

> 我探索着……有关假设的理论和实证的隐含意义表明，犯罪行为是理智的……但是"合理性"又一次没有暗指狭隘的唯物论。它识别了这一事实：许多人被伦理和道德理由所束缚，即使这一行为有利可图且没有被发觉的危险，他们也不会实施犯罪。然而，如果这样的态度总是盛行，那么警察和监狱就会变得没有必要。合理性暗示着一些人成为罪犯的原因在于：考虑到逮捕和定罪的可能性以及惩罚的严重性，犯罪所得的金钱和其他收益与合法工作相当。犯罪的数量不仅受理性和可能成为罪犯的偏好所决定，还与公共政策所创造的经济和社会环境有关，这些政策包括警察部门的支出，不同犯罪的处罚，以及就业机会、教育和培训项目。（贝克尔，1993b，390）

贝克尔分析的基本观点认为犯罪产生了社会所受损失，最优策略应该是使这种损失最小化。"这种损失包括逮捕和定罪的成本以及给予惩罚的执行成本……纵观历史，报复、威慑、安全、重建以及补偿可能是诸多迫切需要中最重要的。与此相比，最小化社会所损失可能显得狭隘、温和甚至少见……然而我们不能忽视这样的事实：它要比看上去更全面和强大，实际上它还包含更引人注目的迫切需要，如某些特例中显示的那样" （贝克尔，1968，207－208）。

由于逮捕的可能性和处罚的严厉是犯罪行为的两个主要决定因素，当局可以在它们的政策中发掘这两者间不同的平衡类型。在刑事学家那里，这类分析倾向于获得一个中性或负面的反作用。贝克尔对于犯罪和惩罚的纯经济学方法也受到了批判。[58] 实证研究——有关犯罪率的不同决定性因素的效果——依然揭示了支持贝克尔方法的结果。[59]

贝克尔有关犯罪的分析启动了一项研究，他的学生艾萨克·欧利希显然参与了这一项目。欧利希（1973，559）总结道："我们有关非法活动的理论暗含的基本观点是：作为一个群体，罪犯对金钱方面的诱因作出的反应与那些严格依法活动的群体几乎一样。"

另外两项对犯罪经济学的有趣贡献值得一提。第一项贡献也与贝克尔在社群相互作用方面的研究有关，寻求犯罪率在不同时空高差度变动的解释。"社群相互作用"，作者们声称它起着重要的作用，因为"一个人成为罪犯的决定肯定会影响其邻居进入犯罪生涯的决定"[格拉瑟（Glaeser）、萨瑟多特（Sacerdote）和桑克曼，1996，508]。

乔斯·桑克曼（Jose Scheinkman）是这一著作的作者之一。他 1948 年出生于巴西里约热内卢，在他的祖国获得经济学和数学学位。1974 年，他在罗彻斯特大学获博士学位。他作为芝加哥大学经济系一员的历史长达 25 年之久，直至 1999 年才离开，转而来到普林斯顿大学。桑克曼的研究主题非常广泛，包括随机游走假说［桑克曼、李巴隆（LeBaron），1989］、经济增长与城市发展的关系（格拉瑟等，1992）以及私有化（格拉瑟和桑克曼，1996）。

第二项值得一提的贡献起源于芝加哥大学法学院，在那段相对短暂的停留时期，约翰·洛特（Johu Latt）以他的著作《多一些枪械，少一些罪案》

（More Guks，Less Crime）引起了巨大的争议。与贝克尔的基本观点一致，洛特（1998）认为："当犯罪变得更困难时，犯罪就少了。"洛特实证分析的基本结论认为：为奉公守法的公民持枪立法是"降低犯罪最有效的方式"。

再上新台阶

在充满争议的分析——关于犯罪和罪犯行为——的著作出版将近 30 年后，贝克尔写了《偏好的成本》（Accoanting for Tates，1996），书中包含了几篇先前发表的文章和三章新内容。新章节中最重要的一章题为"偏好和价值"（Preferences and Values）。

在书中，贝克尔证明了两个主要观点。其一，有关稳定偏好的假设不再站得住脚。以《人各有所好》（De Gustibus Non Est Disputandum）一文，贝克尔和他的合作者——斯蒂格勒（1977）使这一假设成为规范经济学分析的柱石。其二，他提出偏好形成和转变的经济学分析是可以进行的。"这不像某些人所声称的那样，是对我先前研究的背叛，"贝克尔解释道，"而是我对经济学思考的进一步发展。它也不是对基本价格理论的反驳。与之恰恰相反，在使用价格理论分析偏好的过程中，价格理论的解释和预测能力被引向了更高的水平。对此可以辩论。然而，很明显的是：将偏好视为内生因素显然增加了循环推理的危险。由此推动我们理论根据的重要性以这样的一种方式，即我们以可证实的假说而告终"[60]。

贝克尔形容他的经济学分析新方法的实质为保留"这一假设，即个体根据最大化效用而行为，应当将个体偏好的定义扩展到包含个人的习惯和癖好、朋辈压力、父母影响、广告、爱情和同情以及被忽视的其他行为"（贝克尔，1996，4）。个人经历和社会力量被结合进偏好发生在两个资本概念中——个人资本和社会资本——这些都被贝克尔视为有关个人的人力资本的一部分："个人和社会资本的初始股本、技术、政府政策共同决定着经济产出。但经济也通过改变个人和社会资本而改变着口味和偏好。"个人资本包括"影响现在和未来效用的有关过去的消费及其他个人经历"。

发展人力资本的一个关键要素在于个人折价未来的方式。这容许贝克尔介绍第三种资本——想象力资本，这是一种判断未来的能力。当然，未来效用的折价受到对时间偏好程度的极大影响。[61]

社会资本"结合了过去行为的影响，这种行为是个人社会关系网络和控制系统中同龄人和其他人的知识和经验"（贝克尔，1996，4）。贝克尔指出：个人对他们的社会资本仅有极细微的直接影响，因为"对于确定的社会关系网络……他们的社会资本的产出……主要受制于同龄人和其他利益相关者"（贝克尔，1996，13）。但是人们对于他们社会资本的间接影响是巨大的，"因为他们尝试成为社会关系网络的一部分，这一网络对他们而言利大于弊"（贝克尔，1996，13）。

贝克尔的分析——特别是针对社会资本的分析——大多要归功于芝加哥大学社会学家科尔曼的开创性工作。以《社会经济学》（Social Economics）一书——与凯文·墨菲合作的论著，贝克尔进一步发展了有关一元化社会科学的思想，这是维布伦一个世纪前就梦想过的事情，科尔曼也同样曾沉迷于此。在前言中，贝克尔和墨菲（1999，3）将自己的作品内容具体化为"现代经济学"，他们写道："通常假定个体行为不受他人行动的直接影响。当然，人们相互间的间接影响则很容易理解，因为其他个体和公司的行为决定了不同商品的相对价格、不同类型劳动力和资本的回报、婚姻的前景、政治纲领以及经济、社会和政治生活的诸多其他方面。"书中的其余部分利用经济学家的各种工具对文化、规范以及社会结构的影响进行了广泛而深入的分析。

UCLA 年代

作为《社会经济学》的合著者，在海德公园校区的另外一边，凯文·墨菲确立了自己作为贝克尔在芝加哥大学学术遗产主要继承者之一的地位。在1996—1997教学年度之后，贝克尔开始与墨菲一起教授经济学，后者现在是企业经济学和劳资关系学院的乔治·普拉特·舒尔茨讲座教授。墨菲在1997年获得了约翰·贝茨·克拉克奖。在颁奖词中，美国经济学会评价墨菲是"才华横溢的经济学家，他的技能横跨全部学科。他是一位卓越的数据分析员和计量经济学家……他是一位极具天赋且有独创性的理论经济学家"[62]。

墨菲 1958 年出生于洛杉矶，在加利福尼亚大学洛杉矶分校（UCLA）接受本科教育，在 1981 年获得经济学学士学位。迈克·华德（Mike Ward，一位芝加哥大学毕业的博士）在那里讲授中级微观经济学，激发了墨菲对芝加哥学派经济学的兴趣。迈克·华德将墨菲推荐给菲尼斯·韦尔奇，后者把他引入了劳动经济学领域。

韦尔奇 1939 年出生于得克萨斯州的奥尔尼，1965 年在芝加哥大学获博士学位。在 H. 格雷格·刘易斯和 T. W. 舒尔茨的影响下，他致力于学校教育的回报。在芝加哥大学待了两年（1964－1966）后，他在几所不同的大学度过了一段时间。

加利福尼亚大学洛杉矶分校通常被视为洛杉矶的芝加哥大学，这一事实表明了在对待经济学的方式上这两大机构之间的紧密联系。墨菲和韦尔奇都是这种联系的鲜明代表，另一个则是爱德华·拉泽尔（Edward Lazear）。

拉泽尔 1948 年出生于纽约市，但在加利福尼亚的洛斯奥图斯（Los Altos）长大。他在加利福尼亚大学洛杉矶分校获得学士和硕士学位，1974 年在哈佛大学获经济学博士学位。同年，他加入了芝加哥大学商学院，在那里任教，直至 1992 年转往斯坦福大学商学院。

劳动经济学一直是拉泽尔的专业领域。[63]事实上，他与人共同创立了《劳动经济学季刊》（Journal of Labor Economics）。作为一部有关宏观经学理论的有影响的教材的合著者，拉泽尔广泛涉猎了劳动经济学的大部分主题，如学校教育、差别工资、工会组织、生产率以及产业政治学。[64]

墨菲在 1982 年来到芝加哥大学。在不到七年的时间里，他从一名助教升为商学院的全职教授。学术生涯险些与他无缘："在获得工商管理学位后，我准备在酿酒业大干一场。商业和学术之间的选择非常难以抉择。是菲尼斯·韦尔奇最终把我拉了过来。"墨菲回忆道。[65]

另外两名对墨菲有着重要影响的加利福尼亚大学洛杉矶分校老师是本杰明·克莱因和阿尔蒙·阿尔钦，但对墨菲影响最大的老师仍是芝加哥大学的加里贝·克尔和舍温·罗森："在加里手里，经济学成为了一门艺术。加里·贝克尔居于经济学史上最伟大的发明者之列。[66]舍温·罗森恰恰相反，是一位非常善于建模的能工巧匠。"在罗森的指导下，墨菲于 1986 年获得博士学位。

墨菲的研究可以分成三大主要领域：劳动经济学、经济增长以及诸如广告和吸毒成瘾等特别问题。墨菲在劳动经济学领域的第一篇主要论文是对 1968－1985 年期间美国失业率演变的详细分析。

该论文的合著者罗伯特·托佩尔（Robert Topel），是加利福尼亚大学洛杉矶分校与芝加哥大学间紧密联系的另外一位见证者。托佩尔 1952 年出生于洛杉矶，1974 年在加利福尼亚大学洛杉矶分校获学士学位，并在六年后获经济学博士学位。有关他成为经济学家的影响来源同墨菲一样。他于 1980 年来到芝加哥大学经济学系，1985 年回到加利福尼亚大学洛杉矶分校，但一年后他又返回了芝加哥大学，不过这一次他加入的是芝加哥大学的商学院。

托佩尔是最早进行实证调查失业保险资金来源的方式与失业状况之间关系的经济学家之一。[67]他也致力于研究特定的（与普通相对应的）人力资本的不同方面。[68]他关于工作灵活性和工资变化的分析与人力资本的相关研究是密切相关的［托佩尔和瓦德（Ward），1992］。

关于美国和其他国家工资增长的不平等，托佩尔认为："是受对熟练工人相对需求的稳定增长的影响所导致，这种增长超过了这一类型劳动力供给的增长……对于经济和社会的这种不平等问题的解决方法在于：熟练劳动力供给的变化必须通过对人力资本的投资，才能满足对熟练劳动力需求的增长。"（托佩尔，1997，55－56）

托佩尔与墨菲合作完成了其他几篇有关劳动经济学的论文。1991 年，与休斯敦大学的姜秦晖一道，共同寻求有关解释：为什么在 20 世纪 70 年代早期到 80 年代晚期这一期间自然失业率出现大幅度提高。他们三位认为："规范的宏观经济学模型，主要专注于工资和失业的循环表现，这对长期来说显然是不适宜的，尤其是当工资明显具有弹性以及劳动力市场很有希望出清时。"（约翰、墨菲、托佩尔，1992，124）他们的分析导致了这一结论："自然失业率随着劳动力市场的情况而变化"，"随着失业、非就业的显著随时增长，未就业主要集中在那些低技术人群之中"。

在论文中，姜、墨菲以及托佩尔指出了供给与需求间互动刚性的存在：对低技术工人需求的减少降低了他们的工资水平、增加了他们的失业，这进而增加了他们退出劳动力市场的倾向。出现在 1997 年墨菲和托佩尔合著论文中的同一主题专注于非就业的概念，该概念不仅指那些没有工作但积极寻找的人，还包含那些"选择不寻求就业的潜在工人"（墨菲和托佩尔，1997，295）。按照墨菲和托佩尔的观点，非就业在低技术人群中的比率最高，他们通常是技术更新换代的牺牲品。

马太效应

人力资本将墨菲在劳动经济学领域的研究与他研究中的第二个重要主题——经济增长的决定因素——联系在了一起。1991 年，凯文·墨菲、安德烈·施莱弗和罗伯特·维希尼（Robert Vishay）合作发表了一篇论文，他们在文中初步提出跨职业的能力分布如何影响经济增长。[69]他们曾被认为是"三剑客"，因为他们同时加入芝加哥大学商学院，也因为他们经常合作发表论文。[70]1994 年，施莱弗离开芝加哥去了哈佛，并于 1999 年获约翰·贝茨·克拉克奖。在颁奖词中，美国经济学会将施莱弗描述为"卓越的经济学家，遵循芝加哥悠久的传统——建立简单的模型，强调基本的经济机制以及严谨求证——来工作"[71]。

1988 年，墨菲、施莱弗和维希尼提道："事实上在过去 20 年里，一些国家通过工业化取得了生产力和生活水平快速增长的成就……但除了工业化的这些明显成果，以及一些国家这方面的成功外，其他许多国家依然未能实现工业化而处于贫穷状态。是什么使得这些国家而不是另外一些国家进行了工业化？"他们的答案是：为推动工业化的进行，一国需要"大推进"，通常以"某一领域的工业化……扩大其他领域的市场容量"，进而推动"许多领域的同时工业化"。他们三人认为，政府在这一发展过程中起着非常关键的作用："首先，鼓励在众多领域同时进行工业化的计划能够大幅提升收入和福利，即使在每一领域都还是非营利的时候。这对那些进入国外市场受制于高昂运输成本或贸易管制的国家来说尤为真实。"

　　"大推进"理论与墨菲在两年后与贝克尔和罗伯特·田村合作发表的一篇论文具有显著的相似性。两篇文章根本上都基于要素密集度论点。"大推进"一文的观点认为：因为有正向的规模效应，工业化哺育了更多的工业化。墨菲、贝克尔和田村（1990）论证了同样的观点：经济增长过程中的人力资本存量也是如此。

　　在他们的第三篇文章中，使用同样的概念分析经济增长过程中寻租的效果。寻租，被定义为"任何占用资源的再分配活动"，寻租降低了经济增长，因为寻租活动显示了提高回报的程度（涉及其他原因）。他们认为有三种机制在其中起作用："首先，建立这样一套寻租体系可能需要固定成本，比如一套法律制度。一旦建立起来，不管怎样，律师就可以便宜地起诉各自的委托人……其次，寻租可能自然发生……第三，寻租者'人多力量大'。如果只有很少的人行窃或抢劫，他们就会被抓获；但如果许多人这样做，每个人被抓获的可能性就小得多。"

　　公共寻租（政府职员和官员的寻租行为）对创新领域来说是尤为沉重的，而且是寻租降低增长的第二条途径："为创办一个新公司，创业者必须获得业务、建筑、水和动力许可、税收凭证……以及通常多达数十种的其他凭证……创业者对这些政府提供物品的需求是强烈且非弹性的，因此他们就成为腐败的主要目标。"（墨菲、施莱弗和维希尼，1993，412－413）。

　　四个额外因素使得新生产者比已建立者更脆弱："首先，创业者没有已建立的游说团体……其次，创业者通常信用受限而不能轻易获得现金以付索贿……第三，创新项目是典型长期的……这给了寻租者未来掠夺的充分机会……第四，创新项目是典型冒险的，这使他们特别易受到寻租。因为如果一个项目成功，创业者收益被剥夺；但是如果失败，创业者承担损失。"

　　至于经济增长的决定因素，墨菲也指出了社会地位、教育和增长间有趣的相互作用。[72]这一分析与两项此前的研究发现相一致："三剑客"有关跨职业能力分布重要性的结论，以及认同追求社会地位是工人在不同职业中分布的一个重要因素。1999年，贝克尔、墨菲和哈佛大学的格拉瑟发表了有关经济增长起源的部分相关研究成果。他们发现：

……在历史的绝大多数时期，世界人口的缓慢增长总是伴随着单位资本收益极其细微的增加。这两者"脱钩"于 19 世纪……人口可能降低生产率，因为土地和其他资源的更集中使用导致传统收益递减。但是更大规模的专业分工刺激了更大的专业化，增加了对知识的投资，在某种程度上需要通过更大和更重要的城市来调和这种矛盾。因此，更多人口与单位资本收益之间的单纯关系依赖于人力资本的激励和知识的扩展是否强于自然资源的收益递减。（贝克尔、格拉瑟和墨菲，1999，145，149）。

贝克尔的贡献

芝加哥大学另外三个显然以贝克尔式经济学传统工作的年轻经济学家是：托马斯·菲利普森、斯蒂芬·李维特和凯西·马里根。

托马斯·菲利普森 1962 年出生于瑞典，在他的祖国获得数学学士学位，在克莱蒙特研究院待过一段时间后，他来到了宾夕法尼亚大学，并于 1989 年在那里获得经济学博士学位。聆讯加里·贝克尔在宾夕法尼亚大学所举办的一场研讨会，为青年菲利普森开启了一个新世界。贝克尔看到了这个年轻瑞典人的巨大潜能，给了他一份芝加哥大学的博士后研究奖学金。"在芝加哥的最初两年，我度过了作为经济学家的再教育阶段。"菲利普森如是说道[73]。1990 年，他加入了芝加哥大学经济系教席。在 20 世纪 90 年代末，除了作为芝加哥大学经济系和法学院教员外，菲利普森还是芝加哥大学的埃尔文·B. 哈里斯公共政策研究所的终身教授。

在那些年里，菲利普森赢得了卫生经济学权威的声誉——尤其是在流行病经济学分支。这一分支研究各类疾病的发生，但"与其他方法相区别，它通过尝试测定导致个人做出穿透性选择的潜在因素"[74]。他在卫生经济学领域的卓越表现被增色不少，因此被任命为 2003－2004 年食品和药物管理局专员的高级经济顾问和 2004－2005 年医疗保险和公共医疗补助服务中心署长的高级经济顾问。他在卫生经济学领域最了不起的作品是那本与理查德·

波森纳于 1993 年合作出版的有关艾滋病的著作[75]。在书中，他们运用经济学工具分析了这一流行病："考虑进行性关系和其他能传播艾滋病病毒活动的那些个体，比较其他替代行为的调整成本和收益的可能性后，安全的性行为（如使用避孕套）和危险的（未保护的）性行为是显而易见的。由于安全的性行为意味着成本……因为危险性行为的预期成本取决于感染的可能性，这种成本对很多人来说已经很低了，在面临艾滋病风险时的理性的性行为并不意味着所有危险的性行为的消除。"（波森纳和菲利普森，1993，218）

至少还有另外两篇菲利普森的作品值得一提。一篇是他与约翰·考利（John Cawley）合作的有关保险市场的论文，该论文对政府干预保险市场的标准理由提出了挑战。该理由基于信息不对称假设（即消息灵通的需求者面对资讯贫乏的供给者）。信息不对称导致逆向选择：低于投保标准的人以更高的价格投保。经过仔细验证美国人寿保险市场可得到的证据后，菲利普森和考利推断出："保险市场逆向选择的通常理由极大地夸大了需求方的信息优势。"（考利和菲利普森，1999，842）

一篇 2005 年与加里·贝克尔以及马里兰大学的罗德里格·苏亚雷斯一起准备的论文是关于长寿和世界经济不平衡的。文章的三位作者声称：如果把生命长度（以寿命代表）加入到衡量生活质量的传统方法（以每单位资本的 GDP 代表）中，一种"全面的"收入衡量方法便获得，这给关于世界经济不平衡发展提供了一条更好思路。他们计算出这一全面收入衡量增加了发达国家收入的 140% 和发展中国家收入的 192%，因此，1962—1995 年期间，如果包含那一时期的这一部分收入，世界收入的不平衡将下降到平均水平。[76]

1997 年秋季，斯蒂芬·李维特作为一名助教加入经济系教员队伍。他 1989 年在哈佛获得经济学学士学位，五年后在麻省理工学院获得博士学位。从 1994 年直至 1997 年 6 月，他作为初级研究员在哈佛学会工作。

李维特基于两个原因来到芝加哥："首先，对绝大多数东海岸大学的人来说，芝加哥大学是全民公敌。我想了解这个公敌的更多情况。其次，在剑桥大学时我得出一个结论，在那里，我都预先知道研讨班上每个人将要说什么。这是一种在芝加哥大学研讨班不可能拥有的'舒适'。"[77] 在 2003 年春季，李维特获得了约翰·贝茨·克拉克奖，因其伟大的实证研究——关于犯罪经济学和供替代的刑事司法政策的效果。

2005年，李维特作为畅销书《趣味经济学》（Freakowomics）的作者成了所谓名流，"一个严肃经济学家探索事物隐藏的另一面"。该书是与新闻记者斯蒂芬·杜伯纳（S. Dubner）合著的，李维特在书中应用了"经济学能提供的最好分析工具"，并考虑到了"可能出现的任何异想天开的好奇心"（李维特和杜伯纳，2005，14）。

在他的一篇最值得一提的论文中，李维特仔细验证了特定地区警官数量与该地区犯罪率之间的关系。以前考察过该关系的大多数研究认为，这两个变量之间要么没关系，要么可能有点正向的关系。但是，李维特坚持认为："……在大城市，你必须非常小心地对待这种相关性。它不会通过因果关系的方式告诉你太多……警力增加的规模不成比例地集中在市长和州长竞选期间。"[78] 在这一警力"非正常"增长后，警察数量和犯罪率明显的负相关出现了："暴力犯罪相对于宣誓警官的弹性估计为1.0；而盗窃犯罪的弹性大约为0.3。"（李维特，1997，271）李维特同样还发现——与广泛接受的观点相反——青少年犯罪和青少年犯罪被惩罚的严重程度的负向关系[79]。根据另外一项实证研究发现，恶劣的监狱环境对潜在犯罪似乎起着非常重要的威慑作用——远比经济惩罚的作用大。

李维特也曾与斯坦福大学法学院的约翰·多诺霍三世（John Donohue Ⅲ）致力于几个研究项目。其中最声名狼藉的研究形成了2001年的一篇论文，其挑衅性的结论认为美国人工流产的合法化与下降的犯罪率之间存在着关联。因为在堕胎的禁令于1993年终止后，20世纪90年代早期，美国经历了犯罪率的迅速下降。许多原因被提出来解释这一下降，包括因禁人员的增多，警察人数的增加，"零容忍"政策，可卡因交易的下降，以及全就业。"当确认所有这些因素都可能导致犯罪减少时，"多诺霍和李维特给出了另外一个解释，"堕胎合法化的决定在1/4世纪之前（就已开始）"（多诺霍和李维特，2001a，380）。三份证据支持堕胎和犯罪降低之间的关联："首先……堕胎合法化的时机和犯罪随后下降之间明显的一致性……其次，5个于1970

年对堕胎合法化的州都出现了这种下降，在其他 45 个州及哥伦比亚特区之前，他们并不允许堕胎直至 1973 年最高法院的裁决……第三，一个州 20 世纪 70 年代末和 80 年代初更高的堕胎率与 1985－1997 年期间更低的犯罪率有着很大的关联。"（381－382）

与李维特一样，凯西·马里根同样具有哈佛背景。他于 1991 年在哈佛获得经济学学士学位。"在我的哈佛时期，泽维尔·萨拉-伊-马丁（Xavier Sala-i-Martin）对我有着主要影响。是罗伯特·卢卡斯和南希·斯托克于 1991 年 4 月说服我来到芝加哥大学做研究工作的。这个地方吸引我的事实在于：这里的经济学是理论和许多应用分析的统一体。这一方法的基本要素是价格理论、一般均衡和最优化。"马里根如是说[80]。马里根的研究特点在于种类繁多，其论题包含偏好的形成、利他主义、经济增长、劳动经济学以及社会保障。根据马里根的说法，"芝加哥大学提供了向杰出的资深学者学习的真正独一无二的机会。这必然促使我经常地改变自己的研究主题"[81]。

马里根于 1993 年在芝加哥大学以学位论文《代际利他主义、生育能力以及经济地位的持久性》（Intergeneration Altruism, Fetility, and the Persistence of Economic States）获得博士学位。该学位论文认为：利他主义的程度是选择的一个目标，并能因此运用经济学家的工具箱进行分析。基于完全公认的贝克尔范式，这一方法引起了一些敌意回应："当我把论文草稿分别投往主要的研究型大学以获得教职时，我了解到，主流的反响从义愤和大声反对到礼貌的冷漠，不一而足。"（马里根，1997，xvi）四年后，他的博士论文形成了专著《父母的优先权和经济不平等》（Parental Priorities and Economic Inequality）。该著作论述了"潜在不平等的来源，经济地位的传递从一代到下一代"（马里根，1997，1）。

马里根的著作探寻父母对待子女利他行为的原因，以及他们表示出的利他主义程度的决定因素。"我认为最主要的因素是，"马里根写道，"父母的选择是被无私心地激发出来的。父母把自己的一些资源奉献给子女，是因为他们希望自己的孩子能够高兴和如愿以偿。父母之所以不将全部资源奉献给子女，是因为子女的成功并不是他们的唯一关注。这种关注必须与别的相平衡，特别是花在他们自己身上的渴望"。该书检验了父母如何平衡他们的优先权，以及显示这种平衡如何影响孩子的经济成就，通过转移资源给小孩的效果。马里根因此断定："利他主义是孩子成功的补充。那两种事物任意一个代价的下降都会因此增加对双方的需求。一个低的父母时间价值——累计利他主义成本的决定性因素，因此会鼓励利他主义和子女消费。低利息率或高不动产与所得税率的分离，孩子消费的相对价格的决定因素，一样会阻碍利他主义和孩子的消费。"

与贝克尔一道，马里根调查了有效税收和大政府之间的关系。他们的调查显示：对于样本国，更有效的税收体系——基于公平均一税率的宽税基体系——与更大的政府相关联。贝克尔与马里根认为：无效的税收能够改善纳税人的福利，因为政治体制随之建立了压制政府权力增长的附加压力。[82]

注　释：

〔1〕参见作者 1996 年 10 月 1 日对米尔顿·弗里德曼的采访。

〔2〕参见作者 1996 年 5 月 15 日对加里·贝克尔的采访。

〔3〕参见作者 1996 年 5 月 16 日对 D. 盖尔·约翰逊的采访。

〔4〕关于这个专题的更多阐述，参见舒尔茨（1943、1964）。

〔5〕关于这件事情的详尽阐述，参见哈特（1955）。

〔6〕作者 1985 年对 W. 舒尔茨的采访与交谈。参见 1985 年 5 月 8 日芝加哥大学交流部档案。

〔7〕尽管这样，W. 舒尔茨的研究在芝加哥大学仍成为先锋。

〔8〕比如，参见盖尔·约翰逊（1991、1997）。

〔9〕参见作者 1996 年 5 月 16 日对盖尔·约翰逊的采访。

〔10〕参见盖尔·约翰逊《中国的乡村和农业结构调整透视》（1958）。

〔11〕参见盖尔·约翰逊（1958）。

〔12〕参见作者 1999 年 2 月 8 日对格里切斯的采访。

〔13〕同上。

〔14〕例如，参见格里切斯（1961）。

〔15〕例如，参见格里切斯（1963）。

〔16〕参见格里切斯（1964）。

〔17〕参见托利（Tolley，1957）。托利确信这一文献是米尔顿·弗里德曼的一个主要的灵感来源。

〔18〕详见托利、托马斯和黄（1982）。

〔19〕想了解更多有关这些理论的情况，参见阿罗和斯蒂格利茨（凯克尔，1973）、斯宾塞（1974）。

〔20〕事实上，人力资本分析的足迹已经倒退了很漫长的距离。凯克尔（1966）指的是 17 世纪的作为早期人力资本理论的贡献者威廉·配第。斯切特（1988）在给西班牙经济学家加斯帕尔·梅尔基奥·德·杰夫伦斯（Gaspar Melchinor de Jovellanos）的一份相似的文献中，明确了三大类基本的人力资本：教育、卫生和移民。因此，凯克尔（1972）的文献实际上提供了一份关于早期人力资本理论的很好的依据。

〔21〕参见弗里德曼和库兹涅茨（1945）、约翰逊（1960）。

〔22〕参见鲍伯和贝克尔（1952）。

〔23〕近 40 年后，贝克尔说："歧视是偏见的结果。我一直试图把这一构想变成可衡量的概念，比如说，究竟有多少人愿意为歧视而付出代价？"作者采访于 1996 年 5 月 15 日。

〔24〕这一点已经很充分地被 W. 舒尔茨（1961）发展起来了。

〔25〕关于这项研究的概述，详见贝罗（Barro）和萨拉－马丁（1995）。

〔26〕参见马歇尔（1890）、阿罗（1962）和赖特（1944）。

〔27〕参见贝克尔（1981）。在 1987 年提供给总统的积极就业援助计划中，贝克尔阐述了关于家庭经济与经济增长之间的关系。详见贝克尔（1988）。

〔28〕杰夫·比德尔（Jeff Biddle）解释，刘易斯的学士学位与博士学位之间的长时间间隔是由于战争的原因。因为这一原因，刘易斯改变了他在 1940 年论文中的主题以及他的"过分完美"的计划（比德尔，1996）。

〔29〕据杰夫·比德尔所说，格雷格·刘易斯与亨利·西蒙斯之间的密切关系特别地导致了劳动经济学与工会的最初的论点。见比德尔（1996）。这的确不可否认地说明了刘易斯早期的主要理论受到了西蒙斯的强烈影响。参见格雷格·刘易斯（1951）。

〔30〕对西蒙·库兹涅茨来说，最大的影响是获得 1971 年诺贝尔经济学奖。

〔31〕有两位当时的芝加哥大学教师明确地指出了这一点。他们坚持不透露姓名。

〔32〕他的博士后工作来自诸如里斯的文章（1953）。

〔33〕关于这个主题的早期调查工作，参见里斯（1962）。

〔34〕例如，参见里斯（1970）。

〔35〕参见作者 1997 年 3 月 12 日对舍温·罗森的采访。

〔36〕参见罗森和泰勒（1976）。

〔37〕例如，参见罗森（1970）。

〔38〕例如，参见里森（1972 和 1983）。

〔39〕参见作者 1997 年 3 月 11 日对詹姆斯·霍克曼的采访。

〔40〕同上。

〔41〕转引自《美国经济评论》（1984 年 5 月号，第 424 页）。

〔42〕詹姆斯·霍克曼和丹尼尔·麦克法登因信息经济学方面的贡献而获得 2000 年诺贝尔经济学奖。瑞典皇家科学院在颁奖词中很好地概括了霍克曼的贡献。

〔43〕霍克曼和凯琳沃斯提供了一个很好的调查。参见霍克曼（1993）。

〔44〕关于这项索赔案，参见诸如史密斯和韦尔奇等。

〔45〕参见瑞奇等。

〔46〕在这个背景下，梅尔文·雷德的名字也要被提到。雷德 1919 年出生于旧金山，1941 年在芝加哥大学获得经济学硕士学位。在斯坦福大学度过了大部分时间后，他于 1974 年作为城市和人力经济学的专家回到芝加哥大学。1982 年，雷德发表了一篇有关芝加哥经济学历史的文章。参见雷德（1982）。

〔47〕贝克尔一点也不能算是第一个明确将时间作为经济因素考虑的芝加哥经济学家。弗兰克·赖特走这条路线要早得多。另一个有趣的早期贡献来源于芝加哥大学的经济学家塞斯（1932）。

〔48〕参见作者 1996 年 5 月 15 日对加里·贝克尔的采访。

〔49〕关于科尔曼的地理社会学，参见法韦尔（Favell, 1993）。

〔50〕参见作者对詹姆斯·科尔曼的采访（1990）。

〔51〕丹尼尔·P. 莫伊尼汉的评论，参见 1995 年 11 月 31 日的《纽约时报》。

〔52〕科尔曼等人，1966 年。

〔53〕科尔曼、凯利和摩尔（Moore），1975 年。

〔54〕科尔曼、霍夫纳、基尔格（Kilgore），1982 年。

〔55〕例如，参见丹尼尔·P. 莫伊尼汉在 1995 年 12 月 31 日的《纽约时报》发表的评论。

〔56〕作者在 1997 年 10 月 28 日采访了加里·贝克尔。对于该问题，贝克尔与弗兰克·赖特的观点非常接近。

〔57〕贝克尔在他的《商业周刊》专栏上，对具体的政策问题给出了相当明晰的思路和相关的政策建议。欲收集这些专栏，请参见贝克尔（1997）。

〔58〕例如，参见斯特恩（1978）。

〔59〕参见贝克尔和兰德斯的若干手稿（1974）。

〔60〕参见作者 1997 年 10 月 28 日对加里·贝克尔的采访。

〔61〕欲了解更多关于时间偏好的理论，参见贝克尔（1997）。

〔62〕参见关于积极就业援助计划的文件和记录（1998 年 5 月，第 494 页）。

〔63〕古尔德与拉泽尔（1986）。

〔64〕例如，参见拉泽尔（1997、1980 和 1983）。

〔65〕参见作者 1996 年 5 月 17 日对凯文·墨菲的采访。

〔66〕同上。

〔67〕托佩尔，1983 年。同样可参见托佩尔与韦尔奇（1990）。

〔68〕例如，参见托佩尔（1991）。

〔69〕墨菲、施莱弗与维希尼（1991）。

〔70〕准确地说，施莱弗是比墨菲和维希尼晚一年毕业。

〔71〕参见积极就业援助计划的文件和记录（2000 年 5 月，第 486 页）。

〔72〕福瑞斯曼、默菲和魏斯，1996 年。

〔73〕参见作者 2000 年 6 月 6 日与 JVO 的访谈。

〔74〕参见菲利普森于 1995 年发表的《公共健康与经济流行病学》，同样可参见菲利普森于 2000 年发表的《经济流行病与传染病》。（《健康经济手册》，纽约）。

〔75〕波森纳是法律经济学的一位先驱者。见第八章。

〔76〕贝克尔、菲利普森与苏亚雷斯（Soares），2005 年。

〔77〕参见作者 1998 年 3 月 11 日与 JVO 进行的访谈。

〔78〕同上。

〔79〕参见李维特 1998 年 10 月发表在《政治经济学学刊》上的《未成年人犯罪与惩罚》（*Juvenile Grime and Punishment*）。

〔80〕参见作者 1998 年 3 月 11 日与 JVO 进行的访谈。

〔81〕参见作者 1998 年 3 月 11 日与 JVO 进行的访谈（和萨拉-马丁一起）。

〔82〕贝克尔（2003）。

第五章
数量王国的货币学派

在 1995 年 12 月的诺贝尔奖获奖感言中，罗伯特·卢卡斯表达了他对货币数量理论单纯形式的信念，并将之作为演讲的题目——"货币中性"。当货币总量的变化并不影响实体经济变量反而仅导致物价水平的相对变化时，货币被认为是中性的。

卢卡斯是信奉货币数量理论的众多经济学家之一。约翰·洛克、理查德·坎特龙（Rachard Cantillon）、大卫·休谟以及佩尔·尼古拉斯·克瑞斯提安尼（Per Nicolas Christiernin）是这一理论的早期贡献者。1776 年出版的亚当·斯密的《国富论》，标志着经济学作为现代科学的开始，也是数量理论的另一基石。在很大程度上，休谟的综合成了范式，在此基础之上亚当·斯密和大卫·李嘉图建立了他们的货币分析理论[1]。剑桥方程式和费雪方程式是两个基本的数量理论方程式。剑桥方程式是以阿尔弗雷德·马歇尔和约翰·梅纳德·凯恩斯的母校——剑桥大学命名的。马歇尔（1923）以对其他商品的需求分析的方式分析了货币的需求。他认为人们对货币的需求倾向于名义收入的固定比率。

以数学的方式来表达，剑桥方程式为：$M = kPY$。其中现实活动（Y）决定于货币因素之外而与萨伊定律（认为供给创造自己的需求）一致，马歇尔认为：货币供给量（M）的增加直接影响到物价水平（P）。欧文·费雪交换方程式为 $MV = PT$，其中 V 为货币流通的速度，而 T 则为交易物品的总量[2]。在此后版本的数量方程式中，T 常为 Y 所取代，后者为实际收入或产出的度量。费雪也一样相信：就长期来看，货币数量的变化能反映为物价水平同等程度的增加。但就短期而言，费雪认为货币变化的真实效果是可能的，甚至是很有可能的。

众多 20 世纪的货币分析能够根据数量理论来理解。这一准则肯定为芝加哥大学的货币分析所坚持。在本章关于芝加哥学派及其经济学家的故事里，主要的角色为：詹姆斯·劳夫林、亨利·西蒙斯、劳埃德·明茨、米尔顿·弗里德曼、罗伯特·卢卡斯、劳埃德·梅泽尔、哈里·约翰逊、罗伯特·蒙代尔、雅格布·弗兰克以及迈克尔·穆萨。

"肯定不正确的"

首先要说的是，看起来芝加哥大学看上去不会提供数量理论的肥沃土壤。詹姆斯·劳夫林一再声称数量理论并不符合事实。劳夫林（1903，317）的观点认为：物价水平的上升与产品成本的增加密切相关，这最终由工会组织和大公司的垄断实际所引起："流通媒介不是价格的原因，它只不过是在价格确定后的一种交换货物的便利方式。"劳夫林甚至为逆向因果辩护：货币的需求创造了它自己的供给。1902 年时他便断言数量理论是"肯定不正确的"（劳夫林，1902，514）。20 多年后，他写道："强烈的责任感寄托于数量理论的主张上，通过给予这一信念——货币和信贷的增长会提升价格——以学术支持，他们决定通过发行更多货币，对求助的债务人的无数荒谬计划给予支持。"（劳夫林，1924，280）劳夫林对数量理论的拒绝使他与自己众多的同代人截然相对，包括麻省理工学院的弗朗西斯·沃克、哈佛大学的弗兰克·陶西格，无疑还有耶鲁大学的欧文·费雪。

劳夫林对货币数量理论的反对可以从其所处历史背景找到原因。在 19 世纪的最后十年中，美国经历了价格下跌以及严重的债务危机，从而导致放松金本位制的日益强烈的呼吁。美国参议院 1892 年通过的自由铸币制度导致金融市场更加动荡，并最终引发了 1893 年 3 月的银行恐慌[3]。有关遵循何种货币政策的争论是 1896 年总统竞选的主要议题之一。劳夫林（1903，407）是这场争论中持从紧货币政策的一方："由金本位制贬值导致的价格上涨会引起普通产业的瓦解，这一后果唯有某人试图拆毁他自己和家人头顶上的房子可与相比。"[4]

劳夫林不断鼓励他的学生做实证研究。莎拉·麦克利恩·哈迪（Sara Mclean Hardy，1895）调查了1860—1891年间的数据，并未发现支持数量理论的证据。H. 帕克·威利斯（1986）断言数量理论正逐渐在经济学家中丧失它的公信力。

在货币议题上，劳夫林最聪明的学生是韦斯利·克莱尔·米契尔。米契尔在劳夫林的指导下完成他的博士论文研究，并于1899年获得博士学位。米契尔扩展了这份关于内战时期通货膨胀的学位论文，形成了自己的第一部著作（米契尔，1903）。关于数量理论，米契尔（1896，165）总结道："……美国那时价格上涨的原因，正好提供了一个数量理论不能解释的案例。"但他也不同意劳夫林有关物价水平上升背后主要原因的基本观点："商品的价值一经货币表示，这些价值就不单独依赖于货币的供给与需求，也不仅单独依赖于商品的生产成本，而依赖于货币需求和供给以及商品的生产成本之间的综合作用。"（米契尔，1896，145）。米契尔于1903年来到加利福尼亚大学伯克利分校。一年后，他声称有关数量理论的所有辩论都是无意义的（米契尔，1904）。

哈罗德·G. 莫顿（Harold G. Moulton）是在20世纪最初20年里从事货币分析的另外一名重要的芝加哥学派经济学家。莫顿1883年出生于密歇根州的勒罗伊（LeRoy）。他在芝加哥大学读研究生，并于1914年获经济学博士学位。后来他加入了芝加哥大学政治经济系教席。1922年，他来到华盛顿特区，成为经济研究院（Institute of Economics）的第一任院长。在莫顿的引导下，经济研究院与政府研究院以及罗伯特·布鲁金斯研究所在1927年合并组成了布鲁金斯研究院，并一直担任院长到1952年。在他的芝加哥时期，莫顿出版了几本关于货币和银行事务的专著[5]。

至于谈到数量理论，莫顿似乎与米契尔的立场颇为相近：货币的数量肯定不是通货膨胀率的唯一决定性因素。比如，他总结道："……仅仅银行通货规模的缩减不会必然地降低价格。"（莫顿，1920，157）

西蒙斯化

20 世纪 20 年代末，亨利·C. 西蒙斯使芝加哥大学的货币数量理论恢复到了最前沿。乔治·斯蒂格勒将西蒙斯描述为"假设王国——芝加哥经济学派的王太子"（斯蒂格勒，1982b，166）。唐·帕廷金（1982）将西蒙斯对其学生的影响描述为"某种程度的西蒙斯化"。

西蒙斯 1899 年出生于伊利诺斯州的维尔登（Virden），17 岁那年离家出走。尽管如此，他还是于 1920 年在密歇根大学获得了经济学学士学位。第二年，他在爱荷华大学成为弗兰克·赖特的杰出学生之一。从 1923 年起，他开始定期访问芝加哥大学，并最终跟随赖特于 1927 年来到了芝加哥。1928 年上半年在德国待了一段时间后，西蒙斯在芝加哥度过了余生。根据官方的说法，他在 47 岁时死于心脏病，但一系列资料证实他实际上是自杀身亡。

作为赖特门徒的西蒙斯，是赖特和道格拉斯之间艰苦争斗的对象。道格拉斯并不把西蒙斯视为知识分子或教师加以重视，而且他反对在 1932 年时续签西蒙斯的任职。道格拉斯抱怨西蒙斯学术成果不够多。那时，西蒙斯确实仅仅发表了三篇书评。但 40 年后，他的学生斯蒂格勒（1982b，167）为之辩护道："他的勤劳与表面成果是不同的：事实上 1933 年时，西蒙斯已经形成了每一方面观点的主要元素。著名的未发表的备忘录《银行与货币改革》（*Banking and Currency Reform*；他是主要的著者）业已具有他的货币理论的基本元素，并暗示了大部分其余的内容。而在《对自由放任的一项积极规划》（*Positive Program for Laissez-Faire*，1934）中，所有的要素都已齐备。这一小册子的成功可能确保了他在芝加哥大学的教职，尽管道格拉斯终止这一任职的最后努力在 1935 年来到。"

斯蒂格勒描述了西蒙斯和赖特之间的主要区别："西蒙斯是目的性、公平性改革是可行的这一理念的忠实信徒，知识分子在这一改革中起着巨大的作用；而赖特相信社会生活本质上是非理性的，因而是不可改进的。"西蒙斯最终未能以他的热情赢得更多的改革成就，这被他的同时代经济学家——查尔斯·O. 哈迪（Charles O. Hardy，1948，314）解释为："西蒙斯是一位聪明而逻辑性强的思想家……但他是一位象牙塔中的经济学家。他从经济学家那里获得灵感，而他的影响也仅限于经济学家之中。他在思想上太过于独立，对公众接受观念的障碍考虑过少，因而未能在改变世界上作出更多贡献。"

1933 年，西蒙斯成为首位在芝加哥大学法学院任教的经济学家。但仍如斯蒂格勒（1982b，168）所言："西蒙斯的主要兴趣在于宏观经济学政策，并非配置价格理论，而货币政策与法律以及法律与货币政策的相互关联是严格有限的。"法律与经济学之间的耦合是在迪克特的努力下开始进行的，后者于 1947 年继西蒙斯成为法学院的经济学家。具有讽刺意味的是：迪克特提出了与此前截然相反的思想。

作为一名宏观经济学家，西蒙斯自然不会不受 20 世纪 30 年代货币理论剧变的影响。斯蒂格勒证实西蒙斯曾是著名的银行和货币改革的芝加哥计划背后的主力。西蒙斯的芝加哥同事明茨"赞誉西蒙斯（因政策建议）和赖特（因哲理的启发）为芝加哥计划的关键设计者"［Peterson（彼得森）和 Phillips（菲利普斯），1991，80］。有关银行改革的芝加哥计划是一份 1933 年 3 月 16 日送给亨利·A. 华莱士的文件，此人时任富兰克林·罗斯福政府的农业部长。那时整个美国正处于一场严重的金融危机之中。[6] 这一计划有 8 位芝加哥大学的经济学家签名，他们是弗兰克·赖特、劳埃德·明茨、亨利·西蒙斯、亨利·舒尔茨、加菲尔德·考克斯、艾伦·迪克特、保罗·道格拉斯以及阿尔伯特·哈特。尽管同意这一计划的经济学思想中的绝大部分，但雅格布·维纳并没有签名，因他认为实现这一计划在政治上是不可能的。在给罗斯福总统的短信中，华莱士认为芝加哥计划"棒极了——是一个行之有效的计划"（菲利普斯，1995，49）。

芝加哥计划的主要元素是双重的：首先，需要分离投资银行业务和商业银行业务。其次，计划要求商业银行的支票存款百分之百地被准备金所覆盖。这 100% 的覆盖率被作为存款保险的替代。1933 年的银行法形成了投资银行业务和商业银行业务的分离，但没有采纳百分之百地准备金覆盖率的思想。一个新的芝加哥备忘录——强调利用货币政策以促使经济重新增长的必要——在 1933 年年末发表了。芝加哥经济学家们仍然呼吁一个更加集权的联邦储备银行制度。罗尼·菲利普斯（1995，64）认为："……这一文件显然是亨利·西蒙斯写的。"

芝加哥传统

弗里德曼和帕廷金都将西蒙斯视为 20 世纪 30—40 年代间芝加哥大学"货币和财政政策讨论中毫无疑问的主角"（帕廷金），而"弗兰克·赖特与雅格布·维纳则是上一代的主角"（弗里德曼，1956，52）。明茨也致力于货币问题，但他的方法是从银行业的视角出发的。[7] 乔治·塔弗拉斯（1997，156）界定"芝加哥学派核心货币组"仅包括"西蒙斯、赖特、维纳以及明茨"，但实际上，道格拉斯和迪克特必须一提。1927 年，道格拉斯已经根据数量理论写出了大萧条的分析。通过资助公共建设工程以增加货币供给是道格拉斯的补救方法，迪克特也在若干文章中持有类似的观点。40 多年以后，罗丝和米尔顿·弗里德曼似乎改变了有关西蒙斯和明茨相对重要性的想法。"劳埃德·明茨尽管没有维纳那么聪明和活跃，"罗丝·弗里德曼写道，"在货币理论上对我们起到了同维纳在价格理论上同样的作用……与维纳相同，明茨也专注于基本原则，而不是制度性安排。他的报告是如此地考虑周到和一丝不苟。他安排给我们的阅读材料涉及各种各样的观点，这一点也与维纳相同。"（弗里德曼，1998，38）。[8] 在文中，弗里德曼夫妇甚至都没有提到西蒙斯。

西蒙斯货币政策的基本准则为：它应该由"明确而简单的规章或准则"引导，而且这些规章是"确切的、明白易懂的以及不可曲解的"。西蒙斯（1934，24）解释道："作为自由企业经济的一部分，建立拥有可以致命而任意地改变金融合约各方地位的权力的金融主管当局，会显得异乎寻常。"[9] 西蒙斯留下了关于这些准则应该如何的悬而未决的不同观点，但"有两条评论可视为固执的主张：（1）在有能力的学生提出的几个明确而清楚的规则中采纳一个远比在他们之间选择重要；（2）以其他金本位国家汇率的严格稳定性作为国家货币政策的准则是完全不适合需要的"。至于货币政策应追随的准则，他也发现了两个基本的可能性：一个是"固定货币数量（M）或者总的交易额（MV）"；另一个则是"稳定商品价格的某些指数的准则"（西蒙斯，1934，24－25）。根据西蒙斯的观点，两种可能性都存在严重缺陷。在追随货币数量固定准则的可能性中，他写道："作为货币政策的单一准则，固定数量的明显缺陷在于货币流通速度方面急剧变动的危险，因为在面临囤积与囤积出清的极端改变之时，没有货币制度能有效运行或政治上幸存下来。"（西蒙斯，1936，5）

弗里德曼声称西蒙斯此前拒绝固定数量法则作为货币政策的指引是基于错误的分析。根据弗里德曼的观点（1967a），西蒙斯对于货币流通速度（V）大幅度波动的担忧导致了其对 20 世纪 30 年代经济和货币崩溃原因的极大误解。事实上，弗里德曼认为（1968，3），西蒙斯犯了与凯恩斯在思考大萧条发生时同样的基本错误，尽管金融主管当局采取了积极的扩张性政策，但大萧条仍旧发生了："大萧条是货币政策效力的悲惨证明——而不是像凯恩斯和其他众多同龄人相信的那样，是其无能为力的证据。"弗里德曼的观点与道格拉斯（1927）和维纳（1933b）得出的结论一样。它也与由一群芝加哥经济学家在一本有关大萧条的著名小册子里提出的论点相一致（维纳，1933）。弗里德曼的一个基本观点认为货币流通速度是相当稳定的，因此，货币政策可以基于货币数量固定增长的准则，而不是像西蒙斯 1936 年所主张的那样，基于物价水平的稳定。在这一问题上，帕廷金拒绝弗里德曼的论断是对的，后者声称他有关数量理论的表述是芝加哥货币传统的唯一代表。

帕廷金（1981，245）也宣称：20 世纪 30 年代与 40 年代芝加哥货币传统的主要部分是这一思想，即"政府有义务采取逆循环政策。这一政策的指导性准则是改变 M 以便抵消 V 的变动，并因而形成充分就业水平的总需求 MV"。直到 1951 年时，明茨（1951，191）写道："自由决定的货币影响力……抢夺了金融事项中最必需的那一政策，也就是关于货币条件的确定程度……我们需要的不是对抗发展泡沫或萧条的武器，而是稳定的货币条件，使之与某些宣称的行动规则维持一致。"同明茨一样，西蒙斯（1934，14）写道："我们应该将政府轮番快速扩张和陡然收缩流通纸币数量的政策归结为疯狂——正如一个恶毒的独裁者随意所做的那样，先发行货币来弥补财政赤字，然后从剩余收入中回收货币。"维纳（1931）和道格拉斯以及迪克特（1934）也表达了对固定准则的理解和青睐[10]。

1969年，帕廷金发表了一篇批判弗里德曼的数量理论的文章[11]。两年后，哈里·约翰逊（1971，11）加入了帕廷金的行列，前者间接暗指弗里德曼版本的芝加哥口述传统为"用以推动经济学理论革新和反革新的学者的狡辩"。在努力探寻为什么帕廷金和约翰逊花费如此长的时间提出他们对弗里德曼的批判时，罗伯特·里森（R. Leeson，2000，738）写道："争论者（帕廷金和约翰逊）为了比他们文章主旨可能暗含的更高奖品……从20世纪60年代末开始（直到他们去世），两人对1956年一篇文章的一页内容感到高度焦虑不安：这只能被恰当地解释为因弗里德曼在政策上不断上升的影响力，他们嫉妒诺贝尔奖的竞争以及他们感受到了弗里德曼背影的压制。"（里森，2000，738）

数量理论及实证研究

100%的存款准备是20世纪30年代芝加哥提议的核心内容，后来成了弗里德曼自己确保经济稳定的货币和财政政策框架的主要内容。1948年，弗里德曼发表《经济稳定的货币和财政政策框架》（A Monetary and Fiscal Framework for Economic Stability）这是他的宏观经济政策观点的最初的全面表述。在文中，他认为相对于自由决定的货币政策而言，完全自动的稳定政策会有短暂的滞后效应。

在一篇最初发表在法国期刊《应用经济学》（Economie Appliquee）（1951年5月）的文章——《经济稳定下充分就业政策的效果：一个正式的分析》（The Effects of a Full-Employment Policy on Economic Stability: A Formal Analysis），此文后被收入他的《实证经济学论文集》（Essays in Positive Economics，1953）中，弗里德曼对这一主题作了进一步探究。埃德蒙德·菲尔普斯（1990，30）将弗里德曼这篇1951的论文列为"名副其实的货币主义大宪章"。根据菲尔普斯的观点，弗里德曼的论文显示"一个持续活跃的政策……可能实际上是不稳定的"。

　　两篇文章都没有明确地致力于货币数量理论。弗里德曼没有提出他的数量理论版本，直到好几年之后。弗里德曼的数量理论（1956，52）是"一个货币需求理论的最初实例。它不是一个产出理论，也不是货币收入理论，更不是物价水平理论"。对于弗里德曼——一个价格理论家来说，追溯剑桥大学的现金平衡方法是不言而喻的，该方法以货币的需求作为关注的焦点。他认为货币的需求与固定收入正相关，而与债券的预期利率、股本的预期回报率以及预期通货膨胀率负相关。以 f（.）表示货币需求函数，使货币供给 M/P 与货币需求平衡，就可以得到如下方程：M/P= f（.）。将后一表达式代入费雪方程 MV= PY，就能得到 V= Y/f（.）。由于"数量理论家接受货币需求是非常稳定的这一经验假设"，又因为产出依赖于实际因素，从而自然而然的导致这一结论，即：V 也是非常稳定的，尽管它不必"被视为随时间而变的常数"（弗里德曼，1956，62）。弗里德曼和他的学生戴维·麦斯曼（1963）坚称：他的数量理论是一个更强大的分析工具，相对于凯恩斯的消费函数以及自发性支出之类的工具而言[12]。

　　弗里德曼关于数量学说的理论工作使他实证地验证了这一理论。实证工作的大部分是与国家经济研究局的安娜·施瓦茨（A. Schwartz）一起完成的。在《1867－1960 年美国货币史》（A Monetary History of the United States. 1867－1960）（弗里德曼和施瓦茨，1963）出版 30 年后，几篇这一经典著作的再评发表在《货币经济学学刊》（Journal of Monetary Economics）上[13]。在自己的评论中，卢卡斯宣称："……如果我曾因某些原因而不去华盛顿观看樱花，我会包好我的《货币史》副本，而置我图书室中的其他书籍于不顾。"波士顿大学的杰弗里·米隆（Jeffrey Miron）也回忆了发生在麻省理工学院的研究生课程——由凯恩斯主义宏观经济学家斯坦利·费舍尔（Stanley Fischer）讲授的货币经济学——上的一段小插曲："课程中途，费舍尔询问我们如何知道货币与产出的波动无关。全班同学像往常一样目瞪口呆。根据费舍尔的说法，我们同样惊讶地得知，支持货币因果作用的最好证据在米尔顿·弗里德曼和安娜·J. 施瓦茨所著的《1967－1960 年美国货币史》中。"

　　《货币史》的写作开始于 1948 年，当时阿瑟·伯恩斯（Arthur

Burns）——时任国家经济研究局局长——请求弗里德曼指导一个关于商业循环中货币因素的广泛研究。施瓦茨不像弗里德曼那样拥有非常全面的美国银行业历史的知识，她于 1941 年加入国家经济研究局。[14]摩西斯·阿布拉莫维茨（Moses Abramovitz），一个弗里德曼在哥伦比亚大学研究生时期开始结下友谊的亲密朋友，把他们两个撮合到了一起。

弗里德曼和施瓦茨的美国货币史研究是在一大片专业质疑中进行的。[15]首先，弗里德曼和施瓦茨使用的是简单的统计方法，而没有很详细的理论模型。这让保罗·萨缪尔森（1970，43）断言《货币史》表现的是"黑箱理论"。[16]其次，他们的经济学方法论更像马歇尔主义（局部均衡）而不是瓦尔拉斯主义（总体均衡）。最后，他们的主要结论与"货币无关"论完全相左，而后者是其时凯恩斯主义理论和方法的典型代表。[17]

"我们的证据所揭示的关系中，"弗里德曼和施瓦茨在《货币史》（1963）中总结道，"最密切的在于，一方面是货币总量现实的和周期性的运动，而另一方面则是货币收入与价格的相应变动。显然，决定真实收入长期增长率的因素很大程度上与货币总量的长期增长率无关。"至于所担忧的货币流通速度的稳定性，他们的结论是"流通速度的数值……相应地变化。然而，这一变化相当有规则地发生……流通速度显示出有规则的和稳定的变动趋势，经济繁荣时上升而紧缩时下降"。弗里德曼和施瓦茨的《货币史》指出，货币总量缩小了大概 1/3 是解释 20 世纪 30 年代大萧条严重程度的关键因素。麻省理工学院彼得·泰明的研究（1976）可被视为凯恩斯主义抗辩的代表。[18]其他几位经济学家认为大萧条的货币和非货币解释能被调和。[19]

在与国家经济研究局的施瓦茨合作研究的同时，弗里德曼开始了他1954 年的货币与银行研讨会。研讨会上提交的一些最出色的研究被弗里德曼编辑成《货币数量论研究》（Studies in the Quantity Theory of Money）出版（1956）。

菲利普·卡根（Philip Cagan）对这一文集的贡献《恶性通货膨胀的货币动力学》（The Monetary Dynamics of Hyperinflation）迅即成为经典。[20]卡根于1951 年在芝加哥大学获硕士学位，并于 1954 年获博士学位，1955－1958 年他在那里担任副教授。[21] 在很长一段时间里，卡根与弗里德曼和施瓦茨的货币研究项目保持着紧密联系，包括为之作了一些贡献[22]。

马丁·贝利（Marctin Bailey）于 1956 年从霍普金斯大学获得经济学博士学位，也参与了弗里德曼的研究项目，并在芝加哥大学经济系任职直至1965 年。贝利发表了几篇货币问题的著名论文。[23]

米盖尔·斯德劳斯基（Miguel Sidrauski）——一位有前途的阿根廷经济学家，1968 年 28 岁时英年早逝——是另外一位值得提及的贡献者。斯德劳斯基于 1967 年以一篇关于货币增长理论的学位论文在芝加哥大学获博士学位[24]。

《货币史》出版 20 年后，弗里德曼和施瓦茨（1982，5）把他们进一步实证研究的结果看作数量理论的可靠证据："最简单的数量理论，假定名义货币对名义收入的比率为一数值常数……结果是一个令人印象深刻的初步近似值。"10 年之后，弗里德曼（1992，39、48）显露出对货币数量方程正确性的不可动摇的信念："费雪方程［MV= MP］在货币理论中起着同样的奠基石作用，如同爱因斯坦的 E= MC² 在物理学中所起的作用一样……货币增长率主要影响着价格。对产出而言则依赖于实际要素：民众的进取心、智慧和勤劳；节约的程度；产业和政府的结构；国家之间的关系等。"

按规则生活

弗里德曼对于明智的宏观经济稳定政策只能集中于一个要素，即一个恒定的货币增长原则的确信，源于他在数量理论方面的理论和实证研究。这一原则的第一次明确表述见于他的"货币稳定性项目"（弗里德曼，1960）。[25] 在1967 年出任美国经济学会主席的就职演说中，弗里德曼在开始时仔细地回应了西蒙斯："准确的增长率，与准确的货币总量一样，比起采纳某一规定和已知的比率来说较不重要。"除了货币供给，弗里德曼声称，没有其他变量可以作为货币政策的实施准则："如果像当局通常所做的那样，把利率或现时的失业率作为政策的当前准则，它就会像一个固定在错误星球上的航天器一样，将是一个显然陷入极其危险境地的决策。"（弗里德曼，1968，14）

弗里德曼为恒定的货币增长准则给出的理由不仅基于经济分析，还有宪法根据。宪法方面与这一事实有关，即无限制的货币创造使得政府通过不易察觉的税收制度从民众那里获取资源成为可能。在有限政府的美国宪法体制环境下，弗里德曼认为，将货币创造完全置于日常政治活动领域之外尤为重要[26]。

弗里德曼坚持货币供给作为货币政策实行的唯一明智准则为他赢得了狂热的货币主义者的名声。主要的凯恩斯主义者如保罗·萨缪尔森（1970，43－44）极不赞同弗里德曼的观点："我更多地专注于'信贷条件'的所有维度，而不是唯一重要的变量［货币增长］……通常我相信，谨慎的人或委员会能够预测6个月到1年的事情，并有信心预测到经济的另外一种状态而不是普通的或'遍历'的状态。除非我这一断言能被推翻，否则，M的固定增长率或将M限定在围绕这一比率的狭小范围的案例是难以找到的。"

但弗里德曼真的是货币极端主义者，抑或只是经常被描述成那样的呢？鲁迪格·多恩布什和斯坦利·费舍尔——两个更倾向凯恩斯主义的弗里德曼在芝加哥大学时的学生，作了如下点评：

> 弗里德曼和其他货币主义者对货币变动的短期和长期效果作了重要区别。他们认为，就长期而言货币差不多是中性的。货币总量的变动，在它们通过经济发挥作用后，没有任何实际效果，除了引起价格的变动；从长期视角着眼，数量理论和货币中性不仅具有理论的可能性，更是世界运行方式的合理描述。但就短期而言，他们认为货币政策和货币总量的变动能产生重要的实际效果。（多恩布什和费舍尔，1994，210）

哈佛大学的劳伦斯·萨默斯——另外一名新凯恩斯主义者——认为："至于米尔顿·弗里德曼，在我青年时他是个魔鬼一样的家伙。只是随着时间的推移，我逐渐对他有了许多勉强的敬意。而且随着时间的推移，不由自主的敬意甚至不断增强。"［Yergin（耶金）和Stanislaw（斯坦尼斯劳），1998，151］

加利福尼亚大学伯克利分校的J.布拉德福·德隆（B. De Long），将这一争论推进了一步。德隆严格来说并不是一名货币主义者，他提出了关于新凯恩斯主义研究项目关键思路的五个命题：

（1）导致迅速而即刻的价格调整不能形成名义冲击的摩擦力是就业和产出经济周期波动的关键原因。

（2）在正常环境下，货币政策是一个比财政政策更有潜力和实用的稳定宏观经济运行的工具。

（3）产出的经济周期波动能被很好地分析，从一个将它们视为围绕稳定的长期趋势波动的初始点（而不是视为低于某一潜在产出水平的衰退）。

（4）分析宏观经济政策的正确方法是考虑政策规则经济性的含义，而不是分析每一两年的隔离片段，当需要唯一特殊的政策响应时。

（5）任何稳定政策的正确方法必须认识到稳定政策的局限性，包括与财政政策有关的长期滞后状况和低乘数效应，以及与货币政策有关的长期多变的滞后状况和效果的不确定幅度。（德隆，2000，84）

德隆继续写道：

新凯恩斯主义研究项目的全部五个要点在 20 世纪货币主义传统内有了很大发展，而所有这些都是与米尔顿·弗里德曼的名字联系在一起的。在 20 世纪 50 年代和 60 年代，很难找到杰出的凯恩斯主义分析家，还是 20 世纪 70 年代早期给出这五大要点的学者，其研究成果同米尔顿·弗里德曼一样非常显著。比如明显随机的环境下政策分析的重要性，以及由弗里德曼总结出的稳定政策的局限性（弗里德曼，1953）。[27] 思考的重要性，不仅关于什么样的政策在响应这一特别冲击时是最好的有关，也与什么样的政策原则大体上会是最好的——以及能够经受经济学家在理解经济结构时的错误和政策制定者在执行政策中的错误——有关（弗里德曼，1960）。大多数政策的目标是稳定性而不是缩小差距，这一论点是来自弗里德曼（1968）的主题思想。货币政策的影响力是一组由弗里德曼和施瓦茨（1963）以及弗里德曼和麦尔斯曼（1963）发展的研究得出的结果。最后，考察相当数量的关于新凯恩斯主义者思考总供给的方法可以发现，它起源于弗里德曼的"迷失的方程式"的讨论（戈登，1974）。

卢卡斯的新信条

弗里德曼最强大的凯恩斯主义的挑战者之一是意大利籍的弗兰克·莫迪利亚尼（Franco Modigliani），他在麻省理工学院度过了绝大部分学术生涯，并于 1985 年荣获诺贝尔经济学奖。在 1977 年，莫迪利亚尼写道（1977，1）：

> 米尔顿·弗里德曼曾被援引说"我们现在都是凯恩斯主义者了"，而我完全准备酬答"我们都是货币主义者"——如果货币主义意味着认为货币总量在决定产出和价格上起着重要作用……货币主义学派的显著特征以及与非货币主义者的严重分歧不是货币主义，而是大概归属于稳定政策的作用。非货币主义者接受我所视为统一理论的基本的实用思想：私人企业经济利用无形货币需要被稳定，能被稳定并因此应该通过适当的货币和财政政策稳定下来。相比之下，货币主义者认为，没有非常必要来稳定经济；即使有需要，也不应该做，因为稳定政策更可能增加而不是降低不稳定性[28]。

以 20 世纪 80 年代及以前的行话来看，那些被莫迪利亚尼视为货币主义者的人，应该被视为新古典经济学家。这一群革新了宏观经济学的经济学家普遍认可的领袖是罗伯特·卢卡斯，而托马斯·萨金特和罗伯特·巴罗是卢卡斯发展新古典宏观经济学的两个主要搭档。巴罗在 1972－1975 年以及 1982－1984 年期间任职于芝加哥大学。萨金特有时被认为在发展新古典经济学中起着几乎与卢卡斯同样重要的作用，但他拒绝了这一荣誉，他将自己视为"与鲍勃有关的矮人"[29]。

就本书所讨论的内容而言，萨金特实际上不应被视为芝加哥学派经济学家，不管怎样，他在那儿的时间很短。他有一年时间（1973－1974）在芝加哥大学做访问学者，并于 1994 年加入经济系，但在 1998 年又离开了。他在明尼苏达大学度过了 17 年（1971－1987），在那段时间里，他帮助将明尼阿波利斯联邦储备银行培养成了新古典学派的主要据点（P. J. 米勒，1994）。

卢卡斯 1937 年出生于华盛顿州亚基马市（Yakima）的一个有着四个小孩的家庭，在这个家庭里，"政治往往是谈论的主要话题"［布赖特和 Hirsch（赫希），2004，277］。他在芝加哥大学接受本科教育，之后去加利福尼亚大学伯克利分校攻读历史系研究生，不久便返回到了芝加哥大学。"我对经济史极感兴趣，"卢卡斯解释说，"但很快意识到对经济学知识的缺乏，使我难以真正地抓住重要问题。我觉得我必须学习经济学。好些人建议我说，学经济学最好的地方是芝加哥大学。于是，我带着强烈的学习动机到了芝加哥大学"[30]。卢卡斯在芝加哥大学获得经济学博士学位，并指出弗里德曼、阿诺德·哈伯格（他的论文导师）、兹维·格里切斯以及 H. 格雷格·刘易斯是教职员中对他影响最大的。[31]在研究生开始的几个月里，卢卡斯读完了萨缪尔森的《经济分析基础》（Foundation of Economic Analysis，1947），这一经历后来他描述为"令人兴奋的经历"。这使他形成了这样的观点："数学分析不是研究经济学理论众多方法中的一种：它是唯一的方法。经济学理论就是数学分析。"（布赖特和赫希，2004，279）。1963－1974 年，他任教于卡内基理工学院以及卡内基梅隆大学。之后，他返回了自己的母校。

随着约翰·穆瑟（John Muth，卢卡斯在卡内基的同事）的开创性研究，新古典模型在三个必要基石的基础上建立起来了。[32]首先，它假定经济代理人的预期是理性的和有远见的。[33]该模型的另外两个必要基石是参与者效用最大化假设以及市场因素总是推动供给平衡假设。同他们的凯恩斯主义先驱不一样，新古典经济学家侧重于经济的供给。卢卡斯供给函数在 20 世纪 60 年代末已经提出，该函数表示供给过程主要受价格变化的驱动［卢卡斯和 Rapping（拉普），1969]。[34]该供给函数的一个基本要素是所谓的劳动力供给的跨期弹性。弗里德曼和他的同代经济学家们很容易赞同新古典经济学的以上特征，除了一个根本要素外：尽管卢卡斯和他的追随者坚持市场快速出清的观点，但大多数的货币主义者认为，如果危机出现，市场在绝大多数的时候会反应缓慢而滞后。

新古典范式导致卢卡斯和萨金特对凯恩斯主义经济学的强烈批判："凯恩斯经济学的预言在很大程度上是不正确的，而且它们的学说存在根本性缺陷，那些预言现在仅是简单的事实问题，与经济理论毫不相干。"（卢卡斯和萨金特，1994，6）

不过凯恩斯主义者还击了。其中格外坦率的是罗伯特·索洛："假如有个人坐下……并告诉我他是拿破仑·波拿巴。我想做的最后一件事是与他就奥斯特里茨战役中骑兵战术的问题进行技术讨论……现在罗伯特·卢卡斯和汤姆·萨金特更喜欢卷入技术讨论，因为那样你就会默默地附和他们的基本假设。你的注意力被从整个故事的基本缺陷中吸引开了。由于我发现了他们基本框架的荒谬可笑，我将之作为荒谬来对待。"［Klamer（克雷默），1983，146］。

另一位杰出的凯恩斯主义经济学家阿兰·布兰德（Alan Blinder）则尖刻地说道："一些新古典经济学家非常意识形态化，如果你给他们证据，比如充分预期货币问题，证据与他们的世界观相反，他们就说你错了。"（克雷默，1983）。布兰德声称，巴罗是新古典经济学家中最意识形态化的，他还说："萨金特要严重得多……我认为卢卡斯介于他们二者之间。"（克雷默，1983，159）

传统复杂化

卢卡斯没有在新古典范式与货币分析以数量理论为基础的芝加哥传统之间发现冲突："我们试图以更严密的方式改写货币主义分析。"[35] 卢卡斯撰写了两篇主要关于数量理论的实证论文。在第一篇中，他认为"货币数量变化速度的特定改变导致：（i）物价上涨水平的同等变化；（ii）名义利率的同等变化"（卢卡斯，1980，1005）。在第二篇文章中，卢卡斯通过创建美国 1957—

1985 年大概的货币需求函数，完善了艾伦·梅尔泽对 1900－1957 年期间的研究。这一分析使弗里德曼关于数量理论的一个基本观点得以证实："实际的货币需求是长期收入（或财富）的稳定函数。"（卢卡斯，1988b，158）

卢卡斯在弗里德曼的基础上推动了货币理论的发展。在诺贝尔奖获奖感言中，卢卡斯多次提到休谟是最早系统阐述货币数量论的学者之一。[36] 与弗里德曼一样，休谟确信就长期而言货币是中性的，认为货币扩张和收缩对产出和就业有短期影响。"如果每个人都理解价格会最终增长到与货币增长同样的比例，"卢卡斯在他的这份获奖感言中自问道，"什么因素阻止它立刻发生呢？也许人们会承诺用公平的契约限制以原来的价格供应货物一段时间？如果这样可以的话，为什么休谟并没有提到？是卖方忽略了货币增加进而全面的通货膨胀不可避免这一事实吗？但休谟声称货币变化的实际后果是'易于发现'和'便于预见'。果真如此的话，为什么这些后果根本不出现呢？"（Persson［皮尔森］，1997，248）

卢卡斯相信这些问题少有答案主要在于这一事实，即经济学家以前不具备解决调整过程详细动态原理的技术－数学工具。他接着说道：

> 帕廷金通过自己的著作《货币、利息和价格》（Money, Interest and Prices）（1965）对威克塞尔《利息和价格》（Interest and Prices，1898）中的所有货币理论进行了诠释，认为货币理论与数量理论中平衡位置的调整过程密切相关……要了解休谟关于动态原理的论述……可以直接阅读凯恩斯的《通论》（1930）或哈耶克的《货币理论和商业周期》（Monetary Theory and the Trade Cycle，1933）的章节，而不会引起任何意义的年代错误。但所有这些理论家都试图以一般均衡的方式来思考，考虑以人们总体利益最大化替代跨期利益最大化。他们采取非均衡动力学只是因为他们能用的分析工具给不出其他选择……他们试图理论化地论述货币变动的实际效果这一智慧仍然给当代读者留下了深刻印象，但仅被用作强调缺少现代数理经济学工具而试图阐述艰深动态问题时的无奈。（皮尔森，1997，252－253）

宏观经济学一般均衡是当代经济学家弥补原有分析缺陷的工具。卢卡斯在他的一般均衡模型中系统地融入了理性预期思想。与老师弗里德曼视为有价值的经济分析有着明显的方法论区别,卢卡斯的许多研究能被置于这种一般平衡的视角。弗里德曼总是声称局部均衡是更有用的经济分析工具。卢卡斯也赞同一般均衡理论的有用性和革命性特征:"这一将动态性和概率性要素融入经济理论的新能力……已经对几乎每一分支应用经济学产生了深刻而久远的影响。人们作为宏观经济学'理性预期革命'而提及的那些内容主要是这样的表现,即在某一领域应用,影响所有领域的发展的表现。"(卢卡斯,1987,2)萨金特对此也毫无异议。[37]

一般均衡研究导致了有关货币中性概念的主要新观点。在诺贝尔奖获奖感言中,卢卡斯说道:

> 从 20 世纪 70 年代的研究中产生的主要发现是,货币增长的预期变化同意外的变化相比具有非常不同的效果。预期的货币扩张具有通货膨胀税收效应并导致名义利率的致通货膨胀溢价,但它们与休谟所描述的促进就业和产出的刺激因素无关。相反,意外的货币扩张能刺激生产,正如相对应的、意外的紧缩能导致不景气。预期的和意外的货币变化之间差别的重要性是许多不同模型中每个人的应用,都使用理性预期,是在 20 世纪 70 年代为解释短期交易补偿而发展起来的。(皮尔森,1997,263)

卢卡斯是在他 1972 年影响深远的经济理论贡献中最初发展出这一框架的,论文的题目是《预期与货币中性》(*Expectations and the Neutrality*)。[38]

崭露头角的蒙代尔

一般均衡范式也使卢卡斯成为商业周期研究领域的革新者。不过,他曾指出弗里德里希·哈耶克是他的范式的"智慧原型"(卢卡斯,1977)。在 20 世纪 70 年代,卢卡斯发表了几篇关于商业周期模型的论文,这一模型可以解释为菲利普斯曲线（即通货膨胀率与产出水平之间的正向关系）。在他的基本模型中，"通过市场价格传导给交易者的信息不足以让他们从货币的纷乱中辨别真实"（卢卡斯，1972，121）。这一分析导致这样一个结论，即货币增长率意外的变动会导致经济人混淆单纯的名义价格变化与相对价格的变化，从而引起产出和就业决策中的错误。

这一理论直接导致真实商业周期理论广为人知。[39] 这一思想学派的基本观点认为：商业周期并非由货币（或需求）波动所致，而是由技术革新程度的随机波动所引发的实际（或供给）震荡所导致。一个由理论家们探索实际商业周期而形成的重要政策应用是"稳定［商业周期］的努力可能事与愿违"（Prescott［普里斯科特］，1997，385）。卢卡斯在 1977 年得出了同样的结论："至于由不必要的货币不稳定导致的经济波动，不出于任何社会目的，增加货币稳定性承诺以降低总的真实波动并进而增加社会福利。但是，毫无疑问的是，即使在最平稳的货币政策和财政政策之下，某种程度的真实波动仍会依旧。并无表面证据表明这种剩余的可变性能被集权的政府政策而不是分散的个人反应处理好。"（卢卡斯，1977，25－26）在这一点上，他同自己的导师弗里德曼保持一致："基本上，我倾向于米尔顿的建议，即货币供给增长的固定准则是危害最小的政策类型。"[40] 作为更普通的评论，卢卡斯接着说："我不喜欢称号，但如果必须有一个的话，我仍旧争取成为货币主义者。对于基本的宏观经济政策问题，我自己依然感觉与像米尔顿·弗里德曼和艾伦·梅尔泽之类的人更投缘。"[41]

至于被关注的商业周期现象，卢卡斯在《商业周期模型》（*Models of Business Cycles*）中主张"就个体福利而言，战后的商业周期并不是一个非常重要的问题。移除所有总需求中现有可变性所带来的收益——即使这能完全结束任何有害的副作用（这是它所不能的）——无疑低于 1% 的国民收入。那些处理真实社会不幸问题的政策——财富再分配和社会保险——可以完全忽略商业周期原动力的实质……以至更好商业周期理论的发现将不会归因于改进的设计"（卢卡斯，1987，105）。

2002 年年末，卢卡斯在其就任美国经济学会主席就职演讲中进一步完善和丰富了对这些问题的思考："从更好的长期供给政策获得的潜在福利，远远超过由短期需求管理的进一步改善而导致的潜在福利。"（卢卡斯，2003，1）卢卡斯对基本的、长期问题的兴趣也可以在他对世界收入原动力的分析中很明显地看到："世界人均产出的增长率在 1970 年前后达到峰值，差不多为 3.3%，并被预计此后下降……［世界收入的不平等］以持续增加的比率上升直至 20 世纪，在 20 世纪 70 年代某时达到峰值。它现在也已下降。"（卢卡斯，2000，163）

卢卡斯对以大型经济计量模型为基础的经济理论的批判使前面列出的研究成果显得相形见绌。这些主要受凯恩斯主义启发的模型的一个重要特征是：将货币、财政以及其他政策工具与政策目标（如通货膨胀率以及失业率）相联系的参数随着时间的推移一直被保持得相对稳定。卢卡斯证明，在当局改变它们的政策时，人们会根据理性预期假设行动，在作出决策时考虑到这些变化。要不然就相应地改变他们的行为。那些将政策与目标相联系的旧参数就不再有效，或者如卢卡斯自己总结的那样，"假定经济计量模型的结构由经济人的最佳决策规则构成，而且这种最佳决策规则随着决策者次序的变化而系统地变化，由此得出，政策的任何变动都会系统地改变经济计量模型的结构"（卢卡斯，1976，41）。四分之一世纪之前，弗里德曼曾批评大型经济计量模型，因为其不能以足够的精度来表现复杂的经济现实。[42]

这时候卢卡斯已经构想出他对经济计量政策评估的评论，[43] 他拒绝将传统的菲利普斯曲线作为权衡通货膨胀与实际产出以及就业的政策工具。卢卡斯驳斥了有关传统菲利普斯曲线的标准解释——产出和通货膨胀同方向的变动产生于"相对稳定的经济结构，并因此与总需求政策所追求的实质无关。同样实测的权衡的另外一个解释在于：价格变动和产出间之所以发生正向关系，是因为供给者将一般价格变动误解为相对价格变动。由此可见，首先，平均通货膨胀率的变动不会增加平均产出；其次，平均价格的方差越高，实测权衡越不'有利'"（卢卡斯，1973，333）。卢卡斯的分析与弗里德曼和埃德蒙德·菲尔普斯的分析几乎一脉相承。

在上述研究的基础上，卢卡斯也得出了有关失业问题的结论，并与凯恩斯主义的结论完全相反。他驳斥了凯恩斯的自愿失业与非自愿失业间有明显区别的理论：

> 在经济繁荣时失去好工作的工人不会自愿处于这样的境况：他已遭受资本损失。同样，在萧条期失去有经验雇员的企业遭受着非情愿的资本损失。然而，失业的工人在任何时候总能立刻找个工作，而企业也总能立即弥补职位空缺。对于特定的工作质量和易于找到工作的职员，两者自愿如此不难理解。但所有失业中都存在着非自愿的因素，就这个意义而言，没人选择坏运气；所有的失业中也有着自愿的因素，在某种意义上，个人现时的工作无论如何凄惨，总会选择接受它们。（卢卡斯，1978，354）

进行国际化

卢卡斯、弗里德曼、明茨、西蒙斯、劳夫林以及这一章介绍的其他芝加哥经济学家仅仅是暂时关注过货币理论的国际方面。随着 20 世纪 50 年代末60 年代初哈里·约翰逊和罗伯特·蒙代尔的到来，芝加哥大学的货币研究的这一特征发生了根本性改变。约翰逊和蒙代尔两人都承认劳埃德·梅泽尔的研究是他们各自研究的主要灵感来源。[44]

梅泽尔出生在堪萨斯州的罗斯特—斯普林斯市（Lost Spring），1942 年获哈佛大学博士学位，然后留校任教直至 1946 年。接着，他在耶鲁大学度过了一年，随后成为瓦伊那在芝加哥大学国际贸易领域的继任者。在萨缪尔森拒绝返回母校后，梅泽尔取代了他的位置。[45]

1943—1944 年，梅泽尔作为经济学家在华盛顿战略服务办公室任职。1944—1946 年，梅泽尔是联邦储备委员会研究室的成员。直到梅泽尔来到芝加哥大学后，他的主要研究还不是国际贸易问题，而在商业周期领域——特别是商业周期中存货波动的作用。[46]

当劳埃德·梅泽尔 1947 年来到时，芝加哥大学正处于混乱之中。奥斯卡·兰格（Oskar Lange）去了波兰，雅格布·维纳出走普林斯顿大学，斯蒙·利兰（Simeon Leland）转投西北大学，西蒙斯于 1946 年逝世，同一年，相对年轻的 T. W. 舒尔茨成为经济系的掌舵人，弗里德曼也重返芝加哥。最后但很关键的一点是，芝加哥经济学家（赖特、弗里德曼、艾伦·瓦利斯以及迪克特）和考利斯委员会领导人（马尔沙克和库普曼斯）之间持续的智育文化冲突正甚嚣尘上。

梅泽尔受过哈佛大学凯恩斯主义传统的彻底熏陶。由阿尔文·汉森和约翰·威廉姆斯指导的著名的财政政策研讨班，对凯恩斯主义在哈佛的支配地位发挥着重要作用："如何通过扩张的财政政策克服经济衰退提出了惊人的挑战。阿尔文·汉森的财政政策研讨班是新经济学的中心……许多伟大的名字在以后的几年里引领着这一行业，从保罗·萨缪尔森到劳埃德·梅泽尔，都是我们这一团体的成员，确实很难再找到这样理想的环境进行激情四溢的研究生学习。"（梅泽尔，1992，193）

对芝加哥大学毕业生马丁·布朗芬布伦纳而言，凯恩斯主义者梅泽尔的任命是这一事实的明证，即任何人都可以成为芝加哥大学的教员，只要有扎实的学问、足够的研究能力以及作为教师的良好表现："芝加哥大学的教师队伍不再是铁板一块……尽管同样的说法不会总是述说于芝加哥大学研究生中善于思维的领导者。在 20 世纪 30 年代，意见的分歧集中于劳动经济学家（保罗·道格拉斯、哈里·莫里斯）、新凯恩斯主义者约翰·勒夫以及社会主义者奥斯卡·兰格之间。而在战后时期，这种分歧则聚集在考利斯委员会（雅格布·马尔沙克、佳林·库普曼斯）、前面提到的内夫以及凯恩斯主义者劳埃德·梅泽尔之间。"（布朗芬布伦纳，1962，73）

20 世纪 40 年代末，很显然，梅泽尔确实偏好凯恩斯的数量理论。对国际货币理论梅泽尔也表现出同样的偏好：

> 当时关于实现国际收支平衡方式的思想总是同流行的货币与价格理论密切相关。在前凯恩斯时代，当货币数量论被接受时，主要以货币和物价水平的变动来描述平衡过程。后来，在凯恩斯的《就业、利息和货

币通论》的影响下，这些货币变量都被收入循环流量的变动以及产出和就业水平的变动所取代。在某种程度上，《通论》反映了经济大萧条和大范围产出波动的情形，但它因此也不适用于现在的经济繁荣环境。尽管如此，在修改自己有关货币理论的概念以适用萧条和产出波动的情形时，凯恩斯为传统理论作出了贡献，即使在充分就业盛行时，这仍将对国际调整理论产生深远的影响。具体来说就是，他提出了货币利率的概念，这动摇了传统货币理论的基础（Bourneuf［伯恩诺夫］、多马和萨缪尔森，1973，209），为国际贸易理论作出了一些有趣的贡献。

在一份 1949 年的国际贸易理论调查中，他指出，经济学中众所周知的有关外汇市场稳定的罗宾逊－梅泽尔条件或马歇尔－勒拿条件（参与的经济学家是乔安·罗宾逊［Joan Robinson］、梅泽尔、马歇尔和阿巴·勒拿）实际起源于英国经济学家 C. F. 比克迪克（C. F. Bickerdike）的研究（1920）。简单地说，比尔迪克认为：要想通过货币贬值来改善一国的贸易平衡，出口的需求弹性和进口的需求弹性必须大于效用。梅泽尔构想出的代数条件表明，"即使［需求弹性的］数值小于效用，只要供给弹性足够小，贸易平衡的弹性仍会是积极的"（伯恩诺夫、多马和萨缪尔森，1973，20）。

另一个引人注目的贡献是梅泽尔－劳尔森效应［与斯文德·劳尔森（Svend Laursen）一起发展的］。梅泽尔和劳尔森证明，浮动汇率绝不可能使一国的实际收入、就业以及价格与外部冲击相隔离。奇怪的是，弗里德曼从未公开回应这一对浮动汇率优点的修正。最有可能的解释是，梅泽尔－劳尔森效应经实验证明是颇为无用的现象，尽管如此，它仍然是相当了不起的智慧成就。虽然脑瘤手术非常成功，但 1952 年以后，梅泽尔的创造性成果逐渐减少了。

加拿大巨擘

1981 年，戴维·沃什（David Warsh）向《波士顿环球》（Boston Globe）的读者介绍哈里·约翰逊和罗伯特·蒙代尔时说："受传奇人物哈里·约翰逊的吸引，蒙代尔成了那里［芝加哥大学］的教授。他们一起完善着劳埃德·梅泽尔的研究。蒙代尔和约翰逊以正统凯恩斯分析的不知名工具培训着当代领袖：平衡收支问题的货币方法。［鲁迪格·］多恩布什认为他们的研究成果——货币创造模型、赤字财政、外部不均衡、货币依存以及通货膨胀——正可以及时用于分析 20 世纪 60 年代布雷顿森林国际货币体系的崩溃。"（沃什，1993，194）他们俩都与芝加哥大学有着重要的关联，并给经济系带来了明显的国际特征。

1956－1957 年间，蒙代尔是芝加哥大学的博士后。1965 年，他重返芝加哥大学度过了 6 年岁月。约翰逊于 1959 年来到芝加哥，在那以全职身份工作到 1966 年，之后一直兼职到 1977 年。就时间顺序而言，以约翰逊开始这一阐述更符合逻辑。尽管约翰逊指出货币方法的核心发展是蒙代尔发现的，[47]但发动这一研究项目的是约翰逊。

1958 年，约翰逊写道："国际收支平衡的赤字和困境是基本的金融现象。"（约翰逊，1976c，51）在同一篇文章中，约翰逊将之与货币数量论联系起来："国际收支平衡赤字意味着要么是居民储蓄不足，抑或货币当局信用创造过多——要么是货币流通速度 V 的增长，否则是维持的 M 增加。"

约翰逊和蒙代尔的合作可与 T. W. 舒尔茨和加里·贝克尔的合作媲美：舒尔茨开创了人力资本研究项目，而贝克尔则在技术上解决了这一问题。约翰逊在班里非常擅长几何与数学工具，[48]但他应该视为"探寻'真实世界'政策问题的理论综合者和应用者……他竭尽全力以显得普通……他不是个人声誉处心积虑的最大化者"（戈登，1984，568）而铭记。布拉格（1985，101）从数量和质量方面指出："哈里·约翰逊一生以生产经济学著作的活机器而闻名于世：在相对短暂的 27 年职业生涯中，他写出了 500 多篇学术论文，150 篇书评，35 部著作或小册子，以及上百篇报纸专栏文章……而且，他写的文章几乎没有被退稿。与此相对的是，他的作品的平均质量出奇的高。"

将约翰逊简单地归为传统的宏观经济学家是不可能的。尽管他作为凯恩斯主义者开始职业生涯，但很快就与凯恩斯的信徒划清了界限。他认为凯恩斯经济学仅是新古典经济学理论的特例。[49]

在《通论》出版 25 周年之际，约翰逊坚持认为凯恩斯"极端夸大了严重萧条出现的可能性"，他的追随者"[已将]一个认为货币非常重要的理论改变成认为货币不重要的理论"（约翰逊，1961，13、15）。约翰逊强烈反对"庸俗的凯恩斯主义者……将货币分析视为无关的难题不予理会"（约翰逊，1961）。约翰逊 1962 年发表的货币理论与政策的评论文章（约翰逊，1962）——他对弗里德曼和施瓦茨《美国货币史》（Monetary History of the United States）的评论（约翰逊，1962），以及他的宏观经济学著作（约翰逊，1976b），都强调了货币数量的重要性。

约翰逊无疑会作为开创国际收支平衡的现代货币方法的学者而被牢记，因为他立刻就将当时的两种主流方法与国际收支平衡衔接起来：弹性和成本分摊。[50]两个都与往来账户相关，但国际收支平衡不仅包括往来账户，还包括资本账户以及"账本底线"（即一国的国际储备头寸的变动）。

弹性方法强调相对价格（例如，由货币贬值引起的）变动对往来账户的重要性。成本分摊则强调国民收入的会计基础思想：往来账户赤字必然意味着对本国和进口商品的过度消费（比如，成本分摊）超过了收入或产出（盈余则意味着收入或产出大于支出）。

由约翰逊重新提出的国际收支平衡的货币方法可以表示为恒等式 M＝D＋R，在这里 M 代表名义货币供给，D 代表国内信贷总额，而 R 则表示国际储备。要素 M 当然是数量理论方程中出现的同一 M。因为国际收支平衡赤字（往来账户和资本账户的综合结果）必然意味着国际储备的损耗，显然这必然有相应国内信贷总额的增长或货币供给的减少（约翰逊所指的"居民储蓄不足"）。约翰逊立即补充道（1976c，51）："由此断定国际收支平衡问题实质上是货币问题，显然不是认为它们是由货币管理不善所造成的——它们也许是，或者它们可能不是'实际'因素的结果即使货币当局起了消极作用。"（约翰逊，1976c，51）

约翰逊（1976c，52）随后继续区分由存量决策或流量决策引起的国际收支平衡赤字：存量决策改变了"社会资产的构成，通过国内货币替代其他资产"，但在流量决策中，赤字是由消费"超过现有收入"所导致。这种区别在理论上和出于政策目的都有关系，因为"'存量'赤字实质上是暂时的，并暗示着国家的经济地位没有实际恶化，而'流量'赤字并非暂时的，且有可能暗示着国家经济地位的恶化"（约翰逊，1976c，52）。出于这个原因，约翰逊接受了成本分摊法，在进一步的研究中，他以"支出转换和支出减少政策"之间的区别取代产出增加和支出减少政策之间的区别。对于第一类政策而言，货币贬值以及贸易管制是主要的手段；对第二类而言，"货币管制、预算政策甚或足够广泛的一组直接管制"是主要的手段。

国际贸易领域

哈里·约翰逊 20 岁时毕业于多伦多大学，获政治经济学学位。在旧金山萨维尔大学（Xavier University）短暂停留后，约翰逊开始在军队服役并得以来到英格兰。此后，他在剑桥大学度过了 1944－1945 年的时光，返回美国后进入哈佛大学攻读博士学位。

1948 年，丹尼斯·H. 罗伯逊教授提供了剑桥大学副讲师的职位，约翰逊欣然接受并重返剑桥大学达 8 年之久。在与妻子伊丽莎白合著的《凯恩斯的背影》（The Shadow of Keyhes）中，[51]约翰逊将剑桥大学描绘成"凯恩斯的"（约翰逊和约翰逊，1978，151）。在剑桥大学进化到意识形态的过程中，"智力领导……由琼·罗宾逊承担，她通过与理查德·卡恩、皮耶罗·斯拉法以及尼古拉斯·卡尔多的频繁讨论获得支持"。迈克·卡莱茨基"发展了马克思主义的凯恩斯理论"，对罗宾逊有着决定性的影响力。他们的主要活动之一就是"嘲弄罗伯逊"——待在剑桥大学的最后一位"古典"经济学家。[52]

根据约翰逊的说法，在罗宾逊的领导下，这些经济学家"滥用经济学……推进左翼政治"（约翰逊夫妇，1978，150）。哈里和伊丽莎白·约翰逊主要依据那一时期用英语发表的作品，将剑桥大学的后凯恩斯主义经济学概括为五个论点：

首先是……科学经济学中所有主流的经济学只不过是"正统的信仰"，而其本身是被轻视的和被倒置的……第二个论点是货币也许不重要……第三……是"充分就业"是……不惜一切代价，无论如何都应追求的……第四个论点……是工人应当如此感激他们的智慧和政治上司为给予他们充分就业的好处而作出的努力，而这会抑制任何令人难堪的通货膨胀需求……最后的论点……是快速的经济增长是英格兰所有经济和政治问题的灵丹妙药，以及快速的经济增长能够很容易取得，通过一般通货膨胀的需求管理政策与政治上讨巧的财政措施的结合运用。（约翰逊，1978，222—225）

约翰逊在剑桥大学经济学方面的不愉快经历导致了改革英国经济学研究生教育的相同困境，这种改革将使学生在学习时坚持科学取向而不是意识形态取向。他为这一目标而作出的努力在剑桥大学和曼彻斯特大学都失败了。1966 年，他成为伦敦经济学院的客座教授，但在那里也未能完成这些目标。深感失望的他于 1974 年离开了英国和伦敦经济学院。

在辞职信中（此信刊登在《时代》杂志上，且引起了广泛讨论），约翰逊声称他没有任何选择，只有离开，因为那时前景一片渺茫，"就研究生改革工作的进展、经济学地位以及英国的学术职业收入而言"[53]。尽管他一点儿也不喜欢那里的学术氛围，但在剑桥大学和曼彻斯特大学的那段时间里，他是相当多产的。一系列有关国际贸易的开创性论文被收集在《国际贸易和经济增长》（International Trade and Economic Growth）中，这帮助约翰逊在 1958 年获得了哈佛大学的博士学位。

1959 年，约翰逊离开英格兰来到了芝加哥大学。他找到了一群致力于严谨教学和科研工作的经济学家，这在他刚刚离开的那个国家是难以置信的。即使与他所知道的美国最好的大学——哈佛大学和耶鲁大学相比，约翰逊认为：对那些致力于改进经济分析的学者而言，芝加哥大学是最理想的地方。在芝加哥大学，最令约翰逊满意的一件有关经济学的事情是：始终坚持的以实验证据支撑理论的要求（托宾，1978）。芝加哥成了约翰逊栖身的家园，直至逝世。其间，他还于 1976 年和 1977 年在日内瓦的国际关系研究院授课。

根据詹姆士·托宾（James Tobin，1978）的说法，约翰逊本已快速的写作节奏在芝加哥大学时加速了。在同一作品中，托宾谈到了约翰逊因不赞同弗里德曼的分析和论点所引起的麻烦。[54] 在不同场合，约翰逊总对货币主义者的政策议题发难，但有时他也批评凯恩斯主义者的提案。[55] 约翰逊有着作为反对者的恒久愿望，希望能激发学术讨论。从这个角度上来看，他在伦敦经济学院时更像一位货币主义者，而在芝加哥则更像凯恩斯主义者。[56]

如果像弗里德曼和约翰逊这样两位伟大的经济学家未能在某些问题上达成共识，这可能多少有点出人意料。不过，相当明显的是，这些困难从未使约翰逊考虑过离开芝加哥大学。这类争端一定曾广泛存在，因为——正如托宾所注意到的——约翰逊在芝加哥大学时的多产是其他时期所难相比的。尽管如此，当弗里德曼荣获 1976 年诺贝尔经济学奖时，约翰逊还是称赞了桂冠获得者的许多成就，但也抱怨弗里德曼"经常通过未公开的分析和证据以及其后果的显然大话，来回击有名望且正直的批评家"（约翰逊，1976b，95）。

杰格迪什·巴格沃蒂不赞同人们对芝加哥大学时期发生在哈里·约翰逊身上的事情的解读。巴格沃蒂给出了对两位经济学家之间关系的如下见解："如果你是务实的并与像你一样聪明的思想家争论，你会赢一些，也会输一些。每当输的时候，你就会改变自己的观点，因为你是务实的；但每当思想家输的时候，他不会觉察到这些，并仍将坚持自己的断言。随着时间的推移，你会因此而向思想家靠拢。哈里是务实的科学家，在剑桥大学时看起来是温和的中间派，后来日益靠近弗里德曼的世界观：这是不可避免的。"（巴格沃蒂，1982，9）

自由市场主义者

毫无疑问，在芝加哥时期，约翰逊成了一个自由市场主义者，他会强烈批判政府的干预行为。约翰逊为庆祝亚当·斯密的《国富论》发表 200 周年而写的论文就是极好的佐证：

> 信奉竞争是最好的政策，斯密的观点是建立在政府不称职和个人道德不可靠的广泛观察上的。它是真实且相关的，他因没有关于个人追求自利的技能和智慧的理想主义观点而受苦；但我认为它不是真的，同其他能使我们相信的一样，它只是他那时不信任的政府，而且如果重生他会赞同，或者至少不会对福利国家和由知识精英控制政府持保留意见。[57]

约翰逊对政府干预的持续批评来自于其在国际经济学领域的研究——这是他作为专业经济学家最初的研究领域。在其最出名的一篇文章里，约翰逊写道："……当一个国家奉行保护主义政策时，被保护产业的效率提升实际上会降低国家的实际收入。"（约翰逊，1967a，152）因为这些观点，约翰逊成为贫困化增长这一概念的创始人。

他也得出了关于保护主义的有趣结论："那是政策的有趣反应，当被保护产业的比较优势丧失时，保护主义者通常要求增加保护。然而，实际上，一部分增加的固有生产潜力在这一丧失中会被消耗在对这些产业增加的保护上。"（约翰逊，1967a，153）到了 20 世纪 70 年代早期，约翰逊总结道："自由［国际］贸易总的来说比保护主义对经济更有利这一论点是最基本的论点之一，即经济理论必须为经济政策提供指导。"（约翰逊，1971，187）

1967 年，约翰逊出版了《欠发达国家的经济政策》（*Economic Policies Toward Less Developed Countries*）一书，在书中，他分析了第三世界国家刺激经济发展的方法。约翰逊断言普雷维什的学说不会有用。

阿根廷经济学家劳尔·普雷维什（Raul. Prebisch）是拉美经济委员会的主宰者，同样极大地影响着 20 世纪 60 年代和 70 年代有关发展问题的主流思想。普雷维什的学说有两个基本的观点。他相信发展中国家的初级产品对最终产品的长期价格发展会不可避免地向着相反方向运行，而且进口替代，以幼稚产业保护作为必然结果，是唯一可能的发展途径（普雷维什，1959）。为保证这一政策的实施及其目标的实现，就必须制定严格的政府经济计划。

普雷维什的学说描绘了数十年发展政策的蓝图，而约翰逊（1967b）是最早认为它必然注定失败的学者之一。

在其辞世前一年半芝加哥大学召开的一个关于发展中国家的会议上，约翰逊发表了演讲。演讲中包含着他生命最后时期观点的完整概要：

> 增长和发展本来是国际性的问题，而不是国际关系和变化……人们必然想知道本质上虚构的观点，即国际贸易和投资，像过去近两个世纪进行的那样，已经妨碍或抑制那些新兴国家的发展了……人们怀疑因缺乏发展而诱过的习惯，以及因竞争的国际贸易体制引起的现行贫穷是一种职责转移形式，在为传统和当代文化从缺乏发展的责任中开脱的新兴国家里，其服务于有益的政治目的，并允许政治上虚构的可能性，即通过政治努力而不需要根本的社会变革就可以实现发展。（约翰逊，1975，7）

30 岁的资深专家

罗伯特·蒙代尔于 1932 年 10 月 24 日出生在加拿大安大略省的金斯顿镇（Kingston），1953 年获不列颠哥伦比亚大学经济学和斯拉夫语学士学位。在接下来不到三年的时间里，他获得了麻省理工学院的博士学位，在那里查尔斯·金德尔伯格将他引入了国际经济学领域。出于某种程度的坐立不安，蒙代尔不停地从一个机构迁往另外一个机构：伦敦政治经济学院、芝加哥大学、不列颠哥伦比亚大学、斯坦福大学、约翰·霍普金斯大学博洛尼亚分校、国际货币基金组织（在此处不到 30 岁的他就成了资深经济学家）、乔治·华盛顿大学、乔治大学、麦吉尔大学、布鲁金斯研究所以及日内瓦国际关系研究所。

到 1965 年约翰逊将蒙代尔带回芝加哥大学时，蒙代尔已经发表了一批确立他在国际宏观经济学领域首席学者地位的论文。[58] 英国经济学家詹姆斯·米德———一位分享了 1977 年诺贝尔经济学奖的学者，以他的著作《国际收支平衡》（The Balance of Payments，1951）为这一经济学分支播下了种子。关于米德的贡献，尤尔格·尼汉斯（Jurg Niehaus）评论道："尽管充满卓越的经济学思想，但该书实际上难以引起阅读的兴趣。这留给了罗伯特·蒙代尔为他的前驱者的冗长文章提供服务的机会，与希克斯为凯恩斯光彩夺目的文章提供修饰服务一样，即翻译成优美而简练的模式。"（尼汉斯，1990，342）约翰·希克斯（John Hicks）提供给约翰·梅纳德·凯恩斯的"服务"是发展著名的 IS-LM 图解，这成为凯恩斯经济学的精髓（希克斯，1937）。尼汉斯所指的"优美而简练的模式"，则是蒙代尔－弗莱明模型。

1962 年，由蒙代尔和弗莱明分别撰写的文章出现在国际货币基金组织论文集的同一期中。[59]那时，蒙代尔和弗莱明都在为国际货币基金组织的研究部工作。通过介绍资本流动性、弹性汇率以及国际收支平衡危机等现象，他们在本质上开辟了开放经济的宏观模式。蒙代尔－弗莱明模型的主要政策结论是：在弹性汇率下，货币政策是非常有效的政策工具，而财政政策无效。在固定汇率的政体中，这两种政策工具的效力是完全相反的。

蒙代尔－弗莱明模型的机制为凯恩斯主义宏观经济学家所欣然接受。该模型增强了他们的结论，即通过政策工具的恰当选择，当局能够掌控经济以及收入水平、产出和就业。从 20 世纪 70 年代中期开始显而易见的是，这一结论是错误的——根本上在于蒙代尔－弗莱明模型同任何其他模型一样，是基于一系列假设条件的。世界——特别是经济学领域——飞速发展，故而在很大程度上忘记了这些假设。蒙代尔再三警告他的模型需要仔细解释。蒙代尔－弗莱明模型的两个基本假设是价格稳定和资本完全自由流动。此外，蒙代尔还警告："……显然该分析是短期的，且忽略了资本总量和债务水平变化的长远考虑。"（蒙代尔，1968a，271）

随着他的国际经济学的基本模型和他的众多推论被青年经济学家、政策制定者逐渐滥用，蒙代尔变得越来越不高兴。[60]于是在 1968 年，蒙代尔出版了《人类与经济学》（Man and Economics），主题的处置方式与他以前的专著根本不同。在书中，蒙代尔露出了芝加哥风格经济学家的真实面目："经济学似乎能应用到人类经验的每一个角落。它是自觉行为的一个方面。无论做什么决定，经济学法则都会起作用。无论存在什么样的选择，人生总要考虑经济因素。它总会如此。但它怎能如此呢？它之所以能够如此，是因为经济学不止是最发达的可控科学，它还是观察事物的方法、程序原则、每件事的完整部分。"（蒙代尔，1968b）对于有关激励因素、人类行为以及关于政策的批判性评估等主题，他评论道："它为社会帮助残疾者、智障者以及贫困者免受疾病、不幸或巨大的先天性残疾做相应安排。它也为健康个体建立期望，即政府有责任对他们因个人行为而导致的境遇恶化进行补偿。"（蒙代尔，1968b，193）蒙代尔的著作明显与斯蒂格勒、贝克尔以及其他某些芝加哥学者的研究相关。

有关蒙代尔和他在芝加哥时期研究国际宏观经济的故事中，必须提到他对最优货币区理论的巨大贡献。在其著名的《最优货币区理论》（A Theory of Optimal Currency Areas，蒙代尔，1968a）一文中，蒙代尔讨论了当货币区受到外部冲击时货币区内的壁垒成本（就失业和通货膨胀而言）问题，蒙代尔得出结论：内部要素的流动性程度越高，这种成本壁垒就会越小。

十年后，蒙代尔在国际货币基金组织的搭档弗莱明强调区别劳动力和资本的流动性非常重要。有趣的是，米德（1957）更早的时候发表的一篇论文指出：要素流动性是促使共同货币区域经济有效的重要因素。对米德而言，拥有广泛再分配权力的中央财政当局对于最优货币区是绝对必要的。

在米德这一作品发表的时候，欧洲经济货币共同体既没有很高的劳动力流动性，也不存在强大的中央财政当局。因此，人们就会想，蒙代尔可能不会是经济货币共同体的坚定支持者。但事实并非如此，在好些场合，蒙代尔对单一欧洲货币情有独钟。在 1973 年发表的两篇重要但很大程度上未被关注的论文中，[61]蒙代尔表示共同货币引起外汇储备集中和投资组合多样化，这会相应导致不对称冲击效果的更好蔓延。

另一个滑铁卢

蒙代尔和芝加哥大学之间的美好姻缘在 20 世纪 60 年代末开始变味。有两个主要原因导致了最终的分离。首先，如戴维·沃什（David Warsh）所记载的那样，蒙代尔开始越来越忽视他的教学、学术以及专业责任："他被推选为计量经济学会成员，却因疏忽而未打开装有这一消息的信封。作为半球经济学会主席，他却未能到场发表主席就职演讲。作为《政治经济学学刊》编辑，他的冲动、专横以及吝啬差点毁了那份享有崇高声望的刊物。"（沃什，1993，195）

蒙代尔的经济研究工作仍旧非同寻常，尽管他那时举止失当给人以口实。蒙代尔在芝加哥大学的一位学生——亚瑟·拉弗，引人侧目地说明了这点：

> 我记得自己第一次遇到他是在芝加哥大学的讲习班上。那是 1967 年冬天……对我来说，这个大学讲习班就像"亚当斯一家"的场景——一个空旷、昏暗的房间，稀疏地布置着满是灰尘的橡木桌椅，烟灰覆盖的窗户以及叮当响的汽炉片。一个脸色苍白、头发蓬乱、叼着烟斗的家伙在里面踱着步，他穿着退色的风衣，搭配着条形灯芯绒裤。罗伯特·蒙代尔那令人痛苦的含糊发音加剧了其外貌的古怪。讲习班结束后我们去方形酒吧（Quad Club）喝马丁尼，在那里他的语音变得更糟。但尽管发音模糊，他的经济学从不尖刻或更易懂。[62]

第二个问题与蒙代尔的经济学方法有关。尽管实证检验是构成芝加哥传统的主要部分，但蒙代尔对纯经济理论要比实证研究更有兴趣，而这一态度导致他与经济系的其他成员冲突不断。这一情形的参考可在《国际收支平衡的货币方法》（The Monetary Approach to the Balance of Payments）的前言中找到。

1971 年，蒙代尔离开芝加哥来到了滑铁卢大学（University of Waterloo），撇下了一群研究国际支付平衡纯货币理论的研究生，他们最后阶段的指导落在了约翰逊的肩上。约翰逊之所以能令人信服，部分原因在于他与政策制定者们所进行的政策辩论，并倔犟地利用弹性方法对国际收支平衡进行描述和分析。就理论的洞见而言，持续专注于纯理论的改良和细化将引起快速的递减回报，而要挑战被政策制定界所接受的理论——主要基于粗略的弹性分析，要不然是更简单的纯算术应用——这样的理论将必须由牢靠的基础经验证据来支持。而只有这样的经济学才符合"芝加哥"经济学范式。（弗兰克和约翰逊，1976，11、12）

同年，蒙代尔撰写的一篇论文提出了对抗滞涨的独特政策建议："正确的政策组合是基于获得更多产出的宽松财政政策和防止通货膨胀的紧缩货币政策。"（蒙代尔，1971b，24）。十年后，这篇论文为他赢得了有趣的绰号："'供给经济学'的古怪天才"（沃什，1993，192）。至于宽松财政政策，蒙代尔认为："减税是合适的方法。"（蒙代尔，1971b，25）。蒙代尔准备这篇论文的同时，拉弗也在芝加哥大学准备，这绝不是巧合，因为拉弗后来成了里根政府的主要顾问。当时联邦储备委员会主席保罗·沃克尔（Paul Volcker），认识到从紧的货币政策结合巨额减税是里根总统第一任期的主要特征。

1974 年，蒙代尔从滑铁卢大学来到哥伦比亚大学。此时，他的创造性研究成果大幅度下降，又开始在意大利的托斯卡纳区花费越来越多的时间。尽管如此，蒙代尔仍然获得了 1999 年的诺贝尔经济学奖。在蒙代尔的获奖理由中，瑞典皇家科学学会指出："罗伯特·蒙代尔建立了仍主宰着开放经济中货币和财政政策实际应用的理论基础……尽管回溯至几十年前，蒙代尔的贡献仍旧引人注目并构成国际宏观经济学的核心教学内容……蒙代尔的贡献成为基础研究价值的极好例证。在一个特定的时间，学术成就可能显得相当深奥，然而不需多久，它们就会起到巨大的实际作用。"[63] 蒙代尔获诺贝尔奖的研究追溯到了 20 世纪 60 年代。因此，很明显，蒙代尔的获奖构成了芝加哥大学另一份无愧的荣耀。或者，用瑞典皇家科学学会的话来说："罗伯特·蒙代尔最重要的贡献是在 20 世纪 60 年代作出的。在这十年的后半叶，蒙代尔是芝加哥大学创造性研究环境中的知识分子领导之一。"[64]

亲密伙伴

20世纪60年代后半叶，哈里·约翰逊和罗伯特·蒙代尔的三位学生开始了他们作为国际宏观经济学家的职业生涯：鲁迪格·多恩布什、雅格布·弗兰克以及迈克尔·穆萨。多恩布什于1971年在芝加哥大学获博士学位，在罗彻斯特大学任教两年后，回到芝加哥大学商学院任教一年，然后去了麻省理工学院经济系。[65]弗兰克和穆萨在芝加哥的时间要远比多恩布什长，他俩职业生涯的轨迹具有某种对称性。[66]

雅格布·弗兰克1943年出生在以色列。他于1966年获得希伯来大学经济和政治科学学士学位后来到芝加哥大学，并在1969年和1970年分别获得经济学硕士学位和博士学位。1973－1979年期间，他在芝加哥大学经济系从助理教授晋升为全职教授。从1982年开始，弗兰克是国际经济学的戴维·洛克菲勒教授。

穆萨1944年出生在洛杉矶，1966年获加州大学洛杉矶分校经济学和数学学士学位。然后他来到芝加哥大学，并于1970年获经济学硕士学位，四年后获博士学位。此后的1971－1975年期间，他任教于罗彻斯特大学。1976年，穆萨返回芝加哥大学成为商学院助理教授，而四年后，他成了商学院国际商务专业的威廉·H. 艾伯特教授。

1987年，弗兰克成为国际货币基金组织的经济顾问和研究负责人。穆萨也在1986－1988年离开芝加哥大学，加入了里根总统的经济顾问委员会。1991年，弗兰克被邀请担任他的祖国——以色列的中央银行行长，那时该国正遭遇高通货膨胀的困扰。

1999年年末，弗兰克担任美林国际的副总裁。他在国际货币基金组织的职位由迈克尔·穆萨接任，后者于2001年年底离开国际货币基金组织。弗兰克和穆萨都参与过政策制定过程，就他们的研究和写作而言这并不奇怪。尽管他们敬重高水准的学术研究，他们的著作总是与经济决策这一主题密切相关。[67]

弗兰克和穆萨最重要的贡献是对国际收支平衡和汇率决定因素的分

析。[68]国际收支平衡的货币方法和分析开放经济的蒙代尔－弗莱明模型这二者的发展，支配着弗兰克和穆萨接受研究生教育和作为青年经济学家开始职业生涯时的学术环境。蒙代尔－弗莱明模型存在着一系列的局限，其中包括这一事实，即：它并未包含连贯的汇率决定理论。弗兰克和穆萨在发展汇率的货币方法中起着关键作用。[69]

汇率的货币方法，已成为更广泛的汇率资产市场方法的一部分，强调汇率作为平衡国内外货币市场的调整机制，而不是作为表明商品和服务国际流动的价格。模型使用的汇率货币方法包括描述国内外货币市场均衡和展现连续购买力平价的供给和需求方程。购买力平价条件暗示两个国家的汇率等于货币的购买力水平之比。弗兰克发现，有力的证据表明，购买力平价在20世纪20年代（1978）有效而在20世纪70年代（1981）崩溃。此外，预期也被明显引入这些模型（穆萨，1982）。弗兰克和穆萨的许多成果有助于蒙代尔－弗莱明模型升级为开放经济宏观分析的有用工具（弗兰克和拉珍［Razin］，1987）。

弗兰克和穆萨成了浮动汇率制的坚定捍卫者，为此，他们与芝加哥经济学主要元素（即不需政府干预即可运行的市场有效性）的拥护者协力从事。这一有效市场假设因哈里·罗伯茨（Harry Roberrs）、尤金·法玛以及默顿·米勒等芝加哥学者而变得非常有名。

弗兰克和穆萨对浮动汇率制的捍卫是建立在数个论据的基础之上的。他们证实，自由浮动汇率过于波动这一论断在20世纪70年代不再适用：汇率的波动要远小于其他资产价格，比如普通股票、利率、黄金以及其他商品。他们关于政府降低汇率波动的措施与弗里德曼的固定货币增长原则一致："政府政策有利于降低代价高昂且无谓的汇率波动……通过降低高而多变的货币扩张速度，例如，由稳定名义利率的不明智尝试而引发的货币扩张。"（弗兰克和穆萨，1980，379）

他们支持浮动汇率的另外一个论据是：汇率过激很难以事实证明，而且假如它果真出现的话，必须仔细阐明原因。最重要的是，弗兰克和穆萨声称浮动汇率有利于经济体制的有效运行："需要对不同国家产出相对价格进行调整的实际经济状况的改变不断发生。在联系汇率制下，相对价格调整能通过缓慢的国内物价水平变化和购买力平价的偶尔变化而达到。在浮动汇率制下，不同国家相对价格的调整则要困难得多。"

当弗兰克和穆萨深陷于他们巨大而迅速的成功的时候，芝加哥流失了他们两位主要的国际经济学家。虽然某些努力被用来加强和弥补这方面的缺失，但芝加哥国际经济学已经远离商务院经济学家集团[70]。

注　释：

〔1〕一个良好的早期调查有助于理解数理理论，参见赫格兰德（Hegeland，1951）、布朗格（Blange）等人（1995）。

〔2〕费雪承认他是从西蒙·纽考姆伯（Simon Newcomb）那里得到这个方程的。

〔3〕为整个故事的一个小插曲，参见弗里德曼（1992）。

〔4〕关于货币政策的争论导致了强烈的汇兑使个人收费变高。例如，托马斯·伯森（Thomas Bryson）——一位《农民论坛报》的编辑，就曾描述过：劳夫林对"所在地经济的无知，过分热忱石油托马斯的黄金臭虫老师"（考茨，1963）。

〔5〕虽然看起来他们随后在芝加哥大学的工作中没有面临什么重大冲击，这些书中的三本书在这里仍值得一提：《货币和银行原则》（1916），《商业银行和资本形成》（1918），《社会中的金融组织》（1912）。

〔6〕芝加哥计划的详细故事能在菲利普斯（1995）那里被找到。

〔7〕参见明茨（1945）。

〔8〕弗里德曼根据在芝加哥大学工作的其他教师的结论，对劳埃德·明茨在货币经济发展中的重要性给予了充分的评价。参见麦克伊乌（Mcivor，1983）。

〔9〕参见西蒙斯（1936b）。

〔10〕然而，在其他场合，维纳仍表明自己更多地赞同任意货币政策。参见维纳（1963）。

〔11〕最初的论文《芝加哥传统、数量理论和弗里德曼》发表在1969年2月《货币、信用和银行》期刊的争论问题中。

〔12〕在凯恩斯主义者安迪和莫迪尼亚尼那里的反驳是深刻的。《美国经济评论》中同样的问题包括了弗里德曼和麦斯曼的回复。

〔13〕《货币经济学刊》1994 年 8 月号。

〔14〕在与弗里德曼的共同研究过程中，舒尔茨的作用已经趋向于低谷。关于这个主题，参见波尔多（1989）。

〔15〕这个观点在哈曼蒙德那里（1996）得到了比较全面的发展。

〔16〕评论家抨击弗里德曼和舒尔茨的分析，不仅在经济理论而且在统计水平上都缺乏足够的依据。参见亨德利和埃利克森（Hendry、Ericsson，1991）以及弗里德曼和舒尔茨的回复（1991）。充分了解这些讨论有助于对问题的了解。重要的是注意以下一系列事件：在 1945 年米歇尔和阿瑟·伯恩斯出版了他们关于商业周期的经验研究结果（米歇尔和伯恩斯，1945），这本书遭到弗里德曼的激烈攻击，并明确指出，这是"未经经验证实的理论"（科普曼斯，1947）。鉴于伯恩斯和弗里德曼非常亲密的个人关系，而且弗里德曼对米歇尔非常尊敬，要全面了解库普曼和弗里德曼个人之间的敌意，这是个极为重要的事件。

〔17〕参见戈登（1974）关于弗里德曼和凯恩斯主义者之间的争论。詹姆斯·托宾和弗兰克·莫迪尼亚尼是这场争论的主要参加者。

〔18〕泰明集中于崩溃性消费支出的分析研究。关于舒尔茨对泰明分析的批评，参见舒尔茨（1981）。在以后的研究中，泰明强调的论点是，大萧条必须视为第一次世界大战和战后持续的冲突和国际货币政策的最终结果。参见泰明（Temin，1989）。泰明最后的论点，有点符合他的麻省理工学院的同事查尔斯·金德尔伯格（Charles Kindleberger，1973）的观点。金德尔伯格曾提出更多的国际大萧条理论：首先是缺乏国际经济的领导，造成普遍的抑郁症。有关现代大萧条的深度研究，详见布坎南（2000）。

〔19〕更多关于货币理论的普遍一致性的观点，可以在戈登和考克斯的文献中找到依据。

〔20〕参见弗里德曼（1956）。

〔21〕接下来，卡根搬到布朗大学并最终定居在那里。从 1966 年起，他一直就在哥伦比亚大学。因此，卡根是哥伦比亚大学和芝加哥大学之间的一个链接点。

〔22〕例如，参见卡根（1965）。

〔23〕例如，参见贝利（1957）。

〔24〕本论的摘要可以从西得劳斯基（Sidrauski，1967）找到。

〔25〕这里应该提到的是，早在 1933 年，哥伦比亚大学的詹姆斯·安格尔（James Angell）就曾主张不断增加货币供给，参见安格尔（1933）。这被认为是哥伦比亚大学和芝加哥大学之间另外的一个链接点。

〔26〕这个论点在弗里德曼（1978）那里得了全面的发展。

〔27〕德隆的参考书目提到了调整，以配合这本书的书目。

〔28〕事实上，弗里德曼说的这些比"我们现在都是凯恩斯主义者"这句话更微妙。1998年，弗里德曼曾叙述过如下这样的故事："几年前，我对《时代》杂志的一名记者说，'我们都是凯恩斯主义者，现在没有任何人不再是凯恩斯'。但令人遗憾的是，在新闻方式上，《时代》杂志应用了我一直坚信为真理的前半句而省略了后半句。我们大家都相信一般理论的分析性细节……然而没有人肯接受基本的实质性结论，没有人认为其分析的核心提供了真正的一般理论。"（弗里德曼，《经济季刊》，里奇蒙联邦储蓄银行，1997年春季，第6页）

〔29〕参见作者1996年10月31日对托马斯·萨金特的采访。

〔30〕参见作者1996年10月30日对罗伯特·卢卡斯的采访。

〔31〕同上。

〔32〕拥有芝加哥大学博士学位的穆斯，曾写过一系列关于合理预期的论文——《理性预期和价格理论的运动》这篇论文以及穆斯其他有关理性预期的文章，发表在卢卡斯和萨金特（1981）的论文集中。然而，实际上，有关预期的理论研究可以追溯到更早的时期。例如，Keuzenkamp（1991）就曾提到：早在1932年，杨·丁伯根已经发表了一篇有关理性预期分析模型的论文。帕斯汀（1987）也曾提及有关罗纳德·科斯的研究，某些文献发表在1935－1940年之间若干关于经济问题的报刊上。它包含了若干年后成为理性预期革命的经济学基础。

〔33〕随着时间的流逝，这种综合穆斯和其他新古典宏观经济学家们的分析变得更有争议了。经济思想史学家森特（2002，第315页）曾提出"卢卡斯、萨金特试图使穆斯的历史成为他们的一部分，但却致使他们自己本身对穆斯的意图产生了误解"。她还引用了穆斯的描述性应用——从理性预期假设到作为"一个愚笨理念"的总体经济学（305）。在一个比森特的著作发行早一年的演讲中，罗伯特·卢卡斯发表了一个根据自己的研究工作而形成的与穆斯完全不同的观点。参见布雷特和赫尔希（Breit、Hirsch，2004）。

〔34〕卢卡斯后来回顾说，他们曾野蛮地攻击这一分析。这被其他经济学家称为"法西斯经济学"（布雷特和赫尔希，2004，第287页）。

〔35〕参见作者1998年10月30日对罗伯特·卢卡斯的采访。

〔36〕据马克·布拉格（Mark Blauy，2001）的说法，以何种方式使用卢卡斯提及的休谟的研究是非常值得商榷的。

〔37〕 参见作者 1996 年 10 月 30 日对托马斯·萨金特的采访。

〔38〕 参照查瑞（Chari）的讨论（1998），弗里德曼（1976b）强调与不可预期政策的区别。

〔39〕 参见凯兰德和 Prescott（1982）、朗格和普尔森（1983）以及金和普尔森（1984）论文。

〔40〕 参见作者 1996 年 10 月 30 日对罗伯特·卢卡斯的采访。

〔41〕 同上。

〔42〕 参见 1951 年弗里德曼在纽约大学委员会经济研究所关于经济周期会议上的评论。

〔43〕 阿兰·布林德（Alan Blinder）评价说，虽然卢卡斯著名的关于计量经济学政策评估的文章是在 1976 年发表的，但它的内容早在发表前就已在学术界享有声誉。

〔44〕 例如，参见沃什的评论。迪尔德丽·麦肯斯基曾向作者坦白说，她记得约翰逊和蒙代尔一直对梅泽尔的著作有高度评价。

〔45〕 2000 年 11 月 15 日，在与作者的一次面谈中，保罗·萨缪尔森有如下言论："W. 舒尔茨在芝加哥给了我一个工作，起先我接受了，特别是我认为我在芝加哥会有更好的学生，但很快我清楚地发现我做了一个错误的决定。芝加哥是内部竞争最激烈的大学之一。而且，我还意识到，W. 舒尔茨聘用我是为了与已经回到芝加哥大学的米尔顿·弗里德曼之间的力量平衡，但是，我怕这会使我变得激进。因此我打电话给舒尔茨，告诉他，我已改变了主意。"

〔46〕 他的一些早期论文能够在多马和萨缪尔森的作品中看到。

〔47〕 参见弗兰克和约翰逊的各种评论。

〔48〕 参见作者 1998 年 10 月 3 日和 1998 年 10 月 4 日分别对罗伯特·阿利伯和拉里·萨金特的采访。

〔49〕 这个观点在 1958 年的论文中得到了充分的发展。

〔50〕 更多关于这两个方法的详细内容，参见亚历山大（S. Alexander，1959）。

〔51〕 他们在剑桥期间，伊丽莎白·约翰逊成为约翰·梅纳德·凯恩斯著作集的主要编辑。

〔52〕 杰格迪什·巴格沃蒂描述说，在研讨会和其他讨论中，哈里·约翰逊经常支持被孤立的丹尼斯·罗伯森。参见巴格沃蒂（1982）。

〔53〕 哈里·约翰逊：《为什么哈里·约翰逊离开英国》。参见《泰晤报·高等教育专栏》1974 年 6 月 7 日。

〔54〕参见莱森（作品）中的评论。

〔55〕例如，参见哈里·约翰逊（1972）。

〔56〕拉里·斯吉斯坦明确提出了这一点，参见作者1998年10月4日的采访。

〔57〕例如，参见哈里·约翰逊（1976）。

〔58〕这些论文的大部分是由蒙代尔收集的，参见蒙代尔（1968，1971）。

〔59〕参见蒙代尔（1962）。

〔60〕这些是由芝加哥大学几个年长的经济学家观察到的，例如默顿·米勒和拉里·斯吉斯坦等。

〔61〕这两篇论文分别是：《公共货币政策的非公共争论》和《欧洲货币政策的计划》，参见哈里·约翰逊（1973）。

〔62〕阿瑟·拉弗，《华尔街日报》1999年10月18日。

〔63〕参见诺贝尔经济学网站。

〔64〕同上。

〔65〕参见多恩布什（1976）。

〔66〕有关弗兰克和穆萨传记的数据，基本取自芝加哥大学档案室。

〔67〕早期的例子包括多恩布什（1973）、弗兰克（1974）。又参见弗兰克（1981）和穆萨（1991，1993）等。

〔68〕对于他们的贡献，可以得到充分的见证。比如穆萨（1974）以及弗兰克（1975）和约翰逊（1975）等。

〔69〕有一个良好的调查显示可以看到弗兰克和穆萨的影响（1985）。

〔70〕典型的例子是罗伯特·阿利伯和安尼·卡什亚普。

第六章
市场的力量：有限政府的状况

先驱经济学家亚当·斯密和阿尔弗雷德·马歇尔的基本观点是简单明了的：在确定的环境下，一个基于自由竞争的经济体系将会对社会拥有的稀缺资源进行最佳配置，以此满足市民的需要。但是在不确定环境下，结果又将如何呢？

阿瑟·庇古是马歇尔的继承者，继马歇尔后担任剑桥大学政治经济学教授，对市场失灵问题（即单纯依靠市场力量无法达到资源配置的最优状态）进行了开创性研究。他认为，当个人和社会（边际）成本和收益不相等时市场失灵就会产生。经济学术语称这一现象为外部性，即市场的参与者向市场之外的社会强加的成本和利益。在其主要著作《福利经济学》（The Economics of Welfare）中，庇古认为自由市场机制会导致许多现象最终产生不良结果，如污染、生态破坏和交通拥堵等。

特别是第二次世界大战以后，消除外部性的期望及对垄断（市场失灵的另外表现形式）的恐惧成为政府在经济事务中的角色日益膨胀的推动力。直至 19 世纪 60 年代，大规模政府干预的情形几乎未受到任何挑战。芝加哥经济学家米尔顿·弗里德曼和罗伯特·卢卡斯在对凯恩斯宏观经济学发起的挑战中扮演了重要的角色。类似的，另外一些芝加哥经济学家也从根本上质疑政府在经济干预中所扮演的角色。芝加哥大学在很大程度上塑造了管制经济学。1924 年，弗兰克·赖特指出了庇古对外部性的分析中存在的主要缺陷。艾伦·迪克特对垄断进行了革命性的思考和开创性的研究。乔治·斯蒂格勒和罗纳德·科斯在此项工作上付出的努力使他们成为最杰出的经济学家。此后，李斯特·塞尔、耶尔·布隆尊、萨姆·佩尔兹曼、罗本·凯塞尔和加里·贝克尔继续对这一问题进行研究。[1]

芝加哥大学经济学的基本内容为：对市场力量充满信心，并在此前提下对有限政府的相关问题进行研究。虽然这在 21 世纪初或许很难想象，但并非一直如此。特别是在 20 世纪 30—40 年代之间，芝加哥大学经济学家普遍所持的观点是认为政府在与经济中的垄断趋势进行斗争方面扮演着重要的角色。亨利·西蒙斯是芝加哥学者中研究货币问题的佼佼者，没有人对垄断的根深蒂固的恐惧比他表现得更为突出。

红色亨利

西蒙斯最为人所熟知的论文是 1934 年发表的《自由放任的积极纲领》（*A Positive Program for Laissez Faire*），西蒙斯将之称为："一本宣传小册子——传统自由主义的捍卫者。"西蒙斯在第一章中只用短短几句就概括了文章的主要结论：

> 民主的最大敌人是垄断，在它的所有表现形式中包括：超级企业，行业协会以及其他的价格控制机构，工会或是职能阶层范围内的组织和权利的整合……群体间竞争导致的小冲突可被控制在这样的水平，即它可以保护并在事实上促进大众福利。有组织的经济群体内的冲突，从另外的方面来看，不大可能会比国家间的冲突更加容易控制或者具有更小的破坏性。

西蒙斯通常会被归为右翼，或被认为具有保守的意识形态，但是以 21 世纪初的标准来看，他提出的很多建议恰恰是左翼的。西蒙斯（1934）写道："对个人垄断进行公共管制最多可以看成无奈的安排，只能作为一种权宜之计加以忍受……就总体而言，国家将面临实质性的接管、拥有、直接管理的必要，无论是铁路还是其他公用事业，以及一切不能保持有效竞争的产业。"

西蒙斯关于如何对待超级企业的观点也同样充满激进思想："很少有超

级企业存在是由于它们现有的规模对于产品经济的合理全面发展是必要的。它们的存在被解释成是促进利润的机会，是工业和金融界的'拿破仑'们的个人野心，是垄断力量的利益所在。"

这类分析导致西蒙斯提出了诸如以下所列的政策：分解超级公司，禁止同业联合，限制一个公司拥有的财产数量，禁止人们在同类型的商业圈里同时在多家公司担任职务，禁止投资公司的职员在自营公司里担任职务，使联邦贸易委员会成为最有权力的政府办事机构。

西蒙斯至少对工会和大企业同样持批评态度。西蒙斯在他的小册子里写道："工会策略的主要手段是通过集体交涉来维持标准的支付率。"他通过以下言论继续阐述自己的观点："……工资率的增长在某个特殊领域超出了竞争水平，不管采取何种强制手段，都要减少那个领域内可能达到的就业量——包括（通过机械化和其他类型的劳动力）替代经济中的这类劳动力和缩减需要这些劳动力的相关行业。"

在以后的 10 年里，西蒙斯对工会问题所持的观点逐步发展——事实上，他对工团主义所作的研究结果被束之高阁达三年之久。他在文章一开始就解释了论文久未发表的原因："质疑工会运动的道德性就好像对宗教、一夫一妻制、母亲或是家庭进行抨击……一个带着不可知观点的人如何在整个讨论过程中前行，在别人看来他们就像是得了某种疾病。"（西蒙斯，1944，1）西蒙斯认为工会和特殊利益群体没有差别，并且得出结论："大型而强有力的工会在整个制度联合体中是必不可少的因素，工会的发展在任何地方都与经济自由、政治自由和世界和平相对立。"（西蒙斯，1944，33）西蒙斯对自由的关注使他成为一名直言不讳的批评家，他对贝弗里奇报告中提到的福利国家及哈佛大学的阿尔文·汉森倡导的凯恩斯宏观经济稳定政策都持批评态度。

西蒙斯反对任何形式的间接税制，例如营业税。他认为减少收入不平衡"无限重要"（西蒙斯，1934，26），他强烈赞同基于广泛基础的累进所得税，他认为累进所得税在实行的过程中不会造成系统效率的重大损失，也不会对经济博弈的吸引力造成太多损害。几年以后，西蒙斯仍不断号召推广累进所得税制度（西蒙斯，1938）。他为自己赞同的一些合理的征税措施辩护道：

"取消所有对资本收益的特殊条款……对所有未能实现增值的投资资产以所得税的名义对不动产征税……接收者在当年收到的所有遗产、遗赠和当事人生前给予的（大型）礼物都将作为个人收入列入征税条款。"（西蒙斯，1934，27—28）最后，西蒙斯对所揭示的税制评论道："靠着这些方案的调节，将使国民收入的10%经由个人所得税制流入政府手中。"

西蒙斯对广告业的研究所得出的结论在当代看来绝对是非芝加哥式的："利用资源来操纵需求以谋利的可能性或许是现有制度下存在的经营管理不当行为的最大来源。如果现有的趋势继续，我们或许很快会达到这样一个境地，即我们的绝大部分资源将被用来劝说人们购买某种产品而不是另外一种，事实上只有一小部分人被雇用来生产这些将要被购买的产品。"（西蒙斯，1934，32）因此，西蒙斯主张对广告业课以重税并辩护道："这里存在着有趣的可能性，根据销售费用占总费用的比例来对制造商和批发商征收累进税。"西蒙斯在芝加哥大学鼓吹广告业的危险性，但是25年以后，确切的反对意见——认为信息广告业提供并影响了组织信息和市场效率——在芝加哥大学兴起。

为正确认识西蒙斯的观点，以下引述一段弗里德曼1983年对《自由放任的积极纲领》的评论：

我回过头去重新阅读《积极纲领》，结果使我大吃一惊。试想那是一个自由市场倾向性强烈的时代！记得可能是1934年它刚出版的时候，也许我可以说芝加哥大学社会科学系的绝大多数社会科学家和学生即使不是共产党员也肯定与之非常接近。在当时的环境下，弗兰克·H.赖特开设了一系列有关于"非自由主义的观点——以共产主义为例"的课程。普遍的学术氛围是强烈地支持社会主义者。强烈赞同政府采取一切方式接管整个经济。置身于这样的氛围中，小册子的出版引起了轰动，因为只要愿意就可以将其野蛮地视为强烈赞同有限政府角色而不是全能政府角色的反动分子。

从异端邪说到先知预言

1960 年，艾伦·迪克特作为一名经济学家承继西蒙斯在芝加哥法学院的教职后，即在家中组织了一次研讨会。斯蒂格勒在他的回忆录里描述了这次会面的绝妙之处：

> 科学发现通常是一系列尝试性探索的产物，而且很多情况下还会走入死胡同。只有很少的想法能最终成为假设，甚至很多想法连一开始遇到的困难和矛盾都无法克服。因此，当阿基米得突然有了一个绝妙的想法并且大声呼喊"找到了！"时，他成为绝无仅有的英雄。我已经在一流学者的行列里度过了大部分的职业生涯，但我作为一名观察者真正遇到像阿基米得那样突然发现真谛的情形却只有一次。（斯蒂格勒，1988b，73）

斯蒂格勒充满激情地描述道，英国人罗纳德·H. 科斯就是那位可以呼喊"找到了"的人。在迪克特的家中，科斯在 20 位芝加哥经济学家面前阐述了他对庇古外部性分析的不同看法。开始时与会的每位经济学家都反对科斯的观点，因为他们都熟知那是科斯关于联邦通讯委员会配置无线电频率使用情况所做研究的一部分（科斯，1959）。斯蒂格勒（1988a，76）认为，知识的历史那晚在迪克特的家中被改写：

> 米尔顿·弗里德曼如往常一样思维活跃，见解深刻。在两个小时的辩论中，从一开始的 20 位经济学家都反对科斯的观点转变为后来都同意其观点。这是一件多么令人激动的事情啊！我真后悔那天没有预先准备录音机将大家的讨论录下来。

更有意思的是，弗里德曼不同意斯蒂格勒对这件事情的看法："这次讨论对于罗纳德·H. 科斯及其以后作为一名经济学家的职业生涯来说都至关重要。无论如何，我还是很不情愿地承认科斯理论确实改变了芝加哥大学经济学分析和研究的基本方法。当然，也激发了后来的一系列研究。如果那晚在艾伦家的讨论没有发生，我无法想象自己的研究，哪怕是其中的一项分析都将会变得完全不同。"[2]

当科斯试图说服芝加哥的经济学家们认同自己的理论时，他已经 50 岁了。科斯 1910 年出生于伦敦的威尔斯登（Willesden），年轻时腿疾给他带来了严重的不便，这项生理缺陷强化了他对阅读和思考的兴趣。

1929 年，科斯进入伦敦经济学院学习。在那里，科斯遇到了对他有重要影响的老师阿罗德·普兰特（Arnold Plant）。普兰特在 1930 年被聘任为伦敦经济学院商学教授。伦敦经济学院的其他大部分教授都专注于研究抽象的经济理论而不注重商业实践。普兰特教授的讲演给科斯开启了一个新的世界，使他在那段时间成为社会主义原则的坚定信徒。普兰特"揭示了一个竞争经济系统如何在价格的协调下被引导到消费者最为重视的产品和劳务的生产上来……参加过普兰特的讨论班后，我对经济系统有了清晰的见解。他向我介绍了亚当·斯密的'看不见的手'。"（科斯，1991，4）。在伦敦经济学院，虽然科斯从普兰特的讲演中获益匪浅，但他仍然感觉到某些本质的东西被忽略了："定价系统作为协调机制很明显是正确的，但是存在某些论点令我困惑……普兰特认为只要通过价格机制来展开竞争，所有必要的协调都会完成。但是却存在产品代理人和管理，谁的职能是负责协调呢？如果定价系统能够提供所有的协调，那么它们为什么还有存在的必要呢？"（科斯，1991，7）带着这些疑问，科斯写就了《企业的性质》。

依靠从伦敦经济学院获得的凯塞尔旅行奖学金，科斯在 1931—1932 年间访问了美国。从美国回来后的两年间，科斯执教于刚刚成立的苏格兰敦迪经济与商业学院。1934 年他在利物浦大学任教，着手写作博士论文，并于 1951 年获得伦敦大学博士学位。科斯在敦迪大学期间进行的经济学研究正向芝加哥传统靠拢。正如他在敦迪的好友和同事邓肯·布莱克（Duncan Black）所言："他希望经济学既能处理现实世界的难题，又能有明确的指导方法。"（布赖特和赫希，2004，195）。科斯是弗里德曼时代芝加哥传统构成因素的早期认同者——即理论发展必须有经验证据作为支撑。19 世纪 30 年代，科斯"对通常被经济学家仅仅视为理论性的概念产生了浓厚的测量兴趣。在此，我深受芝加哥大学的亨利·舒尔茨关于派生统计需求表的著作的影响"（布赖特和赫希，2004，196）。

1935－1951 年，科斯在伦敦经济学院任教，诸如莱昂内尔·罗宾斯、弗里德里希·哈耶克、尼古拉斯·卡尔多（Nicholas Kaldor）和约翰·希克斯等，这些杰出的经济学家都与之同系。在第二次世界大战期间，科斯在政府部门担任过多项职务，主要从事统计工作。科斯对战后英国经济学家提出的观点予以了批评，并且受到启发开始谈论"黑板经济学"（black-board economics）。通过这种方式他阐述到理论经济学所阐述的观点通常伴随着复杂的数学计算，与现实问题毫无（或很少）联系，因此只存在于经济学家们的稿纸上或黑板上。著名经济学家詹姆斯·米德（James Meade）和阿巴·勒纳（Abba Lerner）是典型的国有企业应该严格执行边际成本定价政策的拥护者，科斯对此类观点持批评性态度。凯恩斯当时是英国财政部的一个高级顾问，他对科斯给予米德及其支持者的批评持赞同的态度（布赖特和赫希，2004）。

1951 年，科斯移居到美国。科斯移居到美国的原因，不仅是由于"对当时社会主义英国的未来缺乏信心，而且在于对美国生活方式的喜欢……以及对美国经济的赞赏。在前辈经济学家中我最欣赏弗兰克·赖特，在同辈中最欣赏乔治·斯蒂格勒"（布赖特和赫希，2004，199）。科斯到美国后，在布法罗大学做了 7 年教授，后又进入弗吉尼亚大学工作了 6 年。1964 年——即迪克特家中那难忘的一夜发生后的第四年——他加入了芝加哥大学，成为由迪克特发起的颇有影响力的法律和经济学运动的领导人之一。1991 年，科斯由于他的两篇著名论文获得了诺贝尔经济学奖。

科斯在他的诺贝尔获奖演说中宣称他已经找到了 1932 年所提问题的答案，但是花了五年多的时间才将自己的观点正式以论文的形式表述出来——这篇论文即《企业的性质》（The Nature of the Firm）。科斯宣称论文的目的是："消除（基于某种目的）利用价格机制来配置资源的假设和（基于某种目的）利用企业协调来配置资源的假设两者之间存在的经济理论上的分歧"（科斯，1937，39）。1960 年，科斯发表了另一篇论文《社会成本问题》（The Problem of Social Cost），这篇论文是应那晚在迪克特家中的芝加哥经济学家们的要求基于原先发表的论文写成的。这两篇论文是经济学历史上征引次数最多的论文之一，这就清楚的表明了它们的重要性。有些人不认同科斯的获奖资格，并以他们的方式预言道："科斯永远不会获得诺贝尔经济学奖"（Schwab，1989，1190）。两年以后，事实证明这些反对者是错误的。1960 年的论文一发表即刻获得热烈反响，而 1937 年的论文则多年默默无闻。

自由市场并不自由

在《企业的性质》一文中，科斯认为利用价格机制来调节市场交易并不是成本为零的。科斯将这种成本称为"市场成本"（Marketing cost），但大多数经济学文献中则通常被为"交易成本"（transaction costs）。企业存在的理由与进行谈判、订立合同、进行审查、约定解决争端时存在的这类交易成本密切相关。但是在价格机制下组织生产时，最明显的成本是发现相关产品的价格。卡尔·布伦纳（1992，11）曾就《企业的性质》一文评论道：

> 企业的特殊性质可以从企业围绕市场和市场交易这一事实中识别出来。企业通过一系列契约关系联结而成的组织结构来代替市场。经济行为人面临着一个抉择：他们即能够通过市场交易来筹备活动，也能通过一个企业协调机构的帮助来筹备活动。

科斯本人在他的诺贝尔获奖演说中也阐述道（1991，8）：

> 在《企业的性质》一文中，我谈到在一个竞争系统中会因为企业的存在而出现最佳的规划，没有规划的社会如果通过市场交易能够以较低的水平来达到协作，且比其他企业履行相同功能成本更低，则具有继续存在的可能。要想拥有一个高效的经济系统，必须同时拥有市场及规模

适当的具备规划领域的组织。这一组合才是我们应该寻找的最佳竞争结果。

科斯认为，"问题通常是在组织权威下会不会带来额外的交易业务。从边际上讲，企业内部的组织成本将会与另一家企业内部的组织成本或由价格机制来组织完成的交易所包含的成本相同。商人将会反复试验、控制，通过这种方式平衡或多或少将得以维持"。

虽然科斯对赖特极为敬佩，但是他在《企业的性质》中的分析，与赖特在《风险、不确定性和利润》一文中的分析在某些方面产生了冲突。布伦纳将他们智慧的碰撞归结如下：

> 赖特支持企业的存在是基于普遍的不确定性。在不确定性环境下存在的主要问题是决定做什么以及怎样做。企业家及其独特的性格由此产生。此外企业家能力分布不一致，风险偏好也不一致。赖特基于这些相对优势解释了企业薪酬体系产生的原因。在交易成本为零的情况下，科斯认为拥有更好判断力的人的存在很难解释企业的存在。因为这些人会将自己的观点在市场上进行买卖。在科斯看来，赖特没有提供企业将部分代替市场的真正原因（布伦纳，1992，12）。

科斯在《企业的性质》中最先提到的交易成本方法成了他在《社会成本问题》中所作分析的主要基础部分。[3]《社会成本问题》源于 1959 年科斯发表在《法律和经济学学刊》杂志上论述联邦通讯委员会配置无线电频率使用情况的文章。这篇文章也就是在迪克特家中那个具有历史意义的晚上科斯为之辩护的文章的主体部分。

科斯的结论之一是，价格机制应该在分配无线电频率的过程中得到运用（科斯，1959）。这个结论对于芝加哥大学的人来讲已不陌生：芝加哥法学院的学生利奥·赫泽尔（Leo Herzel，1951）早已明确提出了相同的观点。但是科斯立刻提出了更加大胆的主张，他认为无论初始时使用频率的合法权利如何配置，一个竞争系统将会在交易成本为零的情况下产生一个权利的最优配置方案——提供的权利是界定清楚且可以转让的。第一个观点很快被芝加哥的经济学家们所接受，但是他们聚在迪克特家中试图说服科斯，让他明白他的第二个观点是错误的。

发生在迪克特家中的辩论使科斯相信这些经济学同人坚持庇古关于市场失灵和外部性的分析。[4]据科斯所言，庇古分析的基本缺陷是所谓外部性具有的相关特征绝大部分未被确知："我们在处理那些具有危害效果的行为时遇到的问题不是简单地制止那些责任者。我们所要做的是判断制止危害所得是否超过停止危害行为所遭受的损失。"（科斯，1960，27）作为众多例子之一，科斯经常举离群的牛损坏毗邻土地上的农作物这一例子："……如果没有牛就不会有农作物被毁，同样的，如果没有农作物也就不会有农作物被毁。"

《社会成本问题》中的分析初始假定不管是个人或是企业都不存在交易成本。科斯证明只要交易成本为零，法定权力不论归谁都不会对资源配置造成影响。斯蒂格勒将这一假设命名为"科斯定理"（Coast Theorem）。[5]科斯定理认为，"当交易成本为零且权利被清楚界定时，那么初始的权利分配不影响合约的有效结果"（梅德马，1994，10）。但是科斯仍旧怀疑定理的发现是否是一件好事。他在诺贝尔获奖演说中说道（1991，11）：

> 我试图将科斯定理作为通向经济学中有关正交易成本分析的垫脚石。科斯定理对于我的重要性是其破坏了庇古体系。因为标准经济学理论假定交易成本为零，所以科斯定理证明庇古式的解决方式是不必要的。当然这并不表明当交易成本为正时，与市场上个人间的谈判相比，政府行为（例如政府运作、管制或征税，包括政府补助）不能得到更好的结果。事实是否如此，要靠现实的政府而非虚构的政府来解答。

有关正交易成本的研究，科斯认为政策观点应该由实际案例研究的结果来决定。科斯在担任《法律与经济学学刊》的编辑期间，试图激励大家对这一问题展开尽可能多的研究。这些研究中的绝大部分表明，在一个交易成本为正的世界上，法律制度将会对经济体系的运行产生深远的影响。科斯（1991，12）总结道："经济学家在没有详细界定制度安排的情况下讨论交易过程是没有任何意义的，贸易得以发生是因为制度影响了生产动机和交易成本。"

赖特的继任者

在《社会成本问题》中，科斯论述道：

> 很明显，政府有能力使某些事情以比私人企业更低的成本完成……但是政府职能机器本身并不是零成本的。事实上，政府在某些情况下会更加浪费。此外，由易错的行政部门作出的限制性和区域性的管制措施我们也没有理由予以支持，因为这些管制屈从于政治压力且执行时不具备任何竞争性的标准，而这些标准恰恰是提高经济系统运行效率所必要的。此外，这些被普遍运用的管制措施会在某些方面特意加强，而显然这样做是不合适的。出于这些考虑，政府直接管制并不意味着比将这些问题留给市场或企业处理来得效果更好。（科斯，1960，17—18）

在科斯的开创性工作之后，芝加哥大学的学者们沿着同一思路继续对政府管制问题进行经济分析。这些杰出学者中的突出人物就是乔治·斯蒂格勒，他"因为对经济管制理论方面的杰出贡献获得了 1982 年的诺贝尔经济学奖。但是，如果有关经济理论、产业组织和经济思想史方面的绝妙而又完美的论文也能获诺贝尔奖的话，那么他早就能够获此殊荣了"（布拉格，1985，239）。

乔治·J. 斯蒂格勒 1911 年出生于西雅图郊区的小镇雷登（Renton）。年轻时的斯蒂格勒是"一个永不餍足、涉猎广泛的阅读爱好者"（斯蒂格勒，1988b，15），他在华盛顿大学专心攻读工商管理方面的课程，计划承袭父亲的脚步从事商业活动。然而，当斯蒂格勒于 1931 年大学毕业时，大萧条已对社会造成重大影响。斯蒂格勒依靠奖学金去芝加哥的西北大学攻读 MBA，因而无须像其他人一样去争抢已经十分稀缺的工作。在西北大学，他对经济学及学术生涯产生了兴趣。[6]斯蒂格勒曾回过西雅图，但于1933年又回到了芝加哥——进入芝加哥大学。后来他回忆道：

> 在那儿我遇到了三个至今我仍旧认为最杰出的经济学家：弗兰克·赖特、亨利·西蒙斯，还有……雅格布·维纳……弗兰克·赖特等。……沟通信息，超越任何可能混淆智慧的探究是神圣的号召……赖特和西蒙斯都成功地灌输给我一个观念——事实上他们可能强调过度了，那就是在从事科学研究工作时，名声大小或官位高低都无足轻重。他们谆谆告诫：要细听论点，详查证据，而不要在乎对方的身份、学历及年龄……维纳建立了芝加哥新古典主义微观经济学理论扎实训练的传统（布赖特和赫希，2004，81—82）。

在芝加哥大学的同学中，斯蒂格勒与艾伦·瓦利斯、米尔顿·弗里德曼结下了深厚而又持久的友谊。瓦利斯位居多个大学的管理层，起初担任芝加哥大学商学院院长，后来担任罗彻斯特大学校长的职务，并且担任过多项政府职务。斯蒂格勒和弗里德曼分别以微观先生和宏观先生闻名于世（两人的身高与他们的昵称正好相反，由此产生过很多笑谈）。弗里德曼、斯蒂格勒、瓦利斯和迪克特构成了被里德称之为"赖特共同体"的支柱（里德，1982，7）。瓦利斯回忆道："乔治、米尔顿·弗里德曼和我三人经常共进午餐，通常会持续很久的时间，因为我们的嘴更多的是用来讲话而不是咀嚼。主要的话题都是关于弗兰克·赖特的：他说了什么观点？他的观点是什么意思？他的观点有意义吗？他的观点是正确的吗？……我们对赖特的感觉基本上是把他当成英雄般崇拜。"（瓦利斯，1993，775、777）弗里德曼称之为"（斯蒂格勒）的导师弗兰克·赖特"。科斯证实赖特对年轻的斯蒂格勒有着决定性的影响："是赖特……对他影响最大，赖特激发了他对经济学的幻想，极大地促进了乔治·斯蒂格勒对学识的天生的狂热。"（科斯，1994，200）只有贝克尔持有不同的观点："维纳通过强调微观经济学理论的实证相关性和以

历史的和经验的证据来验证理论的必要性而拥有更大更久的影响力。"（贝克尔，1993b，761）

1936年，斯蒂格勒离开芝加哥来到衣阿华州立大学。在那儿，T. W. 舒尔茨正准备成立一个经济学院。两年后，他又去了明尼苏达大学任教。1942年，斯蒂格勒又离开了明尼苏达大学，起初去了国家经济研究局，后来又到了哥伦比亚大学的统计研究小组工作。两项工作都强调实证研究。斯蒂格勒又能与老友弗里德曼和瓦利斯一起共事了，此外还有这个时代杰出的经济学家和统计学家，诸如阿瑟·伯恩斯、所罗门·费伯利肯（Solomon Fabricant）、哈罗德·霍特林、L. J. 萨维奇（L. J. Savage）和亚伯拉罕·瓦德（Abraham Wald）等。1946年，斯蒂格勒去了布朗大学。一年以后他来到哥伦比亚大学，与艾伯特·哈特（Albert Hart）及1996年的诺贝尔经济学奖获得者威廉姆·维克瑞（William Vickrey）共同教授经济理论方面的研究生课程。

1946年发生了一件后来只能称之为戏剧性的事情。瓦利斯的回忆如下：

芝加哥经济学院打算聘用乔治，但是科尔韦尔校长认为乔治是一个没有正确理解理论的粗糙的经验主义者，因而拒绝签署这一任命。随后在1950年的一次会议上，众多与会的理事，包括委员会主席在内，都不同意他来芝加哥。所以尽管任命已经通过（比四年前的薪水还多一倍），斯蒂格勒还是被拒绝了。（瓦利斯，1993，778）。斯蒂格勒在自传中极其简洁的提到过此事："教授职位最终授予米尔顿·弗里德曼。科尔韦尔校长和我创建了一个新的芝加哥学院。这一结果对我和弗里德曼两人都恰如其分，尽管我在很长一段时间内都不同意科尔韦尔对我的看法。"（斯蒂格勒，1988b，40）弗里德曼的看法是正确的，这段经历给斯蒂格勒的灵魂留下了很深的创伤："虽然他总是将自己的初次被拒作为笑谈，但从他的自传中可以看出，他被深深地伤害了。我毫不怀疑这是他后来拒绝来自芝加哥的聘任的真正原因。"（弗里德曼，1993，770）

1957 年年底，斯蒂格勒的好友瓦利斯终于成功地说服他重返芝加哥大学，并一直在芝加哥大学直到 1991 年 12 月去世。斯蒂格勒成为芝加哥商学院和经济学院的查尔·沃尔格林教授。据他的学生托马斯·塞维（Thomas Sowell）所讲，斯蒂格勒在芝加哥大学的课堂是："……一场知识激荡的比赛，在那儿时髦的术语和诱人的假象被彻底地打发到了垃圾堆里。"（塞维，1991，16）他担任《政治经济学学刊》的编辑长达 19 年，并于 1947 年与弗里德曼、迪克特和哈耶克在瑞士共同创办了著名的"朝圣山学社"（Mont Pelerin Society）。

学无止境

斯蒂格勒是一个杰出的经济学家。加里·贝克尔（1993b，766）曾这样描述身高 6 英尺 3 英寸的斯蒂格勒：

> ……一位令人印象深刻的人物，不仅仅是因为他非凡的智慧和外表，还有他的言行。不止一次，有中年人托我把问题或请求带给斯蒂格勒。他们害怕直接向他提问……斯蒂格勒无法忍受没有经过深思熟虑的或缺乏证据的讨论，即使是最亲密的朋友或曾经对他认为正确的观点予以支持的人……这样的态度和他咄咄逼人的个性使许多学生感到害怕。他们蜂拥着去听斯蒂格勒的课，但是却极不愿意请他指导学位论文……在斯蒂格勒的核心朋友圈里，他却是位极其热心和宝贵的朋友，总是极为慷慨地与别人分享自己的时间和金钱。

斯蒂格勒那令人印象深刻的个性特征或许可以解释为何他只指导了极少数的博士学位论文，如同赖特一样。[7]

弗里德曼强调斯蒂格勒"具有敏捷的思维，巧妙的应答，以及激发智慧火花的无限潜能"（弗里德曼，1993，768）。以下的例子充分体现了他妙语连珠和诙谐幽默的个性。一次，保罗·萨缪尔森在小组讨论上力压斯蒂格勒并在结束发言时说道："我知道斯蒂格勒要说什么，那些都是错误的。"此时斯蒂格勒站起来说完"2＋2＝4"就坐下了（弗里德曼，1993，782）。他解释自己的发言时说道："我面临着巨大的难题，如何用 5 分钟的时间向人们传递将被记住 10 分钟的信息。"（弗里德曼，1993，782）。

1948 年，斯蒂格勒访问伦敦期间作了五场有关经济问题的演讲。他在给弗里德曼的信中抱怨英镑无法兑换及配给食物难以下咽："所以在这儿我体重下降，英镑却增多。"（弗里德曼，1993，771）。另外一个例子，一位记者采访时提到斯蒂格勒只发表过 100 篇论文这一事实，并说他曾采访过的哈里·约翰逊共写过 500 篇论文。斯蒂格勒对此只简短地回应道："我的每篇论文都是不一样的。"（弗里德兰，1993，781）

为什么经济学家开始逐步偏好反托拉斯政策，斯蒂格勒（1982a，12）对此问题的不同原因进行推测时注意到："在这一行为中，经济学家得到的补偿费用并不违背联邦最低工资法。"甚至在讨论王权时，斯蒂格勒也能以非凡的智慧和诙谐的表达组织语言："君主政体依靠遗传学这一骰子来确定合适的掌权者，衰退现象对于平庸之人是重要的保障，这样平均起来君主在位期间不会跻身最能干的人之列。"（斯蒂格勒，1988b，x）

斯蒂格勒最吸引人的个性特征是表达观点时的直率。克莱尔·弗里德兰担任斯蒂格勒在芝加哥工作期间的助理长达 33 年，他评论道："他希望降低向别人传达信息时的成本，通过向别人和盘托出真相来表达自己的观点，无论别人是否会因此而不快。"（弗里德兰，1993，781）在这一方面，斯蒂格勒好像把他对信息经济学的研究结果运用到了日常生活中。斯蒂格勒认为，他对缩小政府管制经济学、垄断及经济思想史的研究不是他作为一个经济学家所遗留的最佳研究成果，相反，"……我对经济学的最重要的贡献无疑是在信息经济学这方面的"（斯蒂格勒、布赖特和赫希，2004，89）。诺贝尔奖委员会也强调了斯蒂格勒在信息经济学方面的贡献，颁奖理由称他的研究"……诸如价格刚性、运货过程中的变化、闲置和未利用的资源等现象是市场过程的重要特征，能够在基本的经济假设框架内得到严谨的解释"（科斯，1994，204）。

教科书中的市场模型被定义成只有完全竞争和同质性产品，只有单一的价格平衡供给和需求。这一模型是基于以下假设成立的，即所有的市场活动参与者都能获得供给和需求商品的相关价格的完全信息。垄断竞争理论的一个基本特征是对于完全信息这一假设的认可缺乏现实的基础。不管如何，信息经济学这一经济学的贡献将会留给斯蒂格勒来作出。但遗憾的是，信息经济学还只是"占据着经济学这所大房子的中一个不显眼的角落"。斯蒂格勒（1968，171）认为人们以一种理性而又详尽的方式来获取信息，且人们对信息的追求会一直持续，直到获得最后的额外信息所付出的成本与从这最后的额外信息中获得的收益相等时。在这一过程中，最主要的成本是为收集信息所付出的大量时间。斯蒂格勒（1988b，80）在自传中称，自己对信息经济学的研究是"对科斯工作的补充，因为我已经研究了交易成本的主要构成。我的论文几乎与科斯的同时间发表"。

斯蒂格勒将处理信息的一般方式运用到劳动力市场，证明雇主和雇员也遵循同一规则寻求更多的机会，即一直寻求额外信息直至边际成本和边际收益相等（斯蒂格勒，1968）。这一论文基于失业的最初研究模型，认为失业是个人在有条不紊的寻找处于尽可能高的工资水平的最佳工作时自发选择的结果。斯蒂格勒在信息经济学方面的研究使以下现象散发出新的光芒，例如广告、商业定位以及经销商的专业化，并且促进了与此相关的重要研究。[8]

斯蒂格勒信息经济学在实践方面的一项重要应用是他的寡头垄断理论："现有的论文认同寡头垄断者希望通过彼此串谋来获取最大利益这一假设，并试图将愿望和事实进行调和。例如，对于大多数公司而言共谋是不可能的，在某些情况下共谋将更加有效。两者的调和在管理共谋协议这一难题中被发现，而这一难题被证明也是信息理论的难题之一。"（斯蒂格勒，1968，39）

李斯特的核心

斯蒂格勒关于信息经济学的开创性研究论文由两部分组成。第一部分是关于研究过程的特点和特性的一般性分析。第二部分主要专注于研究广告活动这一现象。他称之为"很明显是去除无知的一种极其有效的手段……广告价格的效果……和由大部分潜在购买者进行的大量搜寻的效果是相当的"

（斯蒂格勒，1968，182、187）。斯蒂格勒对信息和广告业进行的相关经济学研究是李斯特·塞尔的主要灵感来源，他的早期研究中还"深受艾伦·迪克特的启发"。[9]塞尔发现"尽管似是而非的理论与此相反"，几乎没有经验证据表明"广告宣传与竞争之间存在负相关"（塞尔，1964，558）。他发现行业的广告宣传强度和行业集中率的变化之间存在负相关（塞尔，1962，1969a）。塞尔还分析了广告市场的运行（塞尔，1966）。

塞尔于1931年出生在芝加哥。1951年，他在罗斯福大学获得学士学位。在成为哈佛大学研究生一年后，即1953年，他从芝加哥大学获得了硕士学位。三年后，他在弗里德曼的指导下完成了博士论文并取得博士学位。塞尔善于思考，他把自己看成是"约翰·梅纳德·凯恩斯的孙子和米尔顿·弗里德曼的儿子。在我的学生时代，我从任教于罗斯福大学的阿巴·勒纳那里获得了凯恩斯理论的有关知识"[10]。1952－1954年间，他在考利斯委员会工作。作为一名年轻的学者，他目睹了发生在考利斯成员和芝加哥大学经济学院之间的经常性冲突。[11]在爱荷华州立学院工作一年及在美国军队担任统计顾问两年后，他加入了芝加哥大学商学院。从1965开始，他成为芝加哥大学经济学院的全职教授。[12]

塞尔生动回忆了他在考利斯委员会工作的情景。在那儿，他遇到了博弈论之父约翰·冯·诺伊曼[13]：

　　……冯·诺伊曼是我遇到过的最令我着迷的人。他过去每三个月就会到考利斯委员会访问一些日子。然后每个人就会排队向他请教自己无法解决的数学难题。约翰·冯·诺伊曼是我遇到的最接近天才的人。事实上，米尔顿·弗里德曼曾对我说博弈论是他真正想要创造的理论。我认为他在对我说这话的时候是认真的，因为现代博弈论与他在某段时期同吉姆·萨维奇（Jimmy Savage）一起研究的内容十分接近。[14]

尽管塞尔从迪克特、弗里德曼和斯蒂格勒那里获得了有关传统价格理论方面的丰富知识，并且还继承了考利斯委员会成员对经济学和数理经济学的热爱。但是他的生活并未因此而变得更简单："我的第一篇有关于厂商间不得低价转售商品的论文的最初版是极度数学化的。经过很长的讨论，艾伦·迪克特建议我把大量的数学问题放在一边，因为他认为没人会看这样的文章。"[15]这篇关于厂商间不得低价转售商品的论文成为塞尔（1960）对经济学作出贡献的开端。

　　塞尔在他的核心理论中混合了两项因素——带有价格机制的竞争系统和高度抽象的数理经济学（塞尔，1978，1996）。毫无疑问，塞尔的核心部分是对经济理论的最重要贡献。[16]核心理论的开始部分描述竞争均衡的基本特性。没有个人买家（卖家）或群体买家（卖家）拥有偏离价格-产量这一典型的平衡位置的动机。这一情况通常作为帕累托最优之一而被熟知。沿袭19世纪英国经济学家弗兰克·Y. 埃德乌斯（Francis Y. Edgeworth）的开创性研究，塞尔的核心理论研究了个人能够或者将会采取的联合方式及决定他们选择的动机。塞尔（1994，152）将自己的核心理论总结如下：

　　　　核心理论包含三个元素：个人；他们能够组成的各类群体，称为联盟；以及衡量个人或联盟采取的行动所产生的结果的函数……取决于个人的人数和重建的过程，有时核心会由一系列结果组成，有时会由单一结果组成，有时则根本不存在结果。

遭遇危境

　　虽然斯蒂格勒将他在信息经济学方面的工作视为他对经济学领域的最重大贡献，但是他的芝加哥同事科斯认为："瑞典学院没有提及斯蒂格勒在经济思想史方面的研究，但是我相信，他确实被视为最杰出的人。"（科斯，1994，201）在科斯的论述中，斯蒂格勒——他是少数几个能够在赖特的监督下得出绝妙的研究成果，并成功取得博士学位的人——分析了边际生产力理论的知识史（斯蒂格勒，1940）。斯蒂格勒在著作中发表了有关亚当·斯密、大卫·李嘉图、约翰·斯图尔特·穆勒、阿尔弗雷德·马歇尔等人的生活和工作情形。[17]加里·贝克尔描述了斯蒂格勒在经历过经济思想史的有关论题后所具有的多元感受:"斯蒂格勒成了世界上最杰出的经济学说史专家,但他承认绝大部分经济学家对这一领域的关注度已经越来越少……他仍然相信,不管如何,过去的大部分经济学家有更多的动力去读全部的同时代经济学方面的论著,而不是只读一小部分。"(贝克尔,1993c,762-763)

斯蒂格勒的大部分研究工作——是关于经济思想史方面的——被认为相当偏爱传统的经济分析方法。斯蒂格勒的研究是由亚当·斯密和大卫·李嘉图发展而成的古典主义理论和由斯坦利·杰维斯(Stanley Jevons)、莱昂·瓦尔拉斯和卡尔·米格(Carl Menger)提倡的边际分析法结合而成的新古典主义综合体。正如克莱尔·弗兰德指出的:"他把大多数研究的重点放在新古典主义中解救陷入困境的女子方面。"(弗里德兰,1993,780)哈罗德·德姆塞茨评价斯蒂格勒是:"坚信新古典主义的理论机器从全局来看是相当完备的,并且经过半个世纪的精心发展,绝不能轻易舍弃。"(德姆塞茨,1993,794)他对新古典经济学的贡献使他毕生成为 20 世纪最有影响力的公司经济学书籍之一——由阿道夫·贝尔(Adolf Berle)和加德纳·米恩斯(Gardiner Means)撰写的《现代公司与私有财产》(The Modern Corporation and Private Property,1932)的反对者。在此书中,贝尔和米恩斯主张对经济组织进行彻底的重新思考。[18]

斯蒂格勒提倡在讲求效率和道德的基础上维护市场经济或自由企业制度。斯蒂格勒在阐述观点时会大量引用他所知晓的历史知识,这一点从他在1981 年举行的坦纳人类价值的公开讲座中已能清楚地感受到:

直到 19 世纪中叶,在企业系统的效率方面讲求道德还是被广泛接受的信仰……古典经济学家将大量的条目编入公开作业要求中,以此来纠正或加强个人行为,但是这些要求只是零星分布或缺乏系统的纲要,确切地说,只是一些零散的对付经济主体的权宜之计。

斯蒂格勒拥有新古典主义知识的渊博造诣,但他从未在芝加哥大学的经济课堂上就价格理论发表演讲，这确实令人感到十分惊讶。一些十分了解斯蒂格勒的人，包括克莱尔·弗里德曼和詹姆斯·霍克曼，却将此视为斯蒂格勒对弗里德曼和贝克尔钦佩至极的反映。[19]斯蒂格勒的儿子斯蒂芬是芝加哥大学的统计学教授，他认为斯蒂格勒是由于在哥伦比亚大学教授了长达 10年的价格理论而对此感到厌倦了。斯蒂芬·斯蒂格勒说："回到芝加哥后，他把大部分的精力放在了更感兴趣的应用价格理论上。"[20]斯蒂格勒在哥伦比亚大学期间确实教授过价格理论，他还在 1942 年发表了《竞争价格理论》（The Theory of Competitive Price）。以后还被修订过几次，最后一次在 1987年。这一过程中，书名最后被改成了《价格理论》（The Theory of Price，斯蒂格勒，1987）。

乔治·斯蒂格勒关于新古典主义经济分析和自由市场经济的辩护遭到了与他同年进芝加哥大学商学院的耶尔·布隆尊的有力挑战。布隆尊 1910 年出生于堪萨斯城，获得过两个学士学位：一个是在麻省理工获得的化学学士学位，一个是在芝加哥大学获得的经济学学士学位。1942 年，他又在芝加哥大学获得了博士学位。他在佛罗里达大学待了很短的时间后就参了军，第二次世界大战以后，布隆尊成功地在佛罗里达技术学院、明尼苏达大学和西北大学任教。1957 年，他作为教授重返芝加哥大学商学院。1987 年从商学院退休，1998 年去世。萨姆·佩尔兹曼在布隆尊去世那天评论道："耶尔是孤独前行的智者。开辟新的知识领域不是他的主要目标。他最想做的是把典型的芝加哥思想尽可能地传播到公众中去。"[21]

布隆尊的主要科学贡献与时任芝加哥大学法学院院长的费里·奈尔（Phil Neal）领导的反托拉斯政策研究特别工作组于 1968 年发表的最后一份报告有关。[22]该特别工作组制定了更多的针对集中工业的政府干预法令。在1971 年 10 月刊的《法律与经济学刊》上，布隆尊就特别工作组得出的针对垄断的结论与解决垄断的政策，与上述结论的捍卫者展开了激烈的辩论。布隆尊提供了大量真实的证据来反驳特别工作组提出的问题，即个别行业中存在的极度稳定的垄断水平是由于这些行业高度稳定的收益率使其成为整体行业中的领导型企业的。

关于垄断的争论一直伴随布隆尊的后半生。他还经常挑战行业经济学的传统范例即"结构决定行为和绩效",他辩解道"事实是,行为和绩效更有可能决定结构,并且在缺乏政府干预的情况下,结构还会在市场的推动下朝着效率的方向前进"(布隆尊,1982,82—83)。他总是辩论到在统治与共谋行为之间几乎与生俱来就存在矛盾:

> 公司成长到占据行业绝大部分市场份额甚或独占整个市场的规模时,那肯定是因为它出众的管理、经济规模,或者比别家更加优良低价且满足了绝大部分买家的产品。公司的成长不能仅以低价取胜,而更应该注重竞争性行为。采取低价策略的公司只有将低价的好处传达到大部分买家并以此吸引他们成为公司的客户,才能真正发挥低价的作用。要想保持大的市场占有率,垄断公司不能通过限制产量来保持价格,而必须扩大产业。任何限制产量的尝试都不应该在垄断或共谋行为中产生。否则将以牺牲市场份额为代价。(布隆尊,1982,397)

灵活性与复杂性

如果对于新古典主义价格理论的辩护是斯蒂格勒经济学研究的主要特征,那么经济学家们接着需要做的就是对他们的理论进行实证验证。德姆塞茨(1993,793)形容斯蒂格勒是一位"充满激情的中世纪新古典主义实证研究者"。斯蒂格勒在1964年原子能管理局年会上所作的校长演说是他就实证研究所作的最强有力的辩护。谈到亚当·斯密及其追随者提倡的国家有限角色主张时,斯蒂格勒问道:"后来支持国家对铁路、股票交易、工资率和价格、农业产量和其他上千件事情进行管制的经济学家们,他们能用什么方法证明国家对于这些事情能够进行更好的引导和控制?"(斯蒂格勒,1975,38)他回答道:

> 1776—1964年之间关于国家经济竞争力的主要实证研究手段是讲奇

闻逸事……甚至当经济学家们采取行动或者对于一项政策有直接兴趣时，他们也不会进行系统的实证研究以此来确立问题的研究范围和性质，或者从可选择的方法中选出尽可能高效的方法来解决问题……没有经济学家认为有必要采取实证的方法证明自己建议赋予国家的新职责是切实可行的……如果经济学家们对于经济政策的公开辩论有任何自己的贡献，那就是对于政策和政策所产生的结果之间关系的一些特殊理解。（斯蒂格勒，1975，39、46、49、50）

他对陷入困境的妇女的忠诚和对经验核查的热情明显地表现在他对产业组织领域进行的工作上。在《产业组织》（The organization of Industry）的第一页上附有斯蒂格勒对这一主题所作研究的相关论文，他直言："这儿只存在产业组织这一论题。"（斯蒂格勒，1968，1）德姆塞茨（1993）认为，斯蒂格勒在产业组织领域的绝大部分工作可以解释成对新古典主义价格理论的辩护。德姆塞茨的论题可以用斯蒂格勒（斯蒂格勒，1975）[23]对于爱德华·张伯伦的垄断竞争理论及哈维·雷伯斯坦（Harvey Leibenstein）的X效率理论的批评来阐明。雷伯斯坦对新古典主义提出的效率较低的企业在竞争环境下将无法生存的主张提出了质疑。斯蒂格勒（1976）对雷伯斯坦的理论提出批评，是因为他相信可测量的利润不是公司所能达到的效率及效用最大值程度的充分指标。[24]

斯蒂格勒对雷伯斯坦理论的批评还与他在产业组织领域的最初贡献有关：生存法则。斯蒂格勒从观察开始，在规模经济理论方面总结出一种经验分析理论，这一理论"蹒跚前行了一个世纪，收集了大量的有益推论和少量的经验证据，但是从未达到过科学繁荣的高度"（斯蒂格勒，1968，71）。他总结道："……企业的最佳规模可以在相当大的范围内实现。"（斯蒂格勒，1968，88）

毫无疑问，斯蒂格勒对拐折需求表（斯蒂格勒，1968）、管制价格、刚性价格［斯蒂格勒、金达尔（Kindahl），1970］等问题进行研究，是因为这些问题破坏了价格灵活性观念这一体现市场经济良好运行的重要假设这一事实激发的。在管制价格的实证相关性方面，斯蒂格勒强烈反对加德纳·米恩斯（1972）的观点，即现象在现代市场经济中占据主导地位。[25] 同斯蒂格勒类似，丹尼斯·卡尔顿也是这一研究领域的主要投稿者之一。1986 年，卡尔顿在其发表的一篇论文中对斯蒂格勒—金达尔的数据进行了重新分析，并得出"价格刚性的程度在很多产业是相当重要的"的结论（卡尔顿，1986，638）。

萨姆·佩尔兹曼是 20 世纪末产业组织领域的另一位重要的芝加哥经济学家，他从事价格灵活性方面的研究。佩尔兹曼的论文题目假定："价格上涨比下降要更快。"[26] 佩尔兹曼实证研究的基本结论是"产品价格在输出上升而不是输出下降时反应更快……这一点在生产资料市场和消费资料市场上同样频繁……平均而言，应对积极的成本冲击的快速反应能力至少是应对消极冲击的两倍"（佩尔兹曼，2000，466）。佩尔兹曼欣然接受这些发现，提出"理论面临挑战……理论难题很难以普通的揣测来解决。价格不对称是竞争特性或求大于供的市场结构造成的。而且研究发现，哪里拥有大量的买家和不精明的消费者，哪里就有大量所谓的精明产业购买者。库存持有和菜单成本均不是造成价格不对称的关键因素。"佩尔兹曼指出，或许不对称的调整成本和最后的垂直市场联结是观察到的价格不对称现象的可能解释。

货币政策变迁

紧跟外部性问题，垄断是另一个与私人和社会的成本与收益的集中性密切相关的主要问题。随着时间的推移，斯蒂格勒改变了对垄断的看法。在亨利·西蒙斯的影响下，1940—1950 年间，斯蒂格勒将垄断视为主要的问题。1952 年，斯蒂格勒在《财富杂志》上发表了题为《反对大企业的实例》（The Case Against Big Business）的文章，他在文中写道："这里有两项针对大企业作出的基本批评：它们表现出垄断行为，并且在劳工和政府面前为自己的巨型规模进行鼓励和辩护。"斯蒂格勒辩论道："……明显且经济的解决方法……是分解巨型的公司。"到了 1955 年，斯蒂格勒变得更加谨慎，认为："20 世纪的美国经济史证明，适度的反对垄断计划已经足以遏制相当大部分的竞争力下降。"（斯蒂格勒，1968，297）

在自传中，斯蒂格勒提到了两位帮助他转变对垄断所持态度的学者。约瑟夫·熊彼特（Joseph Schhumpeter）论述了创新理论，强调来自于新的产品、新的技术、新的供给来源、新的组织类型等方面的竞争是真正紧要的，而且通过对不同商业行为进行详细研究，迪克特将垄断从"解释商业行为的近似垄断的位置上拉下马来。佩尔兹曼、德姆塞茨、塞尔和其他经济学家对分配给垄断的小角色进行了增补"（斯蒂格勒，1988b，103）。在自传中，斯蒂格勒没有提到阿诺德·哈伯格在改变其对垄断所持态度方面扮演的角色。当哈伯格还是芝加哥大学的助理教授时，他发表了一篇论文，估计垄断造成的效率损失只占国民收入的 0.1%（哈伯格，1954）。[27]

贝克尔肯定在改变斯蒂格勒对于垄断的态度方面扮演了重要的角色。在 1958 年的论文《竞争和民主政治》（Competition and Democracy）中，贝克尔总结道：

> 我倾向于相信垄断及其他市场失灵至少是重要的，无论是在政治部门还是市场领域，可能实际上还要重要得多。如果这种信念是近似正确的，那它富有重要的含意……市场失灵的存在证明政府干预是正确的吗？如果政府行为的干预反而导致失灵现象比在自由市场上更严重时，回答就是"不"。或许放任经济垄断，让其承受坏的结果反而比控制垄断并遭受政府失灵的后果更合适。（贝克尔，1976，37—38）

斯蒂格勒对垄断和反托拉斯法的最终观点载于 1981 年的《经济学家》："经济学家拥有他们的荣誉，但我不认为美国的反托拉斯法是其中一项……我们没有提供珍贵的经过验证的经济知识来引导政策。没有人会相信我们已经在垄断和市场力量之间建立了精确的关系……"斯蒂格勒对垄断行为所持态度的改变，至少是在完成对垄断的基本经济分析及反对垄断的政府政策特征分析的基础上做出的。用贝克尔的话讲就是：

> 在他的早期学术生涯中，斯蒂格勒支持一项激进的反托拉斯政策，

这项政策包括针对有可能削弱竞争力的联合组织的广泛限制措施，及分拆由拥有强大垄断力量的企业组成的联合体。但是 20 世纪 60 年代，他最终改变了对垄断所持的立场，因为他逐渐变得信服……政府官员和政务官负责实行反托拉斯政策时经常有不同的议程……斯蒂格勒开始支持保守派反托拉斯政策，即在本质上准许所有诚实的商业行为，除了共谋以抬高价格并伺机瓜分市场的行为。他开始相信制止垄断行为的方法应该是鼓励国内外的竞争，而不是对商业行为实行严厉的管制。（贝克尔，1993c，764）

斯蒂格勒对管制进行的研究使他的名字引起了公众的注意。所以贝克尔认为：“斯蒂格勒正在改变他在反垄断政策上的立场，并在接近其他管理机构的过程中对它们施加了影响。”（贝克尔，1993c，764），不应该遗忘的是，在 20 世纪 40 年代中期，斯蒂格勒已经分析了大部分的管制——最低工资法就是 1938 年被提出的。在理论和经验的基础上，斯蒂格勒辩论道，用法律强加的最低工资只会对就业及财富在社会上的标准和程度造成消极影响。[28]

调节市场失灵（1）

1962 年，斯蒂格勒及其助手弗兰德完成了具有重要影响的论文。他们在论文开篇的第一句话中即陈述道：“公众管制方面的文献如此之多，必然涉及方方面面，但却很少涉及一个最基本的有关管制的问题：管制是否对产业行为造成差异？”他们考察了针对美国电力公司实行的管制，并没有发现管制对这些公司造成多么重大的影响。保罗·杰斯卡（Paul Joskow）和兰克·罗斯（Nancy Rose，1989）认为：“对于经济管制效果的系统分析源于斯蒂格勒和弗兰德 1962 年的论文。”

20 世纪 60 年代，经济管制方面的研究成果非常丰富。1962 年，兰德公司的两名研究员试图寻找支持以下假设的理论及经验方面的证据：在管制措施下运行的公司趋向于工作无效率，具有在资本上投资过热的趋势。在另一项研究中，芝加哥经济学家罗伯特·格林（Robert Gerwig）指出，政府对大企业部门实行的管制导致大部分的价格上涨。两年以后，斯蒂格勒发表论文《证券市场的公共管制》（Public Regulation of the Securities Markets，斯蒂格勒，1975），分析认为证券和交易委员会对证券市场实行的管制导致了无效率的结果。佩尔兹曼关注管理机构对产业准入的影响，例如银行业。在佩尔兹曼的开创性研究后，许多实证研究在芝加哥大学及其他地方展开。但更多被激发的管制方面的理论研究仍停留在表面，就像德姆塞茨的研究。

德姆塞茨（1968，65）写道："立法和管制应在何种程度代替市场在事业单位或其他产业中的地位？立法应该采取何种形式？"他进一步研究了管制的问题："虽然公用事业管制最近由于它的无效率或由于它造成的不受欢迎的间接影响而广受批评，但坚信真正有效的管制确实需要这一信念在基本的理论争辩中未曾动摇。"（德姆塞茨，1968，55）德姆塞茨打算通过检验技术垄断或自然垄断（也就是，商品的平均成本达到最小的情况）来接受其他学者的挑战。拥有两个或更多的生产者显然是无效率的，但是只有一个生产者将会提高垄断价格的期望。

德姆塞茨（1968，57）辩论道："……市场谈判中的竞争决定因素与公司数量的决定因素不同且不应混淆，在合同谈判结束后产品将会从公司中流出。"斯蒂格勒（1968，19）用了相似的论点来介绍："……顾客们可以拍卖掉出售电力的权利，以国家作为实施拍卖的工具。"理查德·波森纳（1972）看到了公民权投标在有限电视产业的有效运用。

德姆塞茨充满创造力的分析可以视为竞争市场理论的先驱，同时由于德姆塞茨对公民权投标的支持而导致他与芝加哥大学同事李斯特·塞尔（1969b）的一场激烈辩论。塞尔认为，公民权投标没有提供任何价格将会和边际成本费用相同的保证。[29]芝加哥大学法学院的肯尼斯·戴姆（1974）支持对北海油气田实行公民权投标。

20世纪60年代末，管制的面具被撕下，它不再是"可以消除不幸的配置结果或市场失灵的救世主"（佩尔兹曼，1998，155）。如果管制经常被证实是无效的，那么首先要问的是，这些管制怎么可能出现呢？

到了1971年，斯蒂格勒对他的构想作了阐述——管制的俘获理论。"俘获理论"（the watershed event）的基本观点是："作为一种机制，管制被产业需求，是由于它在最初即被产业设计和运用来为自身获取利益。"（斯蒂格勒，1975，114）这种理论认为，管制过程被特殊利益集团所支配——"产业"是斯蒂格勒最初引用的术语——产业用管制来为自己谋利。这一观点与传统的认为管制主要是由善意的政治权威为保护公众利益而制定的看法大相径庭。追根究底，斯蒂格勒的管制思想可以回溯到芝加哥大学早期的政治科学家阿瑟·F. 贝特林（Auther F. Bentley，1908）和哈罗德·拉斯威尔（Harold Laswell，1938）的研究。早在 1906 年，芝加哥大学经济学院的尤金·迈耶（Hugo Meyer，1906）就已经质疑州际贸易委员会的管制干预措施；但是利益群体方法在他的分析中未曾涉及。

詹姆斯·布坎南、戈登·图洛克和威廉·尼斯卡宁（William Niskanen）发展的公共选择理论方面的因素也对斯蒂格勒在管制方面的研究给予了影响。公共选择理论假定政客和官僚主义者最感兴趣的是最大化自己的效用（举例来说，权力、选票、金钱、预算规模，等等）。曼克尔·奥尔森（Mancur Olson，1965）集体行动的逻辑理论也同样影响了斯蒂格勒。

调节市场失灵（2）

在其管制理论中，斯蒂格勒列举了四个方面：财政补贴、控制行业准入、影响财政补贴、互补商品和服务的政策及限定价格。行业试图利用国家强制力从这几方面入手来增强自身的获利能力。斯蒂格勒在 1975 年写道："想要解释为什么许多行业会雇用政治团体，我们必须研究民主政治过程的特性。"斯蒂格勒指出了民主政治过程所具有的两个关键特性，首先，民主政治决定必须在"绝大部分多数一致同意的情况下"做出；其次，民主政治过程必须包含全部的团体。就像安东尼·汤斯（Anthony Downs）所指出的理性而又无知的一般投票者，斯蒂格勒注意到：

> 选举人要了解独立候选人的政策建议的优点而且个人或群体代表将通过投票表达他们的政治偏好，这一过程的花费将由预期的成本和

收益共同决定，正如他们在私人市场上的行为。要在政治舞台上收集完整的信息就得付出高昂的成本，因为信息必须从许多与个人毫不相关或没有直接关系的事件中搜寻，所以在立法团体之前你将对绝大部分情况一无所知。选举中政治偏好的表达比市场中消费偏好的表达更不精确，因为许多信息不足的人也会投票并影响最终结果。（斯蒂格勒，1975，125－126）

斯蒂格勒（1975，125－126）得出结论：复制民主政治过程所具备的这些特征的主要方法，是"雇用或多或少的全职代表，将他们组织（训练）在一个称为政党的公司里"。行业对管制的需求受到管制并不是自由商品这一事实的限制；它的供给牵涉到成本："……代表及其党派必须发现选举人利益的联结点，必须比每项产业政策建议所持的反产业面更吸引人，更持久。……寻求管制的行业必须准备支付两样党派所需的东西：选票和资源。"

在同一本刊物《经济学和管制科学贝尔学刊》（*Bell Journal of Economics and Management Science*）中，斯蒂格勒发表了他的管制理论。波森纳像西蒙斯、迪克特和科斯一样，是芝加哥法律和经济运动的关键人物之一，对管制的了解作出了重大的贡献。波森纳指出，被管制行业有一个趋势："由此可能提供无偿服务的国内补贴……从其他服务所得的利润中获取。"（波森纳，1971，22）在波森纳看来，没有一种现存的管制理论可以解释国内补贴这一预谋事件："……故意且持续的比没有管制的竞争市场提供的服务费用更低，数量更多。或者一个非管制的垄断体。"（波森纳，1971，22）交叉补贴这一事实在许多管制行业清楚显现，导致波森纳得出结论："管制的一项功能是执行个别的和配置的与政府的税务和财政分支有关的琐事。"

到斯蒂格勒发表他的经济管制理论时为止，芝加哥大学的许多学者都参与到管制研究的计划中。其中一位是罗本·凯塞尔，斯蒂格勒认为他的"怀疑论几乎有点病态"（斯蒂格勒，1988b，158）。依照科斯和米勒的看法，凯塞尔表现出"完全无法容忍难以直接观察到的抽象理论。他对学生（和同事）经常提的典型问题是：'你的主张有什么证据？'"（凯塞尔，1980，viii）[30]

凯塞尔出生和成长于芝加哥，第二次世界大战期间，当他还在军队时第一次进入芝加哥大学的校园，那时他参加了一项气象方面的训练课程。1946年，凯塞尔又重回芝加哥大学取得了 MBA 学位。1949 年，他以关于通货膨胀时财富重新分配效果方面的论文取得了博士学位。价格理论和货币分析的交互影响清楚地显示了弗里德曼对凯塞尔研究的影响。[31]

对凯塞尔的研究给予影响的还包括艾伦·迪克特、H. 刘易斯、乔治·斯蒂格勒以及 A. 阿尔钦（Armen Alchian）。20 世纪 50 年代，凯塞尔在加利福尼亚的兰德公司工作了 4 年，阿尔钦是其同事。凯塞尔与阿尔钦合作写了几篇论文。他们于 1967 年完成的论文《利率期限结构的循环行为》（The Cyclical Behavior of the term Structure of Interest Rates，1980）主要研究了当管制限制垄断者最大化其利润时有可能发生的情况。阿尔钦和凯塞尔认为，一个垄断者的注意力将会转向人们意想不到的方向：更多奢华的办公室，更多显著且不相称的偏见（甚至是关于种族主义的），等等。1957 年，凯塞尔回到芝加哥大学，最初是作为经济系的一员，1962 年成为芝加哥大学商学院的一名教员。管制问题是其研究的焦点。[32]

凯塞尔对管制问题的最持久的贡献是处理医疗机构的问题。他认为，在涉及公共福利的地方实行自由市场机制将导致最佳的结果。他于 1974 年完成的论文《输血、血清肝炎和科斯定理》（Transfused Blood, Serum Hepatitis, and the Coase Theorem，1980，92）指出，由医疗机构提供的输血品质太低，因为"缺乏商业主义"。虽然弗里德曼和库兹涅茨（1945）已经指出事实上医生的行为就像是实行价格歧视的垄断者，但凯塞尔是第一个指出通过建立制度来阻止价格歧视被竞争侵蚀的人。这些机制包括"取消医院内的员工特权……包括没有批评制度，医生对待其他医生及其家属所具有的职业谦恭或者免费治疗；禁止导致市场份额在生产者之间再分配的广告；针对一位玩忽职守的医生，阻止其他医生作不利于其指控的证明；医学院的投考者选拔或者外科特性的研究生训练等相对可能性较低的大减价"（凯塞尔，1980，35）。后来有关于同一话题的论文中，包括 1970 年的论文《美国医药协会和医师的供给》，美国医药协会（AMA）成了凯塞尔的"眼中钉"。"医师的生成（教育）和卫生保健的传递都遭遇了同样的问题——组织性的医学所强加的约束使得协会和个人都无力改革"。[凯勒（Keller），1980，51]

联合的观点

斯蒂格勒的理论表明，对于一个单独的群体而言管制的益处是增加的，比如医生职业群体。斯蒂格勒的学生和同事——萨姆·佩尔兹曼扩展了他的方法。佩尔兹曼发展了一种模型，在这个模型中，政治家和管制机构实际上扮演了比斯蒂格勒模型中更多的积极角色。在 1976 年的论文《接近更加一般的管制理论》（Towards a More General Theory of Regulation）中，佩尔兹曼（1980）认为他们运用再分配的原则通过在社会不同群体中分配利益——到达所有管制行为的边际成本和边际收益之间相等时的交汇点。

佩尔兹曼从他的"一般管制理论"中推论出：一个理性的管制者既不会征收统一的税收，也不会平等地分配利益；相反，管制者会寻找成本和收益的结合点，以使自己的政治回馈最大化。政治家和管制者拿走了有组织的利益群体的财富，并将之分配给反对派以收买人心。佩尔兹曼的分析促使其这样来描述管制过程的特征："寻求联合以维持管制企业"，而管制者自身作为"理性的利益最大化者"，他们最主要的任务是自我保护（佩尔兹曼，1998，x-xi）。在研究过程中，佩尔兹曼解释了斯蒂格勒理论中的一处矛盾——如果管制被利益群体所俘获，那为什么一开始所有的管制都遭到相关群体组织的反对？佩尔兹曼认为，积极的、效用最大化的政治家和管制者提供了答案。

佩尔兹曼的一般管制理论指向政治家及其管制机构试图最大化自身利益这一重新分配的方面。这一推理方法在他五年前撰写的有关于公共价格政策和私人企业的论文中就已经作了考察过。在论文中，他在开篇就假设："政府企业管理的一个重要目标是效用，为此他们愿意交换所有者财富，效用使企业获得恒久的政治支持，使管理者获得持久的任期。"（佩尔兹曼，1971，112）他通过实证研究得出的主要结论是：

　　为了保持已有的政治支持，政府企业必须决定拿出适当的利益分配给每个利益群体。在做出这一决定时，政府企业比私人企业更加趋向于以统一标准对待不同的消费群体。政府企业在服务同一群体的消费者到服务所有消费者的过程中趋向于传播更加精确的成本。（佩尔兹曼，1971，146）

佩尔兹曼 1940 年出生于纽约的布鲁克林。怀着在华尔街工作的梦想，他进入了纽约城市学院，在那里他深受人力资本之父雅格布·明策尔（Jacob Mincer）和芝加哥大学博士罗伯特·威特伯（Robert Weintraub）的影响。威特伯开设的价格和价值理论课程带有真实的芝加哥味道。佩尔兹曼没有浪费所学，他很快就忘记了自己的华尔街梦。他来到芝加哥大学完成了研究生学习，在斯蒂格勒的指导下，于 1965 年获得了博士学位。在加入芝加哥大学商学院以前，佩尔兹曼有 9 年的时间（1964－1973）在加利福尼亚大学洛杉矶分校的经济系。在斯蒂格勒（1988b，160）在自传中这样描写佩尔兹曼："曾经是出色的学生，如今是杰出的同事，他的学识之丰富犹如他穿衣品位之精彩。"

在他的博士论文中，佩尔兹曼花了大量笔墨来描述银行产业管制的影响这一学术研究。他在管制方面的实证研究逐渐得到认同。[33]他在管制结果方面最著名的研究涉及医药（佩尔兹曼，1973）、汽车安全（佩尔兹曼，1975）、广告（佩尔兹曼，1981）以及健康（佩尔兹曼，1987）。

管制经济学引导佩尔兹曼开始研究民主政治体系。明确地讲，佩尔兹曼试图寻找 20 世纪工业化世界中政府膨胀的解释。16 年后，佩尔兹曼评价这份研究可能是"他曾经写过的论文中最重要的一篇"[34]。关于政府膨胀的决定因素，佩尔兹曼得出的重要结论被表述为"能力－公平关系"：

我们的结果显示，大部分人群中存在的收入差异水平事实上是过去 50 年发达国家政府膨胀的主要来源……这一基准测量过程已经描述了后工业化舞台上每个经济发达社会的特征，创造了政府膨胀的必要环境：坚持从再分配中广泛获利的政治基础得以扩展，从而为特殊项目的开展提供丰富的政治支持来源……在我们的解释中，这种"能力"的同时增长将会刺激政治上在再分配过程中扩展经济利益。（佩尔兹曼，1998，268）

20 世纪 80 年代至 90 年代早期，佩尔兹曼对政府膨胀决定因素的调查促使他对投票市场进行研究。佩尔兹曼认为，一般的投票者是相当理性的："选民成为令人惊讶的具有良好学识的人。他们适当地奖励办公室里那些有良好表现的人，并惩罚表现较差的人。他们明白自己的利益并据此投票……不知何故，数百万理性的无学识的个人合计得出一个或多或少明智的集体结果。此外，由立法者从我的工作中显现出来的多样的投票形式是他们委托人利益的最忠实的表现。"（佩尔兹曼，1998，vii）

20 世纪 90 年代，佩尔兹曼关注现代社会中政府角色的另一个方面：公立学校教育体系的提供者。佩尔兹曼宣称，这项研究是延续"由安东尼·汤斯、曼克尔·奥尔森和乔治·斯蒂格勒等开创的关于政治学的经济分析风格。研究强调了合同、有组织的群体认为学校体系好像仅仅寻求读写能力和数理能力的最大化所产生的政治效果，认为这些想法是天真的"（佩尔兹曼，1993a，332）。他将教育的基本问题阐述如下："1965－1980 年之间的档案是令人惊讶的。每个学生的花费几乎翻倍，并且学生与教师之比下降了大概 1/4……而且我们所作的每次测量都显示学生成绩退化非常严重……1980 年以来到底发生了什么？总体而言，如今学校的表现就相当于 1980 年时的粗糙水平。"（佩尔兹曼，1993b，45）佩尔兹曼的研究显示，学校绩效的下降与犯罪率的增高与单亲家庭的增长或者学校废除种族隔离运动等都无关。佩尔兹曼发现，针对学校绩效下降的两个最具逻辑性的解释是教师联合程度的上升和学校资金集中程度的上升。

无效率或低效率

继斯蒂格勒、佩尔松和佩尔兹曼后，第四位对管制经济理论作出主要贡献的芝加哥大学学者是加里·贝克尔。贝克尔关注政治影响导致补助金、管制及其他干预产生的方式。贝克尔在分析中认为，压力集团在这一过程中扮演了重要的角色。政治家和官僚主义者是"假定被压力集团所雇用以此来促进集体利益，当过多地偏离这些利益时，压力集团会通过选举和弹劾等方式来质疑或批判他们……然而……可能是由于官僚主义者和政治家所拥有的强大政治力量，压力集团无法简单地对他们进行批判"（贝克尔，1983，396）。斯蒂格勒、佩尔松和佩尔兹曼的分析试图推定管制不可避免地带来了相当多的无效率，但是贝克尔认为对政治影响的反抗使这些无效率保持在可控范围之内。

贝克尔分析的最初观点认为政治过程可以描述为具有竞争的特性：

> 包括通货膨胀等间接税在内的税款总额与可用于财政补贴的总额持平，包括进入产业时设置的壁垒补贴。这一政府预算等式预示着一个变化，即任何群体想要影响政府的税收和补贴，就必须影响其他群体的补贴和税收，而且必须加强这一影响。因此，群体在政治影响方面的竞争不可能全赢或全输，因为甚至被课以重税的群体也可以通过政治活动上的额外花费来提升他们的影响力或削减他们的税收。（贝克尔，1983，372）

政治影响力的竞争受到无效率成本的强烈影响，这是"受到不同的税收和补贴影响的资源使用的扭曲"（贝克尔，1983，373）。这些所得和所失是（在贝克尔的分析中）激发政治过程中的竞争压力的因素。

上升的税收和补贴驱使产量离最初的水平越来越远，趋向于增加更为严重的低效率。这就形成了竞争的过程，最后促进了效率改进：

> 补贴中无效率成本的增长通过受补贴群体得以减缓压力，因为税收中的特定部分会转化为一小部分补贴。一项税收中无效率成本的增长，从另一面来讲，促进了来自纳税人方面的压力，因为他们税收中特定减少的收入对于用来作为补贴的总量有小部分的影响。因此，无效率成本

赋予了纳税人在影响力方面的竞争中所固有的优势。得到大部分补贴的群体大概可以设法通过效率、一个最佳的规模或轻松使用政治影响力来抵消固有的劣势……能够增加效率的政策可能在影响力方面的竞争上更容易取胜，因为他们生产财富而不是无效率成本，所以受益的群体与受害的群体相比拥有固有的优势。（贝克尔，1983，395－396）

贝克尔没有无条件地接受和延续斯蒂格勒及其他学者得出的结论：小群体倾向于在接受管制保护方面更加有效率。相反，贝克尔从不同的方向看到了研究方面的力量：

产生压力方面的效率部分由成员间控制"免费乘车"的成本决定。一个群体如果对"免费乘车"施加良好的控制就会产生最佳压力效果，并会增加它的补贴或者减少税额。效率还与一个群体的规模有关。不仅是因为规模影响"免费乘车"，而且是由于小规模群体不大可能利用压力制造方面的规模经济效应……因为纳税人的无效率成本下降意味着每个人头上的税额下降。反对补贴的纳税人数量的下降意味着纳税人数量的上升。因此，当群体与纳税人的数量相关性较小时，就可以更充分地得到补贴。这或许可以很好地解释为何富裕国家的农民和贫穷国家的城镇居民在政治上是成功的。（贝克尔，1983，395）

贝克尔对管制理论以及更特殊的压力集团间竞争过程中的角色分析均作出了贡献，并且得出的结论与福利经济学趋同——特别是关于所谓的补偿原则。贝克尔认为：

如果群体得到的利益多于其所受到的损失，且如果对于所有的群体而言施加政治影响是相同的手段，那么获胜者比失败者施加的政治压力更有效，因而其所关注的政策也更有可能被执行。注意：评判的标准是所得者是否可能补偿所失者；实际的补偿不需要付给所失者。如果所得者不可能补偿所失者，那么一项政策很难被彻底执行，除非所得者能够有更好地让政治影响力发挥作用的方法。因此，补偿原则包括对政治影响产生进行分析，这项分析为公共物品和其他能够提高社会产出的政策（在此所得者可以补偿所失者），以及对得利群体进行重新分配的政策（在此所得者不会补偿所失者）的政治可行性提供了一个统一的方法。（贝克尔，1988，101）

在芝加哥大学的年轻一代经济学家中，兰德尔·克罗兹纳对管制经济学和政治过程的关注确实是值得一提的。克罗兹纳出生于 1963 年，在布朗大学获得历史学学位，于 1990 年在哈佛大学获得经济学博士学位，同年他加入了芝加哥大学商学院。在 20 世纪 90 年代期间为几家联邦调查银行作咨询后，2001－2003 年间，克罗兹纳成为乔治·W. 布什总统的经济顾问委员会的成员。克罗兹纳的研究主要关注于利益集团和政治家之间的相互作用（克罗兹纳和斯特罗恩，1998），竞争政策和缩小干预（克罗兹纳和斯特罗恩），以及国际金融市场的管制（克罗兹纳、Cowe）。

芝加哥影响力

尽管对特定产业的特殊管制形式进行了研究，但除了贝克尔的两篇论文外，芝加哥大学对于一般管制理论的研究鲜有新的进展。然而，一般理论最终在管制领域之外也发挥了作用。

1988 年，斯蒂格勒将本章提到的绝大部分论文编辑成书，名为《政治经济方面的芝加哥研究》（*Chicago Studies in Political Economy*）。斯蒂格勒的书并非试图向人们展示芝加哥在政治经济方面所持观点的一个一般性的综合框架。更确切地说，他强调的是一种对未来研究的需要，是"最终可能提供全面的建议，以最佳的方式达到政策设定的目标"的雄心（斯蒂格勒，1988a，xvii）。

虽然此书显示斯蒂格勒有一点犹豫（只有一次），但是从本章描述的研究中可以证明，芝加哥的政府理论以及由此产生的关于如何达到政策目标的理论是能够加以描述的。斯坦福大学的罗格·奈尔（Roger Noll）认为这一芝加哥政府理论有三个主要的本质特征：

> 第一是在利用国家强制力来寻租这一点上机会的变化导致制度变化……第二是有效政治组织的成本在经济利益共同体之间有差异，因为使用国家强制力来产生租金会影响在竞争中有可能胜利的竞投者……芝加哥理论的第三个特征是指向效率的政策集中，这一点由加里·贝克尔和理查德·佩尔松强调过，而不是佩尔兹曼和斯蒂格勒……原因当然是无效的制度导致潜在租金未被搜集，因此原则上所有政党的政策都能够找到一个均衡来改善变化以求达到一致。效率集中的限制只是辨别变化以及有效组织以求从政府那里获取这一变化信息的交易成本。（佩尔兹曼，1989，48－49）

在其综合而成的所谓"管制经济理论"中，佩尔兹曼强调政治在合作方面的重要性，并且赋予管制者一个重要的角色，即他们是出于平衡从竞争性利益群体中散发出来的压力的需要。从这一方面来看，管制经济理论提供了一个解除管制的解释。佩尔兹曼相信管制经济理论以及相关的解除管制的解释是在解除管制的过程中得以形成的，在美国的铁路、航空、证券和银行等产业中产生了显著的效率：

> 当解除管制的好处与相关损失间的联系变得日益紧密时，选择被实践的可能性将会增加。这种情况在管制本身产生无效率之事时更有可能发生，因此通过解除管制来摆脱无效率之事提供一种潜在的利益来源……管制在压力的政治平衡和财富的非管制分配间产生大范围矛盾时产生。管制（例如价格）随后为财富的浪费创造诱因（例如通过增加成本），并最终使解除管制比继续管制更加诱人。在这样一个模型中，解除管制不是迟来的经过验证的政策错误的修正。原则上，这是所有完美远见过程中的最后一个阶段。（佩尔兹曼，1998，320－321）

以管制、解除管制及斯蒂格勒晚年表达的政府理论这些思想来结束本章是唯一合适的选择。很明显，他们背离了佩尔兹曼的结论。

斯蒂格勒在1987年早于企业经济学全国协会开设的有关亚当·斯密的课程中极其悲观。在研究了现有的证据后，他得出结论："我们应该体验解除管制以及管制增多这两种时期，但是后期的相关优势是如此明显，以至于应该将之称作管制的增加时代和解除管制的混乱时代更为合适。在现代西方历史上有一个真实的时代是如此不平凡，在这个时代解除管制是相当普遍的呼声。"令人惊讶的是，他给出了这样明确的印象，即某些准备已经妥当，接近在合理性——甚至是不合理——原则基础上的理性协定。存在于他脑海中的合法性原则如下：

> 不论通过何种法律，我们能够且必须找到一种会议价值来证明这些行为是正确的："我们只是简单地应用立法机构优先揭示的有关教条……每项公共行为都被期望是正确无误的……国家是确实可靠的……所以每项关税，每项租金控制条例，每项高利贷法律，每项税收漏洞，每项产业补贴，在政治权威者眼中其所产生的利益至少与它的成本相当……合理性原则告诉我们这些是值得做的转移，也就是，从一般消费者手中获得1美元，并给航海业高收入职员，由此在国家的公用事业单位之间构建了一张网。如果我挑战这种解释，所有我将做的就是声称乔治·斯蒂格勒的品位与国会议员不同，除了我自己之外，谁在乎这些？事实上，即使我已经认同美国社会不是完全同意我的优先选择。"（斯蒂格勒，1988c，8—9）

斯蒂格勒在生命的最后岁月提出的政府理论让他变得很少担心政府的成长，而且使他与终身伙伴弗里德曼在看待政府政策的方式以及其他经济学家和行为主义者对这些政策的影响上形成鲜明对照。斯蒂格勒的结论是，"经济学家对实际的公共政策说教毫无意义"（斯蒂格勒，1988c，12）。另一方面，正如罗伯特·纳尔森（Robert Nelson，2001，151）注意到的："米尔顿·弗里德曼的终身使命是说服美国公众采用正确的观点，以此形成正确的政府形式。他为此投入了极大的精力，在周刊专栏上撰文，在电视秀中露面，编写畅销书籍，还有其他形式的努力，以此来宣扬他的观点。"芝加哥大学的许多讯息都证实这一分歧使弗里德曼和斯蒂格勒之间个人关系更加紧密，直到后者去世为止。

注　释：

〔1〕大多数芝加哥的研究人员正在密切地参与经济分析方法的研究。

〔2〕参见作者 1996 年 11 月 1 日对米尔顿·弗里德曼的采访。在这方面，我们很有趣地注意到，米尔顿·弗里德曼的回忆录中并未提及科斯。

〔3〕参见作者 1996 年 11 月 1 日对米尔顿·弗里德曼的采访。在这方面，我们也很有趣地注意到，科斯是指两者之间的联系作为论文的基本论题。

〔4〕那就是说，现实仍旧如此。在过去几十年里，在庇古和科斯分析间的异同逐渐消失。参见阿斯兰贝古（Aslanbeigni）和梅德马（1998）。

〔5〕早在 1963 年，斯蒂格勒就已正式地开展价格理论的研究。参见施蒂格勒 1989。

〔6〕在回忆录里，斯蒂格勒提到了他在西北大学的老师科尔曼·伍德伯里（Coleman Woodbury），他扮演了一个重要的角色。参见斯蒂格勒（1988）。

〔7〕克莱尔·弗德兰和萨姆·佩尔斯曼强调斯蒂格勒难招博士研究生的原因，与他认为最好引导学生的方法是让他们自己找出所有的事情相关。米尔顿·弗里德曼他们声称教学生更细心（参见作者采访弗里德曼和佩尔斯曼）。

〔8〕直到芝加哥大学被关注，典型的例子是塞尔（1964）和尼尔森（1975）。

〔9〕参见作者 1997 年 10 月 30 日对李斯特·塞尔的采访。

〔10〕同上。

〔11〕同上。

〔12〕1964－1965 年，塞尔用了一年多的时间在考利斯经济委员会工作。

〔13〕塞尔自己早就开始运用游走理论。参见塞尔（1972）

〔14〕参见作者 1997 年 10 月 30 日对李斯特·塞尔的采访。

〔15〕同上。

〔16〕同上。

〔17〕很多这样的论文可以在斯蒂格勒的文献中找到。参见斯蒂格勒（1958）。

〔18〕对于这一点的反驳，参见斯蒂格勒（1983）。

〔19〕参见作者 1996 年 10 月 29 日和 10 月 30 日分别对克莱尔·弗兰德和詹姆斯·霍克曼富有期待的采访。

〔20〕参见作者 1996 年 10 月 29 日对斯蒂格勒的采访。

〔21〕参见作者 1998 年 3 月 6 日对萨姆·佩尔兹曼的采访。

〔22〕在早期职业中，布隆尊发表了有关自动化和工资最低化的著名论文。参见布隆尊（1957—1962）。

〔23〕很明显，斯蒂格勒的一个重要灵感之源是米尔顿·弗里德曼的垄断竞争观点。参见弗里德曼（1941）。

〔24〕关于列宾斯坦（Leibenstein）的分析，参见列宾斯坦（1966）。

〔25〕参见施蒂格勒的回复（1973）。

〔26〕萨姆·佩尔兹曼作为乔治·斯蒂格勒的亲密朋友，深切意识到他的结论将很难被他的朋友接受，"乔治很可能反过来正在掘自己的坟墓"，佩尔兹曼半开玩笑地说。参见作者 1998 年 12 月 2 日对佩尔兹曼的采访。

〔27〕实际上，斯蒂格勒表明自己的分析与哈伯格的分析具有相当大的不同。

〔28〕对于他在 20 世纪 60 年代中期所坚持的立场，即关于"最低工资标准降低"的主张，一些人进行了批评。

〔29〕关于李斯特·塞尔和德姆塞茨之间交流的论点，参见《政治经济学学刊》（1971）。

〔30〕萨姆·佩尔兹曼告诉记者关于凯塞尔提供一份电价给自己的时候踩他脚的故事。在这一点上，凯塞尔在早上收到他的邮件时，曾责骂佩尔兹曼的分析与实际电价不符。参见作者 1996 年 5 月 17 日对佩尔兹曼的采访。

〔31〕例如，参见凯塞尔 1965 年的论文《周期性与利率期限结构》。

〔32〕一个典型的例子，是凯塞尔 1965 年的论文《联邦规制对牛奶市场的经济影响》。

〔33〕芝加哥商学院经济学家的重点在于实证研究。其中典型的例子是彼得·帕斯金。

〔34〕参见作者 1996 年 5 月 17 日对萨姆·佩尔兹曼的采访。

第七章
商学院：伟大的经济学部门

在 1996 年，道格拉斯·埃尔文（Douglas Irwin）出版了一本名为《逆流而上》（*Against the Tide*）的著作，该书追溯了自由贸易主义的智性史。在当时，列温已不是在某所偏僻的大学里教授经济思想史课程的普通学者，而是芝加哥大学商学院（GSB）的一名教授。[1]

埃尔文所引证的例子很好地展示了芝加哥大学商业教育的两大基本特征。第一个基本特征为高度重视其所提供课程的广泛性。早在 1925 年，芝加哥大学的第三任校长欧内斯特·德威特·伯顿就强调，商学院"将不会发展成为一个只懂得教授人们标准化商业技术的贸易培训学校。它将继续注重商业教育的广泛性而不是狭隘的商务培训"〔墨菲和布鲁克（Brucker），1976，361〕。因此，在芝加哥大学商学院里，那些未来经理人和未来企业家们的教育是与商学院中的学者们齐头并进的。

芝加哥大学商业教育的第二个基本特征是强调在学术研究中普遍使用严谨的分析框架。在过去的半个世纪中，用新古典主义价格理论（用乔治·斯蒂格勒的话来说，它是一部"成熟的、稳定的经济理论集"）构成了那严谨的分析框架的主干。理论严谨的重要性也很好地解释了为什么芝加哥大学的商学院能培养出这么多的学者，诸如：斯蒂格勒、佩尔兹曼、凯文·墨菲等，他们在许多其他大学的经济系工作。斯蒂格勒和墨菲两位经济学家的研究方法已经被视为芝加哥大学商学院所奉行的基本哲理。事实上，斯蒂格勒是芝加哥大学商学院第一位诺贝尔经济学奖获得者。商学院的彼得·帕斯金（Peter Pashigian）是《价格理论与应用》（*Price Thoery and Application*，1995）一书的作者，该书作为教材在微观经济学本科教学阶段被广泛使用。

尽管他们的名字在芝加哥大学商学院出现前后相距将近半个多世纪，但这两位学者——罗伯特·W. 福格尔，1993 年诺贝尔经济学奖获得者；西奥多·O. 云特马——几乎完美地体现了使芝加哥大学商学院成为全球领先商学院之一的两个基本特征。

从维纳到福特

很少有人像云特马那样无论在大学学术研究还是在商业世界中都做得那么出色。云特马 1900 年出生于密歇根州荷兰市（Holland），毕业于霍普学院（Hope College）。后来，他在两年的时间里获得了两个硕士学位：一个是伊利诺大学（University of Illinois）的化学硕士学位，另一个是芝加哥大学的商务硕士学位。1929 年，云特马被授予博士学位，他的博士论文《国际贸易总理论的数学重构》（A Mathematical Reformulation of the General Theory of International Trade）主要是针对当时具有特别严谨理论的科目的研究。

1923—1949 年间，云特马一直留在芝加哥大学，起先作为一名统计学教授，然后又担任商务与经济政策教授一职。当 1939 年再次回到芝加哥时，他被聘任为考利斯委员会研究主任。[2]

当结束了在福特汽车公司担任顾问的那几年时光后，云特马于 1949 年成为福特汽车公司的财务副主席。在担任了一系列的职务（包括董事局主席）后，云特马在 1966 年退休并重返芝加哥大学商学院担任教授。云特马于 1985 年去世。芝加哥大学商学院于 1973 年设立云特马金融学教授奖，尤金·法玛是获得该荣誉的第一人。

当介绍到自己的博士论文时，云特马说："我的论文是在听了雅格布·维纳教授关于'国际经济政策'的讲座后，从中得到启发才构思出来的……在舒尔茨教授那里，我经常得到他的鼓励，而且他渊博的数理经济学知识和技术支持对我来说是无价的。"（云特马，1932，ix）。这篇在当时学术界中首次提出要在很大程度上依靠数学来进行国际贸易理论分析的博士论文，并不是云特马的第一篇重要发表之作。早在三年前，他就在《政治经济学学刊》（Journal of Political Economy）上发表了一篇关于倾销的文章，这篇文章还获选该刊纪念创立 50 周年的代表性文章（云特马，1938）。

然而，云特马对宏观政策制定方面表现出更为浓厚的兴趣，这使他欣然接受了在经济发展委员会（Committee of Economic Development，成立于 1942 年）担任研究主任一职。经济发展委员会是三位与芝加哥大学有着深刻联系的学者的脑力劳动成果，他们三位是：罗伯特·哈钦斯校长、威廉·伯顿（William Benton）副校长、保罗·霍夫曼（Paul Hoffman）理事兼斯坦伯克公司主席。该委员会的直接目的是分析战后美国的经济状况，以避免再次发生 20 世纪 30 年代的经济大萧条。这个委员会最终发展成了一个专门制定经济政策的以商业为主导的智囊机构。

在云特马 20 世纪 40 年代发表的文章中，可以看到他经常根据宏观经济政策为一些大型企业辩护并反对速成的小企业。云特马辩论道："削减大型企业的地位而从中获得的利益容易被高估……的确，历史上的集团联营、托拉斯以及组合型公司能够通过其垄断力量为实现企业扩张提供强有力的保障。但是，事实上，由垄断利润总和及其不存在过剩生产能力问题而获得的可避免成本所引起的企业规模增大，已只占国民收入的很小一部分了。"（云特马，1941，846）

1944 年发表的一篇论文反映了云特马在宏观经济政策方面的思想。在一个标题为"如何不做（how not to do it）"的段落中，他写道：

> 财政赤字是一种危险的毒药……战后，人们强烈呼吁要求通过缩减工作时间、分散工作途径来减少劳动力供给，从而在某种程度上解决失业问题。作为权宜之计，这个方法能分散现存的失业压力，并能减少失业发生率的强度。但是，我们永远不能通过"少生产"来提高生活水平。这是一个绝望的议会。（云特马，1944，110）[3]

在职业生涯的末期，云特马越来越重视教育对未来经济发展的重要性。[4] 在社会主义思潮更为流行的时期，云特马成了资本主义的忠实辩护者。他强调"资本主义与社会主义的相对优点取决于三个因素：第一，产权私有化优势与资本所有权国有化的对比；第二，经济组织通过价格机制在一个自由的竞争市场中运行的优势和在中央计划、法令控制的经济中运行的对比；第三，每个体系对政治组织的影响——被少数共产主义政党所控制（无产阶级专政）与民主体制的对比"（云特马，1964，16）。云特马针对以上三点得出结论，"我们还是期望私有制企业能为我们更好地服务"（云特马，1964，17）。

记载的历史

罗伯特·W. 福格尔是芝加哥大学商学院的两个基本特征——广泛的研究导向以及严格的理论基础的近期的完美典型。福格尔成了布拉格所谓"新经济历史"领域中的杰出学者之一，并且以"推崇标准价格理论、创造性地使用可获得的统计数据、对产权规定的长期关注以及对信息和交易费用的强调"（布拉格，1985，160）而著称。

福格尔的父母于1922年从俄罗斯的敖德萨（Odessa）移民至美国，四年后，福格尔在纽约市出生。福格尔是在纽约的公共学校接受的前期教育，1948年在康奈尔大学获得学士学位。在20世纪40年代彻底摒弃一直信奉的共产主义信条时，福格尔离开了康奈尔。福格尔说："两件事情改变了我的想法。第一，马克思主义经济学家们所长期预测的美国以及世界经济将会崩溃是完全错误的，这些国家经济增长、就业充分。第二，我逐渐知晓了一系列发生在斯大林当权时期苏联的糟糕事情。"[5]

从马克思主义思想体系获得解脱后，福格尔师从斯蒂格勒。在那段日子里，斯蒂格勒在哥伦比亚大学教授价格理论。福格尔也于1960年在哥伦比亚大学获得了经济学硕士学位。按福格尔的话说："斯蒂格勒把价格理论变活了。"[6]离开哥伦比亚大学后，福格尔来到了约翰霍普金斯大学，并在西蒙·库兹涅茨（Simon Kuznets）的指导下于1963年获得了博士学位。在博士论文中，福格尔提出铁路作为推动经济前进的引擎在20世纪的美国不再像以前公认的那样重要了。[7]

1960－1964年期间，福格尔作为罗彻斯特大学的助理教授在芝加哥大学经济系工作。1975 年福格尔调任哈佛大学，但在六年后，他又回到了芝加哥大学——这次他任教于商学院（GSB）。

1974 年，福格尔和斯坦利·恩格曼（Stanley Engerman）出版了名为《十字架上的时代：美国奴隶制经济》（*Time on the Cross: The Economics of American Slavery*）的著作，该书成为当时最受争议的关于美国社会经济历史的书籍之一。鉴于该书的中心结论，其争议并不令人感到惊讶：奴隶制种植园经济并不比自由农业经济效率低；奴隶的繁殖、性剥削、性滥交破坏了黑人家庭这种说法只是一个谜：剥削奴隶的比例实际上远低于人们之前所认为的水平，因为奴隶被获准保留他们在生活周期里通过劳动所产生的 90% 的收入。15 年之后，福格尔又写了《没有满意或契约：美国奴隶制的兴衰》（*Without Consent or Contract: The Rise and Fall of American Slavery*）一书，该书最后以 6 页"对奴隶制道德的起诉"来结束全文。但他并没有对其此前的关于奴隶制经济的分析作任何改动（福格尔，1989，393）。在其第一部研究奴隶制的书中，福格尔认为奴隶制是一种道德上站得住脚的现象，但他的这种观点遭到了许多传统史学家的口诛笔伐，因此，福格尔试图借该书来抨击那些盛行于传统史学家中的观点。

在福格尔出版其第二部关于奴隶制的著作时，其实，他已经开始关注另一个研究领域了——世俗死亡率的下降——这也是他的诺贝尔讲座的主题。在他的诺贝尔讲座中，福格尔采用一系列广泛的实证来证明在过去的岁月中，导致高死亡率的诱因并不是大量的疾病或饥荒，而是长期的营养不良。从 18 世纪前期开始，营养的改进同样在经济的快速增长中扮演了主要的角色（福格尔，1997）。

随着 21 世纪的来临，该研究使福格尔对未来人类社会持有一种乐观的态度：

> 尽管社会生活变得越来越复杂、新一轮深奥的伦理挑战的出现以及伴随着灾难出现的可能性，但是，我对未来 60 年的预测持乐观态度：在未来的 60 年中，人们健康长寿，食物供给充足，住房与环境得到改

善、大多数人能接受高层次的教育，物质与精神上的不均衡被缩小（不仅在本国而且是在世界范围内），收入可观并且就业充分，人们有更多时间享受天伦之乐，以及较低的犯罪率与贪污率、更大的民族与种族和谐。（福格尔，2000，13）

福格尔无疑是芝加哥大学经济历史研究领域最重要的学者，但并不是唯一一个。当福格尔在 1964 年来到芝加哥时，他遇到了另一位杰出的经济历史学家——密西西比人埃尔·汉密尔顿（Earl J. Hamilton）。[8] 1929 年，汉密尔顿在哈佛大学获得了他的博士学位。之后，在 T. W. 舒尔茨介绍其来芝加哥大学之前，他一直在杜克大学和西北大学任教。汉密尔顿在芝加哥大学一直待到退休（1968）。1948—1954 年期间，汉密尔顿校编了《政治经济学学刊》，并且在 1951－1952 年期间担任了经济历史协会（Econimic History Association）主席一职，还在 1955 年出任了 AEA 的主席。[9]

其他对芝加哥大学经济历史研究作出巨大贡献的学者有阿克迪斯·卡汗（Arcadius Kahan）、迪尔德丽·麦肯斯基以及戴维·杰莱斯（David Galenson）。[10]

为了躲避大屠杀以及无产阶级专政的余波，立陶宛人卡汗在 1950 年来到了美国。四年后，他在拉特格斯大学获得经济学博士学位。1955 年，他进入芝加哥大学担任 D. 约翰逊的助理。卡汗的专攻领域为俄罗斯人以及欧洲犹太人的经济史。

从所受教育角度来看，迪尔德丽·麦肯斯基称得上是个十足的哈佛产物。1964 年、1967 年以及 1970 年，她在哈佛大学分别获得学士学位、硕士学位、博士学位。麦肯斯基于 1968 年开始了她在芝加哥大学的执教生涯，之后在 1980 年转至爱荷华大学任教。她的主要研究方向是英国经济史（麦肯斯基，1981）。此外，她对现代经济学所形成的方法同样表现出强烈的批判态度（麦肯斯基，1994）。

与麦肯斯基一样，杰莱斯同样在哈佛大学接受了他所有的高等教育，并于 1979 年在福格尔的指导下完成博士课程并获得博士学位。杰莱斯于 1978

年开始在芝加哥大学执教，他的研究方向是历史上市场的发展（杰莱斯，1989）以及在较长时期内职业生涯的演变（杰莱斯，1993）。

艰难的开端

严格的理论研究方法与广泛的课程项目相结合的特征，从一开始就被确立为芝加哥大学商学院教育的一个主要特色。在 1894 年，当詹姆斯·劳夫林第一次与威廉·哈珀谈到组建一所工商型的学校时，当时全美国只有一所商学院——1881 年建立在宾夕法尼亚大学内的沃顿商学院（Wharton School）。[11]劳夫林深信"商业，就像神学、医药学或法学一样，是一种专门的职业。因此，从事该职业的人需要经过专门的培训以及准备"（Streeten，1991，49）。尽管来自大学内部的反对声不断，但是，劳夫林最终还是给该提议开了绿灯，并于 1898 年建立了商业与政治学院（College of Commerce and Politics）。[12]可是，组建该商业职业学校的理念在管理上并没有取得真正的成功，对此劳夫林还是有点失望的。[13]

学院的起步颇为艰难。1902－1909 年期间，亨利·哈特菲尔德（Henry Hatfield）、弗兰西斯·沙普森（Francis Shpardson）和查尔斯·迈瑞（Charles Merrian）三位先后担任学院的院长。但是，直到 1909 年，当莱昂·马歇尔担任学院院长后，才真正带领学院实现了腾飞。[14]

马歇尔理想中的商业教育应该是"几乎完全接近广泛性、包容性，就像生命本身一样具有目标、渴望和社会责任的"（Graduate School of Business，1998，12）。[15]1920 年，学院在美国发行的第一本学术性期刊——《商业学刊》（The Journal of Business）强调了观点的广泛性和相关研究成果的重要性。

马歇尔的任职对芝加哥大学商学院的其他领域同样起到了重要作用。首先，商学院在 1915 年首次颁发了硕士学位，并于 1922 年颁发了博士学位。其次，马歇尔在 1915 年与他人共同创立了美国商学院协会（American Association of Collegiate School of Buisness，AACSB）。再次，芝加哥慈善家霍伯特·威廉姆斯（Hobart W. Williams）在 1916 年向学校捐赠了价值 200 万美元的芝加哥市区住宅。这种新格局的出现使学校较为独立地运作其事务成为可能。最后，马歇尔在 1916 年推出了一套以 "商务学习资料（Materials for the Study of Business）" 为丛书标题的教科书。这套出版物后来逐渐增至 40 卷，并在全美商业教育中起到了显著导向作用。

1924 年，马歇尔将院长之职转交给了自 1913 年就开始在学院教书的威廉·哈默·斯宾斯（William Homer Spencer）。在职期间，斯宾斯迫于无奈，不得不在经济大萧条所带来的消极影响以及芝加哥大学校长罗伯特·哈钦斯对学院事务的多次干涉中周旋。[16] 哈钦斯只把商学院当做一个职前培训的机构，并且认为一个学术团体本身是不应该考虑这些事情的。正如吉姆·罗里所评价的："哈钦斯尚未彻底废除商学院，但也已经很接近了。"[17] 1932 年，学院由商业与政治学院更名为商学院（School of Business），并在三年后颁发了其第一个 MBA 学位。此外，斯宾斯还成功地为学院引进了一批年轻的、杰出的学者，其中的一部分人在随后的日子里变得更为著名，包括：乔治·H. 布朗（Goerge H. Brown；他成了美国市场营销协会的主席和美国人口普查局主任）、保罗·道格拉斯以及迈克尔·戴维斯［Micheal Davis；他在 1934 年开设了医院行政管理的研究生项目，该项目被视为健康护理经济学（Health Care Economics）的里程碑］。斯宾斯所聘请的另一位学者是加尔弗雷德·考克斯（Garfield Cox），他于 1942 年接替斯宾斯成为学院新院长。

考克斯 1893 年出生于印第安纳州的弗尔蒙特（Fairmount），1929 年在芝加哥大学获得博士学位。考克斯是商务目的预测领域的先驱，尽管后来他更多地涉足金融领域的研究。在考克斯任职期间，学院经历了一个非常困难的时期：财政资源的匮乏、教师人数的锐减、学院士气的下降，三者相互影响，使学院呈现出螺旋向下的发展趋势。当时，大多数学者的离开应归因于所谓的 "4E 合同"，该合同规定学院老师必须将他们所挣的咨询费全部上交给学校。然而，考克斯却在 1943 年成功地发起了 "企业家项目（Executive Program）"，该项目在当时的美国也是同类项目中的第一例，它为老师和商人之间的交互创造了一个很好的平台。

芝加哥大学商学院的下一任院长约翰·杰克（John Jeuck）在 1952 年接替考克斯时，同样面临着一系列的挑战。杰克出生于芝加哥，并在芝加哥大学完成了其所有学业，包括学士、硕士、博士课程。然而，尽管如此了解这所大学，但他仍然无法真正地改变潮流。不过，他成功地终止了"4E 合同"的实施。在其三年任期结束之后，杰克离开了芝加哥商学院，加入了哈佛商学院。

在 20 世纪 40 年代后期，芝加哥大学商学院在商业教学领域的地位在很大程度上被动摇了。在研究领域，卡内基技术学院（Carnegie Institute of Technology）的工业管理研究生院（Graduate School of Industrial Administration）已经很明显地取代芝加哥而成为领军力量。

在 20 世纪 50 年代初，乔治·雷兰德·巴赫（Goerge Leland Bach）为工业管理研究生院设计了一套科学的 MBA 课程。巴赫 1915 年出生在爱荷华州的维多利亚镇，毕业于爱荷华州的格林内尔学院（Grinnell College）。[18] 之后，他在芝加哥大学攻读经济学博士学位课程，并成为能在非常挑剔的导师弗兰克·赖特手下顺利毕业的屈指可数的几个博士生之一。在获得博士学位的前一年，巴赫被 T.W. 舒尔茨聘请任教于爱荷华州立学院。从此，T.W. 舒尔茨也"成为巴赫终生的导师"〔Gleeson（格里森）、Schlossman（施洛斯曼），1995，3〕。在舒尔茨的帮助下，巴赫在 1941 年成功地获得了联邦储备委员会特别助理一职。之后，舒尔茨又将巴赫举荐给当时以工程学院著称的卡内基科技学院的罗伯特·多尔蒂（Robert Doherty），并盛称巴赫是可以帮助他振兴战后卡内基大学经济系的杰出人才。1946 年，巴赫接受了这个挑战，但是他有两个条件，"这两个条件无不体现出他的芝加哥根源：第一，他希望有较大的自由空间来选择自己所在的院系；第二，他希望学校能够承诺在预算允许的情况下，尽快开设一个研究生项目"（格里森、施洛斯曼，1995，5）。

在 20 世纪 40 年代后期，巴赫在舒尔茨的介绍下进入了福特基金会（Ford Fundation）的内部管理层。自 20 世纪 50 年代早期开始，哈钦斯则成为福特基金会的主要负责人。但是，哈钦斯基于大学的管理学教育对相关研究持一种高度批判的态度。此时，巴赫则在说服福特基金会继续支持商学院的扩大方面起到了十分重要的作用。

在 20 世纪 50 年代后期，两篇被广泛讨论的关于商业教育未来的学术报告发表了，根据"两篇报告中独特的戳记"，人们普遍认为这是巴赫所写的。同时，"这两篇报告确立巴赫在该领域顶尖学者的地位"（格里森、施洛斯曼，1995，22）。巴赫指出，商学院应以经济分析（economic analysis）、统计学（statistics）以及行政过程与组织行为学（administrative process and organizational behavior）三方面为基础来组建 MBA 课程（皮尔森，1959）。巴赫深信，传统的商业教育领域——如：金融学、市场营销、组织学，只不过是需要应用到之前提到的三方面基础课程所提供的工具来解决问题的应用领域而已。

卡内基大学这个由巴赫发起的项目，吸引了许多伟大的经济学家，如：赫伯特·西蒙，他是芝加哥大学 1943 年毕业的博士生，并因其在有限理性（bounded rationality）研究领域的杰出贡献于 1978 年获得了诺贝尔奖；查尔斯·霍特（Charles Holt）；约翰·莫斯（John Muth）则是另一位芝加哥大学毕业的博士生，他被公认为理性预期革命（rational expectations revolution）之父；1985 年诺贝尔获得者弗兰克·莫迪利亚尼、理查德·卡特（Richard Cyert）和詹姆斯·马赫（James March），他们的思想创造了一次公司行为学（corporate behavior）的革命；还有 1990 年诺贝尔奖得主默顿·米勒，他也是之后芝加哥大学商学院获得一系列成功的主要功臣之一。米勒和莫迪利亚尼在卡内基大学提出了著名的公司金融定理。在 20 世纪 60 年代，在罗伯特·卢卡斯返回芝加哥大学之前，他在卡内基大学商学院又工作了几年。在卡内基大学的那几年，卢卡斯对莫斯关于理性预期的大视野进行了较为详细的深度研究。

瓦利斯—拉里教义

W. 艾伦·瓦利斯在 1956 年接替了杰克的位置，成为芝加哥大学商学院的新一任院长。瓦利斯 1912 年出生于费城的一个知识分子家庭，他的父亲是一位在许多大学都教过书的受人尊敬的人类学家、心理学家。瓦利斯在明尼苏达大学所学的专业是心理学，并于 1932 年顺利毕业。但是，此时，经济学和统计学已经成为他主要的兴趣领域。从 1933 年开始，他在芝加哥大学度过了两年，在那里他与米尔顿·弗里德曼、乔治·斯蒂格勒成为同学，并在雅格布·维纳、亨利·西蒙斯、弗兰克·赖特的指导下，系统地学习了经济学知识。在哥伦比亚大学华盛顿特区的自然资源委员会（the Natural Resources Committee）以及耶鲁大学进行短暂的逗留后，瓦利斯于 1938 年加入了斯坦福大学的经济系。1942 年 6 月，他被委任为哥伦比亚大学统计研究组（Statistical Research Group）研究主任。该统计研究组包含了许多著名的统计学家——如哈罗德·霍特林、亚伯拉罕·瓦尔德、雷纳德·萨乌，以及一些著名的经济学家——如弗里德曼、斯蒂格勒等。[19] 在 1946 年的秋天，瓦利斯返回到芝加哥大学，并成为商学院的一名统计学与经济学教授。在他的一生中，瓦利斯始终是自由市场经济的一位激昂的辩护者。[20]

1952 年，瓦利斯拒绝了担任商学院院长的邀请。四年后，他再次被任命领导当时困难重重的商学院。瓦利斯接受出任商学院院长一职的条件是吉姆·拉里必须成为他的副院长。拉里在 40 年后回忆道：[21]

> 挑战是很大的。当时的商学院处于一种十分糟糕的状态。没有钱，没有激情，没有想象力，甚至连电话都没有。瓦利斯劝我一起加入他的队伍。除了他那些引进的人才，瓦利斯还有一个十分重要的财富，那就是他清楚自己在这所大学的发展方向。

可是，在瓦利斯任职期间，他同样也有很多时间不在芝加哥大学商学院：他把 1957 年一年的时间以及接下来的几年时间都花费在了斯坦福大学。当时，副总统理查德·尼克松还多次邀请他去华盛顿特区，因为瓦利斯是艾森豪威尔总统经济增长价格稳定内阁委员会（Cabinet Committee on Price Stability for Economic Growth）的主力军。然而，瓦利斯和拉里却成功地创造了商学院的再次辉煌。从那时开始，瓦利斯开始显露出对芝加哥大学校长一职的兴趣，但当他明确获知埃德·莱维将成为下一任校长时，他在 1962 年接受了出任罗彻斯特大学校长的邀请。

被斯蒂格勒（1988b，159）称为"我所见过的最具有讥讽才智的人"的拉里，他的背景截然不同。拉里1922年出生于密苏里州的堪萨斯市，并于1945年在康奈尔大学获得农业经济学硕士学位。之后，他进入芝加哥大学深造，并于1947年完成了畜牧学专业的博士学位课程。他说："我学这个是因为我想去西部跟我哥哥一起养牛，但是，成为一个牛仔并不合我的胃口。"因此，他在1947年又回到了芝加哥大学，之后就再也没有离开过——除1950—1952年那两年他担任美国联邦储备委员会的顾问。[22]他首先对市场营销与消费者支出这两个学术领域产生了浓厚的学术兴趣，因此，他于1951年撰写了市场营销调查方面的手册（拉里，1951）。在加尔弗雷德·考克斯的影响下，拉里的注意力逐渐转移到了金融与投资领域。[23]在1974年，他为国家财政部撰写了一份针对资本市场的公共政策报告。此外，1964—1984年期间，他负责主持了证券价格分析研讨会。

瓦利斯和拉里创造了芝加哥大学商业教育的现代方法："哈珀关于学院应该是实践的艺术品的概念，劳夫林关于学校应将实践与理论相结合的观点，以及马歇尔关于商业教育应处在社会变革的最前沿的总体思想。现在，兜了一圈轮到瓦利斯和拉里了。"［德莱塞（Dreiser），1971，17－18］在商学院的百年庆典上，默顿·米勒（1997，1）在总结瓦利斯和拉里为芝加哥商学院所作贡献时指出："瓦利斯—拉里团队为我们创造了属于我们商学院自己的独立宣言。"瓦利斯在1958年编制了该章程：

> 我们从来不问"商人应该学些什么东西"，取而代之的是问"在商人一生中所需学习的那么多东西中，哪些东西是应在20岁左右的短短几年中很好地被教授，将来可以致力于专业的学术培训？"……［因此］大学应教授那些与实际商业操作相关的广泛领域的基础性知识；而且它们所教授的实际商业操作领域应在一个广泛的分析框架之中进行……那些基础学科可以大致分为四类：（1）经济学；（2）定量研究方法；（3）行为科学；（4）法律……那商务科目的教学也应根据其功能进行很好的组织……那些功能领域同样被分为四类：（1）生产；（2）市场营销；

（3）金融；（4）人事。（瓦利斯，1958，第 3—5 页）

商学院的这部宪法在很大程度上借鉴了巴赫在卡内基的工业管理研究生院中所应用的方法，因此它遭到了强烈质疑。可是，拉里指出了一个关键的不同点："巴赫的方法是完全基于商业决策的科学分析，而我们的概念则走出了更重要的一步。我们在商学院不仅对金融、市场营销、工业关系以及生产领域的商业决策进行科学分析，并且分析商业组织的结构与功能以及商业所处的整个环境。"[24]

按米勒的话来说，继宪法之后的另一个贡献则是独立宣言。拉里说："我们接手商学院时，它的年度预算只有 37.5 万美元。于是，我们向当时的大学校长金普顿要求：请将商学院明年的预算加倍，以后，我们再也不向学校要一分钱。金普顿同意了我们的请求。在两位常驻顾问阿尔·哈伯格（Al Harberger）和爱德华·希尔斯的协助下，我们起草了一份 10 年计划。[25] 这份计划打动了福特基金会（在 20 世纪五六十年代，巴赫曾在那儿扮演过关键性的角色）的高管，并给予芝加哥商学院 140 万美元的资助。有了这些钱，瓦利斯和拉里在全美范围内开展了一次招聘之旅，为芝加哥引进了乔治·舒尔茨（劳动经济学）、斯德尼·戴维斯（Sidney Davidson）（会计学）、斯蒂格勒以及一些其他的人才。

瓦利斯和拉里所聘请的另一位学者是维克多·兹诺维茨，他于 1959 年来到芝加哥大学商学院，并在那儿度过了他 31 年的时光。兹诺维茨 1919 年出生在波兰的兰卡特（Lancut），他设法在纳粹主义和斯大林共产主义中存活了下来。1951 年，他在海德堡大学获得经济学博士学位，并于 1952 年来到了美国。兹诺维茨在纽约找了份工作，担任国家经济研究局的助理研究员。随后，他很快被哥伦比亚大学聘任为讲师，当时斯蒂格勒是那里的首席经济学家。斯蒂格勒 1957 年加入芝加哥大学商学院后，兹诺维茨也在 1959 年跟随他来到了那里。兹诺维茨无疑继承了斯蒂格勒关于经验验证（empirical verification）方面的热忱。兹诺维茨在 40 年后辩论道："我不认为经济学是门演绎科学。仅仅简单地从某个定理开始来推断理论是不可行的。"[26] 兹诺维茨以他在商业周期研究方面所取得的成就而闻名。他在该方面的研究继承了韦斯利·C. 米契尔的传统。米契尔是国家经济研究局的创建人之一，同时也是经验商业周期分析的先驱。[27] 兹诺维茨对商业周期的单因素解释提出了质疑，包括对其芝加哥大学的同事，如弗里德曼、卢卡斯等。"商业周期并非都是相似的，因此，不能归因于任何一个单一的因素或机制。现实中的、金融方面的以及预期的变量都将参与其中并相互作用。"（兹诺维茨，1992，xvi）

对理性的质疑

根据瓦利斯的定义，经济学、定量方法、行为科学和法律是芝加哥大学商学院商业教育的四大基础学科。尽管学校聘请了一些行为科学领域的学者，但是，该领域仍然不能发展成为一个能够吸引学生的或者具有创新性的研究领域。希勒尔·爱因霍恩（Hillel Einhorn）指出（［阿贝特（Arbeiter），1985，4］："我认为自 20 世纪 50 年代做出那个承诺后，商学院对行为科学所抱的希望就要破灭了。因为，始终没有出现那个能与该承诺相匹配的严谨学术。"[28] 罗宾·霍根思则强调了另一个因素："之前，商学院的部分行为学家注重社会学研究，而另一部分行为学家则潜心研究心理学、人类学或组织理论。因此，缺乏一种统一的、整体的观念。"芝加哥商学院的行为科学的发展，在很大程度上要归功于爱因霍恩和霍根思的努力。

希勒尔·爱因霍恩 1941 年出生于纽约市的布鲁克林区。[29] 他在布鲁克林学院攻读哲学学士学位和实验心理学硕士学位。1969 年，爱因霍恩在韦恩州立大学获得工业心理学博士学位。同年，他加入芝加哥大学商学院成为一名行为科学的副教授。到了 20 世纪 70 年代中期，对于行为科学的不满越来越强烈，甚至有人呼吁将行为科学从课程结构中彻底删除。1976 年，爱因霍恩建议彻底重组商学院的行为科学研究方向，将其发展成为一个更多倾向于研究决策制定行为的、接近于经济学与统计学的定量研究领域。院长理查德·罗斯特（Richard Rosett）给他开了绿灯，决策研究中心（Centre for Decision Research）于 1977 年成立。在接下来的 10 年间，作为首个在行为科学上创新的案例，该中心被麻省理工学院商学院、卡内基—梅隆大学商学院、沃顿商学院以及其他的机构纷纷效仿。

在爱因霍恩的领导下，决策研究中心逐渐成为批判传统理性经济模型的人类行为学领域的主力军。[30] 行为决策理论的两大基石是赫伯特·西蒙的有限理性概念和统计决策理论，芝加哥的萨维奇对该理论的发展起到了至关重要的作用。霍根思描述了中心的研究议程是怎样从关于人们如何制定决策的传统经济核算的阴影中走出来的：

> 人们不可能一直保持着优化的状态。通常，他们凭直觉来制定决策。在那些通过理性假设来分析的主要问题中，往往会遇到以下问题：洞察力和信息处理方面都是有限的，对假设的准确测试是无法进行的，很大程度上需要依赖所获得信息的顺序来判断，以及不确定性的否认。[31]

中心的研究人员面临着来自商学院的经济学家以及芝加哥大学其他领域学者的强烈抨击。因此，在这种情景下，他们不得不持续提高学术人员的水平，从而使他们自己及其观点得以生存。此时，在经济系和柯氏经济研究委员会之间可以画一条平行线了。那些担任高质量科学研究的人员就在芝加哥大学这么一个相对敌对的环境中工作着。这正如霍根思所说："你需要火和水才能把壶煮开。"[32] 决策研究中心之所以能够存活下来，关键是它将严谨、科学的解析研究方法与经验研究方法有机地结合在了一起。

爱因霍恩经常强调将霍根思带回芝加哥大学的决定是日后决策研究中心得以顺利发展的关键。[33] 霍根思1942年出生在印度，当时，那里还是英国的殖民地（霍根思至今一直保留着他的英国国籍）。他在英格兰完成了高中学业。1967—1968年在完成欧洲商业管理学院的学业后，霍根思被芝加哥大学商学院录取并于1972年获得博士学位。[34] 1983年以后，他一直是商学院教授，并在1993—1998年间担任商学院副院长。

在霍根思的领导下，商学院的行为学研究方法开始迈向了一个新阶段。就如霍根思自己所说："我们意识到我们的学生需要一个更加广阔的视野。

这就是我们为什么要在他们中间增设社会网络学这门课的缘由。"[35] 因此，学院相应地聘请了专门研究社会学的专家罗恩·伯特（Ron Burt）。霍根思同样对商学院引进经济学家理查德·塞勒起到了十分重要的作用。塞勒是行为金融学领域的专家，他对有效市场假设的批判成了商学院金融学学者的商标和导向。

如日中天

在 20 世纪 60 年代早期，商学院的领导层发生了一次变更。自 20 世纪 50 年代中期以来，副院长拉里全身心地致力于芝加哥商学院重建运动，以致积劳成疾，1961 年不得不因健康问题暂离商学院。一年后，瓦利斯也离开了商学院，去罗彻斯特大学担任校长一职。随后接任芝加哥商学院院长的是乔治·舒尔茨。舒尔茨和接下来的几任院长都继承并发展了"瓦利斯—拉里教义"。因此，在这样的大背景下，商学院在 20 世纪 60 年代早期成立了一系列的研究中心：证券价格研究中心（Centre for Research in Security Price）、健康管理中心（Centre for Health Administration）、专业会计研究所（Institute of Professional Accounting）、商务与经济学数学研究中心（Centre for Mathematical Studies in Business and Eccnomics）。计量经济学家亨利·泰勒（Henri Theil）在 1965 年的秋天成了商务与经济学数学研究中心的主任。

计量经济学起源于欧洲。挪威人威格纳·弗里希和丹麦人杨·丁伯根，由于其对计量经济学学科的发起所作的贡献，两人共享了第一届诺贝尔经济学奖。事实上，弗里希发明了"计量经济学"这个词并创建了计量经济学协会。自卸任成立于 1945 年的荷兰中央规划局（Netherlands Central Planning Bureau）的主任一职后，丁伯根便成为荷兰经济学院（Netherlands School of Economics）发展规划领域的一名全职教授。丁伯根对计量经济学技术政策制定思想方面起到了巨大的影响。[36]

亨利·泰勒是丁伯根最杰出的学生之一。泰勒 1924 年出生于阿姆斯特丹，他在阿姆斯特丹大学就读并于 1951 年获得博士学位。之后，泰勒于 1952 年加入了丁伯根在中央规划局的团队。1955－1956 年间，泰勒作为访问教授在芝加哥大学经济系工作。[37]

泰勒出自两个考虑决定加入芝加哥。第一个考虑是他那可实际操作的经济学定量方法。这在很大程度上取悦了弗里德曼。当时，弗里德曼对经济学家们所使用的越来越复杂的定量方法产生了怀疑。对于泰勒和弗里德曼来说，定量方法只不过是用来完成经济现象经验验证的一种工具而已。第二个考虑与 1955 年考利斯委员会的离开有关。尽管芝加哥经济学家和考利斯委员会研究者之间争斗不断，但大多数经济学家意识到如果再什么都不做，那么芝加哥大学在定量研究领域将存在落后的风险。泰勒的出现则填补了这个空缺。之后，他跟米尔顿·弗里德曼、默顿·米勒等成了好朋友。

泰勒对计量经济学作出的最大贡献是二阶段最小二乘法（2SLS）的提出。[38]该方法的提出为普通最小二乘法所做估测时经常引起的偏见和不一致性问题提供了解决方法。泰勒第一次来到芝加哥时，考利斯委员会的专家正投身于无休止的工作之中，力求使他们的联立方程模型能够恰当地估测。对考利斯委员会的研究者们来说，泰勒的 2SLS 就像是来自天堂的礼物，因为它只需被应用于系统中的一个方程中，而无须立即牵涉更多其他方程式。

以科学的观点来看，2SLS 方法也并不是无懈可击的。泰勒与贝叶斯计量经济学（Bayesian econometrics）的主要问题在于它的实用性很有限。贝叶斯计量经济学起源于贝叶斯统计学，该学科主要由 L. J. 萨维奇（1954）发展而来。[39]萨维奇同样在芝加哥大学待过一段时间，并与弗里德曼共同写了一篇具有影响力的文章。传统计量经济学与贝叶斯计量经济学之间的根本差别在于对先验信息的使用。在传统计量经济学中，一个方程的参数值将由已获得的数据中估算得到。但是，贝叶斯计量经济学家则用数据来测验在那个时间段所存在的知识。

阿诺德·泽尔勒（Arnold Zellner）对贝叶斯计量经济学的发展影响甚大。泰勒在 1966 年将泽尔勒从威斯康星大学引入到芝加哥商学院。几年前，泰勒和泽尔勒共同提出了三阶段最小二乘法，该方法是对 2SLS 的进一步完善。尽管从表面上来看，这是两位智者成功有效合作的开端，但是，这很快转变成一场芝加哥大学经济学历史上最为严峻的战争。

泽尔勒 1927 年出生在纽约市的布鲁克林区。1947 年以后分别获得哈佛大学和加利福尼亚大学物理学学士、硕士学位。1957 年获得华盛顿大学经济学博士学位。泽尔勒在离开华盛顿大学（1955－1960）和威斯康星大学（1960－1966）后加入芝加哥商学院。在商学院的 30 年时间里，泽尔勒成了学院的顶级人物之一，他的办公室则成为希望从他那儿获得建议或灵感的博士生们的聚集地。

泽尔勒在 1972 年与人共同创立了《计量经济学学刊》（Journal of Econometrics），并于 1981 年成为《商业与经济统计学刊》（Journal of Business and Economic Statistics）的主要责任编辑。泽尔勒对计量经济学领域的首个主要贡献是非相关回归（seemingly unrealted regression）的提出。在 20 世纪 60 年代，泽尔勒的研究方向逐渐向贝叶斯计量经济学转移。贝叶斯方法的批判者们争辩说该方法过多地赖于先验信息，泽尔勒反驳道："非贝叶斯方法研究者们围坐在一起思考联立方程模型的限制时，那就是先验信息。当另外一些人在思考用什么来假设错误项属性时，那又是许多倍的先验信息。当其他人围坐在一起在思考如何铸造一个模型用于观测时，那就牵涉了大量的先验信息。当人们在为如何选择一个显著性水平以及他们试验的力度而发愁时，那就涉及了许许多多的先验信息。"（Rossi，1989，301）

最后，泰勒与泽尔勒的关系发展到了几乎不跟对方说话且相互对立的程度。[40]事实上，他们之间关系的决裂并不仅仅是因为贝叶斯计量经济学有用性和其他科学的争论而导致的。首先，他们两个人的性格截然不同。泰勒比较开放和灵活，而泽尔勒则是一个真正的科学家，他被自己的研究工作深深吸引，而且对一些备受关注的科学争论固执己见。他无法接受泰勒对贝叶斯统计学和贝叶斯计量经济学的全盘否定。

引起泽尔勒不满的另一个重要原因是：泽尔勒认为泰勒绝对不是一个好老师，他对自己的学生从不关心。而泽尔勒则是一位有能力的好老师，他始终显示出对学生的无比关爱。直截了当地说：在泽尔勒眼中，泰勒并没有认真地在做他的工作。此外，还有一个事实，那就是泰勒从来没有成为芝加哥意义上的经济学家——他对基础价格理论不感兴趣。令人失望的是，泰勒于

1981 年离开了芝加哥，前往佛罗里达大学担任计量经济学和决策科学领域的教授。他于 2000 年在佛罗里达去世。

金融先驱

商学院在 20 世纪中后期取得巨大声誉的两大领域并不是行为科学或计量经济学，而是工业组织学，特别是金融学。尽管，默顿·米勒和尤金·法玛通常被认为是商学院强大的金融研究领域的开山鼻祖，但是查尔斯·哈迪（Charles O. Hardy）也值得一提。

哈迪接触经济学课程是他在芝加哥读研究生时，之后他于 1916 年同样在那里获得了历史学博士学位。1918－1922 年，哈迪在芝加哥商学院任教。其间，他撰写了他的经典著作《风险及风险承担》（*Risk and Risk Bearing*，1923）。[41] 1922 年，哈迪去了爱荷华州立大学的经济学系，在那里他与弗兰克·赖特成了同事。赖特在其著作《风险、利润以及不确定性》的序言中，表达了他对哈迪的谢意。哈迪同样是第一个给出一套完整的套期保值理论的人［哈迪和莱昂（Lyon），1923］，他的《风险及风险承担》研究的一个主要问题用今天的行话讲就是期货市场。基于他那经验性的研究，哈迪辩论道："平均地来说，投机者损失金钱，而他们这样做则给社会帮了个大忙。因为，通过投机者个人的损失，其他人则可以有效地规避那些与他们有效生产相伴随的风险。"

另外一个金融领域的先锋是芝加哥人哈里·马科维奇。他与默顿·米勒、威廉·夏普（William Sharpe）共享了 1990 年的诺贝尔奖。马科维奇作为一名博士生是考利斯委员会的成员，他于 1952 年在芝加哥大学所写的论文则奠定了现代项目组合管理的基础。尽管弗里德曼对他的论文提出了反对意见，但马科维奇还是获得了博士学位。弗里德曼评价道："这不是篇经济学论文……它不是数学，也不是经济学，更不是工商管理的论文。"（伯恩斯坦，1992，60）风险与回报——资产的这两个属性是所有投资者都关心的，基于这一点的认识，马科维奇在此基础上作了进一步的发展：一个证券投资组合的总风险不仅仅是由单个投资项目的风险决定的，而且是由这些风险之间的相互联系所决定的。基于马科维奇的分析，"有效证券投资组合"便成为众人所接受的行业术语，即"在既定的风险度中，提供最高期望回报的证券投资组合，或在既定的期望回报下，所承担的最小程度的风险的证券投资组合"（伯恩斯坦，1992，53）。马科维奇的研究成果同样为其所指导的研究生威廉·夏普提出著名的资本资产计价模型（CAPM）提供了基础。该模型有效地回避了由马科维奇设想所引发的一系列问题——对所考虑的单只股票的所有协方差的计算。夏普用来解决这个问题的方法是将每只股票的变动性与市场的变动性相结合作为一个整体。

埃兹拉·所罗门（Ezra Solomon）是芝加哥大学现代金融学领域的另一位先驱型学者。所罗门 1920 年出生于缅甸仰光，1940 年毕业于仰光大学并获得经济学学位。但当日本军队于 1941 年侵略缅甸时，所罗门全家逃亡到了印度。之后，所罗门在缅甸皇家海军志愿后备队服役了 5 年。1947 年，他作为缅甸国家公派访问学者来到芝加哥大学，并于 1950 年获得经济学博士学位。仰光的一次政变使他决定留在美国。1961 年，所罗门去了斯坦福大学，这可能是由于"他不习惯在弗里德曼货币学派的笼罩下工作，虽然当时弗里德曼已经被公认为 20 世纪最伟大的经济学家之一"。[42] 在他的学术研究中，所罗门主要专注于投资组合理论和公司理财（所罗门，1948，1955）。

吉姆·拉里则是现代金融领域的另一位先驱。当瓦利斯正在着手重建芝加哥商学院时，与那些搞理论的人相比，拉里更像是一个聪明的玩弄数字的大家。拉里筹集了 15 万美元的资金来筹建证券价格研究中心。该中心于1960 年建成，并成为第一个拥有纽约证券交易所（NYSE）每只股票历史信息的完整数据库的机构。拉里说："我们想要回答一个基本问题：从长远观点来看，普通股一般投资者所获得的经验是什么。"[43] 中心独一无二的数据库使得拉里和统计学家劳伦斯·费舍尔（Lawrence Fisher）发表了一份关于1926—1960 年间所有在纽约证券交易所上市股票投资回报的开创性的经验分析报告（费舍尔和拉里，1964）。[44] 这项研究是真正意义上的创新，因为它不像前期在该领域的研究成果，它分析了总回报——不仅是股票价格的变化，而且分析了股息的分配。

在 1996 年——道琼斯工业指数成立百年之际，拉里在《华尔街日报》上发表了一篇文章。拉里从他对股票市场 30 多年的经验研究中得出一个总体结论：

在 1926 年将 1 美元投资于大公司——比如那些出现在道琼斯工业平均指标中的大公司，如果再将所获股息也投入其中，那么到 1995 年年底这笔投资将累积成 1100 美元，年平均回报率是 10.5%。如果将通货膨胀、税收和交易费用也考虑在内，那么结果则略显逊色……年平均回报率将是 4.8%……数据显示，普通股是最佳的长期投资选择。小公司股票的回报率则是最好的……导致股票市场在 20 世纪 30 年代和 20世纪 70 年代长期处于疲软状态的原因——正如我们所看到的——是货币政策运用的重大失误。[45]

尤金·法玛

尤金·法玛是芝加哥商学院现代金融学领域中最重要的研究者之一。他 1939 年出生在波士顿，1960 年在塔夫斯大学（Tufts University）完成其本科教育，但那时他的梦想是在足球或棒球领域开拓一番天地。[46]他毕业时获得了罗马语言学学位，但是他对法语及文明的熟悉并不能为其提供一个不错的就业机会。哈里·恩斯特（Harry Ernst）——塔夫斯大学的一位教授，他所发表的股票市场时事分析唤醒了法玛对股票市场的兴趣。1960 年，法玛去了芝加哥商学院，并于 1963 年在那里获得了 MBA，一年后他被授予博士学位。他的那篇关于股票市场价格行为的博士论文是芝加哥有史以来第一篇在默顿·米勒的指导下完成的。除了几次到比利时的鲁汶天主教大学和 UCLA的安德森管理学院出任访问学者外，法玛几乎将其一生都奉献给了芝加哥商学院。

除了许多篇刊登在期刊上的意义深远的文章外，法玛还出版了两本有关金融领域的教科书（法玛和米勒，1972，1976）。此外，他还对公司理论的研究作了一些有意思的贡献。[47]古典模型通常视公司为一个被单个人所拥有并管理的实体。到 20 世纪 50 年代，该模型引发了越来越多的争议，并且注意力被转向对公司并不拥有所有权的经理人以及那些经理人和公司拥有者之间潜在冲突的研究。尽管罗纳德·科斯的著作里已经提到了这些基本特点，虽然有人也有争议，但因为亚当·斯密、阿·阿尔钦、哈罗德·德姆塞茨、迈克尔·杰森以及威廉·麦克林的作品阐述了公司问题的理论，他们被公认为是公司理论的先驱。[48]隐藏在这种方法背后的基本思想是——最好将公司视为一套生产要素之间的契约，各个生产要素则为其最佳利益而运作。

法玛则将这个契约式方法进一步深入发展，他提出管理和风险承担的现代分离是经济组织的有效形式。法玛将业主风险承担者的根本问题视为："当管理和风险承担被很自然地视为相互分离的生产要素，此时，再通过市场来看待风险承担问题，组合理论的观点将会告诉我们，风险承担者很有可能将他们的财富分布到诸多公司中去，而对直接控制某个公司的管理却没有任何兴趣。"（法玛，1980，295）在这样的情况下，管理类人力资源市场则能确保经理人的有序自律，此时，外部接管成为最终的制约力量。在和以前的学生杰森合写的几篇论文中，法玛进一步详尽阐述了他的公司契约理论。通过观测发现，大多数货物和服务能够被任何形式的组织所制造，各类组织形式为了在某一活动中存活下来，它们之间存在着竞争。法玛和杰森总结道："能够在一种活动中存活下来的组织形式则能将顾客所需产品以最低价格送达顾客手中且抵消相应的成本。"（法玛和杰森，1983，301）

除了这些对公司理论所作的另类贡献外，可以毫不夸张地说，有一个问题一直主导着法玛的职业生涯，那就是：资本市场是否有效？法玛的答案始终是"是"。在这种情境下，所谓有效是指股票、债券和其他证券的价格能及时地反映所有可获得的信息。法玛开始研究股票市场，并且最终提出了随机游走假设。该假设指出，个股连续性的价格变动是不可预测的，因为股票市场的价格将会根据与公司相关的任何一点新信息而立即作出调整。法玛的一篇文章《纽约证券交易所的明天》（Tomorrow on the New York Stock Exchange，1965c）同期刊登在了《商业学刊》（Journal of Business）上，作为对在泰勒监管下的阿姆斯特丹证券交易所进行的类似操作的经验解释〔泰勒和利思得斯（Leenders），1965〕。[49]随机游走假设得出结论：没有任何一个投资者能够系统性地打击市场。触发该事件的可能性堪比所谓"百万猴效应"（millionth monkey effect），即它的可能性相当于有百万分之一的猴子能用计算机写出莎士比亚的剧本。不过，当法玛提出随机游走假设时，这个概念已经不是第一次被提及了。事实上，早在法玛文章发表的前一年，麻省理工学院的保罗·考特勒（Paul Cootner）教授就已经编辑了一本文集，名为《股票价格的随机走势》（The Random Walk of Stock Price，1964）。在诸多先于法玛的关于随机游走的著作中，有一篇是由芝加哥商学院的哈里·罗伯特（Harry Robert）1959年撰写的一份研讨会报告。保罗·萨缪尔森同样同意随机游走假设。艾尔弗雷德·考利斯实际上在1944年的时候也曾得出了相同的结论。

1970年，法玛提出有力证据证明市场效率假设不仅适用股票市场，而且适用所有资本市场。这个发现使法玛更加曝光于各类媒体之下，以致在经济学家中产生了一次巨大的争议。格鲁斯曼和斯蒂格利茨（1980）提出了一个理论模型，该模型显示完全有效市场只有在交易成本总是为零的情况下才会成为可能。罗伯特·席勒（1984）和劳伦斯·萨默斯（1986）提出证据证明，股票价格可能在较长的时期内可以被预测。尽管他们指责这个发现是在大萧条而导致的数据失真的背景下得出的，但法玛（1988）和肯尼思·弗兰切（Kenneth Frenc，法玛的一个学生）还是得出结论：股票和债券的长期回报的某些部分的确是可以被预测的。

随着时间的推移，法玛开始逐渐淡化其有效市场假设。1970年，法玛强调："用来支撑有效市场模型的证据很广泛，而反对它的证据却很稀少。"（法玛，1970，416）。将此与他21年后所写的建议相对比："鉴于信息费和交易费的确实存在，极端的市场有效假设明显是错误的……一个较温和的、经济上更为合理的有效假设表明，价格一般能够反映当实施相应信息时产生的边际效益（利润被创造了）不超过边际成本这一点时的信息。"（法玛，1991，1575）。[50]那么，是否法玛对于有效资本市场的观点意味着证券分析和积极投资就没有任何意义了？绝对不是。1965年，法玛意识到分析家和交易者在缩小实际价格与内在价值之间的差距方面起到了关键性的作用，这种作用使实际价格逐步向内在价值调整（1965c）。

通过一系列的经验性研究，法玛和弗兰切又对另一个金融模型——著名的 CAPM beta 模型提出了质疑。该模型最先由威廉·夏普（1970）提出，它将证券所带的风险减少至一个单一的层面，即股票或其他证券对市场上回报率变化的敏感度。换言之，即一种资产的波动性与市场有关，这决定了该资产的风险度。在一些文章中，法玛和弗兰切（1992，1996）又提出了其他两个重要的风险因素，或者说是影响平均股票回报率实质内容的两个因素。这些研究结果使讨论变得更为激烈，行为金融学研究者们彻底地挑战了市场有效性概念。

M & M 的世界

与拉里和法玛一样，默顿·米勒在芝加哥与现代金融学发展中发挥了非常重要的作用。米勒因为"创建了'金融经济学和公司财务'（林德贝克，1992，272）这一领域的基础"而赢得了诺贝尔经济学奖。美国证券交易委员会前首席经济学家、罗彻斯特大学商学院教授格雷格·杰瑞尔（Gregg Jarrell）评价说：

> 米勒先生拥有超群的智力、幽默感、充沛的体力以及作为第二作者的才华，这为他赢得了金融职业，并为这一职业带来了严格的科学理论与完备的统计学经验知识。[51]

当搜寻"现代华尔街起源"时，彼得·伯恩斯坦（Peter Bernstein，1992）给米勒定位了一个同样重要的角色：

> 随着金融市场的成倍增长以及由于投资机构和职业经理人成为市场主体，创新势在必行。但是，创新必须建立在理论的基础上……在整个

故事中，米勒扮演了权力经纪人的角色。他曾鼓励尤金·法玛这位新人根据最新的材料进行教学。另外，他带领斯克尔思进入金融领域。他将特雷诺介绍给莫迪利亚尼。他很快就认识到了夏普的才华。他帮助布莱克和斯克尔思，使他们的研究成果得到广泛的认可。

总之，米勒成功地将透彻的分析与幽默感结合了起来。[52]

米勒 1923 年出生于波士顿，1944 在哈佛大学获学士学位，1952 年在约翰·霍普金斯大学获博士学位。"我选择了约翰·霍普金斯"，米勒近半个世纪后回顾说，"因为我当时被弗里茨·马克卢普（Fritz Machlup）的研究成果强烈吸引，而他正是在约翰·霍普金斯教书。马克卢普和乔治·斯蒂格勒是影响我最深的经济学家"。[53] 1943—1947 年，米勒在美国财政部研究所工作，之后两年在华盛顿特区的美国联邦储备委员会工作。在伦敦证交所工作一年后，米勒于 1953 年加入了卡内基技术学院工业管理研究生院。八年后，他进入芝加哥商学院，并在那里度过了自己的余生。

在卡内基，米勒与另一位未来诺贝尔奖获得者弗兰克·莫迪利亚尼一同合作。他们于 1958 年创立了 MM 定理（Modigliani-Miller theorem）。1988 年，当米勒重新阅读他们 1958 年的论文时，他写道：

> 之前 30 年的严格审查和剧烈的争议，也就是当时的公司金融领域中"都不重要"的这一观点，尽管时不时有人把它归于我们的成果，但事实上却与我们有关"理论主张在实践中的应用"的言论千差万别。在科斯定理和 MM 定理之间我们能找到一些类似点。两个定理都建立在严密的推理之上，这样就能进一步得出更为严密的结论了。可是这些推理却经常被人遗忘。

在提出 MM 定理的论文中，米勒和莫迪利亚尼已经着手研究"金融结构对市场评价的影响的理论"以及"公司在不确定条件下进行投资的理论"（莫迪利亚尼和米勒，1958，264）。他们发现，传统的做法不能令人满意，因为它只是均衡了资本成本与市场利率，从而暗示投资往往达到当有形资产的边际产量与市场利率相平衡的一个水平。这些理论分析的奠基石首先是由欧文·费雪发展出来的。费雪认为，现代公司应被视为一台生产现金流量的汽车。

MM 定理基本上包括两个命题。第一个命题是，"所有公司的市场价值都是与其资本结构相独立的，而且是由其与'等级'相关的适当的预期回报率 p 所得出的"（莫迪利亚尼和米勒，1958，268）。在这种情况下，"等级"是指与风险相符的资产所产生的可比收入流。第二个命题由米勒在 1988 年改写，指出"股本是一个线性函数的债务/股本比率。在使用看起来便宜的债务资本而获得的收益，往往被风险较高的股本相对应的费用所抵消"（米勒，1993，130）。因此，通过改变一家公司的投资杠杆无法获得任何收益。这些主张都来自于建立在强大假设基础上的一个模型，其中两个假设非常关键。第一个假设是，市场在展现零交易成本和完整信息方面是完美的；第二个假设是，投资者通过采取利用每一个出现在使用投资杠杆与不使用投资杠杆的公司之间的套利机会，而不断优化他们的处境。

麻省理工学院的戴维·杜兰德（David Durand）是批判 MM 定理的先锋。杜兰德严重质疑套利假设，而且提出红利的存在破坏了 MM 的命题。在尊重杜兰德和第一个 MM 命题的前提下，历史却出现了一个具有讽刺意味的转折。1952 年，杜兰德在一次由国家经济研究局发起的学术会议上提交了一篇论文。该论文对"公司价值可能于与其资本结构相独立"这一论点进行了分析。不过，他拒绝接受这个观点，因为它并不符合真实的商业世界。该论文先于莫迪利亚尼和米勒的文章一年发表（杜兰德，1957）。

莫迪利亚尼和米勒在之后的两篇论文里对与红利相关的批评进行了否定（莫迪利亚尼和米勒，1959、1961）。米勒的论文中有一条思维主线，即红利政策问题往往并非像所假定的那样重要（米勒和斯科思，1978）。

第二条对 MM 命题的批判涉及税收对于企业资本结构的重要性。1963 年，莫迪利亚尼和米勒承认，税率和投资杠杆的程度对于理性的投资者确实发挥了作用——而这与他们原来的立场相反。在 1977 年发表的《债务与税收》（Debt and Taxes）的论文中，米勒进一步分析了税收、资本结构和财务等问题。其中一个经常出现的问题是——在 20 世纪 20 年代以来美国利润所得税大幅度增加的情况下，为什么公司没有更多地依赖债务融资。为解释这一现象，米勒提出，税收优势可以看做鼓励债务融资的一种政府补贴。这一补贴增加了对债务融资的需求，但更多的公司发行更多债券往往会降低债券价格，从而导致利息率的上升。在这一点上，债务融资再次变得不那么具有吸引力。

20 世纪 90 年代后期，法玛和弗兰切（1997）在研究了 1965－1992 年间超过 2000 家公司的数据后发现，真正的投资决策和与融资相关的决策之间可以划分一条明确的界限。[54] 在符合 MM 逻辑的前提下，法玛和弗兰切的数据显示高负债比率往往会阻碍投资。

在另一项实证研究中，法玛和弗兰切（1998）没有发现融资决策的税收效应与公司价值之间的联系。正如米勒自己解释的那样，MM 定理与有效市场假说之间有着明确的联系："MM 的命题和有效市场假说同样是有关资本市场均衡的，即均衡是什么以及在被干扰后哪些力量会改变。"（米勒，1998，13）

并非灾难

随着时间的推移，与 MM 定理密切相关的杠杆融资的概念，在企业融资领域成为越来越多的信息。事实上，米勒选择了"杠杆融资"（Leverage）作为他 1990 年诺贝尔获奖演说的主题。由于仍旧坚持 1963 年文章里的观点，即税收问题的确发挥了作用但并非一个非常重要的问题，米勒认为杠杆收购（LBO）的主要原因不应在于债务融资的税收优势。此外他还认为，"LBO 帮助企业家重新加强对公司的控制权和重新配置资源"。米勒认为，大多数对于过量杠杆融资的恐惧都是毫无根据的。在这一问题上他提出了四点：

第一，在垃圾债券上的亏损与漏洞并不意味着过量杠杆融资已经出现；第二，尽管听起来有些矛盾，但是公司对于杠杆融资的增加并非意味着整个经济的风险会增加；第三，因采用高杠杆比率而遭受财政困难的企业主要涉及私企而非社会成本；最后，资本市场已建立了控制过量杠杆融资的内在机制与体系（米勒，1992，292）。

米勒制定了一项类似的防范衍生工具市场的体系，在奥兰治县、德国金属工业集团、巴林银行以及 ITCM 出现巨额损失之后，这一防范体系的作用曾被激烈地辩论。这些市场迅猛发展的原因是"因为他们……允许公司和银行长期对困扰他们几十年之久的商业和金融风险进行有效且低成本的管理"（米勒，1994，1－2）。在谈到衍生工具市场对社会造成的大量损失时，米勒说："衍生金融工具总是存在两个方面——长头和短头。在任何时候，头寸抵消为零。收益和损失因此代表的是经济学家所谓的参与方之间的财富净转移，而不是社会总财富的增减。"（米勒，1996，3）但所谓的系统性风险的情况会怎样呢？"人们担心一家大银行的破产会拖垮另一家大银行，接着波及另一家银行，直至整个金融体系出现类似切尔诺贝利的灾难。这种情况有可能出现，但可能性却非常小。整个世界的大银行皆资本雄厚、投资组合高度多样化，这是由于他们一方面发展衍生产品并且经常监测其风险总量。"（米勒，1996，13）米勒（1994，2）指出，大的金融萧条"其实是政策灾难，这应该追踪到中央银行故意实施的通货紧缩行为，而不是追查私营行业内的交易"。不仅如此，全世界的中央银行"都有权力去阻止任何金融螺旋轨道的向下发展趋势，尽管有时候中央银行不具备必要的意志和智慧去这样做。我们自己的联邦储备系统曾在 20 世纪 30 年代遭遇到这方面的失败，但至少也得到了一些深刻的教训。对美国来说，类似灾难今后如果再次发生将是不可想象的"（米勒，1996，13）。

由于受商学院同事斯蒂格勒和佩尔兹曼的研究成果的影响，米勒研究了政府在金融领域的管理规定。[55]他提出，实际上所有的金融创新都是为了减轻政府相关规定对市场造成的影响。[56]至于不断要求对衍生品市场进行规制或管制这一现象，米勒说这一切的原因都在 1987 年 10 月的金融危机之后清楚地显现出来：

……运动由纽约证券交易所、证券交易委员会以及纽约经纪业的一部分发起，呼吁对芝加哥期货交易所进行严格的规管。纽约的攻击者声称，指数套利造成市场崩溃并引起市场波动，可事实上却并非如此。他们的真实意图是，新芝加哥指数期货产品从纽约的公司收取中介费和其他收入，而且事实上的确如此。这些都是美国政治的惯例，只不过，经纪行业和证券交易委员会不能直接把话挑明。他们不得不对这些情况进行更严格和更符合公共利益条件下的约束，并对违规者进行更严厉的管制。（米勒，1994，10）

由于他在公司财务和制度方面的研究成果，米勒开始与芝加哥贸易局（CBOT）和芝加哥商品交易所（CME）打交道。米勒在 1983－1985 年拥有芝加哥大学位于芝加哥贸易局的席位，并于 1990 年加入芝加哥商品交易所的董事会。这两家机构在金融衍生品市场开发方面扮演了非常重要的角色。衍生品市场的智力支持根基就位于芝加哥大学。随着情况的不断发展，弗里德曼在这一过程中扮演了越来越重要的催化剂角色。

20 世纪 60 年代末之前，弗里德曼认为英国的福利体系已经无法维持下去，并将导致英镑的贬值。弗里德曼希望取出并消费自己的存款，并询问他的银行家是否可以短期卖出英镑。他后来发现，传统的银行并不提供这一机会。[57] 弗里德曼的投诉传到了 CME 的利奥·梅拉梅德（Leo Melamed）的耳朵里，他沿着弗里德曼的路线去思考问题并断定开创这一新的交易市场的时机已经到来。1973 年 4 月，CME 在芝加哥创立了第一家现代期权交易所。一个月后，经济学历史上最有影响力的一篇文章发表在芝加哥大学的《政治经济学学刊》上——《期权定价与公司负债》（The Pricing of Options and Crporate Liabilities）。

该文章作者费舍尔·布莱克和麦伦·斯科思（Myron schools）第一次解决了期权定价的谜团。学术界为最先提出解决方案而进行了一场比赛。萨缪尔森 20 年后回忆道："这就像一次迈向北极的竞赛，他们成功地最先到达终点。我也在研究这个问题，虽然很接近他们，但最后毕竟还差一点。"[58]

布莱克出生于 1938 年，1995 年 8 月 30 日死于喉癌。正如英国《经济学家》在其讣告上的评论那样，他是"一个在当时最富成果的经济学家，如果他能活下去，一定会获得诺贝尔奖"。[59] 1959 年布莱克获得哈佛大学物理学学士学位，五年后，获哈佛大学应用数学博士学位。1965 年他加入了阿瑟·利特尔（Arthur D. LiHle）团队，在那里，杰克·特雷诺（Jack Treynor）点燃了他在金融领域的兴趣。据布莱克自己（1989）所说，实际上，特雷诺比夏普提前数年创立了 CAPM。

布莱克 1969 年离开阿瑟·利特尔团队，并成立了自己的金融咨询公司。1972 年，米勒成功地将布莱克引入了芝加哥商学院，他说："正因为他对市场和理性行为的坚定信念，他超越了芝加哥。"（莫顿和斯科思，1995，1360）布莱克于 1975 年回到波士顿，成为麻省理工学院斯隆管理学院的金融学教授，之后他于 1984 年离开麻省理工学院并加入高盛集团。

一个公式的奇迹

在波士顿为阿瑟·利特尔工作时，布莱克遇见了斯科思。一次成果颇丰的合作就此开始。[60] 他们撰写的文章以及著名的期权公式已被详细记录在案（布莱克，1989；伯恩斯坦，1992）。布莱克和斯科思刚开始对他们的文章持有极度的对立意见，后来因得到默顿·米勒、尤金·法玛和哈瑞·杰森不断的支持，终于在 1973 年发表于芝加哥大学的《政治经济学学刊》（像其他人一样，该学报起初曾对这篇文章给予退稿处理）。芝加哥大学非常愿意支持新观点，不管这些观点多具争议，正因如此才成就了布莱克—斯科思公式。

19 世纪 60 年代末，布莱克受到特雷诺的鼓励，不久和斯科思一起钻研期权定价问题，最终提出了一个革新的公式：它使期权的价值不仅在终止日期能够确定，而且使其在任一时间点的确定也成为可能。麻省理工学院的罗伯特·莫顿在公式的发展上起了关键作用。事实上，布莱克指出，15 年后由于莫顿使用套利推论衍生了这个公式，这个公式应被称为"布莱克—斯科思—莫顿公式"。

期权定价公式显示了某些价值，比如，X 股票看涨期权随着 X 股票的价格增长而增长，期权到期的剩余时间，利率和 X 股票的波动率。波动率对于期权定价尤为重要。为了能够基于该公式导出明确的期权价格，布莱克和斯科思不得不作出相当冒险的假设。如已知的股票波动率，稳定的短期利率以及零交易费。尽管许多研究者尽力提炼和拓展布莱克—斯科思公式，但该基本公式仍被广泛使用。学者们渐渐地认识到，布莱克和斯科思提出的方法论还可以用于对任何自身价值依赖于资产的不确定价值的契约进行估值。普林斯顿大学的阿维纳什·迪克西特（Avinash Dixit）认为："……如果有人问，在过去的五六十年中经济研究的哪个观点对世界的影响最大，那就是这一观点。"[61]

仅仅把费舍尔·布莱克作为经济学家的重要性归结于布莱克—斯科思公式，以及把他之后所作的贡献限制在期权及衍生产品中，这都是错误的。[62]布莱克还在资产定价、组合管理、金融机构设计和税收效应等主题研究上有所作为。1985 年，他在美国金融协会的 15 分钟主席发言中，介绍了"使我们的观察不完美"的"噪声"概念（布莱克，1986，259）。布莱克展示了"噪声"是如何使经济分析导出明确结论难以应用于金融、计量经济学和宏观经济学领域的。[63]根据他对信息交易者（依真凭实据和可靠消息行动的人）和噪声交易者（依其他信息行动的人）的区分，布莱克对后来人们知晓的"行为金融学"作出了重要贡献。

布莱克对宏观经济学，特别是货币理论颇有兴趣。其实，他出版的仅有的两本书都是关于这个领域的（布莱克，1987、1995a）。他是最早提出货币供应将随着金融创新的不断进步越来越复杂的学者之一。他的经济周期分析与后来的真实经济周期理论非常相近。

1995 年，《经济学家》在为布莱克发表的讣告上写道："……如果他还活着，他肯定会获得诺贝尔奖。"两年后，这一主张被瑞典皇家科学院明确证实——1997 年，他们授予罗伯特·莫顿和斯科思诺贝尔经济学奖。这是瑞典皇家科学院第一次对已辞世的经济学家的重要性的强调：

莫顿、斯科思和已过世的布莱克一起合作，提出了对股票期权估值的前所未有的公式。他们的方法论为经济评价在其他领域的运用铺平了道路。在社会上，它还带来了多种金融工具并且提供有效的风险管理手段。

这是瑞典皇家科学院在新闻发布会上的开幕词中的一段话。

斯科思获得诺贝尔奖也是商学院的荣誉。斯科思 1941 年出生于加拿大，不久后成为美国公民。他 1962 年在多伦多麦克马斯特（McMaster）大学获学士学位，之后进入芝加哥商学院学习，并于 1964 年获工商管理硕士（MBA），五年后在米勒的指导下获博士学位。在芝加哥商学院当了一年教师的斯科思加盟麻省理工学院斯隆商学院，直到 1973 年。1973－1982 年，他回到了商学院，其中有六年时间担任证券价格研究中心主任。从芝加哥大学出来后，斯科思到了斯坦福大学教授金融与税法，在那里他提出金融产品的优化和金融市场的改善在经济发展进程中扮演着重要角色（斯科思，1996）。无可否认，他离开芝加哥大学后的学术产出骤减。

1991 年秋，斯科思加入所罗门兄弟公司（Salomon Brothers）担任总裁。所罗门董事会副主席约翰·梅里威瑟（John Meriwether）——一位传奇般的商人、芝加哥大学的校友，欢迎斯科思成为他的债券交易智囊团成员。在国债交易丑闻后，梅里威瑟离开所罗门，创立了自己的贸易商行——长期资本管理公司（LTCM）。在所罗门获得巨大成功的同事，包括斯科思、莫顿等加入梅里威瑟的公司并与之成为合作伙伴。[64] 在斯科思和莫顿获得诺贝尔奖的那一天，《华尔街日报》给出了这样的评论："长期资本管理公司的成功，让合伙人分摊了 10 亿多利润，由此他们两人也成为有史以来最富有的诺贝尔奖得主。"[65]

但是，最聪明的诺贝尔奖得主也有犯错的时候。1998 年长期资本管理公司破产，这使斯科思和莫顿两人的个人资产大受损失。[66] 具有讽刺意味的是，在长期资本管理公司大灾难的九个月前，斯科思在他的诺贝尔讲座中说，"我们已经看到衍生金融工具失败的结束。正如其他商业活动一样，损失将一直持续"。

只是无系统的悖论而已？

坚信市场具有理性对于商学院著名金融学者（包括米勒、法玛及斯科思等）的工作来说极为重要。1995 年，芝加哥大学金融学者在这一问题上的准共识被新加盟的行为金融学的创立者之一理查德·塞勒动摇了。

四年前，法玛写道："塞勒对市场有效性进行了猛烈的实证式批判，以戳破非理性的泡沫。"（法玛，1991，1581）法玛当时参考了塞勒在 20 世纪 80 年代上半叶发表的论文，其中他们为"过度反应假说"提供了论据。[67] 塞勒认为，"尤金·法玛 1970 年的有效市场调查并不是人们所急需的。市场是有效的，价格是无法预测的，金融经济学家不知道什么是异象"（塞勒，1993，xvi）。塞勒认为投资者不仅易于对新闻反应过度，而且过分看重当前的信息。他们发现，纽约证券交易所（NYSE）的超级操盘手往往在后期显示出一种相反的表现。[68]

理查德·塞勒 1945 年出生于新泽西州的东奥兰治（East Orange）。他在罗彻斯特接受大学教育，1970 年获得硕士学位，1974 年获经济学博士学位，之后在罗彻斯特大学管理学研究生院任教。1978 年夏，他从罗彻斯特大学来到康奈尔大学商业与公共管理研究生院，在那里一直工作到 1995 年，然后进入芝加哥商学院。塞勒称，"我认为自己是一名典型的近代芝加哥学派的经济学家，因为我是以实证研究为主的"[69]。"聘用塞勒是极富芝加哥大学特色的一个动作。尽管他的工作非常有争议，但是质量却很高。最终并不一定有结果，但是有可能为我们获得另一个诺贝尔奖"。当初聘用塞勒的一位商学院工作人员解释道。[70]

塞勒在施威·罗森的指导下完成了以人类价值为主题的博士论文。塞勒回忆道，"做这篇论文时，我开始认识到，即使对于经济学家来说，直接向人提问可能比回归分析更有意思"。[71] 塞勒对行为决策理论领域的两位顶尖学者丹尼尔·卡尼曼（Daniel Kahneman）和阿莫斯·托维斯基（Amos Tversky）所做工作的探索，是他论文得以进展的关键。[72] 在 1977 年和 1978 年，塞勒与卡尼曼、托维斯基一起在斯坦福大学共同进行了 15 个月的研究。20

余年后，塞勒坦承："这段时间对我以后的思想起了重要影响。"[73] 塞勒的研究工作主要以提问方式进行的直接实验为基础。这个方法的使用让人们对消费者选择、储蓄决策、自我控制和科斯定理更加直觉。[74]

1992 年，塞勒出版了一本用传统经济学分析异象的书，书名为《赢家的诅咒》(The Winner's Curse)。书中提到了塞勒的命题："在有众多竞标者参与的拍卖中，中标者往往是输家。"一个简单的道理，即竞标的本质是让中标者往往标得过高（塞勒，1992，1）。没有人认为这个观点令新古典主义经济学家怀疑。塞勒辩论道："但是，仔细观察 30 年或 40 年来的经济研究，你会发现这些研究太关注价格，而不是人，而且绝对没有任何东西让人相信市场真的不同于其他事物了。……为什么我们不去分析市场的行为呢？"[75]

认识到"我们才刚刚开始我们的研究，而不是即将完成研究"，塞勒和尼古拉斯·贝叶斯在 2003 年总结称："行为金融学认为，通过使用某些代理人不是完全理性的模型，可以更好地理解某些金融现象。[76] 这一领域分为两块：有限套利，它认为理性交易者很难消除非理性交易者引起的偏离现象；心理学，将我们希望预见到的偏离完全合理性的种类进行分类。"

米勒预见了一些行为金融学研究项目的未来，比如：

> ……40 年来，我所听到的只不过是关于模拟个人选择行为重要性的……真实心理学假设的无系统的悖论，错觉和日常的真言而已。作为经济学家，我们为什么要关注那样的现实呢？我们非常愿意让我们研究心理学的同事来详细描述个人选择。我们的金融和经济学上的关注总是集中在市场和市场价格中的个人行为。正如我们所使用的一样，合理性仅仅指认为人们希望得到更多的财富，而不是更少。或者，用喜剧演员乔·刘易斯（Joe E. Lewis）的话来说，"我曾经富裕过，我曾经贫穷过，还是富裕好"。（米勒，1998，8—9）

在自己的实证研究的基础上，塞勒发现了市场有效性之所以不能被丢弃的两个重要原因。首先，与市场有效性假说一致，异象是偶然结果，明显的股票价格过度反应与过弱反应一样平常。其次，"事前不正常回报的事后持续与事后反转一样频繁"。塞勒关于市场有效性的第二个论点，即"长期异象是脆弱的。它们很容易按照它们被测量的方式随着合理的改变而消失"。（法玛，1998b，304）[77]

实际上，法玛和塞勒的另一个争论是股票溢价之谜。[78]塞勒认为，解决股票溢价之谜的方法在于"人类决策的心理学特征从根本上有别于市场有效性理论"[79]。法玛和弗兰切研究了1872－1999年这一时期后发现，投资者只是运气不错，"由于意外的资本收益和下降的贴现率使然"（法玛和弗兰切，2000，i）。

魅力价值

当塞勒1995年到达芝加哥大学商学院时，他发现罗伯特·维什尼是一位研究行为金融学方面的有力伙伴。维什尼生于1959年，在芝加哥长大，1981年获得密歇根大学的学士学位。随后，他前往麻省理工学院，在那里和安德烈·施莱弗组成了研究小组。毕业后，他们去了芝加哥大学。维什尼回忆他的这一举动时说："我在芝加哥大学担任副教授时，因为像加里·贝克尔和罗伯特·卢卡斯等人起了重要作用，我接受了成为一名经济学家所需要的良好教育。"（莱卡尼斯克等，1991）[80]在1989年他30岁生日前，维什尼成为芝加哥大学商学院的教授。（莱卡尼斯克、施莱弗、维什尼，1992）

维什尼早期的研究项目之一是从他在麻省理工学院攻读博士学位时开始的。维什尼不是只完成一篇毕业论文，他和施莱弗共同写了三篇论文，从而使他们都获得了博士学位。其中两篇深入阐述了公司治理和所有权结构。[81]维什尼和施莱弗的第一篇论文是有关金融和投资市场中短期资本经营者的表现。在另外一篇与理查德·塞勒和约瑟夫·莱卡尼斯克（Josef Lakonishok）合写的论文中，施莱弗和维什尼已经表明了短期资本经营者有时候会装饰其投资组合（莱卡尼斯克等，1991）。在这篇新的论文里面，他们计算得出在1982－1989年间，资金经理们大幅度地低估了市场。（莱卡尼斯克、施莱弗、维什尼，1992）[82]

在 1994 年，施莱弗、维什尼和莱卡尼斯克发表了他们两大重要贡献中之一的关于有效市场假设的评论。他们发现，在 1968－1990 年的这段时期内，"价值战略"超越了"魅力战略"（莱卡尼斯克、施莱弗、维什尼，1994）。鉴于"魅力战略要求购买那些相对于利润、分红、历史高值、账面价值或者其他价值形式处于低价的股票"，从另外一方面说，"魅力"或者说"单纯"战略"可能导致从过去利润增长率推断未来价格过高、主观臆测股票价格趋势、对消息面反应过度（好的或坏的消息），或者仅仅是将一项好的投资等同于不顾价格的运行良好的公司"。虽然业余投资者可能会因为判断失误而犯下这些错误，但是三位作者把这比作机构问题，从而导致职业投资者的原因："机构可能会比较喜欢魅力股票，因为它们看起来是'精明的'投资，因此它们更容易让出资人相信。"

施莱弗和维什尼的第二大贡献是关于有效率市场模式的一个关键假设（1977）：为数众多的小套利者们的存在，促使价格趋向平衡价值。但是在真实情况下，"套利行为是有相对少数的一些职业和非常专业的外部投资者进行的，他们把他们的知识和外部投资者的资源结合在一起，从而建立重仓。这种套利的基本特点是知识和资源通过机构关系分离。这些资金来自于有钱人、银行、基金和其他投资者，他们往往只对单个市场有限了解，所以由对市场有专业了解的套利者投资"。他们的结论是："……职业套利者可能会避免极度变化的'套利'位置。尽管这样的位置会提供有吸引力的平均回报，变化性也会使套利者冒着亏损的风险和基金投资者要求清算投资组合的压力。"这个机构的问题也许能够解释在金融市场里存在的一些异常问题。

大约十年之后，施莱弗和维什尼重返关于公司治理的博士研究工作——这次是在国际化的环境下。他们发现，不同金融系统的属性差异与对内幕交易人的征用投资者保护有很大关系。采用习惯法系的国家如英国和美国，相对于实行基于法国民法传统法制体系的国家而言，给予了投资者更好的法律保护。而在法律框架内对投资者保护最薄弱的国家往往资本市场最不发达。公司治理和这些法律系统的特点也是前共产主义国家私有化过程中的重要问题。

维什尼和施莱弗在俄罗斯的私有化尝试中投入了大量的精力。在 1991 年 11 月，他们加入了"俄罗斯改革沙皇的领导小组"。在《私有化俄罗斯》（Privatizing Russia）一书中，施莱弗、维什尼与合著者——俄罗斯的马克西姆·巴耶克（Maxim Boycko）详细描述了这一过程。在这个基础上，施莱弗和维什尼在第二本书中详述了不同的政府作用模式。

国际因素

芝加哥商学院在金融领域的成功也有其国际因素。在 20 世纪七八十年代，芝加哥商学院聘请了迈克尔·穆萨——一位领先的国际宏观经济学家担任教授。

罗伯特·阿利伯也是这个国际学界的一员，他为芝加哥大学工作了 30 多年。阿利伯这位研究国际金融和国际商务的专家，是一个非典型的芝加哥经济学家。与其他大多数金融学家不同，他并不沉浸于先验研究，相反，他集中致力于制度上和概念上的问题。他对所谓"房屋法则"（house dogmas）的说法持怀疑态度："我认同价格理论是严肃经济分析的，但是我反对市场总是做得更好的观点。在考虑国际宏观经济学的情况下，我强烈反对浮动汇率的例子，特别是在米尔顿·弗里德曼所在的那时候，这个例子在芝加哥都成了一个基本法则。"[83]

阿利伯 1930 年出生于新泽西州。他在 1958 年从剑桥大学获得经济学硕士学位，之后从剑桥转往耶鲁大学，在那里，詹姆斯·托宾和罗伯特·特里芬（Robert Trffin）有着巨大的影响力。阿利伯认为，美国在 20 世纪 50 年代的国际收支平衡赤字主要是由国际对于美元过于旺盛的需求导致的，这种情况同样是因为美国被认为是国际流通性的最终供给者。美国从世界上最大的债权国变成世界最大的债务国，是因为持续增加的国外对美元债券和实际资产的需要，而这些资产能带来相对高的回报。

1961 年，阿利伯开始为华盛顿的经济发展委员会工作。那段时期，赫伯特·斯泰因（Herbert Stein）担任这个机构的研究主任，他是芝加哥大学的博士生，同时也是弗里德曼的得意门生。斯泰因对于阿利伯有着持续的影响："尽管斯泰因毫无疑问地是自由市场主义的坚定支持者，但是比起他的两位了不起的老师米尔顿·弗里德曼和乔治·斯蒂格勒来说，他不是那么教条化的人。阿利伯被教务长乔治·舒尔茨吸引，于1965年加入芝加哥商学院，担任国际经济与金融教授。[84]他是一位多产的作者，在专业学报上发表的论文和面向普通公众出版的书籍都颇为丰富。他的著作《国际资金博弈》（The International Money Game，1973）和《你的金钱，你的生活》（Your Money and Your Life，1982）成了国内畅销书。他与汤姆斯·迈耶和詹姆斯·杜森贝里（James Duesenberry）合著的《货币、银行和经济》（Money, Bankyg, and the Economy）一书被广泛用作高校教材。

阿利伯认为他关于国外直接投资的分析是他"可能最大的贡献"。[85]在《国际资金博弈》一书中，阿利伯发表了他的"修正后的国外直接投资的汇率风险理论"。根据这个理论，资金方面的因素，如实际汇率和利率差，与现实因素（如所有制优势）一起对国外直接投资起着决定性作用。

在总体上注重金融和国际经济研究中国际化因素的年轻一代经济学家中，阿尼尔·卡什亚普、瑞格卢姆·瑞坚（Raghuram Rajan）、路易·津加莱斯（Luigi Zingales）和阿林·杨是佼佼者。阿尼尔·卡什亚普出生于印度、先就读于加州大学戴维斯分校，并于1989年获得了麻省理工学院的经济学博士学位。在华盛顿的联邦储备银行担任研究助理一段时间之后，他因为受到"令人鼓舞的应用经济学研究氛围"的吸引，于1991年加入了芝加哥商学院。[86]卡什亚普的研究主要集中在商业循环周期、货币传导机制、银行和资本市场以及日本金融体制等方面。

均出生于1963年的瑞坚和津加莱斯的职业生涯有很多类似的地方。瑞坚出生于印度，在1985年获得了位于新德里的印度科技学院（Indian Institute of Technology）的电气工程学位。津加莱斯出生于意大利，在1987年获得了位于米兰的博考尼大学（Bocconi University）的经济学学位。他们在麻省理工学院时就已开始合作，并于20世纪90年代初获得了该校的博士学位。之后，他们都加入了芝加哥商学院。在2003年，瑞坚就因对金融的贡献被美国金融学会授予了费舍尔·布莱克奖（Fischer Black Prize），这是该会第一次将奖项颁发给 40 岁以下的经济学家。同年，他离开了芝加哥商学院，前往华盛顿的国际货币基金组织担任经济顾问和研究主任。

在他们大多数的合作研究中，瑞坚和津加莱斯主要集中在组织理论，更具体地说，集中在金融机构及其在经济发展中的作用上。他们的大部分研究成果在畅销书《从资本家处保卫资本主义》（Saving Capitalism from the Capitalists，2003）中得到了展现。瑞坚和津加莱斯指出了这些一直在破坏自由市场的有利功能的力量（"这些权力……感到被自由市场所威胁"），他们记录了金融市场和机构在保持创造财富的自由市场经济活力和创新中的重要作用："资本的更大可及性使得资本主义的罪恶慢慢得到了重视——资本对劳动者的暴政，工业的过度集中，收入分配中对于资方的偏袒，穷苦者缺乏机会。"

尽管在纯粹的金融问题上着力甚少，阿林·杨还是在国际经济领域作出了重要贡献。凭着法律和经济学博士学位，杨首先在麻省理工学院的斯隆管理学院和波士顿大学执教，然后加入芝加哥商学院。专注于国际贸易和经济增长，杨对于东亚增长奇迹的理解作出了贡献，阐明了快速的增长奇迹与极大提高生产率的关联性远远小于要素投入的急剧提升——尤其是劳动力要素方面。（杨，1992、1995）[87]

斯蒂格勒的火炬

不只是金融学为芝加哥商学院在 20 世纪后半叶赢得了一个极好的声誉，芝加哥商学院在工业组织研究领域同样取得了令人瞩目的成就。斯蒂格勒在罗拉德·科斯、艾伦·迪克特以及其他人的协助下奠定了工业组织成功的基础，丹尼斯·卡尔顿则是该领域的主要接力手。

卡尔顿 1951 年出生于波士顿，他几乎在东海岸接受了其所有教育。他1972 年在哈佛大学获得应用数学与经济学学士学位后去了麻省理工学院，在那里他于 1975 年获得了经济学博士学位。他的博士论文构成了第一部著作的框架（卡尔顿，1984b）。在芝加哥大学，卡尔顿在经济系（1976—1980）、法学院（1980—1984）都工作过，1984 年后则效力于商学院。至于谁是对卡尔顿影响最深的经济学家，卡尔顿描述道：

> 在 MIT，我的博士生导师弗兰克·费舍尔对我影响甚深。费舍尔教我的微观经济学与宏观经济学之间的相互联系性要比 20 世纪 70 年代所流行的那种更加紧密。在芝加哥，我很大程度上受到加里·贝克尔、乔治·斯蒂格勒以及罗拉德·科斯的影响。[88]

卡尔顿和杰弗里·佩尔莱福（Jeffery Perloffy）共同出版了一本关于工业组织的权威教科书。[89] 作为其第一研究主题之一，卡尔顿沿袭了他芝加哥同事李斯特·塞尔的步伐。

分配理论是卡尔顿的另一个主要研究领域。卡尔顿通过分析认为，配送延迟以及定量分配可以作为市场出清对价格机制的另外两个选择机制。在相关领域的研究中，他同样对在市场出清中出现的由于不完全性信息引起的宏观经济后果进行了调查。在贝克尔化传统中存在着关于歧视的经济分析，卡尔顿同样分析了经济交易是如何产生某种敌意——该敌意能导致财产甚至生命的毁灭。卡尔顿的大量研究都在围绕着反托拉斯的理论与实践应用而进行，如：纵向一体化、并购政策、反托拉斯和高等教育、反托拉斯和信用卡网络、竞争者之间的沟通、微软案、反托拉斯和互联网、进入壁垒以及知识产权等。[90] 经过多年时间，卡尔顿为私人公司担任关于反托拉斯以及相关事宜法律顾问的名声已经远扬在外。

与卡尔顿一样，1959 年出生的罗伯特·乔特（Robert Gertner）也在东海岸接受了其所有教育——1981 年在普林斯顿大学获得经济学学士学位，五年后在麻省理工学院获得博士学位。乔特评价道："普林斯顿的鲍勃·威廉（Bob Willig）以及麻省理工学院的鲍勃·索洛（Bob Solow）、弗兰克·费舍尔、彼得·戴蒙德（Peter Diamond）对我影响很大。[91] 但是，真正将我带入工业组织研究领域的是奥利弗·哈特（Oliver Hart）和让·泰勒尔（Jean Tirole）。"泰勒尔对乔特的影响很明显地体现在他对乔特博士论文《工业组织理论研究》（*Essays in Theoretical Industrial Organization*）的选题上。在该论文中博弈论扮演了一个相当重要的角色，乔特声辩道：

> 博弈论是一种使用严谨的数学模型研究冲突对抗条件下复杂问题的方法。博弈论向我们展示了这个世界充满的不确定性大大超出了我们的想象。现在，我们相信越来越少的东西在起初时都不是真的。[92]

乔特在 1986 年来到芝加哥商学院，并于 1995 年成为正教授。尽管博弈论受到大部分芝加哥大学经济学家的反对，但它仍在乔特的大部分研究中占据中心地位。[93]

奥斯坦·古尔斯比（Austan Goolsbee）[94] 和拉尔·斯通（Lars Stole）同样是麻省理工学院的毕业生，他们都在芝加哥商学院专攻工业组织的研究。古尔斯比的博士论文为其后来发表的一篇文章奠定了基础，他在那篇文章中指出，投资税减免在很大程度上导致了资本品工业部门价格和工资的增加（古尔斯比，1997）。同样的，古尔斯比还指出，相应的发明创造性活动并随着政府对研发资金投入的增加而增加。其实，这些政府经费大部分都变成了研究者们的高额工资。古尔斯比估计，这种现象将会导致人们高估研发对社会的回报（30%－50%）。古尔斯比还对各种税收问题进行了广泛研究（古尔斯比，1998、2004）。[95]

斯通出生于 1964 年，他在 1991 年加入了芝加哥商学院。斯通曾回忆道："最吸引我的是芝加哥大学的名声，在这里，科学的边沿在不断地扩大。"斯通于 1985 年 6 月在伊利诺伊大学获得学士学位，1991 年在麻省理工学院获得经济学博士学位，其博士论文是关于契约与组织的经济学。[96] 斯通的大部分后续研究主要集中于该领域以及其他相近问题的研究。与古尔斯比的大量应用型、经验型研究工作恰恰相反，斯通的著作具有很强的理论性。[97]

不仅仅是火箭专家

罗伯特·哈默达是芝加哥商学院的第 14 任院长。1993 年，哈默达接手了这个正在致力于把自己重新定位为商业教育团体的商学院。为了向这个目标奋进，商学院必需回到艾伦·瓦利斯和吉姆·拉里时的辉煌岁月，套用默顿·米勒的话说——那时，他们给商学院制定了宪法和独立宣言。那宪法的实质是将商学院的重心放在商业教育的科学内涵上。商学院一直保持着广阔的视角，但逐渐开始强调不同支派的纯科学研究而轻视了商务的应用。[98] 正如一位资深的学院成员所指出的："在（20世纪）60年代和70年代，我们花在培养杰出科学家身上的精力远远超出了培养未来企业家和商务总监。"这种演变的结果使商学院在某些方面失去了对学生以及工商界的吸引力。

问题的实质并不是商学院课程中所涉及的科学内涵过多，而是作为MBA职业生涯中所必备的其他技能——诸如领导力、社会交往、团队工作等——被相对忽略了。这种趋势在乔治·舒尔茨和斯德尼·戴维森的领导下变得更加明显，并在理查德·罗斯特时期达到了顶峰。在舒尔茨所做的最重要任命中，亨利·泰勒、约翰·古尔德（John Gould）以及哈默达等都在其中。舒尔茨帮助建立了商业与经济学数学研究中心、卫生行政管理研究中心、证券价格研究中心、职业会计研究所。舒尔茨还发起了黑人职业管理，该项目旨在增强少数族裔的整合。他对这个项目的发起特别珍视。

舒尔茨与他的副院长沃尔特·法克勒（Walter Fackler）关系甚密。沃尔特对学院师生的关怀无微不至，因此成为商学院的一段传奇。在担任八年的副院长后，沃尔特在1968－1969年期间就任执行院长一职。接下来，在1970－1987年期间，他被任命为商学院高级管理人员工商管理硕士项目（EMBA）主任。

在1969年，斯德尼·戴维森继舒尔茨之后成为商学院的院长，并在该职位上工作了五年时间。当福特基金会开始缩减对商学院的资助后，戴维森与芝加哥大学的中央行政管理部门协商，获得了一个新的财务安排。

戴维森1919年出生于芝加哥，但成长于密歇根州的弗林特（Flint）。戴维森在密歇根大学接受了其所有高等教育，并于1950年在那里获得了经济学与会计学博士学位。其后，他一直在约翰霍普金斯大学任教。1958年，他来到了芝加哥商学院，在那里度过了他所有的学术生涯。除了作为一名杰出的教师外，戴维森还被视为战后美国会计业的重要领军人物，他出版的一些书籍则成了该领域的标准著作。1974 年，戴维森将院长一职交给了罗斯特。

罗斯特 1928 年出生于巴尔的摩，在哥伦比亚大学获得学士学位，1957 年在耶鲁大学获得经济学博士学位。在离开罗彻斯特之后，他成了芝加哥商学院的院长。

罗斯特通过一次成功的基金筹集运作，很好地巩固了商学院财务上的独立性。在他的领导下，经济与国家研究中心、新产品实验室、期货市场研究中心、柯氏基金学会中心逐一建立起来。他领导下的另一个主要创新，则是课程与面试投标系统，在该系统下学生能够通过一个类似拍卖的机制来组建其课程结构。

作为一位专业学者，罗斯特的著作有力表明了他对理论经济学与计量经济学的热衷。因此，可以推想，在商学院强调对经济学理论和定量研究方法的重要性并非偶然。在由罗斯特掌舵芝加哥商学院的十年间，学院所培养的尖端科学家的数量超出面向商业的毕业生数量的纪录再创新高。但是，商业教育市场却很明确地给芝加哥商学院传递着一个信息：你正在失去自己的市场。

商学院需要进行调整。在约翰·古尔德担任院长职务期间，商学院也的确作出了调整。古尔德将对学院的调整作为一个主要目标，用来回应来自校友以及其他商务人员对学院的批评："学院在学术研究上具有很高的地位，但是，在领导能力培训和赋予学生解决实际问题能力方面做得很差。"

与罗斯特不同，古尔德本身就来自于芝加哥商学院。他 1939 年出生于芝加哥，起先在西北大学学习，之后转入芝加哥大学，并于 1966 年获得经济学博士学位。1965 年他加入了芝加哥大学商学院，并于 1974 年成为正教授。1969－1970 年期间，他担任时任院长乔治·舒尔茨（之后竞选为劳工部长）的特别助理。

古尔德的研究主要集中于投资过程的不同方面（古尔德，1967；古尔德和瓦德，1973）。与其他芝加哥学者（如科斯、斯蒂格勒等）一样，古尔德也调查研究市场过程的特征以及信息的作用。顶着来自商学院一些成员的极力反对，古尔德还是提出了自己的想法：现在，学院如果还只是培养尖端科学家的话，已经无法满足社会需求了。学院对该想法的排斥清楚地反映于一个事实：为促使其 LEAD（领导能力开发和发展）项目的完成，古尔德花了五年多的时间。该项目旨在弥补商学院课程对作为企业经理所需具备的社交技巧的重视度。整个设想是希望让学生用他们正在学习的知识来一起讨论问题，并且要求学生们提出解决这些问题的个人见解。

同样，在古尔德的指引下，美国阿尔贡国家实验室、芝加哥大学发展公司（ARCH）于 1986 年成立了。这两个机构的目的非常明确：将芝加哥大学完成的具有商业潜力的研究资本化。

随着就读非全日制课程人数的急剧增加，商学院市区的基础教学设施变得越来越紧缺。古尔德监督着坐落在芝加哥城区中心的新教学中心的建造。该中心以其主要捐资人艾克·格雷切（Eric Gleacher，商学院的毕业生，当时是纽约成功的投资银行家）的名字命名。

1993 年，哈默达从古尔德手中接过了商学院院长一职。哈默达 1938 年出生于旧金山，并在东海岸接受了高等教育——在耶鲁大学获药物工程学学士学位，在麻省理工大学获硕士学位和金融学博士学位。1966 年，哈默达加入了商学院，并在 1985－1990 年期间担任副院长一职。他还担任了四年的 CBOT 主任。1999 年，哈默达接受了出任芝加哥商学院院长的邀请。

哈默达对商业的国际方面有着显著兴趣，在他的倡导下，商学院开设了两个新的国际执行 MBA 项目——一个是 1994 年的"巴塞罗那项目"；另一个是 2000 年的"新加坡项目"。也是在哈默达的指导下，国际商业教育研究中心成立了。

哈默达继续沿着古尔德铺设的道路，优先与学生密切接触。"在古尔德和哈默达的领导下，"一位高级教员总结说，"商学院变得更加'仁慈'。从这种意义上说，商学院不再要求你让一个诡辩的火箭科学家的智力资源在那里感到很自在。"

2001 年，爱德华·斯奈德（Edward Snyder）——一位通过自修芝加哥博士学位而获得芝加哥大学教师职位的教授，从鲍勃·哈默达那里接任了商学院院长职务。在这一新的管理安排下，商学院继续行进在具有光荣芝加哥传统的道路上。

注　释：

〔1〕1997 年，道格拉斯由于家庭原因离开了芝加哥商学院。

〔2〕实际上，已任命亨利·舒尔茨为考利斯委员会的主任。1938 年 9 月，由于舒尔茨的意外死亡，云特马担任了此职位。

〔3〕云特马对大公司和垄断权力的一番话，明确表明了他对垄断问题思考的不同方式，是由于芝加哥大学 20 世纪 50 年代在阿伦主任的主要影响下提出的。但是，多马在 20 世纪 40 年代早期曾经担任云特马的研究助理，他曾建议云特马采取对大公司的有益影响。（多马，1992）

〔4〕比如，参见云特马（1958）。

〔5〕参见作者 1996 年 10 月 29 日对罗伯特·福格尔的采访。

〔6〕同上。

〔7〕福格尔的结论马上被其他历史经济学家所检验。参见迈克阿菲（1983）。

〔8〕萨姆·佩尔兹曼回忆道："基本称埃尔·汉密尔顿为我们最好的朋友和同事。"（弗里曼德，1998）

〔9〕例如，汉密尔顿（1934）。一些历史学家认为，汉密尔顿的数据有时缺乏坚实的基础。查尔斯·金德尔伯格（1999）声称："埃尔·汉密尔顿收集的价格数据难以置信。"

〔10〕两本书都是去世后出版的，对卡汗的研究工作给予了良好的概述。

〔11〕在他的初步计划里，哈珀写了关于实用美术的学说，其中"将安排更多的参考……实际部分的业务和职业生活"（特纳，1958）。在以后的计划和出版物里，哈珀放弃了这一想法。

〔12〕例如，特纳（1958，27－28）提供了一封地理学教授罗林·萨里斯伯利（Rollin Salisbury）写给哈珀校长的信，信中，罗林·萨里斯伯利强烈表达了反对把商业教育作为芝加哥大学一部分的思想。

〔13〕这一点很好地体现了特纳的品格（1958）。

〔14〕它在 1916 年改名为商学院和管理学院，并于 1959 年成为本科商学院。

〔15〕参见德莱塞（1971）。1929 年乌苏拉（Ursula）成为第一位在芝加哥商学院获得

博士学位的女性。

〔16〕欲了解更多关于哈钦斯的经历,参见希尔斯(1991)。

〔17〕参见作者1997年10月29日对吉姆·拉里的采访。

〔18〕对于巴赫的全部生活故事,例如,参见Gleeson和施洛斯曼。

〔19〕菲利普·米罗斯基认为统计研究组的存在是个好时机,它为第二次世界大战后不久芝加哥大学经济社会学的建立奠定了良好基础。

〔20〕例如,参见迪克特、弗里德曼和瓦利斯(1950),《一个积极的保守项目》,会议记录存于芝加哥大学档案馆。注意区分亨利·西蒙斯小册子中的积极项目。

〔21〕参见作者1997年10月29日对吉姆·拉里的采访。

〔22〕同上。

〔23〕在他的学生中有维克托·雷德霍弗,一位臭名昭著的推理者。吉姆·拉里甚至与他共同发表了一篇论文。

〔24〕参见作者1997年10月29日对吉姆·拉里的采访。

〔25〕同上。

〔26〕参见作者1997年10月27日对维克多·兹诺维茨的采访。

〔27〕兹诺维茨(1992)对他的工作进行了一个好的调查。

〔28〕参见作者1998年3月9日对罗宾·霍格思的采访。

〔29〕爱因霍恩死于淋巴肿瘤,享年45岁。

〔30〕爱因哈钦斯(1990)提供了一个完整的爱因霍恩研究工作的书目。

〔31〕参见作者1998年3月9日对罗宾·霍格思的采访。

〔32〕同上。

〔33〕参见他的作品《仲裁者》(1985,50)。

〔34〕例如,参见戴维斯和哈钦斯(1992)。

〔35〕参见作者1998年3月9日对罗宾·霍格思的采访。

〔36〕例如,参见丁伯根(1937)。

〔37〕这种方式的典型例子是塞尔(1958,1971)。

〔38〕早期的贡献可以追溯到1953年塞尔发表的一篇论文。参见塞尔(1971)。

〔39〕也可参见泽尔勒和菲恩伯格(1975)。关于贝叶斯计量经济学的资料大多都能在泽尔勒那里找到。

〔40〕作者曾几次尝试造访阿诺德·泽尔勒和亨利·塞尔,但都失败了。这两个人在芝加哥校园里曾发生过好几次激烈的争论。

〔41〕怀着对宏观经济学理论的尊重，哈迪表达了他对数量理论的忠实信仰。参见哈迪（1932）。

〔42〕参见作者 2000 年 6 月 1 日对埃兹拉·所罗门的电话采访。

〔43〕参见作者 1998 年 10 月 29 日对吉姆·拉里的采访。

〔44〕参见费舍尔和拉里（1968）。

〔45〕参见拉里，《华尔街日报》1996 年 5 月 28 日。

〔46〕参见作者 1996 年 1 月 15 日对尤金·法玛的采访。

〔47〕这个具有开创性的贡献是阿尔钦和德姆塞茨（1972）以及杰森和麦克林（1976）作出的。

〔48〕这一点最开始是由芝加哥大学的亨利·默纳提供的，参见默纳（1965）。

〔49〕古典思想是由法玛提出的。早两年，泰勒被认为与法玛具有相同观点。

〔50〕参见作者 1996 年 1 月 15 日对尤金·法玛的采访。

〔51〕参见 G. 杰瑞尔，《华尔街日报》1990 年 10 月 28 日。

〔52〕米勒保持着他良好的幽默心情直到去世，这反映在他发给作者的邮件里。米勒于 2000 年 6 月 3 日逝世。

〔53〕参见作者 1999 年 5 月 11 日对默顿·米勒的采访。

〔54〕法玛、弗兰切（1997），《股票、债务、投资和工资》。此文由尤金·法玛复印给了作者。

〔55〕例如，参见布莱克、米勒和波森纳（1978）。

〔56〕例如，参见米勒（1991）。

〔57〕参见艾伦（1995）。这个故事于 1996 年 11 月 1 日作者采访米尔顿·弗里德曼时证实。

〔58〕保罗·萨缪尔森也在 1995 年 8 月 31 日的《纽约时报》中被引用。

〔59〕《经济学家》1995 年 9 月 9 日。

〔60〕例如，参见布莱克、杰森和斯凯尔（1972）。

〔61〕迪克西特在 1997 年 10 月 26 日的《国际先驱论坛报》中被引用。

〔62〕例如，参见布莱克（1995b）。

〔63〕参见布莱克（1982）。

〔64〕关于这个故事的细节，参见《商业周刊》1996 年 8 月 28 日。

〔65〕《华尔街日报》1997 年 10 月 15 日。

〔66〕关于 LTCM 的整个故事和马隆·斯凯尔在这个故事中所扮演的角色，参见洛

维斯通（2000）。

〔67〕那时，泰勒和德·波特都在康奈尔大学。德·波特之后转学到威斯康星大学。参见泰勒和德·波特（1989，1987）。

〔68〕在一些文章中，有争论说泰勒和德·波特的分析表现出泰勒偏见的结论，因为他们对风险和影响效应大小的理解并不完全相同。参见，例如法玛（1993）。

〔69〕参见作者1997年3月12日对理查德·塞勒的采访。

〔70〕此人坚持不愿透露姓名。

〔71〕参见作者1997年3月12日对理查德·塞勒的采访。

〔72〕参见，例如卡尼曼、斯洛维克（Slovic）、托维斯基（Tversky）等都出现在了他们的作品中（1982）。

〔73〕参见作者1997年3月12日对理查德·塞勒的采访。

〔74〕这些文章中的绝大多数是在塞尔那里发现的。

〔75〕参见作者1997年3月12日对理查德·塞勒的采访。

〔76〕参见1996年10月21日《商业周刊》针对尼克·巴伯利斯（Nick Barbeis）叙述的故事。

〔77〕2003年冬季《经济展望学刊》（Journal of Ecoaomic Perspectives）上刊登了一篇关于市场效率和行为金融的优秀的讨论文章。参见巴伯利斯和泰勒（2003）。

〔78〕早期贡献主要包括梅赫尔（Mebra）和帕斯考特Prescott。（1985）

〔79〕参见作者1997年3月12日对理查德·塞勒的采访。

〔80〕参见作者1998年13月3日对罗伯特·维什尼的采访。

〔81〕参见，例如默尔克、施莱弗和维什尼（1990）。

〔82〕直到20世纪60年代后期，迈克尔·杰森才得出了互利性基金投资的有关结论（1968）。

〔83〕参见作者1996年1月15日对罗伯特·阿利伯的采访。

〔84〕同上。

〔85〕同上。

〔86〕参见作者1998年3月2日对安尼·卡什亚普的采访。

〔87〕阿林·杨是第一个做到这一点的，但却是他先前的同事保罗·克鲁格曼得到了绝大多数真相的记录。

〔88〕参见作者1997年3月2日对丹尼斯·卡尔顿的采访。

〔89〕1990年第一次出版，2005年出版第五版。

〔90〕关于理解这些问题的意义，请参考卡尔顿及其 GSB 的网站和佩尔莱福（2000）。

〔91〕参见作者 1997 年 10 月 30 日对罗伯特·甘特的采访。

〔92〕同上。

〔93〕例如，参见贝尔德（Baird）、乔特（Gertner）、皮克（Picke；1994）和阿斯昆斯（Asquith）、乔特、斯考夫斯特伊（Scharfstei；1994）。

〔94〕在古尔斯比读本科时，芝加哥大学的吉姆斯·霍克曼正在耶鲁大学做访问学者。霍克曼对引导古尔斯比进入芝加哥学派起了重要作用。古尔斯比在作者的采访中，曾指出了这一点。

〔95〕进一步的理解，可参考古尔斯比在芝加哥大学商学院的网站。

〔96〕参见作者 1999 年 5 月 13 日对拉尔斯·斯通（Lars Stoles）的采访。

〔97〕要参看斯通的著作可以登录他的网站。

〔98〕这位高级学院成员喜欢匿名。

第八章
法律经济学：效率中的公正

近几十年中，芝加哥学者们开创了一个新的研究领域——分析政府在经济过程中的干预。但是，研究调控过程的学生不可避免地必须处理法律问题。透过新古典价格理论从所有维度考察法律，已作为法律经济学的现代研究而著称。法律经济学是与芝加哥大学关系紧密的子领域，正如艾伦·迪克特、罗拉德·科斯、乔治·斯蒂格勒一样，许多其他芝加哥学者也都成为法律经济学研究项目的主要贡献者，包括理查德·波森纳、罗伯特·伯克、沃尔特·布卢姆（Waalter Blum）、埃德蒙德·凯奇、威廉·兰德斯、弗兰克·伊斯特布罗克（Frank Easterbrook）、丹尼斯·卡尔顿、理查德·爱泼斯坦、丹尼尔·费舍尔、道格拉斯·贝尔德和艾伦·塞克斯。

不过，研究法律和经济过程间的相互影响并不是起源于芝加哥大学。1897年，当芝加哥大学还处于摇篮阶段时，1902－1932年间任职于美国最高法院的法律学者奥利弗·温德尔·霍姆斯（Oliver Wendell Holmes）就写道："对于法律的理性研究，现在属于研究文本的人，而将来则属于研究统计学和精通经济学的人。"（霍姆斯，1897）这样的学者还有沃伦·塞缪尔斯（Warren Samuels）、希思·皮尔逊（Heath Pearson）和史蒂夫·梅德玛（Steve Medema）等，他们已经把现在所谓法律经济学的起源追溯到了古代希腊和罗马文明。

对该领域更加现代的思想根源的考察可追溯到18－19世纪的欧洲学术大师，如亚当·斯密、杰米·边沁（Jermy Bentham）、托马斯·霍布斯（Thomas Hobbes）和卡尔·尼斯（Karl Knies）等。著名美国经济学家约翰·贝茨·克拉克（Jhon Bates Clark）以及约翰·康芒斯、欧文·费雪等，也对法律领域和经济领域间相互作用方面的研究作出了贡献。

早期的朋友

虽然通常认为芝加哥大学法律经济学子领域的产生始于 20 世纪 50 年代，但是同时分析法律和经济问题的传统则可以追溯得更远。事实上，芝加哥法学院的前身可视为芝加哥大学政治经济学系的早期形态：

> （在芝加哥大学）建立一个专业法律学院的倾向始于 1894 年，当时，政治经济学系开设了一门《罗马法与法学》的课，该课由一位年轻的纽约律师恩斯特·弗罗因德（Ernest Freund）讲授。当洛克菲勒 1902 年为建立法学院提供基金时，弗罗因德为哈珀校长起草了一个有建设性的课程大纲。除了标准法律课程外，这一项目的第二年和第三年涵盖了从心理学、城市社会学到经济学、外交历史等一系列学科（1991，47）。[1]

已故政治经济学系主任詹姆斯·劳夫林和商学院院长莱昂·马歇尔也曾讲授过相关法律问题的课程，出版过这方面的著述。法律经济学从发轫至今已经历了很长时间。作为该领域最重要的芝加哥学者之一，波森纳（1998）曾写道：

> ……（今天）法律的经济学分析具有确定（也就是说描述性）和规范双重性。它试图解释并预测参与者和被法律管制者的行为。它也试图通过指出现存或提议的法律可能在经济效率、收入和财富的分配或其他价值等方面产生非预期和不受欢迎的结果来改进法律。

《法律与经济的基本思想基础》（The Principal Intellectual Foundation of Law and Economics）由埃德蒙德·凯奇（1983b，184，192）完成，"在富有启发的两个基本问题上是相对成功的。第一，法律规定对社会有什么影响？第二，社会力量如何影响和决定法律？"法律经济学不是一系列不可变更地遵循第一原则的分析理论，它是一种调查、分析和探索法律的惯例。

戴维·弗里德曼（米尔顿·弗里德曼之子）是芝加哥大学法学院的早期学者。他把这个课题分成三个既有区别又有联系的活动：第一个是运用经济学预测法律规定的影响；第二个是运用经济学决定什么样的法律规定在经济上是有效的，目的是对法律规定应该是什么作出建议；第三个是运用经济学预测法律规定将会是什么。

法律经济学的演变可以分成两个阶段。第一阶段一直持续到 20 世纪 60 年代早期，关注的问题集中在传统经济问题上，诸如垄断、反托拉斯、公用事业、监管和公司法等。到 1937 年，哈佛大学的爱德华·梅森支持律师和经济学家的协商可以使反托拉斯政策更加有效。它以超出芝加哥大学的贡献为特征，这一时期，主要受迪克特的影响，价格理论形成了产生于其中的分析框架。

法律经济学历史的第二个阶段始于 20 世纪 60 年代初发表的两篇论文，一篇是科斯（1960）关于社会成本问题的论文；另一篇是耶鲁大学的吉多卡拉布雷斯（Guido Calabresi，1961）关于侵权法的论文。斯蒂格勒指出："在法律或者经济学领域，B. C. 的意思是科斯之前（斯蒂格勒，1992）。G. 卡拉布雷斯提出了丰富的观点，即侵权法的功能是在公正的约束下，使行政成本、事故成本和事故预防成本的总和最小化。"在法律经济学第二阶段，经济学方法被应用于普通法（如合同法、财产法、侵权法）、宪法、民事、刑事和行政诉讼法、诉讼和赔偿费的确定等广泛的领域。

开始，大部分传统法律学者强烈反对这一广泛的法律经济学运动。首先，存在一种主张，认为经济模型的假定相对我们生活的复杂世界太过于简单，该论断一般常与新古典价格理论相悖。[2]其次，反对法律的经济学分析的第二个主要论断声称对正义的无知，正如波森纳所答复的那样：

> 人们必须区分［正义的］不同含义。有时正义意味着分配的公平，也就是经济平等的适当程度。虽然经济学家不能分辨社会公平的程度是什么，但是他们有理由说明以下几点是相对的：在不同社会和不同时期

不均等的总量，真正经济上的不均等和金钱收入的不均等之间的差异，这些金钱收入仅仅补偿成本差异或者反映生命周期不同阶段以及取得更高程度平等的成本。正义的第二个含义是效率，也许是最平常的。当人们把没有经过法院而指控一个人有罪，没有恰当的补偿而获得财产，或者不能使粗心的汽车司机对由于其疏忽大意的受害者作出答复等描绘成不正义时，这意味着浪费资源是最自负的。（波森纳，1992，27）

然而，波森纳这样说明自己的主张："公正的意思要比与效率相关的东西更重要。准许自杀合约、鞭打犯人、允许婴儿贩卖并不是明显的低效……公正比经济更重要"[3]（波森纳，1992，27）。

像得克萨斯大学的列宾汉夫斯基（H. H. Liebhafsky）等关于法律的经济学方法的早期评论家是十分尖锐的：

> 这些文献基本上是由不懂法律的经济学家和少数从那些经济学家那里学习了经济学的律师，在接受了 18 世纪享乐主义之后而融合到一起创作的。其中一些文献堪称经典，因为它证实了卡尔顿—列宾汉夫斯基定理，他陈述道："倘若它达到了某些可理解性的开端水平，一个经济学家写得越晦涩，越有可能被认为是从事了一种经典或者基础性的工作。"（塞缪尔斯，1992，254）

然而，法律经济学分析的反对者常常把他们自己的愿望当做现实。一个典型案例是法学教授莫顿·霍洛维茨（Morton Horowitz）在 1980 年宣布："我强烈地感觉到，法律的经济学分析在法律成就方面已经从最后的'狂热顶峰下降'。"（兰德斯和波森纳，1993，388）。1989 年，法学教授欧文·费雪得出结论："法律经济学似乎已经达到巅峰。而兰德斯和波森纳只是收集了相反情况的证据。"

1995 年，耶鲁大学法学院院长、法律经济学方法的著名评论家安东尼·克鲁曼（Anthony Kronman）写道："法律经济学运动原来是并将继续是美国法律思想领域的一股巨大而富有生气的力量，同时，我要说今天芝加哥法学院在美国依然并将继续是唯一一所最有影响的法学学院。"（波森纳，1998，2）

重获"新生"

迪克特因在芝加哥大学建立了现代法律经济学的基础而赢得了大部分荣誉。除了对耶鲁大学法学院经济现存制度优越论者沃尔顿·汉密尔顿（Walton Hamilton）基本上忽略之外，亨利·西蒙斯恐怕是曾经在法学院执教的第一位经济学家。因此，1934 年对西蒙斯的任命实际上被视为法律的经济处理方法的开端。象征性的，这种要求也许有一些有效性，但这是最简单的报告，因为简单的巧合在西蒙斯到达法学院起了主要作用；同时，与西蒙斯的任职完全无关的发展创造了一种有利于法律经济学发展的环境。考虑到巧合因素，任命西蒙斯到法学院本质上是结束弗兰克·赖特和保罗·道格拉斯二者之间分歧的一种妥协，前者支持西蒙斯而后者强烈反对。正如米尔顿·弗里德曼所说："道格拉斯差点就要把西蒙斯驱逐出去了，最终，芝加哥大学校长、也是西蒙的私人朋友——罗伯特·哈钦斯不肯解雇他。"[4]

哈钦斯在为法律经济学的发展创造一种有利的智力环境方面也起了重要的作用。作为耶鲁大学法学专业毕业的学生，哈钦斯在受到法律现实主义的影响时，一场运动正专注于把法律引入与社会现实密切关联，以及诸如经济学、人类学、社会学和政治学等相应的社会科学中。[5] 根据沃尔特·布罗姆的观点，卡茨（Katz）争辩道：

> 先例在法院系统不再像过去那样起作用，因此很有必要具备一些附加的技术，这就意味着律师必须是经过更广泛训练的，至少是为了他们能够知道怎样与其他学科的专家打交道。他并不期望律师成为会计人员、经济学家、心理学家、精神科医生等，但他们必须知道得足够多，以便于处理法庭或者对方当事人处境中的事物。（凯奇，1983a，168）

19 世纪 30 年代的后半期，卡茨正式把经济学和会计学引入了法学研究课程（卡茨，1937）。

卡茨尽其所能地把学生吸引到西蒙斯的演讲上。但是，正如已经提到的，西蒙斯感兴趣的主要领域是货币分析。尽管他在价格理论方面接受过良好的训练，但是与他写作的《对自由放任的一项积极计划》一书相比，他在工业组织方面知之甚少。该书有关垄断和需要对经济的大部分进行国有化的思想与论断无所不在。在提及西蒙斯对法律经济学的作用时，科斯的总结：

> 在涉及工业组织时，西蒙斯没有为他的争论提供经验依据，他也没有对他关于经济系统以怎样的效率运行的建议所产生的影响做过正式的调查。西蒙斯的方法是由新学科——法律经济学——的出现而成为占支配地位的方法的对照。（科斯，1993b，242）

直到第二次世界大战结束以后，西蒙斯对世界的情形仍很绝望。1945年，西蒙斯写了一份备忘录，敦促芝加哥大学建立一个中心："在那里，各地的经济自由派人士会寻找智力领导或支持。芝加哥经济学仍然有些特色是传统自由主义的内涵和声望……如果换作其他地方，芝加哥大学的前景将不是非常光明的。"西蒙斯把备忘录的复印件寄给了当时在 LSE 的弗里德里希·哈耶克。很大程度上分担了西蒙斯恐惧的哈耶克，这时已开始结识在 LSE 的迪克特，因为迪克特在加入华盛顿的几个政府机构之前，1937－1938年两年是在 LSE 度过的。这个时候，来自堪萨斯的"沃克基金会"的哈罗德·勒纳引发了学界极大的注意。

哈罗德是米塞斯和哈耶克作品的崇拜者。哈耶克和西蒙斯解决了著名的"哈耶克研究项目"的细节问题，该项目由沃克基金资助、迪克特指导。[6]这个项目承诺应关注"有效竞争系统的适当法律和制度框架的研究"（科斯，1993b，246）。它设于芝加哥的法学院，在迪克特在法学院也做一些教学工作的前提下，院长卡茨只同意某些事宜。1946年，迪克特接替了西蒙斯有关基本价格理论的课程。

不久，迪克特和爱德华·李维特开始教授反托拉斯的课程。罗伯特·伯克这样描述李维特:"毫无疑问,他是我见过的最为才华出众的课堂教师。"(伯克,1978,xv)。李维特的祖父曾经是芝加哥大学教工中的第一个犹太人成员。

孩提时代,李维特在芝加哥大学附近上幼儿园、初中和高中,后来在芝加哥法学院获得了学士学位和法学博士学位,并于1936年开始任助理教授。1950-1962年,他担任法学院院长,1962-1968年任校监,1968-1975年任校长。1975年,福特总统任命李维特为美国联邦司法部部长,当时该部门正经历继外伤性的"水门事件"之后最严重的危机之一。作为高等教育的一个法律学者和专家,李维特作出了几项基础性贡献。(莱维,1949)

那时,迪克特加入了李维特在法律专门知识的主要领域——美国反托拉斯法,设计目的是保护公平的竞争环境。联邦贸易委员会和联邦司法部负责监督反托拉斯法,20世纪40年代和50年代,芝加哥大学学生对李维特和迪克特教授的反托拉斯课程有着鲜明的记忆。凯奇回忆道:

> 每周有四天的时间,李维特讲授法律,并运用法律推理的传统方法把案例彼此联系起来而产生融合……四天的时间他在做这些,而每周有一天的时间,艾伦·迪克特告诉我们李维特先前四天告诉我们的都是谬论。他用经济分析告诉我们法律分析是经不起推敲的(凯奇,1983a,183)。[7]

精神激励

迪克特的影响不限于反托拉斯法课程,正如亨利·曼内——20世纪50年代早期的一个芝加哥学生,也是主要的法律经济学学者——所证实的:"我很早就清楚,我在法学院学的大部分课程中经济学是重要的。"(凯奇,1983a,184)莫纳所选课程中的一门是布罗姆教授讲授的有关破产的课程。

布罗姆1918年生于芝加哥,并在芝加哥大学实验学院上学。他在1939年获得芝加哥大学学士学位,1941年获得法学院的法学博士学位。1941-

1943 年，布罗姆担任华盛顿价格管理局的辩护律师。他 1943 年开始服兵役，并于 1946 年返回了芝加哥法学院。

布罗姆在芝加哥大学法学院度过了余生，1994 年在芝加哥逝世。在那里，校长、校监、主任和学生定期去咨询他。[8] 布罗姆在芝加哥原子科学家——由芝加哥大学冶金实验室的科学家们组成的群体——中也起了积极的作用，而长崎原子弹使用的钚就是在那里研制的。但芝加哥的原子科学家设法阻止核武器的进一步发展和使用。

布罗姆讲授税收、保险、破产和公司重组等课程。1953 年，他和小哈利·凯文合作出版了《累进税的不稳定案例》（The Vneasy Case for Drogressive Taxation，1953）。布罗姆和凯文分析的基本点是累进税歪曲了富人和穷人的经济刺激，他们强烈主张并鼓励避税。他们赞成引入一种消费者消费税而不是累进所得税。1975 年，阿瑟·奥肯（Auther Okun）主张一项政府支持的计划，该计划保证每个公民的收入至少等于社会上中等收入的一半，而专门通过较高收入较高税收为该计划提供资金。此时布罗姆迅速作出反应，并拒绝奥肯的关于经济、社会和民主基础的建议。[9]

然而，在法律经济学发展的重要性和相关性上，即使是布罗姆也不能与迪克特相比。梅德玛（Medema，1998，209）这样形容迪克特："是对坚决创建芝加哥法律经济学传统最负责的一个人……他也对芝加哥法学院学生产生了强烈的影响。"伯克在他的《反托拉斯悖论》（The Antitrust Paradox）一书的序言中这样提到迪克特：

> [他是] 反托拉斯经济学和工业组织方面具有开创性的思想家。他的声誉在认识他的那些人中间是极大的。没有广泛传播完全是因为他选择很少去出版著作，而其余内容在芝加哥大学法学院创建了一种牢固的口头传统。对不认识他的读者来说，对他产生深刻印象是不可能的。他是我观念中真正知识分子的典范。（伯克，1979，xv）

迪克特创建口头传统并影响大批学生的方式，完全不同于他的同代人弗里德曼和斯蒂格勒的风格。后两人钟爱的方式是通过争论以发表观点，甚至在他们参加的学术讨论会上。当参加论文的介绍时，迪克特很少讲话。李斯特·塞尔记得："只有当艾伦开始嚼动他的胡须时，你就可以清晰地预见他在形成结论和举证方面遇到了难题。"[10]迪克特更喜欢私下里说服别人。

迪克特导致了芝加哥大学关于垄断和反托拉斯方面的重大变化。至少到20世纪40年代后期，芝加哥的主流观点认为垄断是一个非常重大的问题，而非常广泛的反托拉斯立法的有力应用在社会部门应该要高些。然而，这一观点在芝加哥大学并不普遍。[11]切斯特·莱特1907－1944年在芝加哥大学任教，他提供了一个典型案例，用以说明一种解决垄断（托拉斯）问题的更加细微的方法。在他1912年关于"托拉斯问题"分析的文章最后，莱特总结了自己的研究：

> 研究表明：（a）由于托拉斯有好的一面，这些在当前的消除不合理托拉斯政策下会被破坏。（b）由于托拉斯显示了很多特征，这些特征与那些流行于被公共事业运作控制的产业紧密相符。（c）在这些产业里管理政策已经贯彻得很多；因此我们应该询问一项基于预防方法的用于区分托拉斯和托拉斯犯罪的管理政策，是否不应该被我们当前的破坏和强化竞争的政策所取代，而这些政策是无差别的、纯粹地缓解的、通常不起作用的。（赖特，1912，587）

由迪克特引起的研究中，讨论最多的一项是约翰·麦吉关于辩解的研究，该辩解是洛克菲勒的标准石油犯了掠夺性定价，这种大减价政策的目的是为以后获得垄断利润而把竞争对手驱逐出市场。麦吉通过他的实证调查总结道："如果发生的话，标准石油不是系统地在零售业使用当地的减价，或者在其他地方以减少竞争"（麦吉，1958，168）。

在他最初研究的22年里，麦吉没有注意到以新的证据来引导他改变自己的关于掠夺性定价的早期结论："掠夺性定价已经证明，如果不是持久的惯例也是一种持久的课题……经济学家和历史学家所担忧的大部分掠夺类

型，与被掠夺者相比，和掠夺者关系更近。"（麦吉，1980，209－295）

迪克特引起的另一个项目是关注于纵向合并[12]和纵向限制[13]。纵向限制的典型是维持转售价格、独占区域、独家直销。纵向限制的关键因素是免费搭车。就维持转售价格而言，某制造商会发现通过昂贵的广告来区分他的产品是必要的，因此要求零售商为他们的客户提供一些特殊的服务。如果他允许其他的零售商和那些遵循要求的价格的零售商销售产品，其他零售商将不必提供服务而从广告中收益。因此，他们将能够削价出售产品。

迪克特在一项有关产业集聚和合并政策的研究项目中也起了重要作用。20 世纪 50 年代和 60 年代期间的普遍观点认为，产业集聚和盈利能力之间可观察的联系证明了市场力量，因此价格制定在竞争水平之上。不仅如此，芝加哥答案起作用了，公司因其有效率而变大且获利。[14]如果那些公司设法运用市场权力和实质性地提高它们的价格，其他公司将进入市场。集聚产业问题导致了芝加哥大学学者之间一场强烈的讨论。1969 年，反托拉斯政策白宫特别工作组出版了《尼尔报告》（Neal Report）（以该工作组的主席尼尔命名。尼尔当时是芝加哥法学院的主任）。《尼尔报告》提出了集聚产业法案，它将导致集聚产业的有力行动。然而，事实上该法案从未成为法律。

中途独行

来到芝加哥大学近 30 年后，科斯评论说："没有这份期刊，我很可能不会来芝加哥。"（科斯，1993b，252）科斯直到 1982 年一直是《法律经济学学刊》的编辑。科斯到达芝加哥后不久，迪克特就退休了，科斯接任了他关于反托拉斯和价格理论的课程。[15]尽管科斯和迪克特风格不同、发表的论题有异，但是有一个共同的主题，这一主题的基本假设是"人们试图最大化，同时在最大化的尝试中事实上存在着竞争"（凯奇，1983a，204）。

尽管存在某些可见的共同特征，在一段时间里，科斯与芝加哥大学其他经济学家之间的关系还是产生了某种不安。在 20 世纪 70 年代期间，科斯所支持的方法论和其他经济学家尤其是斯蒂格勒所辩护的方法论之间的分歧非常明显。斯蒂格勒把工业组织和相关法律问题的研究设想成仅仅是基本价格理论的一种应用[16]（斯蒂格勒，1968）。科斯需要一种更粗略的框架，该框架将更关注资本主义制度中最重要的两项内容——市场和公司。[17]

源自芝加哥大学校园的几种传闻确认，这种方法论的分歧曲解了斯蒂格勒和科斯的关系，但是他们之间的相互尊重依然牢固。从斯蒂格勒在其回忆录中描写科斯的热情笔触和对科斯经济学贡献的肯定来看，这一点十分明显。当威廉·兰德斯得知斯蒂格勒的意外去世时，他回想起了科斯的崩溃。[18]

在 20 世纪 90 年代早期，关于方法论的讨论在科斯与波森纳之间继续展开。在 1993 年 3 月出刊的一期《制度和理论经济学学刊》（Journal of Intitu-tional and Theoretical Economics）中，这种讨论让人相当不愉快。这一点从科斯答复波森纳论文的开头部分便可看出。波森纳的论文比较了新制度经济学和法律经济学，同时也强烈批评了科斯对经济学方法论的态度。

> 读了波森纳的论文，我的第一反应是消遣。它让我想起艾利特小姐描述的阿尔弗雷德·马歇尔关于亨利·乔治的演讲。她说马歇尔让她想起一条蟒蛇，蟒蛇在吞掉它的牺牲品之前先用口水把它全弄湿。说这些时，我没想把波森纳和马歇尔等同起来，至少不会和任何种类的蛇。虽然我必须承认，当我更加细心地研究他的论文而不再消遣时，这种邪恶的想法确曾在我头脑中闪过……（我）表达了我的惊讶：记述着我的观点，波森纳没有纠缠着问我它们是什么。（科斯，1993a，96、98）

科斯进一步说明道："波森纳声明'我想回到亚当·斯密的比较早、比较简单、比较自由的非数学的理论。'这是事实的对立面，波森纳也提及我的'讨厌抽象'是错误的。"（科斯，1993a，96、97）

尽管科斯反对，但波森纳仍然坚持自己的观点。1993 年，他指出，科斯经济学最突出的地方是"他对经济学领域和方法论的概念的限制——从过去、现在到将来……［科斯］认为自亚当·斯密以来，经济学已经很大程度地浪费了两个世纪的时间，我们现在必须求助于大规模收集商业记录的研究"（波森纳，1993a，203）。在科斯反托拉斯课程涵盖的资料回忆中，本杰明·克莱因（Benjamin Klein）证实了波森纳的最后一点："他所做的是拷贝大部分段落并试图指出发生了什么。"（凯奇，1983a，192）波森纳进一步指出了对科斯的评论："他记录了英文的经济学惯例，这些惯例由斯密和马歇尔以及科斯的老师阿罗德·普兰特促成……科斯经历了经济学上数学方法的和统计方法运动，确实成为他蔑视的对象（波森纳，1993b，204-205）。"兰德斯申述了一个比较微妙的结论："这是对法律经济学的一种讽刺，对该学科的创立提供了开创性工作的人对它的发展毫无热情。"（兰德斯，1997，36）

产权发挥作用

科斯对法律经济学所作的众多贡献中，发表于 1960 年的关于社会成本问题的论文——斯蒂格勒从中推导出了著名的科斯定理——是目前最重要的文献。三十多年以后，科斯对此给予的注释是：

> 我想做的是改进经济系统运行的分析。法律进入论文是因为，在存在正交易成本制度下，法律的特征成为决定经济效果的主要因素之一。如果交易成本为零（假定在标准经济理论下），我们可以想象，每当产品的价值因其法律地位的变化而增加时，人们会按着法律订立契约。但是在存在正交易成本的制度下，只要交易成本比权力的重新分配带来的收益大，这种契约就不会发生。结果，个人拥有的权利通常是由法律规定的，这些权利在那些情况下可以说控制了经济运行（科斯，1993b，250-251）。

产权是指个人使用稀缺资源的权利，交易成本是指与产权的界定、实施和转让有关的成本。

理查德·爱泼斯坦——芝加哥法学院的一位教授，在其研究的早期阶段一直严厉批评科斯分析（爱泼斯坦，1973），三十多年后，他把法律经济学的大部分归纳为科斯在 1960 年的阐述：

由于正交易成本，法律经济学运动内分析的整个程序可以容易地总结为一、二、三。一是这样一种状态，单个所有者知道他自己的偏好，他的唯一任务就是分配资源使其满足最大化。二指的情况是，两个人必须仅彼此相互影响，并且因此必须采用讨价还价策略，这些策略允许他们通过交换他们最初的财产以最大化他们能控制的期望资源。现在，世界由于策略行为、控制和不对称信息而变得复杂。三是有三个游戏者的世界，在这里联合成为可能，而这种联合能够改变现有游戏者之间权利的平衡。超出三个，大量的交换、普通交易的组合、复杂联合确实强有力。法律的目的是形成一系列能够促进最可能近似于零交易成本世界的法规。（爱泼斯坦，1993，556）

科斯 1960 年的论文引发了大批有关产权的著作，阿尔钦和德姆塞茨是该领域的先驱研究人员。[19] 阿尔钦终生居住在加利福尼亚——他 1914 年出生于弗里斯诺（Fresno），1944 年获斯坦福大学的哲学博士学位，1947－1964 年间担任著名兰德公司的首席经济学家，从 1964 年起任加利福尼亚大学洛杉矶分校的教授。但作为经济学家，他尽量靠近芝加哥，因为不用实际上工作生活在那里就可以应付。[20]

德姆塞茨 1930 年出生于芝加哥。他在西北大学获得 MBA 和哲学博士学位（1959）。他先后在密歇根大学和加利福尼亚大学洛杉矶分校待了两年、三年，1963 年来到芝加哥大学，任教于法学院和商学院。八年后，德姆塞茨离开芝加哥大学前往加利福尼亚大学，成为该校胡佛研究中心的第一个高级研究员。1978 年，他加入了加利福尼亚大学洛杉矶分校的阿尔钦团队。

几乎与此同时，阿尔钦和德姆塞茨写了两篇有关产权的研讨论文。德姆塞茨阐述了产权的更为一般的理论。"当一项交易在市场中结束时，两束产权进行了交换。"论文的第一句话这样写道。然后，德姆塞茨就产权和外部性之间的联系进行了深度展开：

产权规定了人们如何收益和受损。因此，一个人应该向另一个支付成本以改变人们采取的行为。承认这一点容易导致产权和外部性之间的紧密关系。将不利或有利影响转化为外部性的是成本太高而不值得。成本是指把这种影响对相互作用的人们中的一个或多个的决定施压。"内部化"这种影响涉及一个过程，通常是产权的变化，能使这些影响（在更大程度上）与所有相互作用的人有关。产权的一种基本功能是引导取得更大程度的外部性内部化的动机。（德姆塞茨，1967，347－348）

德姆塞茨分析的下一步是把产权和外部性与交易成本联系起来："参与者之间权利交易的成本（内部化）必须超过内部化的收益。一般的，由于法律原因，交易成本相对于收益要大……当内部化的收益变得比内部化的成本大时，产权发展成内部化外部性。"（德姆塞茨，1967，348、350）

德姆塞茨在芝加哥的工作并非唯一地集中于产权研究。他也从事制度领域的广泛研究。在另一篇论文中，德姆塞茨与阿罗的主张进行了争论。阿罗认为在政府干预程度的研究中，自由市场经济倾向于投资不足。德姆塞茨认为，阿罗不现实的方法导致三个逻辑上的谬论——这山望着那山高、免费的午餐和人的异质性（德姆塞茨，1969，1－2）。这完全没有证据，德姆塞茨总结认为，顾及发明和研究，竞争性的系统将表现不佳。

德姆塞茨还广泛地分析了政治市场："选民统治权通过投票表达，而消费者统治权则通过美元投票表达。"（德姆塞茨，1982，69）然而，投票成本——也就是选民获悉消息的成本——会歪曲政治竞争比交易成本干预完全竞争更甚。政治党派最终把它们的存在理由归功于那些投票成本，就像公司把它们的存在理由归功于交易成本的存在。

知识产权经济学

科斯、阿尔钦和德姆塞茨促成的结果是，产权经济学成为芝加哥大学经济学家和法律学家们研究的主要领域，而迪克特是主要的灵感来源。[21] 波森纳和查尔斯·迈耶斯（Charles Meyers）开发了一个系统，用于转让各州之间的治水权。兰德斯和波森纳（1989）分析了商标法和应用于著作产权的知识产权法。弗里德曼、兰德斯和波森纳（1991）批判了传统的申请专利。

然而，在芝加哥大学，用经济观点来对专利系统进行研究还是以埃德蒙德·凯奇最为著名，他认为自己更多的是从律师角度来看法律经济学研究项目。[22]凯奇1939年出生于堪萨斯的维茨塔（Wichita）。他在1961年获得耶鲁大学的学士学位，又在1964年获得了芝加哥大学的法学博士学位。三十多年以后，凯奇指定迪克特和斯蒂格勒为芝加哥大学教师，他对他们产生了主要影响。[23]1965－1982年，凯奇一直是芝加哥大学法学院教工中的一员，此后他成为弗吉尼亚大学的一位法学教授。

凯奇分析并强烈批判了天然气市场（凯奇，1972）和芝加哥出租车市场［凯奇、艾萨克森（Isaacson）和卡斯帕（Kasper），1971］的规则。尽管他也进行了一些有关反托拉斯的研究（凯奇，1985），并有关于法律经济学一般发展情况的著述（凯奇，1983a、1983b），但他大部分的声誉来自于他在知识产权方面的工作——主要是专利、版权和商标。1990年，凯奇总结了他关于这些权利的基本见解：

> 它们是私人授权的微妙而复杂的制度。这些权利制度的存在能够使私人当事人一方忙于改革、著述和发展与消费者间的积极关系等方面的投资活动。（凯奇，1990，3）

在对专利制度的基本性贡献中，凯奇建议把他的预期理论作为后来被普遍接受的激励理论的替代（凯奇，1977、1983b、1990）。传统的激励理论可以追溯到科斯的老师阿罗德·普兰特的著作。他认为专利制度允许发明者从他们的投资中获得利润。20世纪50年代后期，哈佛大学的弗里兹、马克卢普（Fritz Machlup，1958）表示了对这种专利制度强大的垄断影响的担忧。凯奇向马克卢普的论文发出了挑战，他认为担忧产量降低的垄断影响总是被夸大。他的预期理论的基本特征是专利制度实际上能从用于技术创新的资源中增加产量。相反，凯奇主张承认广义专利。首先，这将给发明者发布更多信息的动力。其次，在广义的专利制度下，发明者能够更加有效地协调那些贯彻他们想法的人们的活动。

肯尼斯·戴姆（1994，266）随后也从事于专利制度的研究。戴姆主张："一项专利制度不仅要避免浪费的竞争研发，还应该避免侵占合乎社会需求的未来的研发。"戴姆认为，自1982年专门针对专利法律管理的联邦上诉法院的产生，美国当局在限制发明中创造的产权（专利要解决的问题）时所产生的三个次级经济问题上一直相当成功。这三个次级经济问题包括"垄断、寻租和禁止未来发明等问题"（戴姆，1994，249）。在相关研究中，戴姆考察了在软件、生物技术和互联网等新部门中著作权保护所涉及的相关制度问题。

丹尼斯·卡尔顿和丹尼尔·费舍尔开发了另一种与内部交易制度有关的产权理论的有趣应用。简言之，他们认为，很难恰当地对内部交易的法律反应为什么不同于对工资、奖金和休假等管理赔偿的其他形式的法律反应进行解释。

卡尔顿和费舍尔的分析强烈地体现着亨利·莫纳的内部交易的创业精神。莫纳1928年出生于新奥尔良，1952年在芝加哥法学院获得法学博士学位。他是作为芝加哥版法律经济学的传道者而离开芝加哥的。

莫纳先后在圣路易斯大学（1956－1962）、乔治·华盛顿大学（1962－1968）、罗彻斯特大学（1968－1974）、迈阿密大学（1974－1980）、埃默里大学（1980－1986）任教，最后在乔治·梅森大学（1986－1996）担任法学院院长。1996年，《国家法律杂志》报道，"尽管芝加哥大学是法律经济学的发源地，但是只在乔治·梅森大学普及了其全部课程"（克莱因，1996）。

莫纳1996年在乔治·梅森大学法学院院长岗位上退休，这时距他以内部交易方面的论文获得耶鲁大学哲学博士学位正好30年。莫纳论文的一个基本观点是流行的有关内部交易的负面分析总是错误的。公司控制市场存在的观点也是由莫纳而提起的，因这一概念而催生了大批著述。

反托拉斯的重大变化

"艾伦时代和我所处时代的区别在于经济学方面法学教授的兴趣不同。"科斯在放弃《法律经济学学刊》的编辑后评论说（凯奇，1983a，222）。科斯明确地列举了三个人：戴姆、凯奇和波森纳，"通过和在斯坦福的艾伦·迪克特联系，他开始步入正途，然后搬到了芝加哥。"（科斯，1993b，251）。斯蒂格勒在他的研讨报告中写道："最卓越的律师（优秀的经济学家）理查德·波森纳，几乎独立地创造了法律的经济学分析领域。"（斯蒂格勒，1988b，160）

里根总统 1981 年指派波森纳出任美国上诉法院（第七区）的法官。这一委派意味着波森纳必须离开莱克斯肯（Lexecon）。这是一家专门从事法律案件经济分析的非常成功的咨询公司，波森纳、兰德斯和他们从前的学生安德鲁·罗森菲尔德在 1977 年成立了这家公司，费舍尔和卡尔顿也在 1980 年加入了该公司。

波森纳 1939 年出生于纽约，是一位律师和一位教师的儿子。他无意间喜欢上了法律，因为"……某些其他方向上对他没有强烈的吸引力"。他在耶鲁大学（学士学位）和哈佛大学（1962 年获得了法学士）接受了法律方面的教育。1963－1968 年，波森纳担任联邦交易委员会的在职人员和联邦首席检察官，以及有关传播政策的总统专门小组的大律师。后来他在斯坦福大学法学院教书，这时他第一次见到了来学院访问的迪克特。使波森纳转变到自己的法律经济方法观点上只花费了迪克特短短的午餐开会时间，而波森纳开始时对此高度怀疑。[24]波森纳于 1969 年进入芝加哥大学法学院。

波森纳对规则（波森纳，1971、1974）和法律案例作出了首要贡献，他和他的合作者兰德斯认为，股本随着时间贬值是由于废弃（兰德斯和波森纳，1976）。1973 年，波森纳出版了他的第一版著作，它后来成为法律的经济分析方面的前沿教科书之一（波森纳，1992）。2002 年，《法律的经济分析》（Economic Analysis of Law）第六版出版。此时，波森纳已经成为传奇人物。20 世纪 80 年代中期，法学教授约翰·多诺霍声称："波森纳是 20 世纪最伟大的天才之一。"［塞考思（Ciccone），1999，266］。美国最高法院法官威廉·布伦南（William Brennan）也说波森纳是他遇到过的"唯一真正的天才"。兰德斯补充说："波森纳在 24 小时内能做的事情简直令人难以置信。他看上去不受时间约束。"[25]引文目录为他作为法律学者（夏皮罗，2000）

和法官的巨大影响提供了证据。

毫无疑问，美国反托拉斯法广泛涉及波森纳的研究。他高度怀疑非常粗略的《谢尔曼法》和一般的反托拉斯法。在为《华尔街日报》的《谢尔曼法》百年纪念专刊而写的投稿中，波森纳看到一个或多或少反托拉斯法的"正常"应用，直到阿罗德担任司法部长期间。

> 20 世纪 40 年代令人振奋的反托拉斯实施，那很好，但是他和他的后继者开始试图把反托拉斯用于不正当目的——获得不切实际的政治目标，例如恢复小生意人的国民地位，重新分配财富……反托拉斯诉讼经常……提出或者代表无效率的竞争者应对他们应当更加成功的竞争者。直到 1981 年联邦政府指派威廉·巴克斯特（William Baxter）担任反托拉斯部门的主任……反托拉斯执行才逐渐被削减。[26]

第一版出版后的第 25 年，波森纳的《反托拉斯法》（Antitrast Law）出版了第二版。[27] 波森纳再次强调："我的关于反托拉斯的思想始终具有艾伦·迪克特和后来的乔治·斯蒂格勒的印记（波森纳，2001a，xi）。现在，反托拉斯法是许多经济上合理的规则……是垄断的经济理论提供了反托拉斯法和政策的唯一合理基础。"（波森纳，2001a，viii，1、9、26）

正如波森纳所指出的，反托拉斯解释的重大变化发生在 20 世纪 80 年代。这一变化是芝加哥反托拉斯分析的胜利，而罗伯特·伯克对促成这次变化至关重要。对于 1927 年出生的伯克来讲，迪克特在芝加哥大学的课程正让人大开眼界。在年轻的时候，伯克声称自己是一个社会主义者，虽然他在余生一直保持反叛，但是他摆脱了社会主义。在芝加哥担任研究助理一年（1953－1954）以后，他作为反托拉斯专家转而深入研究公司法实践。但他在这里感受到了智力上的困难，因此被大量减薪并辞职前往耶鲁大学法学院。在耶鲁，伯克受到亚历山大·贝克尔（Alexander Bickell）的影响。亚历山大·贝克尔是宪法方面的专家，从贝克尔那里，伯克继承了克制主义和宪法措辞的文字解释的原理，奠定了其法律思想的基石。这把他引向了关于一些问题的有争议的观点，比如言论自由、学校祷告、堕胎、隐私和公民权利等。

1973 年，伯克的保守观点引起了尼克松总统的注意，总统指派他担任律政司的最高职位——首席政府律师。几个月后，他占据了第一线的重要位置——在尼克松总统的命令下，伯克扮演了"水门事件"[28]的特别检察官。1977 年，伯克重返耶鲁大学，但是在 1981 年，里根总统又委派他到哥伦比亚特区联邦上诉法庭任职。六年后，里根使他成为高级法院成员的候选人，从而导致了激烈的争论。自由主义的反伯克派胜利了，参议院以 58：42 的投票反对他。在后来的两本书中，伯克宣称他已成为自由政治迫害的牺牲者（伯克，1989）。伯克始终认为，现代自由主义或多或少是所有美国问题的根源。

作为学者，伯克以《反托拉斯悖论》（*The Antitrust Paradex*）一书最为闻名。在那本书里，他对所谓"反托拉斯悖论"给出了自己的总结：

> ……现代反托拉斯非常腐朽，以至于政策不再理智地值得尊敬。其中，一些不再像法律，大部分不再像经济学。大量的反托拉斯甚至不再像政治那样受人尊敬。在我看来，反托拉斯法律所遭受的理性腐朽的大部分应归因于自由主义和平等主义方式。（伯克，1978、1993，x）

引起反托拉斯思想这一重大变化的另一个因素很大程度上是因芝加哥大学引起的反托拉斯观点的崛起。在其关于反托拉斯的著作中，伯克列出了"反托拉斯学术著作新主体"的两个主要特征："第一个是坚持反托拉斯判决的唯一目标，法官必须记住的唯一考虑，是消费者福利的最大化……第二，与那时普通的相比，芝加哥人更加严厉地应用经济分析来检验法律的命题和了解商业行为对消费者福利的影响……结果，法院通常说经济语言而非流行的社会学和政治原理。"（伯克，1978、1993，427）

在详细讨论尤其是法官和法院应用反托拉斯立法方式变化的原因上，伯克评论说：

在法律方面最满意的发展之一一直是现在解决的公司规模和达到规模方法的方式。当然，通过内部成长、掠夺或者合并规模可以达到。该书主张内部成长产生的公司规模不应被反托拉斯侵害。当然，原因是通过内部成长大规模的取得，无论结果是垄断还是垄断竞争中的成员之一，都证明在市场持有的范围内的优势效率。（伯克，1978、1993，430）

尽管他仍然看到了围绕掠夺对象的明显"煽动"，但是就合并而言，伯克看上去非常满意："涉及企业集团合并的反托拉斯看起来已经无声无息地消失了。尽管政府对反对纵向合并的一些事项给出了指导方针，这些指导方针相当缓和……横向合并仍然是法律的对象，正如他们应该的。"（伯克，1978、1993，434）

法官仍是持争议的学者

多年以来，伯克越来越批评法律研究的经济学方法论倾向：

经济学应用到法律不久就超越了反托拉斯，因此更加广泛的法律经济学运动诞生了。该运动为理解法律规则在不同领域的效用作出了很大贡献，尽管这一运用也被那些认为经济学能够解释所有人类行为的人们过度应用。经济学——像科斯曾说的——是最有力的，当它处理能被美元计量的市场和价值问题时。随着经济学解释离真实的市场渐行渐远，它们渐渐失去了严密和解释功效，最后陷入了自嘲。　（伯克，1978、1993，xii）

伯克撰写了自己的评论文章："法官波森纳试图把经济学应用于更广的领域，与我们大部分所做的相比，我认为那行不通。"（Gibbons，1985）。确实，波森纳不断地推动法律经济的新领域。1994 年，他出版了《超越法律》（Overcoming Law），承认法律规则是"具有巨大价值的公共物品"。波森纳指出，法律的主要部分应该被超越，因为"它们是做作的、无知识的、偏见的和欺骗性的"，需要被更加"实用主义"改进（波森纳，1994，20－21）。根据波森纳的观点，现代"法律理论的三个关键"是："经济学、古典自由主义和实用主义"（波森纳，1994，viii）。

在《超越法律》出版后不久，波森纳出版了一本研讨对象完全不同的书——在《老龄化和老年》（Aging and old Age）在这部书中，他提出了老龄化进程的经济学分析，这一过程不受退休年龄的决定因素和退休期间消费融资等退休问题的限制。概述理论部分严重倾向于人力资本理论。波森纳发展了老龄化的实证经济理论，多重自我观察在其中起了关键作用："一个年轻和年老的自我的区别也许非常深奥，以至于两个自我有利地被看做两个人而非一个。"（波森纳，1995，8－9）。该书的最后一部分更加规范，因为波森纳探究了这些课题，比如安乐死、义务和受贿抚恤金、医疗分配研究和老年人的政治权利等。

波森纳在《老龄化和老年》一书中特别关注欺骗问题——老年正在欺骗青年人吗？关于老年一代和年轻一代间的关系，波森纳主张：

> 当今美国的老年人没有像他们曾经那样博得尊重和喜爱很可能是正确的……声望的失去是老一代美国人付出的代价，很可能大部分情况下是他们的情愿，因为戏剧增加了他们的事业兴旺和政治影响……人口统计学的变化……很大程度上增加了老年人口的相对规模和绝对规模。他们不是稀有的，因此受轻视。最重要的也许是社会变化，包括大众教育和正在增加的社会、经济和技术的快速变化——美国社会正在增加的物力论——已经把社会价值归纳为中老年的记忆、智慧和阅历……当中老年不太富有的时候，他们有更多的尊重。当他们比较富有时，对他们的尊重就下降，以此来保持相等。（波森纳，1995，360）

波森纳得出了这样的结论：由中老年人引起的融资上升的成本"造成了政策困境，因为年轻人将反抗被强制，不是税金就是为福利等级而强制储蓄来付款，而这福利等级是他们的老人自己要求的或者当前老年人正在要求的。多重自我观察分析没有为解决这一困境的办法指明方向，相反，它表明为什么将很难想出一种方法"（波森纳，1995，362）。

波森纳所做的另一个有意思的研究是处理共同体、财富和平等——特别的，正在增加的收入不平等可能产生的政治后果。以理论、历史和经验上的证据为基础，波森纳推断："……是收入的水平而非收入平等，对政治共同体的维持很重要。"（波森纳，1997a，1）

尽管那些更加传统的经济学家喜欢游学，波森纳依然是法律经济学第一人。当1995年在英国作克莱顿法律演讲时，波森纳公开号召英国人把经济方法更普遍地应用于普通法律。

像加里·贝克尔一样，波森纳也用经济的观点研究社会规范——尤其是它们和法律的关系（波森纳，1997b）。在20世纪末期，波森纳深深地卷入了微软反托拉斯案件之中，并对比尔·克林顿总统的弹劾程序发表了自己的评论。波森纳震惊于该领域之外的学术著作对这些问题的低劣评论，而努力发展一种解释这一衰退的经济理论。

暴力分子

波森纳在扩展法律经济学的范围上无疑是关键的，该方法在反托拉斯领域实际上也是最成功的。虽然迪克特、科斯、塞尔、麦吉、伯克等为反托拉斯分析作出了基础性的贡献，但芝加哥大学的其他几位经济学家也在该领域出类拔萃，这其中当然包括著名的斯蒂格勒。

芝加哥反托拉斯领域的其他重要参与者是弗兰克·埃斯特布鲁克、丹尼尔·费舍尔、威廉·兰德斯和丹尼斯·卡尔顿等。当1984年里根总统指派埃斯特布鲁克到美国第七区上诉法院任职时，这位芝加哥学者成为近一个世纪前威廉·霍华德·塔夫脱（William Howard Taft）以来最年轻的联邦法官。埃斯特布鲁克以具有"强烈的智力进取精神"而被描述为"最卓越的律师"（Marcus，1988），他承认自己"一般被视为其他类型的暴力分子"。[29]

埃斯特布鲁克1948年生于纽约，1970年在斯沃斯莫尔大学（Swartbmore College）获得学士学位，1973年在芝加哥大学获得法学博士学位。他在1974—

1977 年间担任美国首席政府律师助理，后来成为美国首席政府律师的代表。1979 年起，他开始在芝加哥大学任教。自 1985 年，埃斯特布鲁克把一部分时间分配给了美国上诉法院，同时在芝加哥大学法学院授课，并在 Lexecon 兼任法律咨询。

在芝加哥大学法学院，埃斯特布鲁克和波森纳一起共事。1980 年，他与波森纳合作出版了《反托拉斯：案例、注释和其他资料》（Antitrast: Cases, Notes and Other Materials）的第一版，1995 年，该书出版了第三版。几年之后，埃斯特布鲁克关于反托拉斯中参考了芝加哥思想作为实践反托拉斯的政策标准，同时他把最基本的特征描述为区分效率和非效率实践的需要（埃斯特布鲁克，1984、1986b）。在关于反托拉斯限制的著作中，埃斯特布鲁克总结道：

反托拉斯是有代价的。法官根据危机关头实践影响的不完全信息来行事。行为和信息的成本是限制了反托拉斯……反托拉斯是维持竞争的不完美工具。不完美是因为我们难以知晓维持竞争的适当数量，因为不论是法官还是陪审团尤其擅长处理复杂的经济纠纷，因为原告对遏制而非促进竞争更感兴趣。（埃斯特布鲁克，1984，4，43）

与芝加哥法学院的同事丹尼尔·费舍尔一起，埃斯特布鲁克分析了反托拉斯案件，该案件由已经成为投标报价标的公司管理实施。他们总结认为，通常这样的投标，由于不会对消费者或者竞争环境有害，因此，对其当前管理而处于动摇中。这一份以一篇一年前发表的经过激烈讨论过的论文为附件。在 1981 年发表的这篇论文中，他们争论说对投标报价的管理抵制几乎总是对股东不利（埃斯特布鲁克和费舍尔，1981）。这些论文是埃斯特布鲁克和费舍尔在公司法方面比较满意的合作的开端。这一工作以 1991 年《公司法的经济结构》（The Ecomomic Structure of Corporate Law）的出版而告终。该书详细分析了现代经济实践中的一些主要问题，诸如有限责任、股东投票、公司控制、内部交易和证券法等。

费舍尔于 1981 年加入芝加哥大学法学院，并于 1984 年成为法律经济学项目主任。1999 年，他接替道格拉斯·贝尔德担任法学院院长。费舍尔在 20 世纪 80 年代中叶给法学院注入了新的血液。

费舍尔生于 1950 年，他 1972 年在康奈尔大学获得学士学位，两年后在布朗大学获得美国历史的硕士学位。在 1977 年获得芝加哥大学的法学博士学位后，费舍尔作为法律职员为几个法院和私法实践工作。在西北大学法学院工作了一年以后，他于 1981 年回到了芝加哥大学法学院。

费舍尔的工作常常成为芝加哥派法律经济学争议倾向的主要例子。除了激烈的争论和研究，他和埃斯特布鲁克出版了《公司法的经济结构》。

法人犯罪刑事责任是费舍尔及其芝加哥同事阿兰·塞克斯的论文题目。他们认为，法人不应因其雇员的犯罪行为而被起诉，因为"……民事责任制度更适用计算组织中被告的适当罚款和刑罚。法人犯罪刑事责任在某种环境下经常被大量地给予基本民事、刑事责任，在那种环境里，没有理由相信民事、刑事责任会单独产生适当的威慑。结果是事前威慑过度以及事后诉讼资源的过度投资"。（费舍尔和塞克斯，1996，321）

随着 1995 年《偿付》（Pay back）的出版，费舍尔达到了争论的空前高点。该书是为迈克尔·麦肯（Michael Milken）所作的辩护，他是 20 世纪 80 年代的"垃圾债券王"。[30] 在 Lexcon 公司任职期间，费舍尔作为法律顾问，为麦肯和他的公司工作。《华盛顿邮报》关于《偿付》的观点的开场白这样写道："一些人相信 UFO，一些人相信牙仙。该书的作者相信'垃圾债券王'迈克尔·麦肯的无知。"

费舍尔认为四个利益集团的联合——具有政治野心的检察官、旧的金融体制、流行媒体、议会管理者——他们玩了一场下流的游戏，导致了麦肯的垮台。[31] 费舍尔驳回了麦肯和其他垃圾债券王导致美国存贷款业灾难的诉讼。

费舍尔从麦肯案例中得出的关键教训是：我们需要"预防政府对权力的武断行使，以反对那些由于威胁经济制度而不受欢迎的人们。我们尤其需要怀疑贪婪的花言巧语。强大的利益集团和它们在政府的同盟者运用贪婪的辞

令来败坏和腐蚀其他人的成功"。（费舍尔，1995，303－304）

除了埃斯特布鲁克和费舍尔之外，兰德斯和卡尔顿也对反托拉斯研究作出了重要贡献。兰德斯对反托拉斯的经济分析作出了两项重要贡献。他和波森纳在1981年发表了一篇关于解决市场力量和反托拉斯案例问题的论文（兰德斯和波森纳，1981）。两年后，兰德斯试图发展决定违反反托拉斯最适合约束力的规则（兰德斯，1983）。

兰德斯1939年生于纽约市。他开始学习音乐艺术并选择了高等学校的艺术专业，后来到了哥伦比亚大学，并被迅速地"贝克尔化"了。在那里，他度过了被贝克尔化的愉悦经历。兰德斯自己说，在哥伦比亚大学，贝克尔关于人力资本的课程实际上标志着他作为经济学家训练的开始（兰德斯，1997，32）。很多年以后，兰德斯仍然坚信"加里·贝克尔和他教授经济学的方式真正地完全改变了自己"。[32] 在贝克尔的指导下，兰德斯完成了哲学博士论文，分析了公平雇佣法律是否改善了美国非白种人的经济状况——他的答案倾向于"不"（兰德斯，1968）。在斯坦福大学度过很短一段时间后，兰德斯在芝加哥大学经济学系担任了三年的助理教授，之后他回到哥伦比亚大学和位于纽约的国家经济研究局。1973年，他重新加入芝加哥大学，不过这次是法学院而不是经济学系或商学院。

兰德斯的重要贡献之一是他对法院财产转让的调查，这是一种清晰地带有贝克尔关于犯罪工作痕迹的分析。他的分析的有趣的结论是，尽管90%的犯罪案件以认罪辩诉协议结束，因而不去审判，由此，认罪辩诉协议使犯罪分子作为一个集团比以前更贫困，因为与有效率的审判占主导地位的情形相比，这一惯例把资源和时间配置在追捕更多的犯罪分子上了。1975年，兰德斯和波森纳两人合作发表了第一篇论文。在这篇论文中，他们主要研究了两个问题：第一，利益集团及其行动如何影响法官的独立性（兰德斯和波森纳，1975a）；第二，详尽说明贝克尔和斯蒂格勒对司法执行的分析（兰德斯和波森纳，1976b）。

卡尔顿是贝克尔《现代工业组织》（*Modern Industrial Organisation*）一书的合作者，他也承认贝克尔对他自己学习和工作的影响。《现代工业组织》

是一本有关工业组织方面的广泛使用的教科书〔卡尔顿和佩罗夫（Perloff），1989〕。在他们关于反托拉斯问题更加专业的研究中，卡尔顿集中于这样的课题，诸如耐用品市场的市场力量、大学学费的定价以及关于信用卡网络的反托拉斯经济学分析等。[33]

其他家伙

然而，并非在芝加哥大学法律经济学领域工作的所有学者都专注于反托拉斯问题的研究。这方面一些较为典型的经济学家包括：理查德·爱泼斯坦、道格拉斯·贝尔德、兰德尔·皮克和艾伦·塞克斯。

爱泼斯坦 1943 年出生于纽约的布鲁克林，1964 年毕业于哥伦比亚大学。之后他在牛津大学度过了两年时间，然后于 1968 年继续在耶鲁大学法学院学习并获得法学博士学位。在南加利福尼亚大学工作几年后，他于 1972 年加入了芝加哥大学法学院。爱泼斯坦的第一部著作《获取》（*Taking*, 1985）出版后，立刻把他置于美国智力阶层具有争议的立场。[34] 在出版了《禁止的观点：应对雇佣歧视法的案例》　　（*Forbidden Ground: The Case Against Employment Discrimination Laws*）后，他仍坚守在那里。

在《禁止的观点》中，爱泼斯坦（1992）全神贯注于"反歧视法产生的经济和社会结果"的研究。尽管他也涉及性、年龄和残疾歧视，但他根本上集中于种族歧视——特别是在 1964 年的《民权法》实施后。[35] 爱泼斯坦承认，由"总是可憎的种族关系的格局"引起的联邦政府行为，他总结道，接踵而至的反歧视法律的整个系列使所有人最终更加贫穷——包括那些命运应该改善的人们。并且，"反歧视法不能满足任何正规平等的情况，因为当其他的被禁止时，歧视的一些形式是允许的"。爱泼斯坦认为，"现代民权法律是威胁我们所有政治自由和知识自由的新帝国主义形式"。这些结论引起了全国性的抗议。[36] 爱泼斯坦在反歧视法中的位置和作用几乎与安东尼·斯卡里亚（Antonin Scalia）完全一致，而后者曾是现代美国著名的民事法学者。

1997 年，当爱泼斯坦发表了一份关于美国保健事业体系的分析报告时，又引起了争论。爱泼斯坦相信健康政策讨论的焦点是，在国家有限资源的前提下，什么能够提供给大多数人。爱泼斯坦认为，"稀缺不是一个人为假设……那是社会秩序的一切制度必须面对的不可避免的限制——在它面对它们之前"（爱泼斯坦，1997，xi）。

爱泼斯坦驳斥了肯尼斯·阿罗在保健事业供给方面市场失灵的观点（1963）。相反，爱泼斯坦强调"政府失灵"的相关问题，诸如"加重信息、不确定性和垄断问题"等。他把政府干预机制看做"一系列无休止的隐性补贴、逆向激励"（爱泼斯坦，1997）。爱泼斯坦提倡保健事业的管制型供给，因为长期来看，这种供给机制能够保证更多人更大机会得到高质量的医疗保健。爱泼斯坦作出重大贡献的其他研究领域是产品质量和"黑市问题"（爱泼斯坦，1988、1994）。

另外两个"其他家伙"是贝尔德和皮克，他们与罗伯特·乔特合著了《博弈论和法律》（Game Theory and the Law）一书。在《博弈论和法律》中，他们把博弈理论的分析工具应用于法律问题的研究。

贝尔德1953年出生，1975年获得耶鲁大学的英语专业学士学位，四年后毕业于斯坦福大学，并获法学博士学位。1980年，他开始在芝加哥大学法学院就职。1984－1987年间担任副院长，1994年接替杰弗里·斯通（Geoffrey Stone）担任法学院的第十任院长。贝尔德也担任法律经济学项目的主任，然而，他告诫不要把经济学方法看做法律学问的唯一形式："如果你把法律经济学放在首位，例如，你可以把它用于某一范围，但是它不是学科背后的驱动力。"[37] 贝尔德研究的主要领域是破产法（贝尔德，1992）。

皮克出生于1959年，他被视为芝加哥学派法律经济学的真正代表。他在芝加哥经济学系获得经济学学士学位和硕士学位之后转入法学院，1985年在那里获得了法学博士。在为波森纳做了一年的职员之后，皮克加入了西德利—奥斯汀的芝加哥事务所。1989年，他重返芝加哥大学法学院。

塞克斯是"其他家伙"中的第四个，他是首先把经济分析应用于国际法领域研究的学者。塞克斯生于1954年，拥有两个博士学位。[38] 他1982年毕业于耶鲁大学法学院并获法学博士学位，五年后又获得了耶鲁大学经济学博士学位。在成为芝加哥大学法学院教员之前，塞克斯在宾夕法尼亚州立大学法学院授课。塞克斯主张，"芝加哥的一般方法为考虑法律问题提供了主要纲领。基本因素包括人们对激励反复地作出反应，经济学很多时候和很多情况下都在讲述激励和如何分析这种激励的机制与作用"[39]。

关于移民法的福利经济学的分析是塞克斯研究的代表性部分，他把移民法看成是保护主义的一种形式，能够减少国内工人在劳动力市场中必须面临的竞争程度（塞克斯，1992）。在国际贸易法领域也能够发现塞克斯的重要贡献。他广泛而深入地研究了反倾销税、单方制裁以及关税贸易总协定（GAAT）协议中的例外条款机制等（塞克斯，1989、1991）。

对于美国和欧盟之间发生的关于以生长激素应对牛肉的争论，塞克斯阐述了有关保护主义的内涵："……任何成本劣势通过制度上的政策强加给外国公司，这些政策歧视他们并在某种程度上损害他们的利益，而该种程度对于达到一些名副其实的、非保护主义者制度上的目标是不必要的。"（塞克斯，1999，3）

当同时允许某些明显的保护主义类型诸如关税、补贴和配额时，世界贸易组织关于禁止性保护主义怎么解释呢？对此，塞克斯表明：

> 大部分情况下，保护主义导致附加的税负损失，但这种损失与其他类型的保护工具诸如关税、补贴和配额等相比颇为低效。因此，WTO所表明的保护主义对于机智的政府官员来说，实际上并没有实质性诱惑力，他们在可替代的保护工具中选择是不付代价的……政治行动者的自利性要求一种由财产到良好结构的利益集团的低效转换……而使低效转换尽可能有效往往是最好的一直机制设计。因此，多边贸易协议强烈禁止保护主义便不足为奇。

内部争论

法律经济学没有逃离芝加哥传统的基本特征之一——持续推进问题讨论和接受武断性意见。迪克特驳斥李维特的反托拉斯分析方式是一个较早的例子。另一个典型的例子是 20 世纪 90 年代早期，波森纳和科斯之间关于地产和经济学的方法论作为一门科学的讨论。

直到生命终了时，斯蒂格勒才说出了自己与波森纳的普通法总是寻求经济效率的观点的不一致性。斯蒂格勒主张"控制（管辖）利益集团产生并保持能够为他们更好服务的普通法原理"（斯蒂格勒，1992，460）。他将其总结为："试图解释经济生活的学科和试图通过调节人类行为的所有方面以获得公平的学科之间的区别是深奥的。这一区别意味着，大体来看，经济学家和律师生活在不同的世界并操着不同的语言。"（斯蒂格勒，1992）。

关于法律经济学的实质和未来的基本讨论不仅仅是芝加哥大学法学家和经济学家们争论的要点。凯斯·桑斯坦是芝加哥法学院的学者，就其本身而言，他也对法律的经济学方法持有强烈的异议。

桑斯坦 1954 年出生于塞勒姆（Salem），他接受的完全是哈佛教育，并于 1978 年在那里获得了法学博士。三年后，他作为宪政制度的学者来到了芝加哥大学法学院。在《自由市场和社会公平》（Free Markets and social Jwstice）一书中，他承认自由市场是"经济产量的引擎"，但质疑自由市场作为社会公平的要求（桑斯坦，1997，3）。他认为自由市场不仅"能产生大量的不公平"，而且也能"急剧地限制自由"（桑斯坦，1997）。

桑斯坦从五个关键要点发展了他的观点：

第一，"自由放任的神话"——自由市场应该被理解为一个法学概念……而不是自然的一部分（桑斯坦，1997，5）。

第二，偏好不应该被认为是一个假定的事实："社会规范是行为的重要决定因素，他们已经很少引起那些对自由市场感兴趣的人的注意。"当然，法学家不应同意现存偏好应该毫无疑问地被接受的主张："不公平的制度能够引起产生个体和集体危害的偏好"。因此，法律能够（也应该）引导偏好。

第三，"经济学家和经济型的法律分析者有时认为他们能从流行选择、大规模或者智力的利益中得到人们如何评价各种商品"。有关这种选择性假设实际上是错误的。

第四，对有关人类理性原理的分析和研究表明，"……人们的选择和判断与传统经济学家预言的完全不同"。[40]

第五，法律应该是关于收入和资源的公平分配的制度安排。

在《自由市场和社会公平》出版两年后，桑斯坦又出版了《权利的成本》（The Cost of Rights），他在这本书中强调，对自由的保护与强大的民主政府之间息息相关，政府为了能够编撰、保护和执行财产、言论和宗教等权利必须收税（霍姆斯、桑斯坦，1999）。

虽然桑斯坦没有把他的论点以相应方式提出，但他分析的大部分可以视为对爱泼斯坦《复杂世界的简单规则》（Simple Rules for a Complex World）一书的回复。爱泼斯坦的这部著作比桑斯坦的《自由市场和社会公平》早两年出版。此书的基本信息是："……每一个新的法律难题都应该通过改善社会资源的分配来使自己得到解决。然而，今天的法律正好相反：它制定了更加复杂的规则，这些规则阻碍它们所管理的社会的生产效率。"爱泼斯坦识别的简单规则是，"个人自治，第一占有权，自愿交换，控制掠夺，必要情况下的有限特权和私人产权收入的公平补偿，勉强同意平头税框架内的重新分配"等（爱泼斯坦，1995，307）。

成长的新成员

21世纪初，法律经济学研究在芝加哥大学法学院非常有活力，几个年轻学者变得引人注目。[41]这些新成员中最显著的名字是：埃里克·波森纳——理查德·波森纳的儿子。

埃里克·波森纳1965年生于芝加哥，1988年在耶鲁大学获得哲学硕士学位，三年后在哈佛大学获得法学博士学位。在做了一年的法律职员后，他又在美国律政司担任代理人顾问，并于1993年加入了宾夕法尼亚大学法学院。1998年，他成为芝加哥大学法学院的一名法学教授。"最吸引我的是这里法律经济学项目的卓越。"[42]埃里克曾经这样评述芝加哥大学法律经济学。

埃里克专注于合同法、破产法和法律与社会标准的互动问题的研究。在最后一个问题上，他已经写了一本书，试图回答关于人们为何遵循社会标准和在一个社会标准起更大作用的社会中法律的角色是什么的问题（波森纳，2000）。

其他成长中的新成员是：丽莎·伯恩斯坦（Lisa Bernstein）、索尔·雷莫（Saul Levmore）、道格拉斯·李奇曼（Douglas Lichtman）、乔治·特恩斯（George Triantis）和戴维·魏斯曼（David Weisman）等。

伯恩斯坦拥有芝加哥大学的经济学学位，又在 1991 年获得了哈佛大学的法学博士学位。1998 年加入芝加哥法学院之前，她在波士顿大学和乔治敦大学授课。伯恩斯坦专攻私人商法领域。

雷莫在耶鲁大学学习法律经济学，并获得了哥伦比亚大学的经济学博士学位。他也是在 1998 年加入芝加哥大学法学院的。自 1980 年起，他一直在弗吉尼亚大学法学院教书，但也频繁地访问耶鲁、哈佛、芝加哥和其他大学。雷莫的研究集中在法人税、商法和公共选择领域。

李奇曼 1994 年获得杜克大学电子工程和计算机科学学位。1997 年，他完成了耶鲁大学法学院的博士学位。一年以后，他搬到芝加哥并成为芝加哥大学法学院的教授。他的主要研究领域是关于技术对法律制度的影响。

特恩斯获得斯坦福大学的法学博士，并在多伦多大学（1989－1994）和弗吉尼亚大学（1994－1997）任教。他感兴趣的主要领域是合同、商法和债权债务关系领域。

魏斯曼 1985 年获得密歇根大学数学专业学士学位，1989 年获得哈佛大学法学博士学位。1996 年，他加入了乔治敦大学法律中心。两年后，转入芝加哥大学法学院。他专注于联邦税收的研究。

关于芝加哥大学法律经济学领域最后的评论：法学院、经济学系和商学院（洛杉矶加利福尼亚大学）之间的互动当然在最近几年减少了。兰德斯可以说是这一进展的有幸观察者。他的解释表明了造成这种变化的三个因素："首先，像罗纳德·科斯和乔治·斯蒂格勒这样的人物的消失，而他们对于法学家和经济学家的联系非常重要。其次，现在有很多接受了良好经济学训练的法律学者，他们中的许多有多个学位。再次，看上去日益增长的技术经济学学位。有时一个人会获得这种印象——技术经济学已经成为应用数学。"[43]

戴姆给予的补充解释是："我越来越感觉法律人士与经济学家相比更接近现实。经济学的公式化经常是不写报告和论文的借口，只是重复这一明显特征。"[44]

尽管如此，费舍尔被任命为芝加哥法学院院长后作了简短的评论，与以前相比，他对法学院在法律经济学发展中保持领先位置更有信心。[45]

　　尽管有时受到激烈的反对，但法学院在彻底检查经济学分析的情况下成功地引领着法律的各个方面。与经济学家度过中途的合作不像过去那样深入，这确实是真实的。但是，我看到了又一次正在改变的迹象。法律经济学的未来相当光明，尽管芝加哥不能期待像过去 30 年那样有效率地支配学科的未来。不过，也许它作为公共选择的创建之父，已经确定地赢得了永恒的声誉，公共选择是 20 世纪后半期社会科学中最成功的两个研究项目之一。（费舍尔，1998，485）

注　释：

〔1〕关于解决刺激引发法律推理的典型例子，参见弗罗因德（Frenid，1912）。

〔2〕对于这些断言的反驳可参考布隆迪（1958）和弗里德曼（1953）的《积极经济学的方法论》（The Methodology in Positive Economics）。

〔3〕关于这一主题，可以查阅波森纳的著作（1981）。

〔4〕参见作者 1996 年 11 月 1 日对米尔顿·弗里德曼的采访。

〔5〕爱德华·李维特称赞卡茨是法权教育的改革者，参见莱维（1977）。

〔6〕在 1990 年，W. 沃克基金会发起成立了一个社会思想委员会，正是这个基金会赞助弗里德里希·哈耶克进入芝加哥大学深造的。

〔7〕艾伦·迪克特为数不多的文章中，仅有一篇是与爱德华·李维特写作的。参见

迪克特和李维特（1956）。

〔8〕在 1994 年 12 月 19 日的《芝加哥大学新闻》上，芝加哥理事会主席霍华德·克里评论说："沃特（布罗姆）对于我们大学来说不仅仅是个法学教授。"

〔9〕著名的凯恩斯主义宏观经济学家、肯迪尼经济顾问委员会主席阿瑟·奥肯在 1975 年说明了这一点。参考 1976 年布罗姆的反驳观点。参见布罗姆（1976）。

〔10〕参见作者 1997 年 10 月 10 日对李斯特·塞尔的采访。

〔11〕这意味着，在那段时间内，芝加哥学派对于工业组织、垄断、反托拉斯等的看法很大程度上与哈佛学派观点一致。关于哈佛学派的观点，参见默萨（1939）和卡森（1959）。

〔12〕例如，参见伯克（1954）。

〔13〕例如，参见鲍尔曼（1952）和塞尔（1960）。

〔14〕耶尔·布隆尊是芝加哥学派直言不讳的捍卫者。

〔15〕威廉·兰德斯回忆说，罗纳德·科斯最后对反托拉斯感到厌倦，因为当价格上升时，法官说他是垄断；当价格下降时，他们说那是掠夺价格；当价格保持不变时，他们认为是心照不宣的勾结。参见凯奇（1930a）。

〔16〕在这个问题上，可参见威廉姆森（1983）。

〔17〕因此，卡尔·布鲁诺（Kiark Brunner）称罗纳德·科斯是"新制度经济学派的鼻祖"。参见布鲁诺（1992）。科斯本人的观点可参照他的诺贝尔奖获奖演说（科斯，1997）。其他的新制度经济学派的重要成员，包括道格拉斯·诺思、奥利弗·威廉姆森和本杰明·克莱恩等。

〔18〕就像 2000 年 6 月 5 日威廉·兰德斯在接受作者采访时所证实的那样。

〔19〕但是，科斯、阿尔钦和德姆塞茨他们不是最先发展产权问题的经济学家。亚当·斯密、卡尔·马克思和弗兰克·赖特在他们的作品中已经很清楚地认识到了产权的重要性。澳大利亚经济学家像卡尔·门格尔（Carl Menger）和路德维奇·冯·密瑟斯（Ludwig ron Mises）也涉及了这个议题。参见第五章。

〔20〕必须注意的是，加里·贝克尔不仅直率地承认阿尔钦对他经济理论研究的贡献（贝克尔，1971），而且还指出阿尔钦启发了他在犯罪与惩罚方面的深度研究。

〔21〕约翰·麦吉关于专利的文章，以"那些知道艾伦·迪克特主管的人能更好认识到这篇文章应归功于他"的陈述开始。（麦吉，1966）

〔22〕参见作者 1997 年 9 月 24 日对埃德蒙德·凯奇的采访。

〔23〕同上。

〔24〕参见作者 1998 年 3 月 10 日对威廉·兰德斯的采访。

〔25〕参见作者 2000 年 6 月 5 日对威廉·兰德斯的采访。

〔26〕R. 波森纳：《100 年的反垄断》，《华尔街日报》1990 年 5 月 29 日。

〔27〕第一个版本的全名是《反垄断：一个经济观点》。在 2001 年的版本中，这个标题的第二部分被省去，因为其他的观点自 1976 年以来已大部分消失。参见波森纳（2001）。

〔28〕关于这个戏剧性的插曲，鲍克的两个上级因为著名的"星期六裁员"而拒绝执行尼克松总统的命令。参见 D. 罗斯克福（D. Russakoff）和 A. 凯曼（A. Kamen；1987）。

〔29〕《芝加哥编年史》，1984 年 11 月 15 日。

〔30〕参见 1995 年 9 月 10 日的《华盛顿邮报》。

〔31〕费舍尔文件以及他的声明，美国国会参议员安东尼·鲁道尔·朱利安尼操纵了麦肯案件，以促进自己的政治事业。不久以后，朱利安尼成为纽约市市长。

〔32〕参见作者 1998 年 3 月 10 日对威廉·兰德斯的采访。

〔33〕关于这份研究报告，请参见卡尔顿在 GSB 的个人网站。

〔34〕根据一些评论家的评论，这本书披露了关于爱波斯坦被任命为美国最高法院法官的极具争议的情形。

〔35〕爱波斯坦在《禁止的观点》（Forbidde Grounds）出版之前就论述过公民权利，这导致其与芝加哥经济学家詹姆斯·霍克曼发生了一场尖锐的争论。参见霍克曼 1990。

〔36〕关于反面观点的一个典型案例是：1992 年 5 月 31 日《芝加哥论坛报》发表克拉伦斯·培格（Claren Page）的论文。另一位平衡的审查，则由弗吉尼亚大学的一个法律系老师卡尔文·伍德沃德（Calvin Woodward）1992 年 5 月 10 日在《纽约时报书评》上发表的。具有讽刺意义的是，来自胡佛学会的一位黑人学者托马斯·斯威尔（Thomas Sowell）1992 年 4 月 30 日在《福布斯》发表了评论。

〔37〕道格拉斯·贝尔德 1997 年 3 月 12 日在《国际法律评论》中的引用。

〔38〕例如，参见皮克（1993）。

〔39〕参见作者 1997 年 3 月 12 日对阿兰·塞克斯的采访。

〔40〕很显然，桑斯坦在这里涉及了理查德·塞勒的有关工作。1998 年，桑斯坦、塞勒与哈佛大学的克里斯蒂恩·琼斯（Christine Julls）共同发有了一篇关于法律和经济学的论文。在这篇论文中，他们把自己的思想从新古典经济学的标准假设（也就是所谓"经常性错误"）中区分出来。参见 1998 年 5 月 9 日的桑斯坦、塞勒和琼斯的论文。

〔41〕一个关于芝加哥大学法律经济学在新方向上的研究的普遍调查,参见塞克斯（2002）。

〔42〕参见作者 2006 年 6 月 5 日对埃里克·波森纳的采访。

〔43〕参见作者 1998 年 3 月 10 日对威廉·兰德斯的采访。

〔44〕参见作者 1998 年 11 月 30 日对肯尼斯·戴姆的采访。

〔45〕参见作者 1998 年 12 月 4 日对丹尼尔·费舍尔的采访。

第九章

芝加哥和政治学：罕见的类型

1982 年，乔治·斯蒂格勒获得了诺贝尔经济学奖。当时，罗纳德·里根政府正在努力克服美国经济的严重衰退，并争取公众对供给经济学政策项目的支持。斯蒂格勒被邀请到白宫，因为他们坚信来自芝加哥大学的经济学家会帮着摆脱坚定支持自由市场管理的困境。然而，相当程度上来说，这次公共关系的运用，对里根政府是事与愿违。在华盛顿记者团面前，斯蒂格勒谈论了处于"萧条"中的经济，把供给经济学项目称作介于"噱头和标语"之间的东西。[1]这段经历是芝加哥大学经济学家、政治世界和公共政策之间忧虑关系的共同特征。然而，许多芝加哥经济学家——除斯蒂格勒之外，名单上还包括：西奥多·云特马、罗纳德·科斯、米尔顿·弗里德曼、默顿·米勒、萨姆·佩尔兹曼、罗伯特·阿利伯、罗伯特·维什尼、阿尼尔·卡什亚普、兰德尔·克罗茨勒、托马斯·菲利普森和卢格曼·拉詹等，他们已经在一至多个政府组织上花了一些时间。甚至詹姆斯·劳夫林也积极地投入到使联邦储备制度具体化的工作中，雅格布·维纳和查尔斯·哈迪也在"大萧条"期间为美国财政部工作。

大部分芝加哥经济学家对政府工作的参与已经具备两个特征。第一，当经济学家年轻时，如科斯、迪克特、弗里德曼和斯蒂格勒等，在第二次世界大战的特定环境下，这些纠纷经常发生。第二，也是更重要的，这些人中没有谁看起来已经有雄心要离开大学生活而把他们的精力集中于政治生涯，而只有乔治·舒尔茨和保罗·道格拉斯两个芝加哥经济学家离开大学走上辉煌的政治生涯。这两个特别者的个人的生涯似乎被颠倒了。尽管两人从事政治学和经济学，但舒尔茨的永久贡献更多在政治舞台，而道格拉斯则更多在经济学舞台。除了舒尔茨和道格拉斯之外，其他几位芝加哥经济学家对政府也起了颇具影响力的作用，包括肯尼斯·戴姆、阿瑟·拉弗、弗里德里希·哈耶克、贝尔特·霍斯列兹（Bert Hoselitz）、阿诺德·哈伯格和拉里·斯吉斯坦等。

"资深但不年迈"

乔治·舒尔茨1920年出生于曼哈顿商业区和住宅区的中间地段。"在20世纪30年代的大萧条时期，当还是个孩子的时候，我被经济学和我所认为的经济的真实一面吸引了。"他在半个多世纪后回忆道（舒尔茨，1993，25）。1942年，舒尔茨毕业于普林斯顿大学，获经济学学士学位。日本袭击珍珠港后不久，他参加了美国海军陆战队，他在那里一直待到1945年。

战争过后，舒尔茨在麻省理工学院继续研究生学习。在那里，对他最有影响的老师是保罗·萨缪尔森和哈罗德·弗里曼（Harold Freeman），后者被他认为是"一位非同寻常的统计学老师"（舒尔茨，1993，27）。1949年，他在麻省理工学院获得工业经济学博士学位，专长是劳动力经济学。他在麻省理工学院执教直到1957年，而后被瓦利斯带到芝加哥大学商学院。正如吉姆·拉里所回忆的那样，"乔治·舒尔茨是一个资深但不年迈的人"。

舒尔茨的劳动经济学非常偏离后来占统治地位的凯恩斯宏观经济学，通过强调供给、需求、价格和市场过程，把经济中的就业和总需求的发展联系起来。[2]舒尔茨对他的"劳动力市场方法"进行了自己的阐述：

> 从满足长期人力发展和当前失业问题的立场来看，尽可能使劳动力市场过程有效率，这是重要的。我们这里正在谈论的，当然，是关于人类和他们能达到最大产量的地方和工作的运动。但是，当牵涉到人类时，会涉及一个市场过程——一个很多人难以接受的事实，因为"劳动力不是一种商品"的观点就这么产生了。然而，我们却不可思议地忽略了这一事实：该市场像其他市场一样要依赖于有关供给和需求的有效信息，离开某个产业、职业或者区域和进入其他市场的可能性，特定市场

劳动力的价格将会影响需求的数量……忽略劳动力市场的运作和决定他们特征的制度分配，等于引入一种受限于总量水平的方法，很可能成为通货膨胀的根源，因此，这与问题的严重性不相适应而被谨慎采用。（舒尔茨，1963，3、4）

在芝加哥大学商学院，舒尔茨举办了研讨班并讲授关于产业关系的课程，1992年接替瓦利斯担任了院长。在他担任院长的六年间，舒尔茨巩固了芝加哥大学商学院在瓦利斯和拉里时代开始的变化和扩展，进一步巩固了瓦利斯－拉里传统。在作为芝加哥大学商学院的院长和随后的政治生涯中，他成为自己定义的经济学家的鲜活例子："经济学家就应该像一个受过良好训练的军事家，他必须能够了解当前某种情况下的军队群体并设法加以配置以指向预期结果。"（舒尔茨，1993，31）

舒尔茨于1955－1956年第一次参与政府工作，当时他担任艾森豪威尔总统经济顾问委员会的高级经济参谋。1959－1960年间，舒尔茨担任劳工部长詹姆斯·米契尔的顾问。一年以后，他被约翰·肯尼迪总统指派担任劳工管理政策咨询委员会的顾问职位。1969年1月，他离开GSB去休假，之后他凭借自己对劳动经济学的熟悉及作为劳资纠纷的成功谈判者而得以进入理查德·尼克松总统内阁担任劳工部长。从以前的管理中，舒尔茨继承了对东海岸和波斯湾海岸港口工人的大罢工的传统（这次大罢工爆发后，约翰逊总统宣布国家进入"紧急状态"）。舒尔茨的策略是公开声明罢工与联邦政府无关，因此随后见效。当政府干预终止时，罢工在几周内得以解决。

1970年夏季，原来的预算局改为管理和预算办公室，尼克松总统安排舒尔茨担任主任。不到两年时间，舒尔茨取代约翰·康纳利（John Connally）担任财政部秘书。那段时间，总是冷静沉着的舒尔茨已经是且毫无争议地成为"尼克松总统所有国内事务的第一人。"尽管"这与乔治相符"是尼克松总统最喜欢挂在嘴边的句子，但舒尔茨还是被认为"总统核心集团中最不关心政治的成员"[3]。

作为财政部秘书，舒尔茨必须解决固定汇率下布雷顿森林体系的崩溃问题。同时，尼克松政府由于"水门事件"正陷入越来越多的困境中，但驱使舒尔茨在 1974 年春离开政府的原因却是经济政策问题。

在 20 世纪 70 年代早期，美国为扩张性货币政策付出了代价，约翰逊的"大社会"支出和越南战争的代价助推了该政策。当然，价格处于通货膨胀状态。尽管弗里德曼货币论者的咨文逐渐取得了信任和支持，但是大部分经济学家和政策制定者仍然确信通货膨胀的浪潮不可能被紧缩银根所控制。尼克松在日益增强的压力下接受了工资和价格管制——他在 1971 年 8 月首次引入这些管制，从而使通货膨胀得到某种有效控制。当年 9 月，弗里德曼访问了尼克松，尼克松说："别因为这次畸形而责备乔治。"弗里德曼回答说："我不会责备乔治。我要责备你，总统先生。"（弗里德曼，1998，387）。舒尔茨尽管不完全不同意管制政策，但因为面临很多当前的困境，他向总统提交了自己的辞呈。尼克松让舒尔茨保留他的辞呈。然而，1974 年夏，舒尔茨最终还是离开了政府，成为加利福尼亚的龙头工程建筑公司——贝克特公司的执行副总裁。在贝克特公司的八年间，舒尔茨还在斯坦福大学兼职任教。

1982 年 7 月，罗纳德·里根总统邀请舒尔茨接替亚历山大·黑格（Alexander Haig）担任国务卿。正如舒尔茨在其《凯旋与混乱》（Triumph and Turmoil）中所记载的，他在国务院的这七年期间，总是大危机和大事件频发，例如：马科斯政权的结束，入侵格林纳达，里根和来自雷克雅维克的戈尔巴乔夫之间的历史性会议，驱逐诺列加的奋斗，以及伊朗事件和苏维埃帝国垮台的开始。舒尔茨有几分像尼克松政府的隐形总统，这一点在里根政府期间可能更加明显。舒尔茨于 1989 年 1 月离开国务卿职位，成为斯坦福研究生商业学校国际经济学的"人力资源管理与经济学"教授。

芝加哥学派走向华盛顿

在国务院，舒尔茨集中了一批都是来自芝加哥大学的人们。其中三个最重要的人物是：肯尼斯·戴姆、艾伦·瓦利斯和阿瑟·拉弗。

舒尔茨选择瓦利斯担任经济事务次长一职。瓦利斯是芝加哥商学院的前任院长。"那些决定可能不是出于政治原因，而是作为自由市场的一种有力支持，他从未留下失败的痕迹。"舒尔茨（1993，34）给予瓦利斯这样的评论。

芝加哥法学院的戴姆在以前的政府工作中与舒尔茨已经有过合作。舒尔茨（1993，33）后来评论说："戴姆具有杰出的思想，他在芝加哥崭露锋芒。他的国家情怀也是如此。"除专门的法律知识之外，戴姆还带来了国际货币制度和能源市场的全部知识。舒尔茨、戴姆和瓦利斯在里根政府继续推行自由贸易政策的轨道中起了关键作用，而当时国会散发出来的保护主义者压力非常强烈。

肯尼斯·戴姆1932年出生于一个农民家庭。他1954年毕业于堪萨斯大学，三年后获得芝加哥大学的法律学位。在担任美国高级法院法官查尔斯·惠特克（Charles E. Whitaker）的法律职员后，他从事过几年私法实践。1960年，戴姆加入了芝加哥法学院教授的行列，在那里，他被迅速扩张的法律经济学领域所吸引。然而，几乎40年后，戴姆仍然强调："我一直是一个律师。我认为，在这些年里，法律专业与经济学专业相比，已经与商业和政治的日常现实更加接近。"[4]当戴姆加入法学院的教授队伍时，艾伦·迪克特仍然在教授他的近乎传奇的反托拉斯课程。不久，迪克特邀请戴姆与他一起努力。与芝加哥的很多其他人一样，迪克特给戴姆留下了终生的印象："他是一个智者和真正的绅士。我这些年掌握的经济学基本原理是我从迪克特那儿得来的。"（戴姆，1965）[5]由于受迪克特的影响，像价格歧视、商标和合并等与反托拉斯相关的问题在他的首批出版物中占据中心位置，也就不奇怪了。（戴姆，1974）[6]

然而，在芝加哥法学院最初的11年里，戴姆的名字与北海石油和天然气许可证的联系最为密切。他强烈支持具有很大客观优势的"价格制度"，而不是随后用于解决该领域发展中面临的分配问题的自主许可证制度（戴姆，1965，74）。他后来的论文进一步研究了拍卖制度，主张"拍卖制度带来了获得所有的国家经济租金的最大可能（戴姆，1970b，43）"。1974年，戴姆发表了一篇关于许可证制度的文章，总结了到那时为止得出的基本结论。戴姆主张：

任何许可证制度必须满足两个基本的要求。一方面，制度要吸引私人资本和技术才能。另一方面，在争取吸引私人部门的过程中，选举人不可能把该制度看做国家资源对私人公司的馈赠。拍卖制度优于分配效率。拍卖制度是否满足第二个要求是一个更加复杂的问题。（戴姆，1974，261—262）[7]

之后，舒尔茨邀请戴姆担任管理和预算办公室的助理主任。戴姆回忆说："乔治让我对刚成立的管理和预算办公室进行分析。我接受这一提议，是因为我想从内部了解政府。当这要求到来的时候我很吃惊，因为那时候我仅仅是认识乔治·舒尔茨。我和他仅有的直接联系是关于法学院和商学院之间最终联合程度的讨论。"（戴姆，1974）[8]

1973年，舒尔茨指派戴姆担任经济政策委员会——协调美国国内和国际经济政策的平台的执行主任。1974年，戴姆回到芝加哥法学院。1980年，他被选举为大学的督学，当两年后舒尔茨再次邀请他时，他辞掉了这项工作。到1985年，舒尔茨获得了里根政府副（代理）国务卿的职位。1985—1992年，戴姆在IBM担任法律和涉外副总裁。1992年，他同意担当美国United Way（联合之路）的临时总裁，扫除了该组织的丑闻。

舒尔茨和戴姆的密切合作促成《超越标题的经济政策》（*Economic Policy Beyond the Headlines*）在1997年，并于1998年出版再版。该书是对他们多年来直接参与政府政策制定的反映和总结。他们的政策阅历证实了他们的芝加哥信条：

在满足个人需求和获得公共目标上，与那些相信立法者和官员会对高涨的生活标准负责的人们的观点相反，市场体系本身已经是我们最有弹性和多功能通用的经济工具——一个出众的问题解决者。然而政府的经济政策工具经常被误用，甚至滥用，以设法取得不适当的目标，市场解决办法在最精确的时间最需要的时候经常被搁置一边。（舒尔茨和戴姆，1977，200）

因此，舒尔茨这样总结并不奇怪："……也许在政府服务的六年间，我最重要的一句话是'什么都不做'。"（舒尔茨和戴姆，1977，2）

2001 年 1 月，戴姆以财政部副部长的身份加入了乔治·W. 布什政府。之前不久，他完成了新著《全球游戏的规则：美国国际经济政策制定的新关注》（The Rules of the Global Game: A New Look at U. S. Interaational Economic Policy making），试图提供"一个评定国际经济政策的概念框架"作为"有限"问题的"群众意见"（戴姆，2001，x）。他区分了规范方法——要求应该做什么——和实证方法——集中于实际上是什么。在实证方法中，他强调"三个基本概念：（1）寻租；（2）利益群体政治学；（3）治国本领"（戴姆，2001，5），以解释为什么在国际经济政策制定上是什么与应该是什么往往有区别。以该框架和多年的经历作为武器，戴姆分析了美国关于国际贸易、私人外国投资、国际货币体系、劳工标准和环境以及移民等问题的政策。他总结道：

"我不相信一个无所不知的官僚政府……会形成和执行最好的政策……脱离政治的需要……一些对我们来说最重要和影响深远的政策，从来不会在没有利益集团的压力下被采用。"（戴姆，2001，291－292）

戴姆、瓦利斯、舒尔茨等人还把阿瑟·拉弗从芝加哥大学带到了华盛顿。1980 年，拉弗从罗伯特·蒙代尔那里"借用"供给经济学政策革命的基本观点之一后，蒙代尔曾经描述拉弗是"当今美国最有争议也最有影响的经济学家"。而约翰·加尔布雷思（John K. Galbraith）形容拉弗的理论和政策对策是"巫术"。[9]拉弗与拉弗曲线将永远会被视为一体。拉弗成为里根总统推行减税政策的主要倡导者之一。

拉弗曲线（Laffer Curve）用以说明税收在刺激经济增长中的作用，以及税率和税负收入之间的关系。拉费曲线表明：税负收入首先会随着税率的增加而增加。然而，税收某种程度上的遏制影响成为主导，因此随着税率的继续增加，税负收入实际上开始下降（拉弗，1980）。拉费曲线的某些观点没什么新的内容——毕竟亚当·斯密在《国富论》中就已经论述过它们之间的关系了。

阿瑟·拉弗 1940 年出生于俄亥俄杨斯顿（Youngstown）。在获得耶鲁大学经济学学士学位后转入斯坦福，并于 1965 年在那里获得了 MBA。1971年，他以短期资本运动和自愿信贷机制项目获得哲学博士学位。1967 年，芝加哥大学给他提供了一个助理教授职位，他最终在不同寻常的 28 岁的小小年纪赢得了任期。拉弗在芝加哥的主要研究领域是金融事项。他强调通货膨胀过程中货币的世界供给的重要性，即使在像美国这样的大国也是如此。当舒尔茨在 1970 年成为预算和管理办公室的第一任主任时，他让拉弗担任办公室的经济学家。

1974 年，拉弗回到芝加哥，但此时他已经更多的是一个政治活动家而非学术研究者。在芝加哥两年多以后，他搬到南加利福尼亚大学，在那里他的税收改革运动获得了全面推进。他是著名的"加利福尼亚建议"（California's Proposition）的主要拥护者之一，该建议导致了房地产税收的锐减。

50 岁的士兵

拉弗的名字将会永远与拉费曲线等同，而保罗·道格拉斯将永远与柯布－道格拉斯（Cobb-Douglas）生产函数相联系。道格拉斯在芝加哥大学的一个学生保罗·萨缪尔森写道："如果诺贝尔奖在 1901 以后授予经济学，就像当初授予物理、化学、医学、和平与文学等方面一样，保罗·道格拉斯在第二次世界大战之前已经获得一次了，由于他在计量边际生产能力和量化投入要素的需求等方面进行了先驱式的计量经济学尝试。"（萨缪尔森，1979，923）

当道格拉斯的另一个学生阿尔伯特·里斯主张，道格拉斯很多结果和后来调查者间的相似性是对其创造力的称赞时，他证明了道格拉斯作为实证和计量经济学家的高超技巧（里斯，1979，920）。

保罗·H. 道格拉斯 1892 年出生于马萨诸塞州的塞勒姆。他母亲在他只有四岁的时候去世了，由于他父亲的流浪生活方式，他由靠近缅因州的梅尔海德湖（Moorhead Lake）的一个叔叔养大。他通过当伐木工、农民、渔民和职员来弥补自己的学校教育。1909 年，他进入了缅因州布伦瑞克的鲍登学院（Bowdoin College），在那里他对经济学产生了兴趣。道格拉斯（1972）

回忆说，"约翰·斯图亚特·密尔成为一种灵感，在我整个生命里将一直保持"（道格拉斯，1972，24）。1913 年从鲍登学院毕业后，道格拉斯来到哥伦比亚大学，并于 1915 年在那里获得了政治科学的硕士学位。在哥伦比亚大学，道格拉斯受到了约翰·贝茨·克拉克和计量经济学家亨利·莫尔的很大影响。

1915 年，道格拉斯去了哈佛研究经济学，在那里他经历了 F. W. 陶西格的欺侮。在图瓦什手下无休止的羞辱下，道格拉斯结束了关于克拉克边际生产力理论的公开挑战："没有学生预期雅格布·维纳敢做这个。"（道格拉斯，1972，34）。在伊利诺伊州立大学和俄勒冈里德学院短暂的教学工作之后，在第一次世界大战结束时他开始在紧急舰队公司工作。1919 年，他在哥伦比亚大学获得了经济学博士学位。

1920 年，道格拉斯被马歇尔叫到芝加哥大学。那时，由于有组织的犯罪和政治腐败，芝加哥正"进入任何美国城市都曾经历的最不光彩的十年"（道格拉斯，1972，44），在芝加哥，他成为约翰·M. 克拉克的同事。道格拉斯之后的学术生涯一直在芝加哥大学度过，直到他 1948 年成为美国的一名参议员。

对于道格拉斯来说，理解社会和经济问题的本质是不能满足的——他也想去改变事情。参与政治是下一个逻辑步骤。1930－1931 年，他为由纽约州长建立的就业稳定委员会担任顾问。在 20 世纪 30 年代，他也参加了失业委员会、住房委托委员会和全国复兴总署的工作。

作为住房委员会公共设施和消费者联盟的主席，道格拉斯与垄断公共设施集团企业——Samuel Insull 打了一场激烈的战争。40 年后，他在自传中写道："Insull 对大学施以高压，不论是解雇我还是使我缄口……对于大学当局的信用，没有人干涉我，新总裁罗伯特·哈钦斯尤其坚持他的学术自由的立场。"（道格拉斯，1972，57）。1939 年，道格拉斯赢得了芝加哥市议会的一个职位。1942 年，他作为民主党员竞选美国参议院议员失败。

这次失败后的当天，年满 50 岁的道格拉斯被招募到了美国海军陆战队，成了一名士兵。虽然他是终生的非战主义者，但他十分厌恶由德国、日本和意大利的法西斯主义者以及俄国独裁统治者所犯下的暴行。他在战斗中受了重伤，第二次世界大战归来时他失去了自己的左臂。

1948 年，道格拉斯又一次竞选参议院议员，这一次他获得了成功。在议会服务了三期之后，他于 1966 年离开该职位。尽管此时已经 74 岁，道格拉斯还是在纽约的社会研究学校继续他的学术生涯。他于 1969 年退休，1976 年逝世。

在芝加哥大学，道格拉斯与弗兰克·赖特争论，他支配了 20 世纪 30 年代和 40 年代期间芝加哥大学的经济学领域。[10] 不同于他们间的个人恩怨，赖特和道格拉斯有两个分歧。第一，赖特对道格拉斯的实证方法持有强烈异议，而道格拉斯则努力运用实证方法来超越赖特的理论上的论证。第二，赖特责备道格拉斯由于其政治活动而不在学者之列。乔治·斯蒂格勒（1988b，186－187）指出，赖特"相信一个学者以不精确的知识为基础，给棘手的社会问题提供详细的解决办法近乎不道德"，他把道格拉斯描述成"轻松、极度活跃的自由主义改革者"。不难想象道格拉斯所考虑的那些人，在《工资理论》（*The Theory of Wages*）的前言里，他陈述说，就经济学中的"归纳、统计和准数学方法"而言，"极好的开端被开创了……在上面提到的 20 年里被亨利·L. 莫尔、舒尔茨……以及马尔沙克这样的学者……这些人尚未赢得胜利，因为仍然有人挖空心思地嘲讽引入更大程度的精确及有时看起来对制造紊乱持有不正常癖好"（道格拉斯，1934，xii）。

在他的传记里，道格拉斯描述了自己关于芝加哥大学的感受："我仍然对它和它已经培养的价值有很深的感情。"然而，当他于 1946 年重返芝加哥大学时，他有了不同的感觉："我非常喜爱的大学看上去是个不同的地方，舒尔茨去世了，维纳走了，赖特公开敌对，他的弟子看上去遍布各地。如果我留下，会处在一个不太友好的环境中。当我感到窒息的时候，我认为我不会生活在那样的氛围里。……经济和政治上的保守者取得了对我系几乎完全的支配，并教导人们市场决定总是正确的。实践中，对市场不干预主义意味着为大企业扫清道路。不顾讨价还价能力、知识和收入的不均等，垄断、准垄断和不完全竞争被当做无形的（非物质的）或者不存在的。"（道格拉

斯，1972，127）

在他的政治生涯中，道格拉斯成了"自由主义者起因的冠军"[11]。道格拉斯为失业保险、老年退休金、联合保护立法、政治家揭露财务状况等问题进行艰巨且相当孤独的战争。他也坦言有关民事权利的自由主义观点，在这一点上，道格拉斯接近于马丁·路德·金（Martin Luther King）以及生态主义者。由于他具有争议的地位，FBI 于 1941 年开始调查道格拉斯，并把他的名字列入这类人的名单——"他们的监禁在战时会被认为是必要的。"当局这样形容道格拉斯："在共产主义活动中十分突出。"[12]

回应这些指控，道格拉斯在他的回忆录中写道，他和妻子"已经'收养'了一个西班牙孤儿，并正通过收养父母组织付款。这件事作为我是共产主义者的证据而被广为传播。事实是，我一直支持承认苏联，努力帮助失业者，并反对佛朗哥独裁主义"（道格拉斯，1972，90）。

道格拉斯对国际政治学中多米诺骨牌理论的坚定信念和他对越南战争中美国角色的支持，与那些被宣称为"共产主义者同情"的观点相当不一。尽管对许多问题持开明观点，道格拉斯还是坚持反对不平衡（失衡）预算，而支持更加节俭、有效性及对部分政客道德规范的更高标准（道格拉斯，1952a，1952b）。

道格拉斯把他的生活或多或少地均分于学术和政治两部分之中。他最珍爱这两个事业中的哪一个，人们并不清楚。弗里德曼记得在道格拉斯 1966 年竞选失败后不久邀请到芝加哥大学演讲，"当我们中的许多人与他共进午餐时，我认为他看起来比在办公室里或者在同事间轻松得多了，身体也好得多，因此我说'保罗，也许你的失败是因祸得福。'"（弗里德曼，1998，196）。20 世纪 60 年代后期，一个记者问他最喜爱什么——教学还是政治——道格拉斯回答说："我认为是教学。在教学中，一个人可以远离权力争斗。"[13]

仍然是最优近似值

道格拉斯的主要学术成就之一是柯布—道格拉斯生产函数。通过它，他得到了"某种不朽的声名"（斯蒂格勒，1946，153）。在他 1947 年 12 月 AEA

的会长致辞中，道格拉斯描述了它的诞生：

> 20年前的春天，先计算出1899—1922年美国制造业中每年就业工人数量的指数，和紧缩了美元的近似持续购买力的制造业中固定资本的数量指数，然后把这些描绘在对数标尺上，以"天"作为制造业物质生产的指数，我注意到生产曲线一贯地处于产品因素的两条曲线之间，并倾向于大约是劳动力指数曲线和资本指数曲线之间相对距离的四分之一处……由于那时我正在阿默斯特学院讲课，我建议我的朋友查尔斯·W. 柯布，我们寻求发明一种能够计量这一期间劳动力和资本对产品的相关影响的公式。（道格拉斯，1948，6）

道格拉斯和数学家柯布得出公式 $P = bL^k C^{1-k}$，其中，P 代表生产力，L 代表劳动力投入，C 代表资本投入。1899—1922年间，他们估计这些参数是 b＝1.01，k＝0.75。C-D 生产函数表明：比例固定收益和函数固有内含的每个生产因素收益递减。而且，技术进步在 C-D 生产函数中只起到了一个非常边缘的作用。

道格拉斯与柯布的同时代人表达了上述以及其他的评论，包括约瑟夫·熊彼特、约翰·M. 克拉克、戴维·杜兰德等。[14] 尽管有这些评论，但对于道格拉斯来说，C-D 生产函数依然是对现实的一个合理描述。[15] 正如斯蒂格勒所言："否认 C-D 生产函数的有效性然后把它用作最优近似值，现在已成为经济学中的一个惯例。"[16]

对于道格拉斯来说，生产函数和最终的生产规律不是他研究的根本目的。像莫尔一样，道格拉斯想得到他的其他老师——例如约翰·B 克拉克的边际生产力理论的证实。道格拉斯意识到他需要一种生产理论，或者最好是生产规律，能够证实一般边际生产力理论。这反过来形成了发展成为《工资理论》的工资理论的基础（1934）。《工资理论》一般被认为是他真正的杰作。

"分配过程具有近似明显的生产规律吗？"或者，"劳动力和资本获得产品的份额多大程度上接近于我们从生产函数的价值中期望的比例？"——这些是道格拉斯试图回答的真正问题（柯布和道格拉斯，1928、1948）。道格拉斯的研究引导他自己相当无条件地以"是"作为这两个问题的答案。

假设固定收益和完全竞争，C-D生产函数的数学确实导致这样的结论：每种生产因素——劳动力和资本——会收到总产量的分数，用指数 k 和 1-k 标明。因此，总产量（国民收入）的 75% 期望归之于劳动力，25% 归之于资本，这和国民核算实际上显现的非常接近。道格拉斯认为生产规律和分配规律，与边际生产力理论一致，作为理论上和经验上的重要工具是相互增强的。

但是，如果数据表明边际生产力理论作为分配规律适用，那么，为什么经验上证实了该理论的同一个人作为给收入分配带来变化的政治家会这么多主动（例如，合法地执行最低工资、失业保险、较大工会权力）呢？据布拉格说（1985，55），道格拉斯"从不恰当地讨论他的学术观点和紧张的政治生活"。然而，在几个场合，道格拉斯确实阐明了这个争论。1928 年，柯布和道格拉斯指出："分配要遵循计算出的生产力规律的决定趋势"不会导致这样的结论。

> ……这给现存社会和经济秩序增添了一个伦理调整……它应被指出即使存在精确的相符，但不会对一些问题提供任何启示，例如，就资本与它在我们社会中是否应该一定程度被私人拥有而论。因为当资本可能是"多产的"时，它不遵循资本家一般的情况。资本可能会仍然是"多产的"，即使它的拥有者发生了变化。它也不遵循资本家把他们获得收入的使用是社会总体最好的（社会最大化）。（柯布和道格拉斯，1923，162－164）

20 年后，道格拉斯承认，生产规律和边际生产力理论之间的明显相符引起了"和解由著名的不完全竞争、寡头和垄断的事实导致的结果而产生的问题。这种情况……确实存在，而且事实上，区分了我们经济中的大部分部门。因此，它使找到劳动力的份额近似等于我们在完全竞争情况下所期望的变得迷惑……我将……建议，这一矛盾的一种回答也许是准垄断和寡头已经分享了他们工人的超额利润,这些超额利润是他们在牺牲消费者的情况下取得的"。这一分析逻辑的下一步是试图增强权利和劳动力及通常人口中弱势部分讨价还价的地位。作为一位参议员,道格拉斯精力充沛地工作到结束任期。

构成道格拉斯关于边际生产力理论研究整体的必不可少的一部分,是他对工资和一般劳动力市场的分析。在该领域,道格拉斯做出了先驱性的经验性工作。因为那时的联邦政府缺乏关于这些问题的详细统计数据,道格拉斯亲自建立了几个行业的生活费用和工资目录,这使他能够计算实际工资的发展。以《芝加哥论坛报》上的招聘求职广告为基础,他甚至计算了家仆周工资的估计平均值的时间列表(道格拉斯和汉森,1930)。关于工资的数据给道格拉斯和他的助理提供了原材料,也允许他们以一种非常方式探究劳动力需求和劳动力供给问题。[17]

1934 年,道格拉斯和迪克特(他那时是道格拉斯的研究助理)出版了《失业问题》(The Problem of Wnemployment)。他们在这部著作中描述了失业的范围和成本,分析了季节性、周期性和技术性失业以及有关就业技术优势的影响。他们呼吁,由政府引入失业保险制度和遍及全国的公共就业办公室设施以及积极采用公共工程计划,以减少就业波动和失业的平均水平。关于就业问题的解决,他们认为苏联的计划制度在某种程度上提供了一种好的路径:

> 社会商品管理的计划经济也许具有更大能力避免萧条并保持劳动力更稳定地就业,与那种由利润必要驱动的私人机构的非调整制度相比,这种制度下生产性资源分配最终统治者是利润和工资流向平等的趋势。(迪克特和道格拉斯,1934,62)

"两个坚守原则的人"

道格拉斯关于 20 世纪 30 年代大萧条时期最重要的著作是《控制萧条》(Cotrolling Depressions),比凯恩斯的《通论》早出版一年。道格拉斯

（1935，277，280－281）写道：

> 资本主义制度瓦解的两大巨石是战争和商业萧条……资本主义制度能否从多于两三个这样的萧条中存活下去不仅仅是可疑的。

道格拉斯的短文必须在考虑大萧条的背景下阅读，它当时在芝加哥大学很风行。1 号公共政策手册《平衡预算》（*Balancing the Budget*）提供了这一芝加哥思想的精华。然而，道格拉斯把他个人的重点引入分析和政策介绍中。虽然维纳和大部分其他芝加哥经济学家支持面对严重萧条的政府行为，但他们从根本上相信市场经济的长期平衡力量。道格拉斯的信念更接近于凯恩斯的——"市场经济根本上是不稳定的，持续的政府管制是必要的"的思想。建立在他的前芝加哥同事约翰·M. 克拉克的加速原则之上，道格拉斯（1935，13）认为投资要比消费变得多得多："……对资本商品的需求不仅是消费品总需求的函数，也是那些后续产品需求的变化率的函数。"

道格拉斯认为复苏只能来自消费需求的增加，但并不能保证这种需求自动产生，因为萧条经常会严重地削弱一般消费者的购买力。"没有有力的建设行为，即使根本的恢复也绝不是肯定的，无论如何，那很可能长期推迟"。道格拉斯总结认为（1935，95），下一个明显的问题是，"当局应该从事哪种有力的建设行为"。道格拉斯不相信货币政策的经典工具——利率变化和公开市场操作——能够获得成功。道格拉斯呼吁的"有力的建设行为"是增加政府支出，尤其是通过公共工程项目。因为道格拉斯意识到了扩大货币供给的需要，他相信这些公共工程不应该由较高税收来融资，相反，应该通过债券市场介入和货币创造的组合。道格拉斯对后者有明确的偏好。尽管道格拉斯维护在商业循环中赔偿公共融资的国际政策，但是他认为政府预算应该是"在一个十年期间内近似地平衡的"（道格拉斯，1935，278）。

奥沙利文·戴维斯（J. Ronnie Davis）（1971，59）对此这样总结道："道格拉斯沿着凯恩斯理论主线建立了对萧条的一种解释和纠正……像凯恩斯一样，他确实否定了较为古老传统的且与萨伊（J. B. Say）视为一体的总量经济学，萨伊的追随者把总的有效需求视为可转移的。"此外，道格拉斯（1935）认为，"剥夺私人银行业创造商业信用的权利，对于我们经济制度的彻底重建是必要的"。

与道格拉斯对大萧条的分析持有分歧观点的经济学家是弗里德里希·哈耶克，他在道格拉斯离开后的几年来到芝加哥大学。哈耶克驳斥那些把大萧条解释为消费不足的基本结果的理论，而道格拉斯明显地属于消费不足主义者阵营。1992 年 3 月 23 日，在哈耶克的葬礼上，《华盛顿邮报》的戴维·布罗德（David Broder）指出了一天后的惊人巧合：华盛顿随后将纪念保罗·道格拉斯 100 周年诞辰。布罗德把哈耶克与道格拉斯形容成"两个坚守原则的人"[18]，但是关于一般经济学和世界经济的观点上，道格拉斯与哈耶克几乎是分道扬镳的两个人。不像道格拉斯，哈耶克从不从事积极的政治活动。作为一个政治哲学家，哈耶克一直总是政客灵感的主要来源，而他的主要作品——《自由宪法》（*The Constitution of Liberty*）则是政治哲学方面的主要文献。

弗里德里希·A. von. 哈耶克 1899 年出生于一个有着悠久学术传统的维也纳家庭。著名的哲学家罗得维利·维特根斯坦就是他的侄子。[19]哈耶克在维也纳大学研究法律，但也听物理学和经济学家的课程。哈耶克（1994，48）后来回忆说："当我发现［卡尔·］门格尔（Carl Menger）的《经济学原理》（*Grundsätze*）这部迷人的著作时，我真的陷入了经济学的狂热。"

年轻的哈耶克成了著名的奥地利或者维也纳经济学学派的一分子。[20]那里包括了许多未来著名的知识分子或经济学家，如哥特弗雷德·哈伯勒（Gottfried Haberler）、弗里茨·马克卢普以及奥斯卡·摩根斯坦（Oscar Morgenstern）等。

1923 年哈耶克获得政治科学的博士学位后，去美国旅行，在此期间，他的注意力被哥伦比亚大学的韦斯利·米契尔关于商业周期的实证研究所吸引。回到维也纳后没几年，哈耶克与米塞斯（Mises）就创建了商业周期研究的奥地利学会。尽管他被在美国取得的数据收集和分析方面的进展激发了兴趣，但是哈耶克认为首先发展一种解释可观察到的统计规则是必要的。

依据欧根·冯·鲍曼—巴维克的生产平均周期框架，哈耶克发展了自己的关于商业周期的理论。[21] 哈耶克货币商业周期理论明显地导致了这一结论：过度信用创造不可避免地导致高涨的通货膨胀和萧条经济行为——那在基本的凯恩斯分析中是不可能的，但它使所有西方经济体在 20 世纪 70 年代陷入了灾难。[22]

哈耶克的工作引起了英国经济学家莱昂内尔·罗宾斯的注意，并在 1930—1931 年间邀请这位年轻的奥地利经济学家在 LSE（伦敦大学经济政治学系）作了四场演讲。1931 年，哈耶克是在声望很高的伦敦大学经济政治学系获得全职教授职位的第一个外国人，1938 年，他由奥地利转入英国国籍。

哈耶克接下来的 18 年一直在英国，在那里，他很快成为"约翰·梅纳德·凯恩斯的唯一智力对手"。[23] 1936 年，凯恩斯已经出版了《通论》，哈耶克则抨击了该著作。[24] 半个世纪后，随着凯恩斯的去世，哈耶克（1983）如此总结自己对凯恩斯的观点："我断言他也许是我曾遇到的印象最深刻的知识分子，而且我欣然承认他的一般智力优势。"[25]

非芝加哥经济学家

1941 年《资本纯理论》（The Pure Theory of Capital）的出版圆满结束了哈耶克关于货币理论的研究。到那时，他更关注 19 世纪 40 年代早期两个相互联系的流行观点，一个是德国纳粹党制度不得不被看成资本主义对社会主义的反抗；另一个是政府计划的一些形式不仅变得必要而且甚至令人向往。

哈耶克在《通向奴役之路》（The Rond to Serfdow）中对这些观念进行了最强有力的反驳，该书于 1940—1943 年间写成并献给"所有政党的社会主义者"（哈耶克，1944，iv）。据哈耶克自己（1944，3）所说："没有人准备好来承认法西斯主义和纳粹主义不是对先前阶段社会主义趋势的反对，却是这些趋势的必要结果。这是大部分人不愿看到的事实，甚至当共产主义俄国和国家社会主义德国内部制度的很多排斥特征的相似性被广泛承认之时。"在美国，这部著作以浓缩版出现在《读者文摘》上，引发了强烈的负面评论。[26] 哈耶克对此（1994，102）评论道："美国知识阶层感到这是知识分子应该辩护的最高理想的反叛。"戴维·威尔斯（1993，120）说："现在很难回忆《通往奴役之路》1944 年出版时所带来的愤怒，那时约翰·凯恩斯、约瑟夫·熊彼特、卡尔·波兰尼、卡尔·曼海姆（Karl Mannheim）和哈罗德·拉斯基等正宣扬资本主义灭亡的必然性和社会主义计划的优越性。"

1945 年 3—5 月，当《通向奴役之路》在美国畅销时，哈耶克也正在全美巡回演讲。在这次周游中，他把芝加哥大学作为他的总部，因此他接近了亨利·西蒙斯和艾伦·迪克特。福克基金会的哈罗德·鲁诺（Harold Luhnow）变得对哈耶克的信息很热情，并开始进行请哈耶克来美国的说服活动。哈耶克只见过鲁诺一次，那是在芝加哥大学校园的"四合院俱乐部"（Quadrangle Club）。但是，"当晚些时候约翰·内夫开始试图说服哈钦斯打电话让我来芝加哥时，我有充分的理由怀疑他是协助者。开始我被提议做经济学教学人员，但是他们拒绝了"（哈耶克，1994，128）。内夫（1973，237—238）证实哈耶克的光顾："经济学系欢迎他的社会主义思想的联系，尽管经济学家反对了四年前他在经济学的预约，主要是因为他们认为他的《通向奴役之路》对于一位值得尊重的学者来说，作品太受欢迎而不能诋毁。只要他不和经济学家等同起来，让他在芝加哥大学还不错。"1950 年，内夫最后成功地引诱哈耶克带着鲁赫的钱来到芝加哥，给他提供了内夫不久前亲自建立的社会思想委员会的一个席位——社会和道德科学的教授。[27]

是什么导致芝加哥大学的经济学家拒绝哈耶克呢？根据弗里德曼的说法，是芝加哥经济学家"不同意哈耶克经济学"（爱泼斯坦，2001，174）。哈耶克明确反对计量经济学和计量经济学家，而这正是芝加哥经济学的传统。两个来源证实哈耶克与西蒙斯的密切联系使系里的几个主要经济学家非常怀疑哈耶克，同样的来源指出道格拉斯对哈耶克实际上也采取了消极态度。[28]

弗里德曼起了什么确切的作用呢？弗里德曼毫不怀疑哈耶克到达芝加哥时关于他的讨论已经结束。[29]然而，上面提到的同样的两种来源说明这些问题至少咨询了弗里德曼，而弗里德曼也公然反对哈耶克加入经济学系。"我不能解决这个问题，但是有理由相信弗里德曼 1946 年对哈耶克不是非常热情。在 19 世纪 40 年代早期，哈耶克日益反对他所描述的经济学中的'科学主义或者科学主义偏见'"（哈耶克，1942，269）。[30] 哈耶克认为，模仿自然科学中的应用方法必然导致经济学分析的严重错误。

相反，弗里德曼相信人文科学中，经济学是迄今与那些自然科学最接近的。在他的关于"实证经济学的方法论"（The Methodology of Positive Economics）的文章中，弗里德曼（1953，4）主张"实证经济学是，或者可能是一种'客观'科学，精确地说是与自然科学具有同样的意义"。哈耶克（1994，145）后来把"弗里德曼实证经济学"描述成一本"某种程度上与凯恩斯的论文一样相当危险的书"。在他的传记中，弗里德曼简略提及哈耶克加入社会思想委员会，但没有进一步的评论。然而，尽管如此，弗里德曼仍在许多其他的场合，高度赞赏了哈耶克的研究工作。[31]

1947 年，赖特、弗里德曼、迪克特和斯蒂格勒邀请哈耶克共同创立了朝圣山学社。[32] 在瑞士商人阿尔伯特·哈诺德（Albert Hunold）的金融组织帮助下，哈耶克成功地招纳了一群准备在战后领域内"为复兴自由主义传统而努力"的人（哈耶克，1994，132－133）。1947 年春，36 位学者和政治评论家出席了在瑞士朝圣山的一次为期 10 天的会议。[33] 1947 年后，该学社每年在不同的地点集会。在他的传记中，弗里德曼热情地记述了自己在"在保护和加强自由主义观念方面起主要作用的学社"中的会员精神（弗里德曼，1998，159）。

哈耶克在芝加哥大学的 20 年中，最主要的著作毫无疑问是《自由秩序原理》。根据哈耶克的传记作者的阐述，该书"是他最重要的著作……希望《自由秩序原理》将是 20 世纪的《国富论》"（爱泼斯坦，2001，196）。当他 1954 年从古根汉姆基金会获得了赞助款时，哈耶克有了写作这部著作的想法，该基金会允许他追随约翰·米尔走遍法国和意大利的旅行。就像米尔在这次长途旅行中已经构思写作他的著名短文《论自由》一样，哈耶克在他的头脑中有了《自由秩序原理》的计划，然后就回到芝加哥。在这本书里，哈耶克（1960，6，11）把自由定义为"人们的这样一种情况——在社会中一些人受其他人的强制尽可能地减少"。

哈耶克认为国家是可能强制的主要来源。因而，对所有政府权力的严格限制对于保护自由是绝对必要的。哈耶克与芝加哥学派关于货币政策的传统保持一致。他认为，"……一些在长远期待的机械规则和短期决定中对当局支持的约束，与给当局更多权力和辨别力的原则相比，很可能产生较好的货币政策"（哈耶克，1960，261）。他清楚，"……我们自由社会的整个基础受到工会妄取的权力的严重威胁……除非他们取得他们所关注的劳动力类型供给的全部控制，工会才能达到主要目的"（哈耶克，1960，269、273）。他也反对现代福利国家作为"……收入强制再分配的工具"，包括"不是大部分给予者，他们决定应该给以不幸的少数什么，而是大部分接受者，他们决定将减少较富裕的少数者什么"（哈耶克，1960，289）。

芝加哥大学经济学系的大部分经济学家同意哈耶克在《自由秩序原理》中所阐述的内容。然而，与芝加哥经济学家相比，作为学术经济学家的哈耶克总是持不同的意见。至于他在芝加哥大学的那段时间是否对那里的经济学家产生影响的问题，他回答说："我应该对西蒙斯抱有很大的希望，他的去世是个灾难。其他的……影响宏观经济学家而不是微观经济学家。尤其是斯蒂格勒、弗里德曼……米尔顿和我几乎对除货币政策以外的所有事情都能达成一致……他们相信经济现象能被解释成宏观现象，你可以探知来自总量和平均值的原因和影响。"（哈耶克，1994，144）将此与"我认为统计信息对一般理论有任何贡献"的情形结合起来看（哈耶克，1994，148），哈耶克在芝加哥大学的经济学家中间感到相当忧虑就变得非常明显。因此，"当我非常享受芝加哥大学提供的智力环境时，我在美国的家里也从未有过像我在英格兰的家里那样的感受"（哈耶克，1994，131）。1962年，哈耶克陷入严重的消沉，离开芝加哥前往德国的弗赖堡大学。

20世纪70年代后期，哈耶克作为芝加哥经济学系的经济学家重获尊重。他的著作《货币理论和经济周期理论》（Monetary Theory and Trade Cycle）认为："……由于周期现象和经济平衡理论制度的结合存在明显的矛盾，留下了经济周期理论的关键问题。"（哈耶克，1929，33）卢卡斯（1977，8）也强调经济周期分析的一般均衡方法，这足以赋予哈耶克方法以"粗略地等于我们的"的特色，戴维·莱德勒（David Laidler，1981，12）总结说，哈耶克和米塞斯应该被视为真正的"卢卡斯、萨金特的前辈和同伴"。[34]

与普雷维什主义抗争

1974 年，哈耶克和古诺·梅德尔（Gunnar Myrdal）分享了诺贝尔经济学奖，"……由于他们在货币理论和经济波动方面的先驱工作，他们也深入分析了经济、社会和制度现象的互相依赖"[35]。

那些政治左派人物不欢迎哈耶克的选择。然而，哈耶克获诺贝尔奖之后的骚动，与智利独裁者奥古斯特·皮诺切特正接受一组经济学家的援助家喻户晓之时所爆发的骚动相比，是微不足道的。这些经济学家中的很多人都是芝加哥大学培养的。"芝加哥小子"（Chicago Boys）的形象产生了：一群不道德的、残忍的和反民主的亢奋技师，他们相信自由市场经济是唯一值得担忧的事情。"芝加哥小子"的故事在智利各地有非常详细的讲述，[36]但是在这里也必须涉及。

关于智利和"芝加哥小子"的根本问题是对发展经济学的辩论。[37]弗里德曼（1958，85）辩解道，一项明智的发展政策应包括"增强欠发达国家的自由市场经济、清除私人国际贸易的障碍和培育有利于私人国际投资的环境"，以便出现"成百万有能力的、积极的和精力充沛的人们……存在于每一个不发达国家"。20 世纪 70 年代早期，阿诺德·哈伯格（（1972，353）主张，"……外国援助的一美元所能产生的进步数量已经被援助的支持者过分地夸大了"。

发展经济学的芝加哥方法与由拉丁美洲经济委员会（ECLA）在任第一执行秘书——阿根廷经济学家保罗·普雷维什（Paul Prebisch）赞助下发展的方式形成了鲜明的对比。普雷维什主义受哈罗德多马增长模型的启发，在20 世纪五六十年代变得非常流行。它驳斥自由市场作为一种摆脱发展不充分和贫困的方式，并宣扬贸易保护主义、资本控制、幼稚产业保护和中央经济计划。维纳写道：

我从普雷维什的研究与其他按照联合国及别的地方发出的相同方法的文献中所发现的是：对农业贫困的武断证明，依据固有的自然历史规则对农业贫困的作出解释，而农业产品由于该规则易于在曾经恶化的情况下与制造品交换，科技进步倾向于将其好处只限于制造行业，农业人口不会得到制造业科技进步的利益，即使是购买者，因为制成品的价格不会随着真实成本的减少而下降。据我看来，这些自然法则大部分是恶作剧的幻想，或者是推测的或被歪曲的历史。（维纳，1952，44）

哈里·约翰逊的《欠发达国家的经济政策》（Economic Policies Toward Less Developed Countries，1967b）附和了维纳的严厉判决。舒尔茨也不谈论与普雷维什和 ECLA 相关的观点，因为"没什么建议，或者作为一项好的经济政策或者一种有用的理论"（舒尔茨，1956b，16）。舒尔茨争辩认为，在这些理论中最缺的是人力资本因素。早在 20 世纪 50 年代早期，舒尔茨就已经发展了人力资本的概念。舒尔茨认为人力资本投资对于经济发展进程是决定性的因素。事实上，在研究 20 世纪 40 年代后期和 50 年代初期的拉丁美洲经验时，舒尔茨发现了人力资本投资的相关性。

就发展问题与舒尔茨处于相同领域的另一个学者是贝尔特·霍斯列兹。霍斯列兹，犹太人，1913 年生于维也纳，1936 年在维也纳大学获得法律博士学位。他躲避纳粹来到芝加哥大学，1945 年取得经济学硕士学位。同年他加入芝加哥大学经济学系，直到 1978 年退休。霍斯列兹的研究主要集中于不发达国家的经济增长，特别关注社会、政治和文化方面。在为萨尔瓦多和印度这样的国家担任政府顾问期间，霍斯列兹把学术研究和实践经验结合起来。他一直强调"法律的、教育的、家庭的制度安排或者激励秩序"对于每一发展阶段经济增长的重要性（霍斯列兹，1957，29）。[38]

智利复苏计划

"1953 年年末的一天，舒尔茨走进我的办公室。"阿尔比恩·帕特森（Albion W. Patterson）40 年后对此仍记忆犹新〔瓦尔陆斯（Valdes），1995，

114]。帕特森是美国战后对拉丁美洲国际援助项目中最杰出的拓荒者之一。舒尔茨说服帕特森，真正需要的是一项在"经济学的战略领域、农业技术、工程技术、企业管理、工业工程技术和公共管理"等方面发展拉丁美洲高等教育的计划。对冷战的考虑当然在帕特森和舒尔茨设计的计划中起了重要作用。由于马克思主义、普雷维什主义和 ECLA 经济学在拉丁美洲大学课程中的突起，帕特森认为"纠正大学经济学的平衡"是当前亟须做的事情（瓦尔德斯，1995，116）。

作为反对国家统治论者和国家干预主义的发展经济学的一流大学，选择芝加哥大学作为改变拉丁美洲大学经济学的主要学院几乎是必然的。芝加哥大学对此给予热情的欢迎。它允许芝加哥经济学派使其外国学生主体多样化，并吸引政府基金为其毕业生项目融资（瓦尔德斯，1995）。选择智利是因为帕特森了解智利并清楚所有的拉丁美洲国家的国情，且 ECLA 总部设在智利首都圣地亚哥。最后但并非最不重要的一点是，智利有着贸易保护主义和国家干预主义政策的悠久传统。帕特森最初和智利大学联系，但最终合作是在芝加哥大学与智利卡特利卡大学（UCC）之间建立的。

1955 年 6 月，舒尔茨和芝加哥经济学系的三个其他成员——埃尔·汉密尔顿、西蒙·罗特伯格、[39]阿诺德·哈伯格——去智利与 UCC 讨论。1956 年 3 月 29—30 日，最后签署了合作协议。到 1956 年 9 月，首批三名智利青年到达芝加哥：塞尔吉奥·德·卡斯特罗（Sergio de Castro）、卡洛斯·马萨德（Carlos Massad）和艾内斯特·方丹（Ernesto Fontaine）。1957—1970 年，共有 100 名智利人在芝加哥大学上学。他们回到智利后，逐渐把他们从芝加哥大学学到的知识、思想和方法使用于 UCC 的经济学项目中。[40]

1956 年，德·卡斯特罗成为 UCC 经济学系主任。大约就是在这段时间，智利企业家开始对在 UCC 发生的事情发生了兴趣。1970 年 9 月，萨尔瓦多·阿雷德（Salvador Allende）和他的"人民团结阵线"赢得了总统选举并增强了贸易保护主义、生活社会化和国有化等政策。结果是灾难性的：通货膨胀、失业率激升、预算赤字和国际收支经常项目赤字（Larrain and Meller 1991）。阿雷德的自卫队指挥了一场与对手的激烈战争，其中包括在 UCC 的经济学家。当时正好在圣地亚哥的芝加哥经济学家拉里·桑斯坦（Larry Siaastad）说，"情形是完全疯狂的"，"例如，所有经济学家被当做反社会主义者而加以限制"[41]。

由芝加哥培养的 UCC 经济学家秘密撰写了一份关于他们国家正在经历的社会和经济灾难的分析报告和一份复苏计划。在一篇简短的文件中，他们概括了他们的详细计划。这一文件强烈主张引入自由市场经济，也相当重视教育改革、婴儿营养、卫生项目、更好地向贫困者提供社会服务和住宅项目等。

1973 年 9 月，由奥古斯特·皮诺切特将军领导的军事政变结束了阿雷德的总统生涯。军队首次试图解决经济危机，但是失败了。1975 年春天，他们引入"芝加哥小子"——那是他们对塞尔吉奥·德·卡斯特罗的昵称——一个"以近乎魔术般的领导才能而闻名……［而且］……丝毫没有自己的政治野心"的人（哈伯格，1993，345）。塞尔吉奥·德·卡斯特罗被公认为第一代芝加哥小子的领导。根据斯吉斯坦·德·卡斯特罗的说法，塞尔吉奥·德·卡斯特罗是"他所在的卡特利卡大学的唯一一位经济学教师，是一个在阿雷德疯狂的几年里不顾一切威胁的人"[42]。卡斯特罗最后集合的小组包括胡安·卡洛斯梅德兹（Juan Carlos Mendez）在内，他们在 20 世纪 70 年代中期推进了智利的税收改革。卡斯特罗设计了贸易自由化的日程表，米格尔·卡斯特（Miguel Kast）协调制定了旨在减缓极端贫困的社会政策，并在智利撤销管制规定的努力中起了主要作用，乔·皮诺（Jose Pinera）起草了执行萨尔瓦多的社会保障项目、主要劳动力和采矿立法等（哈伯格，1993，346）。

哈伯格也认同海尔纳·波西（Hernan Buchi）的观点。海尔纳·波西是在哥伦比亚大学而不是在芝加哥接受教育的主要人物。他在 20 世纪 80 年代早期的智利严重衰退后扮演了核心角色。波西的主要成就是执行"一项清晰的出口增加带动经济增长"和"主要公共设施的私有化"的战略，其中一个关键因素是"公务员凭证供给制度"（哈伯格，1993，346－347）。用哈伯格的话说是："'芝加哥小子'一直在做的，是世界银行和国际货币基金组织的英明老人们一直说了 25 年的事情。"[43]尽管 20 世纪 80 年代早期的世界范围内的经济萧条和同时期第三世界的贷款危机沉重地打击了智利的经济，但智利还是逐渐成为具有欠发达国家应该遵循以改善它们境况的政策基础的典范。[44]

斯吉斯坦和哈伯格作为来自芝加哥大学的驱动力，主要由福特和洛克菲勒基金会出资的智利项目在 20 世纪 60 年代救活了其他拉丁美洲国家，第一个跟随 UCC 脚步的是阿根廷的门多萨库约民族大学（National University of Cuyo）和哥伦比亚的德瓦利大学（University of del Valle）。到 20 世纪 60 年代后期，哈伯格和斯吉斯坦已经建立了一个由经济学家和与芝加哥大学密切联系的遍布拉丁美洲的工作机构。1984 年，福特基金会的詹姆斯·图瓦桥（James Towbridge）写道："……通过最初仔细的协商和勤奋的管理以及其后质量的保持，哈伯格教授使基金会在芝加哥大学经济学系的投资因为拉丁美洲的经济学专业而非常富有成效。"（瓦尔德斯，1995，194）。

三角形人物

尽管 T. W. 舒尔茨提倡智利项目并支持 H. 格雷格·刘易斯担任该项目的协调者，但被国际压力推进而陷入讨厌之人角色的却是弗里德曼，而只有哈伯格才是"芝加哥小子"的真正智力之父。[45]在那时，哈伯格宣布，"……我生命的大部分涉及那些拉丁美洲货币研究中心……与我已经写的任何东西相比，我更为我的学生感到骄傲"（瓦尔德斯，1995，156）。[46]然而，他对学术的贡献不可低估。1997 年，沃什这样形容哈伯格："他是这一代最有意思且最不被知晓者之一，可与保罗·萨缪尔森和米尔顿·弗里德曼的影响等同。"[47]

阿诺德·C. 哈伯格 1924 年出生于新泽西的纽瓦克。他先进入约翰·霍普金斯大学，随后又进入芝加哥大学，于 1947 年获得国际关系专业的硕士学位，并于 1950 年获得经济学博士学位。第一次在芝加哥期间，他与考利斯委员会的人员接触紧密。1949 年，哈伯格加入了约翰霍普金斯大学的教授行列，但又于 1953 年回到芝加哥大学经济学系，并在 1959 年成为全职教授。哈伯格在 1964－1971 年和 1975－1980 年期间两次担任经济学系的主任。

1980 年，哈佛大学邀请哈伯格担任其国际发展学会的会长，但他拒绝了这一职位。从 1984 年起，他把在芝加哥大学的教授职位和 UCLA 相结合。1991 年以后，他只在 UCLA 担任职位。[48]

哈伯格（1984，1）把自己形容成一个"非古典传统经济学的代表"，他的学术工作涵盖了多种多样的主题。他的研究中最著名的是（即使在芝加哥大学之外）"哈伯格三角形"：来自竞争均衡的偏离导致的经济损失。在供求曲线的标准图示中，这些损失通常取三角形。当迪尔德丽·麦肯斯基以"现代成本收益分析的发明者"（麦肯斯基，1994，356）提到哈伯格时，她想到的主要是哈伯格的三角形。哈伯格学术产出的一个重要部分是与成本收益分析和福利经济学的理论方面及实际应用都相关的问题。[49]哈伯格关于税收的研究也与三角形紧密相连，因此他对法人税的经济学分析作出了发展性的贡献。

1995 年，当索尔·艾斯丁（Saul Estrin）和阿兰·马林（Alan Marin）（1995，1）收集"微观经济学和宏观经济学方面的一些发展性文献时"，他们的目录包括了哈伯格的《垄断和资源配置》（Monopoly and Resource Allocation）。哈伯格的论文试图"得到垄断的分配和福利影响的定量概念"，为了能够核对随后盛行的"印象——我们的经济约 20%、30% 或者 40% 被有效地垄断"的判断时（哈伯格，1954，77），哈伯格以一些有力的假设为基础估计，消除美国各行业的所有垄断因素将会大幅度增加全社会的消费者福利。

斯蒂格勒仍在哥伦比亚大学任教，是哈伯格关于垄断的福利成本的发展性论文的主要批评家。斯蒂格勒在两点上批评哈伯格的分析。第一，他认为价格需求弹性为 1 的假设不切实际。第二，斯蒂格勒（1956）认为在垄断性行业，利润易于被低估，资产易于被放大，导致向下偏离的资产收益率。然而，随后考虑了斯蒂格勒的评论的实证研究导致来自垄断的福利损失的最大估计，大约是国民收入的 0.5%——尽管实质上比哈伯格估计的还要高，但相对而言仍然相当低（Worcester，1973）。哈伯格和斯蒂格勒之间的讨论是否对两人在芝加哥大学那些年里的冷淡关系起了主要作用并非清晰可见。[50]
引人注目的是，斯蒂格勒在他的传记中只提到哈伯格一次，是作为"一个杰出的同事，他从事于我不太积极的领域"（斯蒂格勒，1988b，160）。

　　然而，哈伯格确实涵盖了垄断问题和三角形相关的问题之外的许多其他学科。他对耐用商品需求的分析仍然是个经典（哈伯格，1960）。他也定期地关注宏观经济学问题，如经济增长、通货膨胀、贸易政策和实际汇率（哈伯格，1978、1985、1988）等。我们需要记住的是，哈伯格是第一位被作为美国经济学家而为人们所记得的人，他在把芝加哥经济学带到拉丁美洲的过程中起到了关键性作用。

阿根廷

　　当拉里·斯吉斯坦作为哈伯格的战友在把芝加哥派经济学介绍给拉丁美洲的大学时，尽管他也参与到了智利的项目中，但是自 1962 年以来，斯吉斯坦一直关注阿根廷。[51] 近 40 年后，拉里回忆道：

　　　　我们在芝加哥大学与门多萨的库约大学之间建立了合作。尽管整个概念相当一致，但库约从未像 CUU 在智利那样成功。其主要原因是：库约是一个州立大学。因此我们不得不经常地处理政治干涉问题。1972年，所有的教授不得不签署了一份文件，发誓忠诚于"庇隆主义运动"。当四年后军队夺权并立即解雇了那些签署 1972 年文件的人们时，荒谬达到了高潮。不久，所有较好的经济学家都消失了。[52]

　　拉里·斯吉斯坦，斯堪的纳维亚移民的儿子，1934 年生于北达科他州。直到 20 世纪 50 年代中叶，麦卡锡寻找共产主义者之风也刮到了北达科他州大学，斯吉斯坦当时正在那里学习经济学。他处于保卫三个被解雇教授的学生之列："为那三人而战被证明不可能取胜。当他们中的一个——维克利·哈佛（Vecil Haver）前往芝加哥大学，我跟他去了。"[53] 斯吉斯坦于 1958 年在芝加哥大学获得硕士学位，1962 年获博士学位。在明尼苏达州大学担任了两年的助理教授后，斯吉斯坦于 1962 年重返芝加哥大学。此后，只有做访问教授——主要在拉丁美洲和澳大利亚的大学——打断了他在芝加哥的时间，余下的生涯他一直待在那里。

尽管国际宏观经济学是他专业兴趣的主要领域，但斯吉斯坦也发表了该领域之外的其他几篇论文。他的博士论文第一次把人力资本的概念应用到移民现象中。斯吉斯坦（1962）试图计量与移民相关的成本和收益，以得出当他们决定移民时人们所作的投资是否能够达到某一投资收益率预期。

斯吉斯坦也调查贸易保护主义的成本。他的基本结论是贸易保护主义措施必然转移到出口行业的偷税上，因为防止进口导致"实际进口和国内生产的进口替代品的市场价格"的增加，工资率成为"转换媒介"（斯吉斯坦，1984，49）。

斯吉斯坦的注意力逐渐转向了货币宏观经济学方向上。这一趋势因他涉及拉丁美洲项目而加强，因为当时这些国家的大部分地区正遭受长期的通货膨胀困扰。在 20 世纪 70 年代后期，他是第一个真正指出因为发展中国家关于支付国外贷款能力而产生严重困扰悬而未决的人（斯吉斯坦，1979）。虽然他也是第一个意识到世界银行是否到了必须从根本上进行改革的时候的经济学家（斯吉斯坦，1991），但他在 20 世纪 80 年代期间的研究集中在购买力同等和实际汇率的问题上，非常强调在所有情况下所提供理论的实证证明。[54] 然而，最后，斯吉斯坦密切附和他的好友和长期同事哈伯格："如果我不知道自己怎么对经济学作出了重要贡献，那么，最有可能的是通过我紧密共事的朋友和学生。"[55]

注　释：

〔1〕参见 1982 年 10 月 18 日的《纽约时报》。

〔2〕参见，例如乔治·舒尔茨的《失业的挑战》（*The Challenge of Uemployment*；美国商会，华盛顿，1963 年 4 月 30 日）。

〔3〕这三个援引案例都出自 1972 年 10 月杜恩（Dun）的评论。

〔4〕参见作者 1988 年 11 月 30 日对肯尼斯·戴姆的采访。

〔5〕同上。

〔6〕例如，参见戴姆（1964）。

〔7〕又参见戴姆（1976）。

〔8〕参见作者 1998 年 11 月 30 日对肯尼斯·戴姆的采访。

〔9〕这两个援引案例来自 1980 年 1 月 20 日的《芝加哥论坛杂志》。

〔10〕在自传中，道格拉斯没有提及他与其学生赖特、斯蒂格勒的不断争论。实际上，这一争论广泛保留在记忆中。参见斯蒂格勒（1988b）。

〔11〕《纽约时报》1976 年 9 月 25 日。

〔12〕《芝加哥论坛报》1976 年 11 月 14 日。直到 1947 年，保罗·道格拉斯仍是坚定的反共产主义者。参见道格拉斯（1947）。

〔13〕《芝加哥日报》新闻，1976 年 9 月 25 日。

〔14〕关于这些批评和回应的大多数参考，均见于道格拉斯（1934）和（1976）的文献中。

〔15〕有关这场争论的具体内容，参见道格拉斯（1976）。

〔16〕这个观点来自 1987 年版的《价值理论》（Theory of Drice）。在那个时代，经济学家已经发展了很多 C-D 产品功能的替代品，例如 CES 和 VES-Variants。

〔17〕关于这项调查，参见道格拉斯（1934），又参见道格拉斯和斯温伯格（1937）。

〔18〕戴维·布罗德，《芝加哥论坛报》1992 年 3 月 29 日。

〔19〕有关该生物学的资料来源于哈耶克（1994）以及纽贝尔（Leube）和尼斯亚玛（Nishiyama，1984）的引言。

〔20〕关于澳大利亚经济学派的更多起源，参见希克斯和韦伯（Hicks、Weber；1973）。

〔21〕这一最重要的参考文献来源于哈耶克关于商业循环的分析。参见哈耶克（1931）。

〔22〕在 1974 年获得诺贝尔经济学奖后不久，哈耶克重新开始研究这些问题。参见哈耶克（1975）。

〔23〕关于哈耶克、凯恩斯和凯恩斯主义之间的显著差别，参见麦克米克（1992）。

〔24〕哈耶克曾经详细解释了为什么他从不赞同凯恩斯《通论》的主要原因。参见卡尔德维尔（1998）。

〔25〕根据雅格布·维纳的说法，哈耶克对凯恩斯的到来曾经给予了极大的热情。这是很显然的。

〔26〕参见,例如,法约尔(1946)。

〔27〕在芝加哥大学访问期间,哈耶克(1994)承认积极财政政策是非常重要的。参见哈耶克(1994)。

〔28〕关于这个问题,他们两人实际上都坚持并不直接加以证明。

〔29〕参见作者1996年11月1日对米尔顿·弗里德曼的采访。

〔30〕在20世纪40年代,哈耶克曾经就这一主题写了好几篇论文。分别参见哈耶克(1942和1974)。

〔31〕对于哈耶克工作的重要性,弗里德曼曾经在他的推荐信中写道:"弗里德里希·哈耶克的影响一直是巨大的,他的研究工作融合了技术经济学理论,而且对于经济史、政治社会学、政治学等都产生了巨大影响。我是他的忠实信仰者。"参见马克卢普(1977)。

〔32〕关于这一学科的详细故事,参见哈特威尔(Hartwell,1995)。

〔33〕福特基金对货币数量论的发展也起了积极的促进作用。

〔34〕在福斯(Foss,1994)那里,哈耶克与卢卡斯的共性与区别是源远流长的。

〔35〕转引自诺贝尔经济学网站:www. nobel. se.

〔36〕例如,参见斯吉斯坦(1983)、罗斯特(Rosett,1984)、哈伯格(1993)、佩尔(1994)以及瓦尔德斯(1995)。

〔37〕关于芝加哥学派更加全面的文献,参见沃尔(Wall,1972)。

〔38〕也参见赫斯列兹(1960)。

〔39〕西蒙·罗特伯格1916年出生,1950年获得哈佛大学经济学博士学位,1954—1961期间任教于芝加哥大学,在这期间他专注于研究劳动经济学。

〔40〕马里奥·赞(Mario Zanary),一位强烈反对芝加哥大学经济学范式的经济学家,强调"价格理论的重要性渗透了整个经济领域"。参见瓦尔德斯(1995)。

〔41〕参见作者1998年3月6日对拉里·斯吉斯坦的采访。

〔42〕同上。

〔43〕《财富》1981年11月2日。

〔44〕关于20世纪90年代早期智利经济的通胀情况以及从中得出的政策经验,参见博斯沃思、多恩布什和拉班等(1994)。

〔45〕米尔顿·弗里德曼曾描述自己遭受新闻压力的具体细节一直保留在他的记忆深处。弗里德曼的诺贝尔获奖演说曾被反对者打击就是因为怀疑他有涉及智利的嫌疑。弗里德曼明确表达反对残暴镇压。参见弗里德曼(1998)。除此之外,具有讽刺意味的

是，根据拉里所说，弗里德曼最初坚决反对芝加哥大学和 UCC 之间的合作。这件事情于作者 2000 年 4 月 22 日采访迪尔德丽·麦肯斯基时得到确认。迪尔德丽·麦肯斯基也指出，在 20 世纪 70 年代的某段时间里，芝加哥大学的经济学院与伊朗大学曾经建立过一个合作的协议。当然，在持续了一段时间以后，这个理想最终破灭。参见迪尔德丽·麦肯斯基（2003）。

〔46〕哈伯格与智利学生的关系因为埃内斯托（Ernesto）和路易斯·安图（Luis Arturo）两个人而变得更好，他也因此遇到了在西北大学教西班牙语的安娜·比特伊·瓦里吉奥（Ana Beatriz Valjalo），她后来成为他的妻子。参见戴尔·索洛（1992）。

〔47〕《芝加哥论坛报》1997 年 1 月 13 日。

〔48〕由于美丽的加利福尼亚的天气（正好与芝加哥的粗糙天气相反），使哈伯格坚定了完全改变加州大学洛杉矶分校可能不仅仅是一个传统的争论。哈伯格在 1992 年表明："芝加哥大学经济学院的研究方向已经改变。它现在减少了对经济政策的关注，而把更多的精力放在了不能立即实际应用的技术和数学方面"。参见索洛（1992）。

〔49〕这一基础性研究主要是哈伯格（1972b），在那里汇集了他在经济领域的主要贡献。

〔50〕斯蒂格勒和哈伯格确认了两者之间冷关系的三个最主要方面，所有这三个方面一直都是鲜为人知的。

〔51〕关于早期阿根廷经济形势的系统分析，例如，参见斯吉斯坦（1966）。

〔52〕参见作者 2000 年 7 月 7 日对拉里·斯吉斯坦的采访。

〔53〕同上。

〔54〕也可参见，例如，斯吉斯坦（1998）。

〔55〕参见作者 2000 年 7 月 7 日对拉里·斯吉斯坦的采访。

结　语

肯尼思·埃尔津加（Kenneth Elzinga）写道："真正有影响的经济学家是这样的一些人：他影响经济学家在他们自己的学科里如何考虑基本问题，以及影响非经济学家如何考虑现实世界的经济问题"（埃尔津加，1984，572）。根据埃尔津加的标准来判断，芝加哥经济学家是 20 世纪他们专业里最有影响的群体。这种论断具有充分的理由，可以在诺贝尔奖获得者以及顶尖芝加哥经济学家的基础贡献中找到证据，如：索尔斯坦·凡勃伦、约翰·克拉克、弗兰克·赖特、雅格布·维纳、西奥多·舒尔茨、米尔顿·弗里德曼、乔治·斯蒂格勒、罗纳德·科斯、默顿·米勒、罗伯特·福格尔、理查德·波森纳、加里·贝克尔、罗伯特·卢卡斯、罗伯特·蒙代尔、凯文·墨菲和爱德华·李维特等。这些名字充分证明了芝加哥经济学家已经能够影响非经济学家的见解。

如果我们使用埃尔津加的标准，判断研究国家政府和国际机构奉行的社会经济政策方面的经济学家的影响，会得出同样的结论。在几十年的时间里，芝加哥经济学家在辩护自由市场机制上显现出高度的统一。当然在1950－1960 年间，干预主义者凯恩斯学派强烈地支配了社会经济政策的制定。芝加哥经济学家在导致凯恩斯主义终结的研究工作中起了首要作用。

在芝加哥大学可以找到里根和 20 世纪 80 年代的撒切尔革命的智力根源。在过去的 100 年里，许多发展中国家接受了经济政策导向的自由市场理念。中国、印度和苏联解体后的国家是受益最大的例子，许多其他较小的国家也遵循了同样的路线。尽管一些人对此提出质疑，全球化无非是自由市场政策的应用跨越了边界、文化和大陆。因此，可以这样认为，全球化的成功是芝加哥经济学家一个多世纪里所做工作的胜利。本书第一章，定义了芝加哥传统，对解释芝加哥经济学的显著成功大有帮助。芝加哥传统包括：近乎狂热的工作态度、卓越的学术根基、批判的无限自由、承认古典价格理论是真正科学、持续支持有实证证据的理论工作的需要、芝加哥大学的二维地理阻隔。除了最后一个，芝加哥传统的这些特征中的几个也可以在其他大学发现。芝加哥大学经济学学科独特的原因是所有这些特征一直被工作在芝加哥经济学系、商学院和法学院的大部分经济学家始终如一地敬重和奉行。坚持芝加哥传统不是巧合：

第一，大部分芝加哥经济学家想弄明白的是应用于一般经济生活中的规则——竞争导致最好的结果——一直在大学中被应用着。适者生存在芝加哥是真理的精髓。不可避免的，选择和占有的高度竞争过程导致坚强个性的挑选。由坚强个性维护的传统具有较高的生存可能——更重要的是，这些个性品质也易于导致有前途的研究项目的选择。

第二，芝加哥著名的研讨会制度导致一种"有特色的探究风格……来支配和培养芝加哥毕业生对经济学所有领域的研究"（内罗夫，1999，732）。在芝加哥大学经济学研讨会制度中，威望、等级、以往荣誉或者个人敏感是行不通的。在研讨会上总是要求智力训练和严密，这种严密坚固地支撑着芝加哥传统。

第三，坚持芝加哥传统使芝加哥大学的经济学家更加完全统一，还是偏执呢？回答这个问题没有简单的"是"或"否"。不可否认，在20世纪后半叶，芝加哥大学之外的经济学研究多少更加统一。像米尔顿·弗里德曼和乔治·斯蒂格勒这样强有力的经济学家的深远影响在这里起了重大作用。然而，持异议者总是芝加哥大学经济学的一部分。

经济学系第一任主任是索尔斯坦·凡勃伦，这是一个绝对反对古典经济学和资本主义的人。弗兰克·赖特是一个对任何已被接受的真理习惯性的持异议者。奥斯卡·兰格和在考利斯委员会的许多经济学家意识形态上反对经济学系在1940—1950年期间的主流观点。当米尔顿·弗里德曼指挥一场对凯恩斯经济学的攻击时，该系却聘请了一流的凯恩斯主义者劳埃德·梅泽尔。商学院决策研究中心的研究者们严肃地怀疑经济人的概念，而该概念对芝加哥大学代表的几乎所有经济学都极为重要。芝加哥法学院是法律经济学的诞生地。

持异议者的作用一直很关键。工作在芝加哥大学的一流经济学家总是对他们方法的正确性持有一种几乎不可动摇的信念。然而，他们意识到为了保持芝加哥传统的存在和发展，他们必然受到挑战——不仅有那些相距遥远的机构里的经济学家，也有就在这里的学者以及来这里访问的经济学家。而且，某一天某种新的范式将会显露的可能性总是会变成现实。如果目标是杰出新观点的诞生地，那么优秀的持异议者则是必要的外部驱动机制。

在芝加哥经济学系，伴随着成功的 20 世纪会是同样成功的 21 世纪吗？这个问题的答案依赖于芝加哥传统是否存续。明显的，传统的阻隔因素不再支持。互联网、电子邮件和国际旅行的相对方便连接了世界范围内的学者。

但是，其他的特征仍然在讨论之中。第一，价格理论和局部均衡分析受到芝加哥大学经济学系一般均衡分析的强烈挑战，支持有实证证据的理论的压力减小了。不夸张地说，今天旧的芝加哥传统在商学院比在经济学系更有活力。

芝加哥学者一直从事于发展领域的研究，这在其他地方被形容为"疯狂的"或者"无用的"空唱。最后，这些"愚蠢"中的某些思想成为主流经济学，一些甚至被认为值得授予诺贝尔奖。

坚持芝加哥传统在管理该过程和确保事情做完的时候，智力严谨和系统而刻苦的训练总是起着至关重要的作用。包括芝加哥大学在内的许多经济学家们，倾向于认为历史本身不会重复。由于芝加哥传统的日渐削弱，芝加哥大学正在慢慢失去它在经济学领域的独特和领先地位。

仅以本书作为对这种悲观主义的警示。我们深信：芝加哥大学经济学的成功故事不止是吉人天相。

参考文献

Abu-Lughod, J. L. 1999. New York, Chicago, Los Angeles: America's global cities. Minneapolis: University of Minnesota Press.

Alchian, A. 1965. Some economics of property rights. In Economic forces at work. New York: Liberty Pess, 1977.

Alchian, A., and H. Demsetz. 1972. Production, information costs, and economic organization. American Economic Review. December.

Alchian, A., and R. Kessel. 1960. The meaning and validity of the inflation-induced lag of wages. American Economic Review. March.

Alexander, S. 1959. The effects of devaluation: A simplified synthesis of elasticities and absorption approaches. American Economic Review. March.

Aliber, R. Z. 1973. The International Money Game. 4th ed. New York: Basic Books.

——. 1982. Your money and your life. New York: Basic Books.

——. 1990. The US trade deficit and US fiscal deficit: Cause and effect. In International finance and financial Policy, ed. H. Stoll, 83-99. New York: Quorum Books.

——. 1993, the Multinational Paradigm. Cambridge, MA: MIT Press.

Aliber, R. Z., J. Duesenberry, and T. Mayer. 1981. Money, banking, and the economy. New York: W. W. Norton.

Allen, J. 1995. At the University of Chicago, risk taking is part of the program. American Banker. September 19.

Ando, A., and F. modigliani. 1965. The relative stability of the monetary velocity and the investment multiplier. American Economic Review. September.

Angell, J. 1933. Monetary control and general business stabilization. In Economic Essays in Honour of Gustav Cassel. London: Allen and Unwin.

Angeloni, I., A. Kashyap, and B. Mojon, eds. 2003. Monetary policy transmission in the Euro-area. Cambridge: Cambridge University Press.

Antle, J. M., and D. A. Sumner. eds. 1996. Papers in bonor of D. Gale Johnson. Vol. 2 of The Economics of Agrlculture. Chicago: University of Chicago Press.

Arbeiter, L. 1985. Rationality under fire. GSB Chicago, mimeo, Autumn.

Arrow, K. 1962. The economic implications of learning by doing. *Review of Economic Stud -ies*. June.

——. 1963. Uncertainty and the welfare economics of medical care. *American Economic Review*. December.

——. 1973. Higher education as filter. *Journal of Public Economics*. Vol. 2: July. 193—216.

——. 1979. Marshak, Jacob. In *International Encyclopedia of the Social Sciences*. ed. D. K. Sills. Vol. 18. New York: The Free Press.

Ashenfelter, O. 1994. H. Gregg Lewis memorial comments. *Journal of Labor Economics*. 12 (1): 138.

Aslanbeigui, N., and S. Medema. 1998. Beyond dark clouds: Pigou and Coase on social cost. *History of Political Economy*. Winter.

Aspromourgos, T. 1986. On the origins of the term "neoclassical." *Cambridge Journal of Economics*. 12 (1): 265—70.

Ault, R., and R. Ekelund. 1988, Habits in economic analysis: Veblen and the neoclassics. *History of Political Economy*. Fall.

Averch, H., and L. Johnson. 1962. The behavior of the firm under regulatory con-straint. *American Economic Review*. December.

Bailey, M. 1957. Saving and the rate of interest. *Journal of Political Economy*. August.

Baird, D. 1992. *Elements of Bankruptcy*. New York: Foundatior Press.

Baird, D. G., R. H. Gertner, and R. C. Picker. 1998. *Game theory and the law*. Cambridge, MA: Harvard University Press.

Barber, W. J. 1988. Political economy in an atmosphere of academic entrepreneurship: The University of Chicago. In *Breaking the academic mould: Economics and American learning in the nineteenth century*, ed. W. Barber. Middletown, CT: Wesleyan University Press.

Barberis, N., and M. Huang. 2001. Mental accounting, loss aversion, and individual stock returns. *Journal of Finance*. Vol. LVI, No. 4, August 2001: 1247.

Barberis, N, and R. Thaler. 2003. A survey of behavioral finance. In *Handbook of the Eco -nomics of Finance*, eds. G. Constantinidis, M. Harris, and R. Stulz, 1051—1121. Amsrerdam: North Holland.

Barro, R., 1996. *Getting it right: markets and choices in a free society*. Cambridge, MA: MIT Press.

Barro, R, and X. Sala-I-Martin. 1995. *Economic growth*, New York: McGraw Hill.

Bateman, W. Clearing the ground: The demise of the social gospel movement and the rise of neo classicism in American Economics. In Morgan and Rutherford 1998, 29—52.

Baumol, W. J. 1972. Jacob Viner at Princeton. *Journal of Political Economy*. January.

——. 2000. What Marshall didn'tknow: On the twentieth century's contributions to econom -ics. *Quarterly Journal of Economecs*. February.

Baumol, W. , and G. S. Becker. 1952, The classical monetary theory: The outcome of A discussion, Economica, November.

Baumol, W. , J. Panzar, and R. Willig. 1982. Contestble markets and the theory of industry structure. New York: Harcourt Brace Jovanovich.

Beaud, M. , and G. Dostaler. 1995. Economic thought since Keynes: A history and dictionary of major economist. Cheltenham, UK, Edward Elgar Pubishing.

Becker, G. S. 1957. The economics of discrimination. Chicago: Chicago University Press.

——. 1965. A theory of the allocation of time. Economic Journal, September.

——. 1968. Crime and punishment: An economic approach. Journal of Political Economy. March/Apil.

——. 1971. Economic Theory. New York: Alfred A. Knopf.

——. 1976. The economic approach to human behavior. Chicago: The University of Chicago Press.

——. 1981. A treatise on the family. Cambridge, MA: Harvard University Press.

——. 1983. A theory of competition among pressure groups for political influence. Quarterly Journal of Economics. August.

——. 1988. Public policies, pressure groups, and dead weight costs. In Stigler 1988a.

——. 1991. Milton Friedman. In Shils 1991, 138-146.

——. 1993a. Human capital: A theoretical and empirical analysis with special reference to education. 3rd ed. Chicago: The University of Chicago Press.

——. 1993b. Nobel Lecture: The economic way of looking at behavior. Journal of Political Economy. June.

——. 1993c, George Joseph Stigler: January, 17, 1911-December, 1, 1991 Journal of Political Economy. October.

——. 1995. Foreword to The new economics of human behavior, ed. by M. Tommasi and K. Ierulli. Cambridge: Cambridge University Press.

——. 1996. Accounting for tastes. Cambridge, MA: Harvard University Press.

Becker G. , and G. N. Becker. 1997. The economics of life: From baseball to affirmative action to immigration, how real-world issues affect our everyday life. New York: McGraw-Hill.

Becker G. S., E. L. Glaeser, and K. M. Murphy1999. Population and economic growth. AEA Papers and Proceedings. May.

Becker, G., and W. Landes, eds. 1974, Essays in the economics of crime and punishment. New York: Columbia University Press.

Becker, G. S. , and H. G. Lewis. 1976. On the interaction between the quantity and quality of children. In Becker 1976, S279-288.

Becker, G. S. , and C. B. Mulligan. 1997. The endogenous determination of time preference. Quarterly Journal of Economics. August.

———. 1998. Deadweight costs and the size of government. Working Paper No. 144. Chicago，IL：George J. Stigler Center for the Study of the Economy and the State.

Becker, G. S., and K. M. Murphy1999. Social economics: market behavior in a social envi-ronment. Cambridge，MA: Harvard University Press.

Becker, G. S., K. M. Murphy, and R. Tamura. 1990. Human capital, fertility and economic growth. Journal of Political Economy. v. 98，no. 5，Part 2 (October 1990)：S12-537.

Becker, G. S. , T. Philipson，and R. Soares. 2005. The quantity and quality of life and the evolution of world inequality. American Economic Review. March.

Becker，G. S. , and G. Stigler. 1977. De gustibus non est disputandum. American Economic Review. December.

Beckman，M. J. 1991. Tjalling C. Koopmans. In Shils 1991.

Benartzi，S.，and R. Thaler，R. 1995. Myopic risk aversion and the equity premium puzzle. Quarterly Journal of Economics. February.

Ben-Porath，Y. 1982. Economics and the family—match or mismatch? A review of Becker's Treatise on the Family. Journal of Economic Literature. 20 (1), pp. 52-64.

Bernanke，B. 2000. Essays on the Great Depression, Princeton, NJ：Princeton University Press.

Bentley，A. 1908. The process of government. Chicago: University of Chicago Press.

Bernstein，L. 1992. Capital ideas. New York: The Free Press.

———. 1996. Against the gods: The remarkable story of risk. New York: John Wiley & Sons.

Bhagwati，J. 1982. Remembering Harry G. Johnson. Journal of International Econom-ics. supple ment. January.

Biddle，J. E. 1996. H. Gregg Lewis. In Samuels, W., ed. American Economists of the Late Twentieth Century. Cheltenham，UK，Edward Elgar Publishing.

Bickerdike, C. F. 1920. The instability of foreign exchange. Economic Journal. March.

Black，F. 1982. The trouble with econometric models. Financial Analysts Journal. March/April.

———. 1986. Noise. Journal of Finance. July.

———. 1987. Business cycles and equilibrium. New York: Blackwell.

———. 1988. On Robert C. Merton. MIT Management. Fall.

———. 1989. How we came up with the option formula. Journal of Portfolio Management. Winter.

———. 1995a. Exploring general equilibrium. Cambridge, MA：MIT Press.

———. 1995b. Interest rates as options. Journal of Finance. December.

Black, F. , E, M. Jensen, and M. Scholes. 1972. The capital asset Pricing model: Some empirical tests. In Studies in the theory of capital markets, ed. M. Jensen, New York: Praeger.

Black, F. , M. H. Miller, and R. A. Posner. 1978. An approach to the regulation of bank holding companies. *Journal of Business July*.

Black, F. , and M. S. Scholes. 1973. The pricing of options and corporate liabilities. *Journal of Political Economy*. May.

Blacg, M. 1985. *Great economists since Keynes*. London: Wheatsheaf Books Ltd.

——. W. Eltis, D. O'Brien，R. Skidelsky, and D. Patinkin1995. *The quantity theory of money. From Locke to Keynes and Friedman*. Cheltenham, U. K.: Edward Elgar Publishing.

——. 1997. *Economic theory in retrospect*. 5th ed. Cambridge:: Cambridge University Press.

——2001. No history of ideas, please, we're economists. *Journal of Economic Perspectives*. Winter.

Blinder, A. 1997. The rise and fall of Kevnesian Economics. In Snowdon and Vane.

Bloomfield, A. I. 1992. On the centenary of Jacob Viner's birth: A retrospective view of the man and his work. *Journal of Economic Literature*. December.

Blum，W. 1976. The uneasy case for progressive taxation in 1976. Occasional papers, no. 11，University of Chicago, Law School.

Blum, W，and H. Kalven. 1953. *The uneasy case for progressive taxation*. Chicago: University of Chicago Press.

Blundell, R. 2001. James Heckman's contributions to economics and econometrics. *Scandinavian Journal of Economics*. 103 （2） .

Bordo, M. 1989. The contribution of "A Monetary History of the United States, 1867-1960" to monetary history. *In Money, history and international finance: Essays in honor of Anna J. Schwartz*, ed. M. Bordo. Chicago: University of Chicago Press.

Bork，R. 1954. Vertical integration and the Sherman Act: The legal history of an economic misconception. *University of Chicago Law Review*. Autumn.

——. 1978. *The antitrust paradox*. New York: Basic Books, 1993.

——. 1979. The legacy of Alexander M. Bickel. *Yale Law Report*. Fall.

——. 1989. *The tempting of America: The Political Seduction of the law*. New York: Free Press.

——. 1996. *Slouching towards Gomorrah: Modern liberalism and American decline*. New York: Regan Books.

Bornemann，A. 1940. *J. Laurence Laughlin*. Washington, DC: American Council on Foreign Affairs.

Bosworth, B，R. Dornbush, and R. Laban, eds. 1994. *The Chilean economy: policy lessons and challenges*. Washington, DC: Brookings Institution.

Boulding, K. E. 1958. *The skills of an economist*. Cleveland OH: Howard Allen.

——. 1992. From chemistry to economics and beyond. In Szenberg 1992.

Bourneuf, A., E. Domar，and P. Samuelson, eds., 1973. *Collected papers: Lloyd A. Met-*

zler. Cambridge, MA: Harvard University Press.

Bowman, M. J. 1980. On Theodore W. Schultz's contributions to economics. *Scandinavian Journal of Economics*, 82.

Bowman, W. 1952. Resale price maintenance—A monopoly problem. *The Journal of Busiess*. July.

Boycko, M. , A. Schleifer, and R. Vishny. 1995. *Privatizing Russia*. Cambridge, MA: MIT Press.

Brody, D., and R. Director-Friedman. 1947. *Savings and the income distribution*. Studies in Income and Wealth, No. 10. New York: National Bureau of Economic Research.

Breit, W., and B. Hirsch. 2004. *Lives of the laureates*. Cambridge, Mass MIT Pres.

Breit, W., and R. L. Ransom. 1998. *The academic scribblers*. Princeton, NJ: Princeton University Press.

Bronfenbrenner, M. 1962. Observations on the "Chicago Schools". *Journal of political Economy*. February.

Brooks, K., and D. G. Johnson. 1983. *Prospects for Soviet agriculture in the 1980s*. Bloomington: Indiana University Press.

Brown, E., Douglas, P. Harbison, F., et al. 1949. Harry Alvin Millis, 1873-1948. *American Economic Review*. Vol. 39, No. 3 (Jun., 1949), pp. 741-750.

Brozen, Y. 1957. The ecnomics of automation. *American Economic Review*. May.

——. 1962. Minimum wage rates and household workers. *Journal of Law and Economics* October.

——. 1982. *Mergers in Perspective*. Washington, DC: American Enterprise Institute.

Brozen, Y., and G. Bittlinger. 1982. *Cocentration, mergers, and public policy*. New York: Macmillan.

Brunner, K. 1968. The role of money and monetary policy. *Federal Rank of St. Louis Review*. 50 (7): 9-24.

——. ed. 1981. *The Great Depression revisited*. Boston: Martjnus Nijhoff Publishing.

——. 1992. My quest for economic knowledge. In Szenberg 1992.

——. 1992. Ronald Coase-old-fashioned scholar. *Scandinavian Journal of Economics*. No. 1.

Buchanan, J. M. 1991. Frank H. Knight. In Shils 1991.

Buchanan, J., and G. Tullock. 1962. *The calculus of consent*. Ann Arbor: University of Michigan Press.

Bulmer, M. 1984. *The Chicago School of Sociology*. Chicago: University of Chicago Press.

Cagan, P. 1965. *Determinants of effects of changes in the money Stock 1875-1960*, New York: Natioal Bureau of Economic Research.

Cairncross, A. 1953. Home and foreign investment 1870—1913. Cambridge: Cambridge University Press.

Calabresi, G. 1961. Some thoughts on risk distribution and the law of torts. *Yale Law Review*. No. 70.

Caldwell, B. 1998. Why didn't Hayek review Keynes'Genral Theory? *History of Political Economy*. Winter.

Carlton, D. W. 1984a, Futures markets: Their purpose, their history, their growth, their successes and failures. *Journal of Futures Markets*. Fall.

———. 1984b. *Market behavior under uncertainty*. New York: Garland.

———. 1986. The rigidity of prices. *American Economic Review*. Ssptember.

———. 1989. The theory and facts of how markets clear: Is industrial organization valuable for understanding macroeconomics? In *Handbook of Industrial Organization*, eds. R. Schmalensee and R. Willig, Amsterdam: North-Holland.

———. 1991. The theory of allocation and its implications for marketing and industrial structure: Whv rationing is efficient. *Journal of Law and Economics*. October.

———. 1995. Economic organization and conflict. *Jurnal of Institutional and Theoretical Economics*. March.

———. 1997. A critical assessment of the role of imperfect competition in macroeconomics. In *Market behaviour and macroeconomic modelling*, eds. S. Brakma, H. Van Ees, S. Kuipers, New York: Macmillan.

Carlton, D. W. , and D. R. Fishel. 1983. The regulation of insider trading. *Stanford Law Review*. May.

Carlton, D. W. and J. M. Perloff. 2004. *Modern industrial organization*, 4th ed. Glenview, IL: Addison Wesley.

Cechetti, S. , A. Kashyap and D. Wilcox. 1997. Iteractions between the seasonal and the business cycles in production and inventories. *American Economic Review*. December.

Chamberlin, E. H. 1957. *Towards a more general theory of value*. New York: Oxford University Press.

Chao, H. -K. 2003. Milton Friedmanand the emergence of the permanent income hypothesis. *History of Political Economy*. Spring.

Chari, V. V. 1998. Nobel Laureate Robert E. Lucas Jr.: Architect of modern macroeconomics. *Journal of Economic Perspectives*. Winter.

Chernow, R. 1998. Titan: *The Life of Jobn D. Rockefeller, Sr.* New York: Random House.

Christ, C. 1994. The Cowles Commission's contributions to econometrics at Chicago. *Journal of Economic Literature*. March.

Ciccone, F. R. 1999. *Chicago and the American century* Chicago: Contemprary Books.

Clark, J. ed. 1996. *James S. Coleman*. London, Falmer Press.

Clark, J. M. 1917. Business acceleration and the law of demand: A technical factor in economic cycles. *Journal of Political Economy*. March.

——. 1918. Economics and modern psychology. *Journal of Political Economy*. January/February.

——. 1919. Economic theory in an era of social readjustment. *AEA Papers and Proceedings*. March.

——. 1923. *Studies in the economics of overhead costs*. Chicago, University of Chicago Press.

——. 1926. *Social control of business*. Chicago: University of Chicago Press.

——. 1929. Thorstein Bundy Veblen. *American Economic Review*. December.

Coase, R. H. 1937. The nature of the firm. In *Essential readings in economics*, ed. S. Estrinand A. Marin. London: Macmillan, 1995.

——. 1959. The Federal Communications Commission. *Journal of Law and Economics*. October.

——. 1960. The problem of social cost . *Jurnal of Law and Economics*. October.

——. 1984. The new institutional economics. *Journal of Institutional and Theoretical Economics*. March.

——. 1991. The institutional structure of production. In *Essays on economics and economists*. Chicago: University of Chicago.

——. 1993a. Coase on Posner on Coase. *Journal of Institutional and Theoretical Economics*. March.

——. 1993b. Law and ecoaomics at Chicago. *Journal of Law & Economics*. April.

——. 1994. *Essays on economics and economists*. Chicago: University of Chicago Press.

——. 1997. The institutional structure of production. In Persson 1997.

Coats, A. W. 1963. The origins of the Chicago School. *Journal of Political Economy*. October.

——. 1985. The American Economic Association and the economics profession. *Journal of Economic Literature*. December.

Cobb，C. W，and P. H. Douglas. 1928. A theory of production. *American Economic Review*. March.

Cohen, A. 1998. Frank Knight's position on capital and interest. In Rutherford 1998.

Colander, D. 1991. Why aren't economists as important as garbagemen? *Essays on the state of economics*. Armonk, NY: M. E. Sharpe.

Coleman, J. S. 1961. *The adolescent society: The social life of the teenager and its impact on education*. Glencoe, IL: The Free Press.

——. 1985. *Schools, Families and Children. The 1985 Ryerson Lecture*. Chicago: The University of Chicago Press.

——. 1990. *Foundations of social theory*. Cambridge, MA: Harvard University Press.

Coleman, J. S. e. a. 1966. *Equality of educational opportunity*. Washington DC:

U. S. Government Printing Office.

Coleman, J. S. , T. Hoffer, and S. Kilgore. 1982. *High school achievement: Public, catholic, and Private schools compared*, New York: Basic Books.

Coleman, J. S. , S. Kelly, and J. Moore. 1975. *Trends in school segregation, 1968 — 73.* Washington DC: The Urban Institute.

Cootner, P. H., ed, 1964. *The random character of stock prices.* Cambridge, MA: MIT Press.

Corden, W. M. 1965. *Recent developments in the theory of international trade.* Special papers in the theory of international trade, No. 7. Princeton, NJ: Princeton University.

Corden, W. M. 1984，Harry Johnson's contributions to international trade theory. *Journal of Political Economy.* August.

Cowles，A. 1944. Stock market forecasting. *Econometrica.* July.

Cyert, R., and J. March, 1963. *A behavioral theory of the firm.* Englewood Cliffs, NJ: Prentice Hall.

Dam，K. W. 1964. Trademarks, price discrimination and the Bureau of Customs. *Journal of Law and Economics.* October.

——. 1965. Oil and gas licensing and the North Sea. *Journal of Law and Economics.* October.

——. 1970b. The pricing of North Sea Gas in Britain. *Journal of Law and Economics.* April.

——. 1974. The evolution of North Sea licensing policy in Britain and Norway. *Journal of Law and Economics.* October.

——. 1976. Oil resources: Who gets what how? Chicago: University of Chicago Press.

——. 1994. The economic underpinnings of patent law. *The Journal of Legal Studies.* January.

——. 1995. Some economic considerations in the intellectual property protection of software. *The Journal of Legal Studies.* June.

——. 2001. *The rules of the game: A new look at US international policy making.* Chicago: University of Chicago Press.

Davenport, H. 1897. The real cost of tariff. *Journal of Political Economy.* September.

——. 1914. *Economics of enterprise.* New York: Macmillan, 1932.

Davidson，S. , and R. Weil. 1983. *Handbook of modern accounting.* New York: McGraw-Hill.

Davidson, S., M. Maher, C. Stickney, and R. Weil. 1991. *Managerial accounting.* Chicago: Harcourt Brace Jovanovich.

Davis，H., and Hogarth, R. 1992, *Rethinking management education: A view from Chicago.* GSB, selected paper no. 72.

Davis，J. R. 1971. *The new economics and the old economists.* Ames: Iowa State University

sity Press.

De Bondt, W., and R. Thaler. 1985. Does the stock market overreact? *Journal of Finance*. No. 40.

——. 1987. Further evidence on investor overreaction and stock market seasonality. *Journal of Finance*. No. 42.

De Long, J. B. 2000. The triumph of monetarism? *Journal of Economic Perspectives*. Winter.

Del Solar, B. 1992. The cradle of the Chicago Boys. Que Pasa (translation as available in the files of the Communications Department of the University of Chicago).

Demsetz, H. 1964. The exchange and enforcement of property rights. *Journal of Law and Economics*. October.

——. 1967. Towards a theory of property rights. *American Economic Review*. May.

——. 1968. Why regulate utilities? *Journal of Law and Economics*. April.

——. 1969, Information and Efficiency: Another Viewpoint. *Journal of Law and Economics*. April.

——. 1982. Economic, legal and political dimensions of competition. Amsterdam: North Holland.

——. 1993. George J. Stigler: Mid-century neoclassicalist with a passion to quantify. *Journal of Political Economy*. October.

Dimand, M. A., R. W. Dimand, and E. L. Forget, eds. 1996. Women of value: Feminist Essays on the History of Women in Economics. Aldershot, UK: Edward Elgar Publishing.

Director, A. 1930. Making use of public works. Survey. August 15.

——. 1932. Unemployment. Chicago: American Library Association.

——. 1933, The economics of technocracy. Public Policy Pamphlets, No. 2. Chicago: University of Chicago Press.

——. 1948. Preface to Economic policy for a free society, by Henry Simons. Chicago: University of Chicago Press.

——. 1964. The Parity of the economic market place, *Journal of Law and Economics*. October.

Director, A., and levi, E. 1956. Law and the future: Trade legislation. *Northwestern Law Review*. No. 10.

Director, A., and P. H. Douglas. 1934. *The problem of unemployment*. New York: Macmillan.

Domar, E. D. 1992. How I tried to become an economist. In Szenberg 1992.

Donohue, J. J., and S. D. Levitt. 2001a. The impact of legalized abortion on crime. *Quarterly Journal of Economics*. May.

——. 2001b. the impact of race on policing and arrests. *Journal of Law and Economics*.

October.

Dorfman, J. 1934. *Thorstein Veblen and his America*. New York: Viking Press.

——. 1959. *The Economic Mind in American Civilization*. New York: Viking Press.

Dornbush, R., 1976. Expectations and exchange rate dynamics. *Journal of Political Economy*. December.

Dornbush, R. 1996. Nobel savages. *The Economist*. March 30.

Dornbush, R, and S. Fisher. 1994. *Macroeconomics*. New York: McGraw Hill,

Dornbush, R., and J. Frenkel, J. 1973. Inflation and growth: Alternative approaches, *Journal of Money, Banking and Credit*, February.

Douglas, P. H. 1927. The modern technique of mass production and its relation to wages. *Proceedings of the Academy of Political Science*. July.

——. 1930. *Real wages in the United States, 1890—1926*. Boston: Houghton Mifflin.

——. 1934. *The theory of wages*. New York: Macmillan Company.

——. 1935. *Controlling depressions*. New York: Norton.

——. 1939. Henry Schultz as a colleague. *Econometrics*. April.

——. 1947. Antidote for communism. *University of Chicago Magazine*. December.

——. 1948. Are there laws of production? *American Economic Review*. March.

——. 1952a. *Economy in the national government*. Chicago: University of Chicago Press.

——. 1952b. *Ethics in government*. Chicago: University of Chicago Press.

——. 1972. *In the fullness of time*. New York: Harcourt, Brace, Jovanovich.

——. 1976, The Cobb-Douglas production function once again: Its history, its testing and some empirical values, *Journal of Political Economy*. October.

Douglas, P., and A. Hanson, 1930, The Wages of domestic labor in Chicago, 1890—1926. *Journal of American Statistical Association*. March.

Douglas, P., and E. Schoenberg. 1937. Studies in the Supply of labor: The relation in 1929 between average earnings in American cities and the proportions seeking employment. *Journal of Political Economy*. February.

Downs, A. 1957. *An economic theory of democracy*. New York: Harper.

Dreiser, H. 1971. *The University of Chicago/Graduate School of Business: A Brief History*. Chicago: Graduate School of Business.

Duggan, M. 2001. More guns, more crime. *Journal of Political Economy*. October.

Dunsing, M., and Reid. 1958. Effect of varying degrees of transitory income on income elasticity of expenditures. *Journal of American Statistical Association*. June.

Durand, D. 1957. Growth stocks and the Petersburg Paradox. *Journal of Finance*. September.

——. 1959. The cost of capital, corporation finance, and the theory of investment. *American Economic Review*. September.

Dybek，S. 1993. Introduction. In *Cicago stories: Tales of the city*, ed. J. Miller. San Francisco: Chronicle Books.

Dzuback，M. A. 1991. *Robert M. Hutchins: Portrait of an Educator*. Chicago: University of Chicago Press.

Easterbrook，E. 1984. *The Limits of Antitrust*. Working paper 20. University of Chicago Law School, Program in Law & Economics.

——. 1986. Workable antitrust policy. *Michigan Law Review*. August.

Easterbrook E., and D. Fischel 1981. The Proper role of target's management in responding to a tender offer *Harvard Law Review*. April.

——. 1982. Antitrust suits by targets of tender offers. *Michingan Law Review*. 80.

——. 1991. *The economic structure of corporate law*. Cambridge, MA: Harvard University Press.

Ebenstein, A. 2001. *Friedrich Hayek: A biograpby*, New York: Palgave.

Edgell，S.，and R. Tilman. 1991. John Rae and Thorstein Veblen on conspicuous con - sumption: A Neglected intellectual relationship. *History of Political Economy*. Winter.

Ehrlich, I. 1973. Participaion in illegitimate activities: A theoretical and empirical investiga - tion. *Journal of Political Economy*. May.

Einhorn, H. J., and R. M. Hogarth. 1987. Decision making: Going forward in reverse. *Harvard Business Review*. Jan. /Feb.

Elzinga, K. 1984. Elzinga on Coase. In *Contemporary economists in perspective: Part B*, eds. H. W. Spiegel and W. J. Samuels, Greenwich, CT: JAI Press.

Emmett, R. 1998. Entrenching discipiplinary competence: The role of general education and graduate study in Chicago economics. In Morgan and Rutherford 1998.

——. ed. 2002. *The Chicago tradition in economics* 1892 — 1945. 8 vols. New York: Rout ledge.

Epstein R. A. 1973. A theory of strict liability. *Journal of Legal studies*. 2, 151.

——. 1982. Taxation, regulation, and confiscation. *Osgoode Hall Law Journal*. September.

——. 1985. Takings: *Private property and the power of eminent domain*, Cambridge, MA: Harvard University Press.

——. 1988. The political economy of product liability reform. *AEA Papers and Proceedings* May.

——. 1990. The paradox of civil rights. *Yale Law & Policy Review*. 8 (2): 299.

——. 1992. Forbidden grounds: *The case against employment discrimination laws*. Cam - bridge, MA: Harvard University Press.

——. 1993. Holdouts, externalities, and the single owner: One more salute to Ronald Coase. *Journal of Law and Economics*. April.

——. 1994. The moral and practical dilemmas of an underground economy. *Yale Law & Pol-*

icy Review, June.

———. 1995. *Simple rules for a complex world.* Cambridge, MA: Harvard University Press.

———. 1997. *Mortal Peril: Our inalienable right to health care?* New York: Addison-Wesley.

Estrin, S., and A. Marin, eds. 1995. *Essential readings in economics.* London: Macmillan.

Fama, E. F. 1963. Mandelbrot and the stable Paretian hypothesis. *Journal of Business.* October.

———. 1965a. The behavior of stock market prices. *Journal of Business.* January.

———. 1965b. Tomorrow on the New York Stock Exchange. *Journal of Business.* July.

———. 1965c. Random walks in stock market prices. *Financial Analysts Journal.* Sept. Oct.

———. 1970. Efficient capital markets: A review of theory and empirical work. *Journal of Finance.* May.

———. 1976. *Foundations of finance.* New York: Basic Books.

———. 1980. Agency problems and the theory of the firm. *Journal of Political Economy.* April.

———. 1991. Efficient capital markets: II. *Jurnal of Finance.* December.

Fama, E. F., and French, K. R. 1992. The cross section of expected stock returns. *Journal of Finance.* June.

———. 1996. Multifactor explanations of asset pricing anomalies. *Journal of Finance.* March.

———. 1988. Dividend yields and expected stock returns. *Journal of Financial Economics.* October.

———. 1993. Common risk factors in the rerurns on bonds and stocks. *Journal of Financial Economics.* February.

———. 1998a, Taxes, financing decisions, and firm value. *Journal of Finance.* June.

———. 1998b. Value versus growth: the international evidence. *Journal of Finance.* December.

———. 2000. The equity Premium. Working paper 522, The Center for Research in Security Prices, University of Chicago.

Fama, E. F., and M. Jensen. 1983. Separation of ownership and control. *Journal of Law and Economics.* June.

Fama, E. F., and M. H. Miller. 1972. *The theory of finance.* New Youk: Holt, Rinehart and Winston.

Favell, A. 1993. James Coleman: Social theorist and moral philosopher. *American Journal of Sociology.* November.

Fershtman, C., K. Murphy, and Y. Weiss. 1996, Social status, education and growth. *Journal of Political Economy.* February.

Finer, H. 1946. *The road to reaction.* Boston: Little, Brown & Co.

Fischel, D. 1995. *Payback: the conspiracy to destroy Micbael Milkenand his financial revo-*

lution. New York: Harper Business.

Fischel, D., and A. Sykes. 1996 Corporate crime. *The Journal of Legal Studies*. June.

Fisher, I. 1911, *The purchasing power of money: Its determination and relation to credit, interest and crises*. New York: Macmillan.

——. 1926. A statistical relation between unemployment and price changes. *International Labor Review*. June.

Fisher, S., Z. Griliches, and C. Kaysen. 1962, The costs of automobile changes since 1949. *Journal of Political Economy*. October.

Fisher, L., and J. Lorie. 1964. Rates of return on investments in common stocks. *Journal of Business*. January.

——. 1968. Rates of return on investments in common stocks: The year-by-year record, 1926—1965. *Journal of Business*. July.

Fleming J. M., 1962. "Domestic Financial Policies under Fixed and under Floating Exchange Rates", IMF Staff Papers, March.

Fleming, M. 1971. On exchange rate unification. *Economic Journal*. September.

Fogel, R. W. 1964. *Railroads and American economic growth: Essays in econometric history*. Washington. DC: Johns Hopkins University Press.

——. 1989. *Without consent or contract: The rise and fall of American slavery*. New York: W. W. Norton & Co.

——. 1997. Economic growth, population theory, and physiology: The bearing of long-term processes on the making of economic policy. In Persson 1997.

——. 2000. *The fourth great awakening and the future of egalitarianism*. Chicago: University of Chicago Press.

Fogel, R. W., and S. L. Engerman. 1974. *Time on the cross: The economics of American negro slavery*. New York: Little, Brown.

Foss, N. 1994. *The Austrian School and modern economics: Essays in reassessment*. Copenhagen: Munksgaard International Publishers.

Frenkel, J. 1974. The demand for international reserves by developed and less-developed countries. *Economica*. February.

——. 1978. Purchasing power parity: Doctrinal perspective and empirical evidence from the 1920's. *Journal of International Economics*. May.

——. 1981. The collapse of purchasing power parities in the 1970s. *European Economic Review*. May.

Frenkel, J. A., and H. G. Johnson, eds. 1976. *The monetary a pproach to the balance of payments*. Toronto: University of Toronto Press.

Frenkel, J. A., and M. L. Mussa. 1980. The efficiency of the foreign exchange market and measures of turbulence. *AEA Papers and Proceedings*. May.

——. 1985. Asset markets, exchange rates and the balance of payments. In *Handbook of international economics*, ed R. Jones and P. Kenen, Amsterdam: North-Holland.

Frenkel, J. A., and A. Razin. 1987. The Mundell-Fleming model: A quarter cetury later. IMF Staff Papers No. 34. Washington, DC: International Monetary Fund.

Freund, E. 1912. The enforcement provisions of the Sherman Law. *Journal of Political Economy*. May.

Friedland, C. 1993. "On Stigler and Stiglerisms." *Journal of Political Economy*. October.

Ftiedman, D. 1991. Law and Economics. In *The New Palgrave: The World of Economics*, eds. J. Eatwell M. Milgate, and P. Newman, New York: W. W. Norton.

Friedman, D., W. Landes, and R. Posner. 1991, Some economics of trade secret law. *Journal of Economic Perspectives*. Winter.

Friedman, M. 1937. The use of ranks to avoid the assumption of normality implicit in the analysis of variance . *Journal of the American Statis tical Association*. Vol. 32, No. 200（Dec., 1937）, pp. 675－701.

——. 1940. Review of *Business Cycles in the United States of America, 1919－32* by J. Tinbergen. *American Economic Review*. September.

——. 1941. Review of *Monopolistic Conpetion and General Equilibrum Theory* by R. Triffin. *Journal of Farm Economics*. February.

——. 1948. A monetary and fiscal framework for economic stability. *American Economic Review*. June.

——. 1953. *Essays in positive economics*. Chicago: University of Chicago Press.

——. 1955. The role of government in education. In *Economics and the Public Interest*, ed. R. A. Solo, New Brunswick: Rutgers University Press.

——. ed. 1956. *Studies in the quantity theory of moey*. Chicago: University of Chicago Press.

——. 1957. *A Theory of the consumption function*. Princeto, NJ: Princeton University Press.

——. 1958. Foreign economic aid: Means and objectives. In *The Essence of Friedmn*, ed K. R. Leube , 80. Stanford, CA: Hoover Institution Press, 1987.

——. 1960. *A Program for monetary stability*. New York: Fordham University Press.

——. 1962. *Capitalism & freedom*. Chicago: Uiversity of Chicago Press.

——. 1966. What price guideposts? In *Guidelines: Informal contracts and the market place*, eds. G. Schultz and R. Aliber, Chicago: Uiversity of Chicago Press.

——. 1967a, The monetary theory and policy of Henry Simons. *Journal of Law and Economics*, October.

——. 1967b. Why not a voluntary army? In *The draft: A bandbook of facts and alternatives*. ed. S. Tax. Chicago: University of Chicago Press.

——. 1968. The role of monetary policy. *American Economic Review*. March.

——. 1970. Social responsibility of business. New York Times Magazine, September 13

——. 1974. Schools at Chicago. Archives of the Communications Department of the Univer-sity of Chicago.

——. 1976a. Price theory. New York: Aldine de Gruvter.

——. 1976b. Inflation and unemployment. In The Essence of Friedman ed. K. Leube, Stan-ford, CA: Hoover Institution Press, 1987.

——. 1978. Tax limitation, inflation, and the role of government. Dallas: The Fisher Insti-tute.

——. 1992. Money mischief: Episodes in monetary history. New York: Harcourt Brace & Company.

——. 1993. George Stigler: A personal reminiscence. Journal of Political Economy. October.

——. 1997. John Maynard Keynes. Federal Reserve Bank of Richmond Economic Quarterly 83 (2) .

Ftiedman, M., and R. Friedman R. 1979. Free to Choose. New York: Penguin Books.

——. 1998. Memoirs; Two lucky people. Chicago: University of Chicago Press.

Friedman, M., and S. Kuznets. 1945. Income from independent professional practice. Boston: National Bureau of Economic Research.

Friedman, M., and D. Meiselman. 1963. The relalive stability of monetary velocity and the in-vest ment multiplier in the United States. In Commission on Money and Credit. Stabilization Poli-cies. Englewood Cliffs, NJ: Prentice-Hall.

Friedman, M. and L. Savage. 1948. The utility analysis of choices involving risks. Journal of Political Economy. August.

Friedman, M., and A. Schwartz. 1963. A monetary bistory of the United States, 1867—1960. Princeton, NJ: Princeton University Press.

——. 1981. Monetary trends in the United States and the United Kingdom: Their relation to income, prices and interest rates, 1867—1975. Chicago: The University of Chicago Press.

——. 1991. Alternative approaches to analyzing ecnomic data. American Economic Review. March.

Furner, M. 1975. Advocacy and objectivity: A crisis in the professionalization of American social science, 1865—1905. Lexington: University of Kentucky Press.

Gaffney, M., and F. Harrison. 1994. The corruption of economics. London: Shepheard-Walwyn Publishers.

Galenson, D., ed. 1989. Markets in history: Economic studies of the past. Cambrid ge: Cambridge University Press.

——. 1993. The impact of economic and technological change on the careers of American men tennis Players, 1960—1991. Journal of Sport History. Summer.

Gans, J., and G. Shepherd. 1994. Rejected classic articles by leading economists. Journal of

Economic Perspectives. Winter.

Gerwig, R, 1962. Natural gas Production: A study of costs of regulation. *Journal of Law and Economics*. October.

Gibbons, T. 1985. Bringing economics into law The Chicago movement. *Illinois Issues*. June.

Gideonse H., 1935. National collectivism and Charles A. Beard. *Journal of Political Economy*. December.

Claeser, E., H. Kallal, J. Scheinkman, and A. Schleifer, 1992. The growth of cities. *Journal of Political Economy*. February.

Glaeser, E., B. Sacerdote, and J. Scheinkman. 1996. Crime and social interactions. *Quarterly Journal of Economics*. May.

Glaeser, E., and J. Scheinkman. 1996. The transition to free matkets: Where to begin privatization. *Journal of Comparative Economics*. February.

Gleeson, R., and S. Schlossman. 1995. George Leland Bachand the rebirth of graduate management education in the United States, 1945—1975. *Selections* Spring.

Goodspeed, T. W. 1916. *A History of the University of Chicago: The first quarter-century*. Chicago: University of Chicago Press.

Goodwin, C. 1998. The patrons of ecnomics in a time of transformation. In Morgan and Rutherford 1998.

Goodwin, D. 1998. Martin Bronfenbrenner, 1914—1997. *Economic Journal*. November.

Coolsbee, A. 1997. Investment tax incentives, prices, and the supply of capital goods. *Quarterly Journal of Economics*. August.

——. 1998a. Does R and D policy primarily benefit scientists and engineers? *AEA Papers and Proceedings*. May.

——. 1998b. In *A world without borders: The impact of taxes on Internet commerce*. Working paper 6863. National Bureau of Economic Research, Cambridge, MA.

——. 2004. The impact and inefficiency of the corporate income tax: Evidence from state orga nizational form data. *Journal of Public Economics*. September.

Gordon, R. A., ed 1974. *Milton Friedman's monetary Framework: A debate with his critics*. Chicago: University of Chicago Press.

Gordon, R., and J. Wilcox. 1981. Monetary interpretations of the Great Depression: An e-valuation and critique. In Brunner 1981.

Gould, J. 1967. Market value and the theory of investment of the firm. *American Economic Review*. September,

Gould, J. 1980. The economics of markets: A simple model of market-making process. *Journal of Business*. July.

——. 1980. Privacy and the economics of information. *Journal of Legal Studies*. December.

Gould, J. and E. Lazear. 1986. Microeconomic Theory. Homewood Ill.: Richard D. Irwin

Gould, J., and R. Waud. 1973. The neoclassical model of investment behavior: another view. International Economic Review. February.

Graduate School of Business. 1998. Taking stock: A century of business education. Chicago: The. University of Chicago Graduate School of Business.

Greenaway, D., M. Bleaney, and I. Stewart. 1996. A guide to modern economics. London: Routledge.

Griliches, Z. 1957. Hybrid corn: An exploration in the economics of "technical change." Econometrica. October.

Griliches, Z. 1958. Research Costs and social returns: Hybrid corn and related innovations. Journal of Political Economy. October.

——. 1959. The demand for inputs in agriculture and a derived supply elasticity. Journal of Farm Economics. 41.

——. 1961a. Hedonic price indexes for automobiles: An econometric analysis of quality change. The Price Statistics of the Federal Government, National Bureau of Economic Research, General Series. No. 73. Cambridge, MA: National Bureau of Economic Research.

——. 1961b. A note on serial correlation bias estimates in distributed lags. Econometrica. January.

——. 1963. The source of measured Productivity growth: United States Agriculture: 1940—1960. Journal of Political Economy. August.

——. 1964. Research expenditures, education, and the aggregate agricultural production function. American Economic Review. December.

——. 1998. Practicing econometrics: Essays in method and application. Economists of the Twentieth Century, eds. M. Blaug and D. Colander. Cheltenham, UK, Edward Elgar Publishing.

Groenewegen, P. 2003. Classics and moderns in economics. Vol. II of Nineteenth-and twentieth century economic thought. London: Routledge.

Hamilton, E. 1934. American treasure and the price revolution in Spain, 1501—1650. Cambridge, MA: Harvard University Press.

Hamilton, W. 1919. The institutionalist approach to economic theory. American Economic Review. March.

Hammond, D. 1996. Theory and measurement: causality issues in Milton Friedman's monetary economics. Cambridge: Cambridge University Press.

Harberger, A. C. 1954. Monopoly and resource allocation. American Economic Review. May.

——. 1960. The demand for durable goods. Chicago: The University of Chicago Press.

——. 1962. The incidence of the corporation income tax. Journal of Political Economy. June.

——. 1972a，Issues concerning capital assistance to less-develpoed countries. In Wall 1972

——. 1972b. Project evaluation. Chicago: The University of Chicago Press.

——. 1974. Taxation and welfare. Boston: Little, Brown & Co.

——. 1978. A primer on inflation. Journal of Money, Credit and Banking. November.

——. 1984. Economic science and economic policy. University of Chicago, mimeo （files Communications Department）.

——. ed. 1985. World economic growth. San Francisco, CA: Institute for Contemporary Studies.

——. 1988. Trade policy and the real exchange rate. Washington, DC: The World Bank De - velopment Institute.

——. 1993. Secrets of success: A handful of heroes. AEA Papers and Proceedings. May.

Harding C. M. 1955. Freedom in agricultural education. New York: Arno.

Hardy，C. O. 1923. Risk and risk bearing. Chicago: University of Chicago Press.

——. 1932. Credit policies of the Feeral Reserve System. Washington, DC: Brookings Insti - tution.

——. 1948. Liberalism in the modern state: The philosophy of Henry Simons. Journal of Po - litical Economy. August.

Hardy, C. O., and L. Lyon . 1923. The thery of hedging. Journal of Political Economy. A - pril.

Hart，A.，1940. Anticipations, uncertainty, and dynamic planning. Chicago: University of Chicago Press.

Hartwell, R. M., 1995. A bistory of the Mont Pèlerin Society. Indianapolis: Liberty Press.

Hayek，F. A. 1929，Monetary theory and the trade cycle. London: Jonathan Cape.

——. 1931. Prices and production. New York：August M. Kelley.

——. 1942. Scientism and the study of society. Economica. August.

——. 1944. The road to serfdom. Chicago: University of Chicago Press, 1976.

——. 1960. The constitution of liberty. Chicago: University of Chicago Press.

——. 1974. The pretence of knowledge. In Leube and Nishiyama 1984.

——. 1975. Inflation, the misdirestion of labor and unemployment. Occasional paper 45. In - stitute of Economic Affairs, London.

——. 1983. The Keynes century: The Austrian critique. The Economist. June 11.

——. 1994. Hayek on Hayek: An autobiographical dialogue, eds. S. Kresge, and L. Weinar. Chicago: University of Chicago Press.

Heckman，J. 1974a. The effect of child care programs on women's work effort. Journal of Political Economy. March/April （part Ⅱ）.

——. 1974b. Life cycle consumption and labor supply: An explanation of the relationship be - tween income and consumption over the life cycle. American Economic Review. March.

——. 1974c. Shadow prices, market wages, and labor supply. Econometrica. 42（4）.

——. 1976. A life-cycle model of earnings, learning, and consumption. Journal of Political Economy. August（Part ll）.

——. 1990. The central role of the South in accunting for the economic progress of black A-mericans. American Economic Review. May.

——. 1993. What has been learned about labor supply in the past twenty years. American E-conomic Review. May

——. 1997. Henry Schultz. Mimeo，University of Chicago（received in March 1997）.

——. 1998. Detecting discrimination. Journal of Economic Perspectives. Spring.

——. 2001. Micro data, heterogeneity, and the evaluation of public policy: Nobel Lecture. Journal of Political Economy. August.

Heckman，J.，and M. Killingsworth. 1987. Female labor supply: A survey. In Handbook of Labor Economics, edited by O. Ashenfelter and R. Layard, Amsterdam: North-Holland.

Heckman, J., R. Roselius, and J. Smith. 1994. US education and training policy: A re-e-valuation of the underlying assumptions behind the "new consensus." In Labor Markets, Em-ployment Policy, and Job Creation, eds. L. Solmon and A. Levenson, Boulder, CO: Westview Press.

Heckman，J., and J. Verkerke，J. 1990. Racial disparity and employment discrimination laws: An economic perspective. Yale Law and Policy Review. 8（2）.

Hegeland，H. 1951. The quantity theory of money. Göteborg, Sweden: Elanders Boktryckeri.

Hendry, D.，and N. Ericsson, N. 1991. An econometric Analysis of UK money demand in Monetary Trends in the United States and the United Kingdom. American Economic Review. March.

Herman，E. S. 1995. The triumpb of the market. Boston: South End Press.

Herzel，L. 1951. Public interest and the market in color television regulation. University of Chicago Law Review. No. 18.

Hickman，C. A. 1975. J. M. Clark. New York: Columbia University Press.

Hicks，J. 1937. Mr. Keynes and the classics: Asuggested interpretation. Econometrica. April.

Hicks，J.，and W. Weber, eds. 1973. Carl Menger and the Austrian School of Economics. London, Oxford University Press.

Hildreth, C. 1986. The Cowles Commission in Chicago, 1939—1955. Berlin: Springer.

Hirsch，Abraham & de Marchi, Neil 1990. Milton Friedman. Economics in Theory and Practice, Ano Arbor: The University of Michigan Press.

Hogarth, R. M., ed 1990. Insights in decision making: Atribute to Hillel J. Einborn. Chica-go: University of Chicago Press.

Holmes, O. W. 1897. The path to laws. Harvard Law Review. Vol. 10.

Holmes, S., and C. Sunstein. 1999. The cost of rights: Why liberty depends on taxes. New

York: Norton.

Homan，P. T. 1928. Contemporary economic thought. New Youk: Harper and Brothers.

——. 1931. Herbert Joseph Davenport. Journal of Political Economy. December.

Hotelling, H. 1939. The work of Henry Schultz. Econometrica. April.

Hoselitz, B. F. 1957. Economic growth and development—non-economic factors in eco-nomic de velopment. AEA Papers and Proceedings. May.

——. 1960. Sociological aspects of economic growth. New York: Free Press. Hovenkamp，H. 1986. Chicago and its alternatives. Duke Law Journal. December.

Hoxie, R. 1906. The demand and supply concepts: An introduction to the study of market prize. Journal of Political Economy. June/July.

Irwin，D. A. 1996. Against the tide: An intellectual bistory of free trade. Princeton, NJ: Princeton University Press.

Jacoby, N. 1950. Antitrust re-examined. Journal of Political Economy. February.

Jensen，M. 1968. The performance of mutual funds in the period 1945 — 64. Journal of Finance. May.

Jensen, M.，and W. Meckling. 1976. Theory of the firm: Managerial behavior, agency costs, and ownership structure. Journal of Financial Economics. October.

Johnson，A. S. 1952. Pilgrim's Progress. New York：Viking Press.

Johnson, D. G. 1944. Contributions of price policy to income and resource problems in agricylture. Journal of Farm Economics. November.

Johnson, D. G. 1947. Forward prices for agriculture. Chicago: The University of Chicgo Press.

——. 1948a. Allocation of agricultural income, Journal of Farm Economics. November.

——. 1948b. Mobility as a field of economic Research. Southern Economic Journal. October.

——. 1950. The nature of the supply function for agricultural products. American Economic Review. September.

——. 1958. Labor mobility and agricultural adjustment. In Agricultural adjustment problems in a growing economy, ed. E. H. Diesslin, et al. Ames: Iowa State University Press.

——. 1979. Schultz, Theodore W. International encyclopaedia of the social sciences, ed. D. L. Sills. New York：The Free Press，

——. 1991. World agriculture in disarray, Rey. ed London: Macmillan.

——. 1997. Agriculture and the wealth of nations. AEA Papers and Proceedings. May.

Johnson, H. G. 1958. International trade and economic growth. London: Unwin.

——. 1960. The political economy of opulence. Canadian Journal of Economic and Politicl Science. Novembe.

——. 1961. The General Theory after twenty-five years. AEA Papers and Proceedings. May.

——. 1962. Monetary theory and policy. American Economic Review. June.

——. 1965. A quantity theorist's monetary history of the United States. *Economic Journal*. June.

——. 1967a. The possibility of income losses from increased efficiency or factor accumula - tion in the presence of tariffs. *Economic Journal*. March.

——. 1967b. *Economic policies toward less developed countries*. Washington. The Brook - ings Institution.

——. 1971. *Aspects of the theory of tariffs*. London: Allen & Unwin.

——. 1972a. The Keynesian revolution and the monetarist counter-revolution. *AEA Papers and Proceedings*. May.

——. 1972b. *Macroeconomics and monetary theory*. London Gray-Mills.

——. 1975. Trade, development and dependence. Paper presented at the Conference on Teh New Nations Revisited, The University of Chicago, October 16— 19.

——. 1976a. Monetary theory and Keynesian economics. In *Monetary Theory: Selected Readings*, ed. R. Clower. Baltimore, MD: Penguin.

——. 1976b. The Nobel Milton. *The Economist*.

——. 1976c. Towards a general theory of the balance of payments. In Frenkel and John-son1976.

Johnson, H. G., and E. S. Johnson, E. S. 1978. *The shadow of Keynes*. Oxford: Basil Blackwell.

Johnson, H. G., and H. K. Swoboda, es. 1973. *The economics of common currencies*. London: Allen and Unwin.

Jolls, C., C. Sunstein, and R. Thaler. 1998. Behavioral approach to law and economics. Workingpaper55. Law & Economics, University of Chicago Law Faculty.

Jones, M. 1944. Secular and cyclical saving propensities. *Journal of Business*. January.

Jorgenson, D., and Z. Griliches. 1967. The explanation of productivity change. *Review of Economics Statistics*. July.

Joskow, P., and N. Rose. 1989. The effects of regulation. In *The Handbook of Industrial Organization*, ed. R. Schmalensee and R. Willig, Amsterdam: North Holland.

Juhn, C., K. Murphy, and B. Pierce. 1993. Wage Inequality and the Rise in Returns to Skill, *Journal of Political Economy*. June.

Kahan, A. 1985. *The plow, the hammer, and the knout: An economic history of eighteenth-century Russia*. Chicago: University of Chicago Press.

——. 1986. *Essays in Jewish social and economic bistory*, ed. R. Weiss. Chicago, Univer - sity of Chicago Press.

Kahneman, D., P Slovic, and A. Tversky, eds. 1982. *Judgement under uncertainty: Heu - ristics and biases*. London: Cambridge University Press.

Kashyap, A., and H. Takeo. 2004. Japan's economic and financial crisis: An overview.

Journal of Economic Perspectives. Winter.

Katz, W. 1937. A four-year program for legal education. University of Chicago Law Review. June.

Kaysen, C., and D. Turner. 1959. Antitrust policy: An ecnomic and legal analysis. Cambridge, MA: Harvard University Press.

Kessel, R. 1980. Essays in applied price theory, eds. R. H. Coase and M. H. Miller. Chicago: University of Chicago Press.

Keuzenkamp, H. 1991. A precursor to Muth: Tinbergen's 1932 model of rational expectations. Economic Journal. September.

Keynes, J. M. 1936. The general theory of employment, interest, and money. London: Mac Millan and Co.

——. 1937. The general theory of employment. Quarterly Journal of Economics. February.

Kiker, B. F. 1966. The historical roots of the concept of human capital. Journal of Political Economy. October.

——. ed. 1972. Investment in human capital. Columbia: University of South Carolina Press.

Kindlerger, C. 1973. The world in depression 1929－39. Berkeley: University of California Press.

——. 1999. Essays in history. Ann Arbor: The University of Michigan Press.

King, R, and C. Plosser. 1984. Money, credit and prices in a real business cycle model. American Economic Review. June.

Kitch E. W. 1972. The shortage of natural gas. Occasional papers No. 2, Chicago Law School.

——. 1977. The nature and function of the patent system. Journal of Law and Economics. October.

——. 1983a. The fire of truth: A remembrance of law and economics at Chicago, 1932－1970. Journal of Law and Economics. April.

——. 1983b. The intellectual foundations of "Law and Economics." Journal of Legal Education. 33, 183.

——. 1985. The antitrust economic of joint ventures. Antitrust Law Journal. 54.

——. 1990. Property rights in inventions, writings and marks. Harvard Journal of Law & Public Policy. 13, 119.

Kitch, E., M. Isaacson, and D. Kasper. 1971. The regulation of taxicabs in Chicago. Journal of law and Economics 14 (2),

Klamer, A. 1983. Conversations with economists. Totowa, Nj: Rowman & Allanheld.

Klein, C. 1996. Law and economics finds its niche. The National Law Journal. October 14.

Knight, F. 1921. Risk, uncertainty and profit. Boston: Houghton Mifflin.

——. 1932a. The case for communism: From the standpoint of an ex-liberal. Mimeo. Chicago: University of Chicago files.

——. 1932b. The newer economics and the control of economic activity. *Journal of Political Economy*. August.

——. 1933. The economic organization. Mimeo. Chicago: The University of Chicago.

——. 1936a. The quantity of capital and the rate of interest, part 1. *Journal of Political Economy*. August.

——. 1936b. The quantity of capital and the rate of interest, part2 . *Journal of Political Economy*. October.

——. 1937. Unemployment and Mr. Keynes's revolution in economic theory. *Canadian Journal of Economic and Political Science*. February.

——. 1938. Imperfect competition. *Journal of Marketing*. April.

——. 1944. Diminishing returns from investment. *Journal of Political Economy*. March.

——. 1951. *The ethics of compeetition and other essays*. New York: August M. Kelley.

——. 1956. *On the history and method of economics*. Chicago: University of Chicago Press.

——. 1997. *The ethics of competition*. New Brunswick, NJ: Transaction Publishers.

——. 1957. *Three essays on the state of economic sciences*, New York: McGraw-Hill.

Kroszner, R., and T. Cowen. 1989. Scottish banking before 1845: A model for laissez-faire? *Journal of Money, Credit and Banking*. May.

Kroszner, R., and P. Strahan. 1999. What drives deregulation? Economics and politics of the relaxation of bank branching restrictions. *Quarterly Journal of Economics*. November.

Kroszner, R., and T. Stratman. 1998. Interest group competiton and the organization of Congress: Theory and evidence from financial services' political action committees. *American Economic Review*. December.

Krueger, A, and T. Taylor. 2000. Interview with Zvi Griliches, *Journal of Economic Perspectives*. Spring.

Kuznets, S. 1952. Proportion of capital formation to national product. *AEA Papers and Proceedings*. May.

Kydland F. E., and E. Prescott. 1977. Rules rather than discretion: The inconsistency of optimal plans. *Journal of Political Economy*. June.

——. 1982. Time to build and aggregate fluctuations. *Econometrica.* November.

Kyrk, H. 1953. *The family in the American economy*. Chicago: University of Chicago Press.

Laffer, A. 1980. *The ellipse: An explanation of the Laffer Curve in a two factor model*. Rolling Hill Estates, CA: A. B. Laffer Associates.

Laffer, A., and D. Meiselman, eds. 1975. *The phenomenon of worldwide inflation*. Washington, DC: American Enterprise Institute.

Laffer, and J. Seymour, 1979. *The economics of the tax revolt: A reader*. San Diego, CA: Harcourt Brace Jovanovich.

Laidler, D, 1981. Monetarism: An interpretation and an assessment. *Economic Journal.* March.

Lakonishok，J. ，A. Shleifer，R. Thaler，and R. Vishny 1991. Window dressing by pension fund managers，AEA Papers and Proceedings. May.

Lakonishok J., A. Shleifer, and R. Vishny. 1992. *The structure and perfomance of the money management industry.* Brookings Papers on Economic Activity: Microeconomics. Washington, DC: The Brookings Institution.

——. 1994. Contraria investment，extrapolation and risk. *Journal of Finance.* December.

Landes，W. 1968. The economics of fair employment laws. *Journal of Political Economy.* July.

——. 1971. An economic analysis of the courts. *Journal of Law and Econmics.* July.

——. 1983. Optimal sanctions for antitrust violations. *University of Chicago Law Review.* 50.

——. 1997，The art of law and economics: An autobiongraphical essay. *The American Economist.* Spring.

Landes，W.，L. Lessig. and M. Solimine. 1998. Judicial influence: A citation analysis of federal courts of appeals judges. *Journal of Lurnal of Legal Studies.* June.

Landes，W.，and R. Posner. 1976. Legal precedent: A theoretical and empirical analysis. *Journal of Law and Economics.* April.

——. 1981. Market Power and Antitrust Cases. *Harvard Law Review.* 94.

——. 1989. An economic analysis of copyright law. *Journal of Legal Studies.* No. 18.

——. 1975. The independent judiciary in an interest-group perspective. *Journal of Law and Economics.* April.

——. 1975. The private enforcement of law. *Journal of Legal Studies.* 4.

——. 1993. The influence of economics on law: A quantitative study. *Journal of Law & Economics.* April.

Landreth, H., and D. Colander. 1989. *History of Economic Theory.* Boston: Houghton Mifflin Company.

Lange，O. 1944. *Price flexibility and employment.* Bloomington, IN: Principia Press.

Lange，O，e. a. 1942，*Studies in Mathematical Economics and Econometrics.* Chicago: The University of Chicago Press.

La Porta，R.，F. Lopez-de-Salinas, A. Shleifer, and R. Vishny. 1996. Law and finance. Working paper 5561，National Bureau of Economic Research, Cambridge, MA.

——. 1997. Legal determinants of external finance. Working paper 5879，National Bureau of Economic Research，Cambridge, MA.

Larrain，F., and P. Meller. 1991. The socialist-populist Chilean experience: 1970－1973. In *The Macroeconomics of Populism in Latin America*, eds. R. Dornbush and S. Edwards. Chicago:

University of Chicago Press.

  Laswell, H. 1938. Politics: Who gets what, when, how. New York: Whittlesey House.

  Langhlin, J. L. 1902. Prices and the intenational movement of specie. Journal of Political E-conomy. September.

  ——. 1903. Principles of money. New York: Charles Scriber's Sons.

  ——. 1906a. Academic liberty. Journal of Political Economy. January.

  ——. 1906b. The union versus higher wages. Journal of Political Economy. March.

  ——. 1909. Latter-day problems. New York: Charles Scribner's Scribner's Sons.

  ——. 1912. The economic seminars. Journal of Political Economy. February.

  ——. 1914. The Banking and Currency Act of 1913，Parts I & II. Journal of Political Econo-my. April.

  ——. 1924. The quanutity theory of money. Journal of Political Economy. June.

  Lazear, E. 1977. Education: consumption or production? Journal of Political Economy. June.

  ——. 1980. Family background and optimal schooling decisions. Review of Economics and Statistics. February.

  ——. 1983. A competitive theory of monopoly unionism. American Economic Review. Sep-tember.

  ——. 2000. Economic imperialism. Quarterly Journal of Economics. February.

  Leeson，R. 2000. Patinkin, Johnson, and the shadow of Friedman. History of Political E-conomy. Winter.

  Leibenstein, H. 1966. Allocative efficiency vs. x-efficiency. American Economic Review. June.

  Leontief，W 1953，The domestic production and foreign trade: The American capital posi-tion reexamined. Proceedings of the American Philosophical Society. September.

  Levi, E. 1949. An introduction to legal reasoning. Chicago: University of Chicago Press.

  Leube，K，and C. Nishiyama, eds. 1984. The Essence of Hayek. stanford, CA: Hoover In-stitution Press，

  Levi, E. 1977. Reminiscences. University of Chicago Law Alumni Journal.

  Levitt, S. D. 1997. Using electoral cycles in police hiring to estimate the effect of police on crime. American Economic Review. June.

  Levitt, S. 1998. Juvenile crime and punishment. Journal of political Economy. October.

  Lewis H. G, 1951. The labor monopoly problem: A positive program, Journal of Political E-conomy. August.

  ——. 1963. Unions and relative wages in the United States: An empirical enquiry. Chicago: University of Chicago Press.

  ——. 1986. Union relative wage effects: A survey. Chicago: University of Chicago Press.

  Lindbeck, A. 1985. The Prize in Economic Science in Memory of Alfred Nobel. Journal of

Economic Literature. March.

———. 1992. Presentation. In Maler 1992.

Long, J., and C. Plosser. 1983. Real business cycles. *Journal of Political Economy*. February.

Lorie, J. 1974. Public policy for American capital market. Washington, DC: U. S. Government Printing Office.

Lorie, J., and M. Hamilton. 1973. *The stock market: Theories and evidence*, Homewood, Ill: Richard Irwin.

Lorie, J., and V. Niederhoffer. 1968. Predictive and statistical properties of insider trading. *Journal of Law and Economics*. April.

Lorie, J., and H. Roberts. 1951. *Basic methods of marketing research*. New York: McGraw-Hill.

Lott, J. R. 1998. *More guns, less crime*. Chicago: The University of Chicago Press.

Lowenstein, R. 2000. *When genius failed: The rise and fall of Long-Term Capital Management*. New York: Random House,

Lucas, R. E. 1972. Expectations and the neutrality of money. *Journal of Economic Theory*. April.

———. 1976. Econometric policy evaluation: A critique. Carnegie-Rochester Conference Series. No. 1.

———. 1977. Understanding business cycles, In *Stabilization of the Domestic and International Economy*, eds. K. Brunner and Meltzer. Carnegie-Rochester Conference Series on Public Policy No. 5. Amsterdam: North-Holland.

———. 1978. Unemployment policy. *American Economic Review*. May.

———. 1980. Two illustrations of the quantity theory of money. *American Economic Review*. December.

———. 1987. *Models of business cycles*. Oxford: Basil Blackwell.

———. 1988a. On the mechanics of economic development. *Journal of Monetary Economics*. July

———. 1988b. Money demand in the United States: A quantitative review. *Carnegie Rocheter Series in Public Policy*. Autumn.

———. 1990. Why doesn't capital flow from rich to poor countries? *AEA Papers and Proceedings*. May.

———. 1993. Making a miracle. *Econometrica*. March.

———. 2000. Some macroeconomics for the 21st Century. *Journal of Economic Perspectives*. Winter.

———. 2002. *Lectures on economic growth*. Cambridge, MA: Harvard University Press.

———. 2003. Macroeconomic priorities. *American Economic Review*. March.

Lucas，R. E，and L. A. Rapping. 1969. Real Wages, employment and inflation. *Journal of Political Economy*. Sept. /Oct.

Lucas，R.，and T. Sargent, eds. 1981，*Rational expectations and econmetric practice*. Minneapolis: University of Minnesota Press.

——. After Keynesian macroeconomics. In Miller. 1991.

MacAloon，J. J. 1992. *General ededucation in the social sciences*. Chicago: University of Chicago Press.

Machlup，F. 1958. *An economic review of the patent system*. Study no. 15 of the Subcommittee on Patents，Trademarks，and Copyrights of the Judiciary US Senate, 85th Congress.

——. ed. 1977. *Essays on Hayek*, London: Routledge & Kegan Paul.

Maler，K. -G.，ed. 1992. *Nobel Lectures, 1981—1990: Economic Sciences*. London: World Scientific.

Manne，H（亨利・曼内）. 1965. Mergers and the market for corporate control. *Journal of Political Economy*. April.

——. 1966. *Insider Trading and the Stock Market*. New Yourk : Free Press.

Marcus，N. 1988. Rule of law（and economics）. *The American Lawyer*. June.

Markowitz, H. 1952. Portfolio selection. *Journal of Finance*. March.

Marshall, A. 1890. *Principles of Economics*. London: Macmillan, 9th ed. 1961.

——. 1923. *Money, Credit and Commerce*. London, Macmillan.

Mason，E. 1937. Monopoly in Law and Economics. *Yale Law & Policy Journal*. No. 34.

——. 1939. Price and production policies of large-scale enterprises. *AEA Papers and Proceedings*. May.

Mayer, M. 1957. *Young man in a hurry: The story of william Rainey Harper*. Chicago: University of Chicago Alumni Association.

McAfee，P. 1983. American economic history and the voyage of Columbus. *American Economic Review*. September.

McCloskey, D. N. 1981. *Enterprise and trade in Victorian Britain: Essays in historical economics*. New York：Allen and Unwin.

——. 1994. *Knowledge and persuasion in economics*. Cambridge: Cambridge University Press.

——. 2003. Other Things equal: Milton. *Eastern Economic Journal*. Winter.

McCormick, B. 1992. *Hayek and the Keynesian avalanche*. New York: Harvester Wheatsleaf.

McGee，J（约翰・麦吉）. 1958. Predatory price cutting: The Standard Oil（N. J.）Casc. *Journal of Law and Eeonomics*. October.

——. 1966. Patent exploitation: Some economic and legal problems. *Journal of Law and Economics*. October.

——. 1980. Predatory Pricing revisited. *Jurnal of Law and Economics*. October.

McIvor, R. C. 1983. A note on the University of Chicago's "academic scribblers." *Journal of Political Eeonomy*. October.

McLean Hardy，S. 1895. The quantity theory of money and prices, 1860 — 1891. *Journal of Political Economy*. March.

Meade，J. 1951. *The theory of international economic Policy*. Vol. 1of *The balance of Pay - ments*. London: Oxford University Press.

——. 1956，*The theory of customs unions*. Amsterdam: North-Holland.

——. 1957. The balance-of-payments problems of a European free-trade area. *Economic Journal*. September.

Means，G. 1972. The administered prices thesis reconfirmed. *American Economic Review*. 62（3）.

Medema，S，G. 1994. *Ronald H. Coase*. New York: St. Martin's Press.

——. 1998. Wandering the road from pluralism to Posner; The transformation of law and eco nomics in the twentieth century. In Morgan and rutherford 1998.

Mehra，R.，and E. Prescott，E. 1985. The equity premium: A puzzle. *Journal of Monetary Economics* 15.

Meltzer, A. 1981. Comments on "Monetary Interpretation of the Great Depression." In Brunner 1981.

Meltzner，D. 1992. Mortality decline: The demographic transition and economic growth（econom ics）、PhD diss., University of Chicago.

Menninger, K. 1966. *The crime of punishment*. New Youk: Viking.

Merton. R.，and M. S. Scholes（迈伦•斯科思）. 1995. Fischer Black. *Journal of Finance*. December.

Meyer, H. H. 1906. Railway rates as protective tariffs. *Journal of Political Economy*. Janu - ary.

Miller, H. R. Jr. 1962. On the "Chicago School of Economics." *Journal of Political Econo- my*. February.

Miller. M. H. 1977. Debt and taxes. *Journal of Finance*. May.

——. 1991. *Financial innovations & market volatility*. Cambridge, MA：Blackwell.

——. 1992. Leverage. In Maler 1991.

——. 1993. The Modigliani-Miller propositions after thirty years. In *The new corporate fi - nance*, ed. D. Chew. New York: McGraw-Hill.

——. 1994，Do we really need more regulation offinancial derivatives? GSB Selected Paper. No. 75，Chicago：University of Chicago.

——. 1996. The social costs of some recent derivatives disasters . Draft text, Graduate School of Business，University of Chicago.

——. 1997. The Graduate School of Business of the University of Chicago: The last hundred

years and the next. Talk given at the Graduate School of Business Centennial Gala, October 17,
1997: 1.

——. 1998. The history of finance: An eyewitness account. Transcript of the keynote ad -
dress given at the 5th Annual Meeting of the German Finance Association, Hamburg, Germany
September 25.

Miller, M. H., and M. S. Scholes. 1978. Dividends and taxes. *Journal of Financial Econom -
ics*. December.

Miller, P. J., ed., 1994. *The rational expectations revolution*. Cambridge, MA: MIT Press.

Mincer, J. 1958. Investment in human Capital and personal income distribution. *Journal of
Political Economy*. August.

——1963. Market prices, opportunity costs, and income effects. In *Measurement in Eco -
nomics*, ed. C. Christ, Stanford, CA: Stanford University Press.

Mints, L. 1945, *A history of banking theory*. Chicago: University of Chicago Press.

Mints, L. 1951, Monetary Policy and stabilization. AEA Papers and Proceedings (May).

Mirowski, P. 2002. *Machine Dreams: Economics Becomes a Cyborg Science*. Cambridge:
Cambridge University Press.

Mirowski, P., and D. W. Hands 1998. A paradox of budgets: The postwar stabilization of
American neoclassical demand theory. In Morgan and Rutherford 1998.

Mitchell, L. S. 1953. *Two lives: The story of Wesley Clair Mitchell and myself*. New Yourk:
Simon & Schuster.

Mitchell, W. C. 1896. The quantity theory of the value of money. *Journal of Political Econo-
my*. March.

——. 1903. *A history of the greenbacks with special reference to the economic consequences
of theirissue: 1862—65*. Chicago: University of Chicago Press.

——. 1904. Real issues in the quantity theory controversy. *Journal of Political Economy*.
June.

——. 1913. *Business cycles*. Berkeley: University of Califonia Press.

——. 1941. J. Laurence Laughlin. *Journal of Political Economy*. December.

——. 1967. *Types of economic theory: From mercantilism to institutionalism*. Ed. Joseph
Dorfman. New York: M. M. Kelley Publishers.

Mitchell, W. C., and A. Burns. 1945. *Measuring Business cycles*. New Youk: National Bu -
reau of Economic Research.

Modigliani, F. 1977. The monetarist controversy, or should we forsake stabilization policy?
American Economic Review. March.

Modigliani, F., and M. H. Miller. 1958. The cost of capital, corporation financing and the
theory of investment. *American Economic Review*. June.

——. 1959. The cost of capital, corporation financing , and the theory of investment: reply.

American Economic Review. September.

——. 1961. Dividend policy, growth, and the valuation of shares. Journal of Business. Oc - tober.

——. 1963. Corporate income taxes and the cost of capital: A correction. American Ekco - nomic Review. June.

Morck, R., A. Shleiferand R. Vishny. 1990. Do managerial objectives drive bad acquisi - tions? Journal of Finance. March.

Morgan, M. and M. Rutherford, eds. 1998. From interwar pluralism to postwar neoclassi - cism. Durham, NC: Duke University Press.

——. 1998a. American economics: The character of transformation In Morgargan and Ruth - erford 1998.

Moulton, H. G. 1920. Banking Policy and the price situation. AEA Papers and Proceedings. March.

Mulligan, C. B. 1997. Parental Priorities and Economic Inequality. Chicago: University of Chicago Press.

Mulligan, C., and X. Sala-i-Martin. 1992. US money demand: some surprising cross-sec - tional estimates. Brookings Papers on Economic Activity, No. 2. Washington, DC: The Btookings Institute.

Mundell, R. A. 1962. The appropriate use of monetary and fiscal policy for internal and ex - ternal stability. IMF Staff Papers. March.

——. 1968a. International economics. New Youk: Macmillan.

——. 1968b. Man and economics. New Youk: McGraw Hill.

——. 1971. The dollar and the policy mix: 1971. Essays in International Finance. No. 85. Princeton, NJ: Princeton University, May.

Murphy, K., A, Shleifer, and R. vishny. 1988. Industrialization and the big push. Working paper. No. 2708. Cambridge. MA: National Bureau of Economic Research.

——. 1991. The allocation of talent: implications for growth. Quarterly Journal of Econom - ics. May.

——. 1993. Why is rent-seeking so costly to growth? American Economic Review. May.

Murphy, K., and R. Topel. 1997. Unemployment and nonemployment. AEA Paper and Proceedings. May.

Murphy, W. M., and D. J. Bruckner, eds. 1976. The idea of the University of Chicago: Selections from the papers of the first eight executives of the University of Chicago from 1891 to 1975. Chicago: University of Chicago Press.

Musgrave, R. A. 1992. Social science, ethics, and the role of the public sector. In Szenberg. 1992

Mussa, M. L. 1974. A monetary approach to the balance of payments. Journal of Money,

Credit and Baning. August.

——. 1982. A model of exchange rate dynamics. Journal of Political Economy. February.

——. 1991. Exchange rate in theory and reality. Princeton Essays in International Finance. Princeton, NJ: Princeton University Press.

——. 1993. Making the practical case for freer trade. AEA Papers and Proceedings. May.

Nef, J. 1932. The rise of the British coal industry. London: Routledge & Sons.

——. 1967. James Laurence Laughlin. Journal of Political Economy. February.

——. 1973. Searching for meaning: An autobiography of a nonconformist. Washington. D. C. : Public Affairs Press.

Nelson, P. 1974. Advertising as information. Journal of Political Economy. August.

Nelson, R. H. 2001. Economics as religion: From Samuelson to Chicago and beyond. University Park: Pennsylvania State University Press.

Nerlove, M. 1958a. Adaptive expectations and cobweb phenomena. Quarterly Journal of Economics. May.

——. 1958b, The dynamics of supply: Estimation of farmers'response to price. Baltimore, MD: The Johns Hopkins University Press.

——. 1999. Transforming economics: Theodore W. Schultz, 1902 — 1998. In memoriam. Economic Journal. November.

Newman, P, ed. 1998. The new Palgrave dictionary of economic and the law. London: Macmillan.

Niehans, J. 1990. A history of economic theory. Baltimore, MD: Johns Hopkins University Press.

Niman, N. 1998. Matshall, Veblen, and the search for an evolutionary economics. In Rutherford 1998.

Niskanen, W. 1971. Bureaucracy and representative government. Chicago: Aldine.

Noll, R., 1989. Economic perspectives on the politics of regulation. In Handbook of Industrial Organization, ed. R. Schmalensee and R. Willig. Amsterdam, New Holland, 1254.

Okun, A. 1975. Equality and efficiency: The big tradeoff. Washington, DC: Brookings Institution.

Olson, M. 1965. The logic of collective action. Cambridge, MA: Harvard University Press.

Pashigian, P. 1985. Environmental regulation: Whose self-interests are being protected? Economic Inquiry. October.

——. 1987. Cobweb theorem. In The New Palgrave: A Dictionary of Economics, eds. J. Eatwell, M. Milgate, and P. Newman. London: Macmillan.

——. 1995. Price theory and applications. New York: McGraw-Hill.

Patinkin, D. 1973. Frank Knight as a teacher. American Economic Review. December.

——. 1981. Essays on and in the Chicago tradition. Durham, NC: Duke University Press.

Pearson, H. 1997. *Origins of law and economics*. Cambridge: Cambridge University Press.

Peltzman, S. 1965. Entry in commercial banking. *Journal of Law and Economics*. October.

——. 1971. Pricing in public and private enterprises. *Journal of Law and Economics*. April.

——. 1973. An evaluation Of consumer protection legislation: The 1962 drug amendments. *Journal of Political Economy*. October.

——. 1975. The effects of auto safety regulation. *Journal of Political Economy*. July/August.

——. 1981. The effect of FTC advertising regulation. *Journal of Law and Economics*. December.

——. 1987. Regulation and health: The case of mandatory prescriptions and an extension. *Managerial and Decision Economics*. March.

——. 1989. The economic theory of regulation after a decade of deregulation. *The Brookings Paper on Economic Activity, Microeconomics*.

Pelzman, S. 1991. The handbook of industrial organization: A review article. *Journal of Political Economy*. February.

——. 1993a. The political economy of the decline of American public education. *Journal of Law and Economics*. October.

——. 1993b. Political factors in public school debate. *The American Enterprise*. July.

——. 1998, *Political Participation and Government Regulation*. Chicago: The University of Chicago Press.

——. 2000. Prices rise faster than fall. *Journal of Political Economy*. June.

Persson, T., ed. 1997. *Nobel lectures economic sciences: 1991 — 1995*. London: World Scientific.

Peterson, R., and R. J. Phillips. 1991. Lloyd Mints, 1888 — 1989: Pioneer monetary economist. *The American Economist*. Spring.

Phelps, E. 1967. Phillips curves, expectations of inflation and optiml employment over time. *Economica*. August.

——. 1990. *Seven Schools of macroeconomic thought*. Oxford: Clarendon Press.

Phillips, A. W. 1958. The relation between unemployment and the rate of change of money wage rates in the United Kingdom, 1861—1957. *Economica*. August.

Phillips, R. J. 1995. *The Chicago plan & New Deal banking reform*. New York: M. E. Sharpe.

Philipson, T., and Cawley. 1999. An empirical examination of information barriers to trade in insurance. *American Economic Review*. September.

Picker, R. 1993. Law and economics: Intellectual arbitrage. *Loyola Law Review*. November.

Pierson, F. C. 1959. *The education of American businessmen: A study of university-college programs in business administration*. New York: McGraw-Hill.

Pinera，J. 1994. Chile. In *The political economy of policy reform*, ed. J. Williamson. Washington, DC: Institute for International Economics.

Plant，A. 1934. The economic theory concerning patents for inventions. *Economica*. 1，30.

Posner，E. 2000. *Law and social norms*. Cambridge, MA: Harvard University Press.

Posner, R. A. 1971. Taxation by regulation. *Bell Journal of Economics and Management science*. Spring.

——. 1972. The appropriate scope of regulation in the cable television industry. *Bell Journal of Economics and Management Science*. Spring.

——. 1974. Theories of economic regulation. *Bell Journal of Economics and Management Science*. Autumn.

——. 1981. *The economics of justice*. Cambridge, MA: Harvard University Press.

——. 1992，*Economic analysis of law*, 4th ed. Boston：Little，Brown & Co.

——. 1993. Nobel Laureate: Ronald Coase and methodology. *Journal of Economic Perspective*. Fall.

——. 1994. *Overcoming law*. Cambridge, MA: Harvard University Press.

——. 1995. *Aging and old age*. Chicago: University of Chicago Press.

——. 1996. *Law and legal theory in the UK and USA*. Oxford: Clarendon Press.

——. 1997a. Community, wealth, and equlity. Working paper 44. John M. Olin Program in Law & Economics，University of Chicago Law Faculty.

——. 1997b. Social norms and the law: An economic approach. *AEA Papers and Proceedings*. May.

——. 1998. Values and consequences: The introduction to economic analysis of law. Working paper 53. John M. Ohlin Program in Law & Economics.

——. 200la. *Antitrust*. Chicago: University of Chicago Press.

——. 200lb. *Public intellectuals: A study in decline*. Cambridge, MA: Harvard University Press.

Posner，R.，and C. Meyer. 1971. *Market transfers of water rights: Toward an improved market in water resources*. Washington，DC：National Water Commission.

Posner，R. A.，and T. Philipson. 1993. *Private choices and public health: The AIDS epidemic in an economic perspective*. Cambridge. MA: Harvard University Press.

——. 1996. The economic epidemology of crime. *Journal of Law Economics*. October.

Prebisch, R. 1959. Commercial Policy in underdeveloped countries. *AEA Papers and Proceedings*. May.

Prescott, E. 1997. Theory ahead of business cycle measurement. In Snowdon and Vane, 1997.

Rajan, R., and L. Zingales. 2003. *Saving cagitalism from the capitalists*. New York: Random House.

Reder. M. W 1982. Chicago economics: Permanence and change. *Journal of Economic Lit -
erature*. March.

Rees，A. 1951. Wage Determination and involuntary unemployment. *Journal of Political E-
conomy*. April.

———. 1953. The wage-price relations in the basic steel industry, 1945 — 48. *Industrial and
Labor Relations Review*. January.

———. 1959. Do unions cause inflation? *Journal of Law and Economics*. October.

———. 1962. *The economics of trade unions*. Chicago: University of Chicago Press.

———. 1976. H. Gregg Lewis and the development of analytical labor economics. *Journal of
Political Economy*. August（part Ⅱ）.

———. 1979. Douglas on wages and the supply of labor. *Journal of Political Economy*. Octo -
ber.

Rees，A. ，and M. Hamilton. 1963. Postwar movements of wage levels and unit labor costs.
Journal of Law and Economics. October.

Reich，R. 1991. *The work of nations: preparing ourselves for 21st century capitalism*, New
York: A. A. Knopf.

Reid，M. 1934. *Economics of household production*. New York: John Wiley & Sons.

———. 1943. *Food for people*. New York: John Wiley & Sons.

———. 1947. The economic contribution of homemakers. *Annals of the American Academy of
Political and Social Science*. CCLI.

———. 1952. Effect of income concepts upom expenditure curves of farm families. National
Bureau of Economic Research, Conference of Research in Income and Wealth. Cambridge, MA：
Cambridge Press.

———. 1953. Savings by family units in consecutive periods. In *Savings in the modern econo -
my*, ed. W. W. Heller, Minneapolis.

———. 1962. *Housing and income*. Chicago: Uiversity of Chicago Press.

Renshaw，E. 1958. Utility regulation: Are-examination. *The Journal of Business*. October.

Robbins, L. 1962. *The nature and significance of economic science*. London: Macmillan.

Roberts, H. V. 1959. Stock market "Patterns" and financial analysis: Methodological sug -
gestions. *Journal of Finance*. March.

Rockefeller, J. D. 1909. *Random reminiscences of men and events*. New Youk: Doubleday,
Page & Co.

Rodriguez, C.，and J. Frenkel. 1975. Portfolio equilibrium and the balance of payments: A
mone tary approach. *American Economic Review*. September.

Rogoff, K. 2001. Dornbusch's overshooting model after 25 years. *IMF Staff Papers*. No. 49
（special issue）：1.

Romer，P. 1986. Increasing returns and long-run growth. *Journal of Political Economy*.

October.

      Rosen，S. 1968. Short-run employment variations in class I railroads in the US, 1947—64. Econometrica. 36.

      ——. 1970. Trade unionism and the occupational wage structure in the US. International Economic Review. June.

      ——. 1972. Learning and experience in the labor market. Journal of Human Resources. Summer.

      ——. 1974. Hedonic prices and implicit markets: Product differentiation in pure competition. Journal of Political Economy. January/February.

      ——. 1981. The economics of superstars. American Economic Review. December.

      ——. 1983a. Specialization and human capital. Journal of Labor Economics. January.

      ——. 1983b. The economics of superstars. The american Scholar. Autumn.

      ——. 1988. Transaction costs and internal labor markets. Journal of Economics, Law, and Organization. Spring.

      ——. 1992. The market for lawyers. Journal of Law and Economics. October.

      ——. 1993. Risks and rewards: Gary Becker's contributions to economics. Scandinavian Journal of Economics. No. 1.

      ——. 1996. Public employment and the welfre state in Sweden. Journal of Economic Literature. June.

      Rosen，S.，and R. Thaler. 1976. The value of saving a life: Evidence from the labor market. In Housebold Production and Consumption, ed. N. Terleckyj. New York: Columbia University Press.

      Rosett，C. 1984. Looking back on Chile, 1973—83. National Review. June.

      Rossi, P. E. 1989. The ET interview: Professor Arnold Zellner. Econometric Theory. No. 5.

      Rotwein，E，1959. On the methodology of positive economics. Quarterly Journal of Economics. November.

      ——. 1983. Jacob Vinerand the Chicago Tradition. History of Political Economy. Summer.

      Rutherford，M.，ed. 1998. The Economic Mind in America. Essays in the History of American Economics. London: Routledge.

      Samuels，W. J.，ed. 1993. The Chicago School of Political Economy. New Brunswick, NJ: Transaction Publishers.

      ——. 1993. Law and economics: Some early journal contributions. In Economic Thought and Discourse in the Twentieth Century, eds. W. J. Samuels, J. Biddle, and T. Patchak-Schuster. Aldershot, UK: Edward Elgar Publishing.

      Samuelson，P. 1963. Problems of methodology: Discussion. AEA Papers and Proceedings. May.

      ——. 1965. Proof that properly anticipated prices fluctuate randomly. Industrial Management

Review. Spring.

——. 1970. Reflections on recent Federal Reserve policy. *Journl of Money, Credit and Banking*. February.

——. 1972. Jacob Viner, 1892－1970. *Journal of Political Economy*. January.

——. 1976. An economist's non-linear model of self-generated fertility waves. *Population Studies*. No. 30.

——. 1979. Paul Douglas's measurement of production functions and marginal productivities. *Journal of Political Economy*. October.

——. 1991. Jacob Viner. In Shils 1991, 533－547.

Samuelson，P. A.，and R，Solow. 1960. Analytical aspects of anti-inflation policy. *American Economic Review*. March.

Sandmo，A. 1993. Gary Becker's contributions to economics. *Scandinavian Journal of Economics*. No. 1.

Savage，L. J. 1954. *The foundations of statistics*. New York: John Wiley and Sons.

Scharfstein，D. 1994. Anatomy of financial distress: An examination of junk-bond issuers. *Quarterly Journal of Economics*. August.

Scheinkman，J., and B. LeBaron. 1989. Nonitnear dynamics and stock returns. *Journal of Business*. July.

Schiller, R. 1984. Stock prices and social dynamics. *Brookings Papers on Economics Activity*. No. 2.

Scholes, M. S. 1996. Financial infrastructure and economic growth. In *The Mosaic of Economic Growth*, eds. R. Landau, T. Taylor, and G. Wright Stanford, Stanford University Press.

——. 1998. Derivatives in a dynamic environment. *American Economic Review*. June.

Schultz，H. 1925. The statistical law of demand as illustrated by the demand for sugar. *Journal of Political Economy*. October.

——. 1927. Mathematical economics and the quantitative method. *Journal of Political Economy*. October

——. 1938. *The theory and measurement of demand*. Chicago: The University of Chicago Press.

Schultz, T. W. 1943. *Redirecting farm policy*. New York: Macmillan.

——. 1959a. Investment in man：An economist's view. *The Social Service Review*. June.

——. 1959b，Human wealth and economic growth. *The Humanist*. No. 2.

——. 1961. Investment in human capital. *American Economic Review*. March.

——. 1964. *Transforming traditional agriculture*. New Haven, CT: Yale University Press.

——. 1979，The economics of being poor, Nobel Lecture *Journal of Political Economy*. December.

——. 1993. *Origins of increasing returs*. Oxford: Blackwell Publishers.

Schumpeter，J. 1942. *Capitalism, socialism, and democracy*. New York: Harper.

Schwab，S. 1989. Coase defends Coase: Why listen and economists do not. *Michigan Law Review*. May.

Schwartz，A. 1981. Understanding. In Brunner 1981.

Sent, E-M. 2002，How（not）to influence people: The contrary tale of John F. Muth. *History of Political Economy*. Summer.

Shapiro, F. 2000. The most cited legal scholars. *Journal of Legal Studies*. January.

Sharpe, W. 1963. A simplified model for portfolio analysis. *Management Science*. January.

———. 1970. *Portfolio theory and capital markets*. New York: McGraw-Hill.

Shils, E.，ed. 1991a. *Remembering the University of Chicago: Teachers, scientists and scholars*. Chicago: University of Chicago Press.

———. 1991b. Robert Maynard Hutchins. In Shils 1991.

———. 1997. *Portraits: A gallery of intellectuals*. Chicago: University of Chicago Press.

Shleifer. A., and R. Vishny 1986a. Greenmail，white knights, and shareholders' interest. *Rand Journal of Economics*. Autumn.

———. 1986b，Large shareholders and corporate control. *Journal of Political Economy*. June.

———. 1997. The Limits of Arbitrage. *Journal of Finance*. March.

———. 1998. The Grabbing Hand: *Government Pathologies and Their Cures*. Cambridge, MA: Harvard University Press.

Shultz，G. P. 1963. *The Challenge of Unemployment*. New York: U. S. Chambers of Commerce.

———. 1993. *Turmoil and triumph*. New York: Charles Scribner's Sons.

Shultz, G. P., and K. Dam. 1977. *Economic policy beyond the headlines*. New York: W. W. Norton，1998.

Sidrauski, M. 1967. Rational choice and patterns of growth in a monetary economy. *AEA Papers and Proceedings*. May.

Silk, L. 1976. *The economists*. New York: Basic Books.

Simon, H. 1956. *Models of man*. New York: John Wiley and Sons.

———. 1996. *Models of my life*. New York: Basic Books.

Simons，H. C. 1934. *A positive program for laissez-faire: Some proposals for a liberal economic Policy*. Public Policy Pamphlet No. 15. Chicago: Chicago University Press.

———. 1936a. Keynes comments on money. *The Christian Century*. July 2.

———. 1936b. Rules versus authorities in monetary policy. *Journal of Political Economy*. February.

———. 1938. Personal income taxation. Chicago, University of chicago Press.

———. 1942. Hansen on fiscal policy. *Journal of Political Economy*. April.

———. 1944. Some reflections on syndicalism. *Journal of Political Economy*. March.

——. 1945. The Beveridge Report: An unsympathetic interpretation. *Journal of Political Economy*. September.

Sjaastad，L. 1962. Costs and returns of human capital. *Journal of Political Economy*. Octo - ber.

——. 1966. Argentina and the five-year plan, In Wall 1972.

——. 1979. Some notes on the recent balance of payments experience in Latin America. Pro - ceedings of the IVth Annual Paris/Dauphine Conference. *Zeitschrift für Wirtschafts-und Sozial - wissenschaften*.

——. 1983. What went wrong in Chile. *National Review*. September.

——. 1991. The World Bank: Time for reform? In *Capital flows in the world economy*, ed. H. Siebert. Tübingen, Germany: Mohr（Siebeck）.

——. 1998. On exchange rates，nominal and real. *Journal of International Money and Fi - nance*. June.

Sjaastad, L., and K. Clements. 1984. *How protection taxes esporters*. Thames Essay. Lon - don: Trade Policy Research Center.

Skaggs, N. T. 1995 The methodological roots of J. Laurence Laughlin's anti-quantity theory of money prices, *Journal of the History of Economic Thought*. Spring.

Smith, A. 1776. *An inquiry into the nature and causes of the wealth of nations*. Reprint edi - ted by Edwin Cannan. Chicago: University of Chicago Press, 1976.

Smith，J. ，and E. Welch. 1989. Black economic progress after Myrdal. *Journal of Eco - nomic Literature*. June.

Snowdon，B. ，and H. Vane. 1997. *A macroeconomic reader*. London: Routledge.

Solomon, E. 1948. Are formula plans what they seem to be? *Journal of Business*. April.

——. 1955. Measuring a company's cost of capital. *Journal Business*. October.

——. 1963. *The theory of financial management*. New York：Columbia University Press.

Spence，M. 1974. *Market signaling*, Cambridge, MA: Harvard University Press.

Spiegel, H. W. 1971. *The growth of economic thought*. Englewood Cliffs, Nj: Prentice-Hall.

Sraffia, P 1926. The laws of returns under competitive conditions. *Economic Journal*. De - cember.

Stern, N. 1978. On the economic theory of policy towards Crime. In *Economic models of criminal bebavior*, ed J. M. Heineke Amsterdam: North-Holland.

Stigler, G. 1940. *Production and distribution theories*. New York：Macmillan.

——. 1946. The economics of minimum wage legislation. In *The essence of Stigler*, edited by K. Loebe and T. Moore. Stanford, CA: Hoover Institution Press, 1986.

——. 1952. The case against big business. *Fortune*. May.

——. 1958. Ricardo and the 93% labor theory of value. *American Economic Review*. June.

——. 1962. Comment. *Journal of Political Economy*. February.

——. 1963. The government and the economy. A dialogue on the proper economic role of the state. Selected paper. No. 7, Graduate School of Business, University of Chicago.

——. 1965. Essays in the history of economics. Chicago: University of Chicago Press.

——. 1968. The organization of industry. Homewood, LI: irwin.

——. 1970. Director's law of public income redistribution. The Journal of Law and Eco - nomics. April.

——. 1975. The citizen and the state. Chicago, IL: University of Chicago Press.

——. 1976. The xistence of x-efficiency. American Economic Review. March.

——. 1981. Economics or ethics. In The Essence of Stigler, edited by K. Loebe and T. Moore, Stanford. CA: Hoover Institution Press, 1986.

——. 1982a. The economists and the problem of monopoly, as reprinted as Occasional Pa - per. No. 10, University of Chicago.

——. 1982b. The economist as preacher, and other essays. Chicago: University of Chicago Press.

——. 1985. John Kenneth Galbraith's Marathon teleyision series: A certain Galbraith in an un certain age. In The Essence of Stigler, edited by K. Loebe and T. Moore, Stanford, CA: Hoover Institution Press. 1986.

——. 1987. The Theory of Price. New York: Macmillan.

——. ed. 1988a. Chicago studies in political economy. Chicago: The University of Chicago Press.

——. 1988b. Memoirs of an unregulated economist. New York: Basic Books.

——. 1989. Two notes on the Coase Theorem. Yale Law   Policy Journal. December.

——. 1992. Law or Economics? The Journal of Law and Economics. October.

Stigler, G., and C. Friedland. 1962. What can regulators regulate? The case of electricity. Journal of Law and Economics. October.

——. 1983. The literature of economics: The case of Berle and Means. Journal of Law and E- conomics. June.

Stigler, G., and J. Kindahl. 1970. The Behavior of Industrial Prices. New York: Columbia Uni - versity Press.

——. 1973. Industrial prices as administered by Dr. Means. American Economic Review. September.

Stiglitz, J. 1973. The theory of "screening," education, and the distribution of income. Dis - cussion Paper No. 354. New Haven: CT: Yale University, Cowles Foundation.

Stokey, N. 1988. Learning by doing and the introduction of new goods. Journal of Political E - conomy. August.

——. 1991. The volume and composition of trade between rich and poor countries. Review of Economic Studies. January.

Storr, R. J. 1966. *Harper's university: The beginnings*. Chicago: University of Chicago Press.

Street, D. 1988. Jovellanos, an antecedent to modern human capital theory. *History of Political Economy*. Summer.

Streeten, R. E. 1991. *One in spirit: A retrospective view of the University of Chicago on the occasion of its centennial*. Chicago: University of Chicago.

Summers, L. 1986. Does the stock market rationally reflect fundamental values. *Journal of Finance*. No. 41.

Sumner, D. A. 1996. Agricultural economics at Chicago. In Antle and Shils 1996.

Sunstein, C. 1997. *Free markets and social justiee*. New York: Oxford University Press.

———. ed. 2000. *Behavioral Law & Economics*. Cambridge: Cambridge University Press.

Swedberg, R, 1990. *Economics and sociology*, Princeton, NJ: Princeton University Press.

Sykes, A. 1989. Countervailing duty law: An economic perspective. *Columbia Law Review*. March.

———. 1991. Protectionism as a "safeguard": A positive analysis of the GATT "escape clause" with normative speculations. *The University of Chicago Law Review*. Winter.

———. 1992. The welfare economics of immigration law: A theoretical survey with an analysis of U. S. policy. Working paper 10, Law and Economics, University of Chicago Law Faculty.

———. 1999. Regulatory protectionism and the law of international trade. *The University of Chicago Law Review*. Winter.

———. 2002. New directions in law and economics. *The American Economist*. Spring.

Szenberg, M., ed. 1992. *Eminent economists: Their life philosophies*. Cambridge, MA: Cambridge University Press.

Taussig, F. 1920. *Free trade, the tariff, and reciprocity*. New York: Macmillan.

Tavlas, G. S. 1997. Chicago, Harvard, and the doctrinal foundations of monetary economics. *Journal of Political Economy*. February.

Telser, L. 1960. Why should manufacturers want fair trade? *Journal of Law and Economics*. Octuber.

———. 1962. Advertising and cigarettes. *Journal of Political Economy*. October.

———. 1964. Advertising and competition. *Journal of Political Economy*. December.

———. 1966. Demand and supply of advertising messages. *AEA Papers and Proceedings*. May.

———. 1969a. Another look at advertising and concentration. *Journal of Industrial Economics*. No. 18.

———. 1969b. On the regulation of industry: A note. *Journal of Political Economy*. November/December.

———. 1972. *Competition, Collusion, and Game Theory*. Chicago: Aldine.

———. 1978. *Economic Theory and the Core*. Chicago: University of Chicago Press.

———. 1981. Why there are organized future markets. *Journal of Law and Economics*. April.

——. 1994. The usefulness of core theory in economics. Journal of Economic Perspectives. Spring.

——. 1996. Competition and the core. Journal of Political Economy. February.

Temin, P. 1976. Did monetary forces cause the Great Depression? New York: Norton.

——. 1989. Lessons from the Great Depression. Cambridge, MA: MIT Press.

Thaler, R. 1991. Quasi rational economics. New York: Russell Sage Foundation.

——. 1992. The Winner's Curse. Princeton, NJ: Princeton University Press.

——. ed. 1993. Advances in Behavioral Finance. New York: Russell Sage Foundation.

Theil, H. 1958. Applie deconomic. forecasting. Amsterdam: New Holland.

——. 1971. Principles of econometrics. New York: John Wiley and Sons.

Theil, H., and C. Leenders. 1965. Tomorrow on the Amsterdam Stock Exchange. Journal of Business. July.

Theil, H., and A. Zellner. 1962. Three stages least squares: Simultaneous estimation of simul-taneous equations. Econometrica. Vol. 30.

Theiss, E. 1932. Time and capitalistic production. Journal of Political Economy. August.

Thorp, W. 1971. The reality of foreign aid. New York: Praeger.

Tilman, R. 1987. Grace Jaffe and Richard Ely on Thorstein Veblen: An unknown chapter in American economic thought. History of Political Economy. Spring.

——. 1992. Thorstein Veblen. In A Bibliographic Dictionary of Dissenting Economists. Ed. p. Arestis and R. Ecklund, Aldershot, England: Edward Elgar Publishing.

——. 1998. John Dewey as user and critic of Thorstein Veblen's ideas. Journal of the History of Economic Thought. June.

Tinbergen, J. 1937. An econometric approach to business cycle problems. Paris: Hermann.

Tobin, J. 1978. Harry Gordon Johnson, 1923—1977. Proceedings of the British Academy, vol. LXIV. London: Oxford University Press.

Tolley, G. 1957. Providing for growth of the money supply. Journal of Political Economy. December.

Tolley, G., V. Thomas, and C. Wong. 1982. Agricultural price policies and the developing countries. Baltimore, MD: Johns Hopkins University.

Tommasi, M., and K. Ierulli, eds. 1995. The New Economics of Human Behavior. Cambridge: Cambridge University Press.

Topel, R. H. 1983. On layoffs and unemployment insurance. American Economic Review. September.

——. 1991. Specific capital, mobility, and wages: wages rise with job seniority. Journal of Political Economy. February.

Topel, R. H. 1997. Factor proportions and relative wages: The supply-side determinants of wage inequality. Journal of Economic Perspectives. Spring.

Topel, R., and M. Ward. 1992. Job mobility and the careers of young men. *Quarterly Journal of Economics*. May.

Tullock, G., 1983. *The Simons' Syllabus*. Fairfax, VA: George Mason University, Center for the Study of Public Choice.

Turner, R. 1958. *A History of the School of Business of the University of Chicago*. Chicago: Regenstein Library.

Valdes, J. G. 1995. *Pinochet's Economists: The Chicago School in Chile*. Cambridge: Cambridge University Press.

Veblen, T. 1899a. Preconceptions of economic science. *Quarterly Journal of Economics*. January.

———. 1899b. *The theory of the leisure class*. New York: Macmillan, 1953.

———. 1904. *The theory of business enterprise*. New York: Charles Scribner's Sons.

———. 1909. The limitations of marginal utility. *Journal of Political Economy*. November.

———. 1918. *The Higher Learning in America*. New York: Sagamore Press.

———. 1919. *The place of science in modern civilization and other essays*. New York: Russell & Russell, 1961.

Viner, J. 1923. *Dumping: A problem in international trade*. Chicago: University of Chicago Press.

———. 1924. *Canada's balance of international indebtedness: 1900-1913*. Cambridge, MA: Harvard University Press.

———. 1925a. Objective tests of competitive price applied to the cement industry. *Journal of Political Economy*. February.

———. 1925b. The utility concept in value theory and its critics. *Journal of Political Economy*. August.

———. 1927. Adam Smith and laissez faire. *Journal of Political Economy*. April.

———. 1931. Problems of international commercial and financial policy. In *Report of the round tables and general conferences at the eleventh session*, ed. A. H. Buffington. Williamstown: Institute of Politics.

———. 1932. The doctrine of comparative care. *Weltwirtschafiliches Archiv*. 36 (2).

———. 1933a. *Balanced deflation, inflation or more depression*. Day and Hour Series of the University of Minnesota, No. 2. Minneapolis University of Minneapolis Press.

———. 1933b. Inflation as a possible remedy for the depression. In *Proceedings of the Institute of Public Affairs*. Atlanta: University of Georgia.

———. 1936. Mr. Keynes and the causes of unemployment. *The Quarterly Journal of Economics*. November.

———. 1937. *Studies in the theory of international trade*. New York: Harper.

———. 1943. Two plans for international monetary stabilization. *The Yale Review*. Autumn.

——. 1950. *The customs union issue*. New York: The Carnegie Endowment.

——. 1951. *International economics*. Glencoe, IL: The Free Press.

——. 1952. *International trade and economic development*. Glencoe, IL: The Free Press.

——. 1958. *The long and the short view*. Glencoe, IL: The Free Press.

——. 1964. Comment on my 1936 review of Keynes' *General Theory*. In Keynes' *General Theory*. Reports of Three Decades, ed. R. Lekachman. New York: MacMillan & Co.

——. 1991. *Essays on the intellectual history of economics*, ed. D. A. Irwin. Princeton, NJ: Princeton University Press.

Viner, J., et al. 1933. *Balancing the budget: Eederal fiscal policy during the depression*. Public Policy Pamphlets No. 1. Chicago: University of Chicago Press.

Wali, K. C. 1991. *Chandra: A biography or S. Chandrasekhar*. Chicago: University of Chicago Press.

Wall, D., ed. 1972. *Chicago Essays in Economic Development*. Chicago: University of Chicago Press

Wallis, W. A. 1958. The functions and goals of business education and schools of business. Indiana Academy of Social Sciences. Archives of the Communications Department, University of Chicago.

——. 1980. The Statistical Research Group. *Journal of the Ameriean Statistical Association*. June.

——. 1993. George J. Stigler: In memoriam. *Journal of Political Economy*. October.

Warsh, D. 1993. *Economic principals: Masters and mavericks of modern economics*. New York: The Free Press.

Whitehead, A. N. 1954. *Dialogues of Alfred North Whitehead*. Recorded by Lucien Price. Boston: Little, Brown.

Williamson, O. 1983. Intellectual foundations of law and economics: the need for a broader view. *Journal of Legal Education*. 33.

Willis, H. P. 1896. The history and present application of the quantity theory. *Journal of Political Economy*. September.

Worcester, D. 1973. New estimates of the welfare loss to monopoly, United States: 1956-1969. *Southern Economic Journal*. October.

Wright, C. W. 1912. A trust problem-prevention or alleviation. *Journal of Political Economy*. June.

——. 1940. *An economic history of the United States*. New York: McGraw-Hill.

Yergin, D., and J. Stanislaw. 1998. *The commanding heights: The battle between government and the marketplace that is remaking the modern world*. New York: Simon and Schuster.

Yntema, T. 1928. The influence of dumping on monopoly price. *Journal of Political Economy*. December.

——. 1932. A Mathematical Reformulation of the General Theory of International Trade. Chicago: University of Chicago Press.

——. 1939. Henry Schultz: His contributions to economics and statistics. *Journal of Political Economy*. April.

——. 1941. The future role of large-scale enterprise. *Journal of Political Economy*. December.

——. 1944. Full employment in a private enterprise system. *AEA Papers and Proceedings*. March.

——. 1958. Transferable skills and abilities. *Journal of Business*. April.

——. 1964. The Enrichment of Man. Benjamin F. Fairless Memorial Lecture presented at the Carnegie Institute of Technology, Pittsburgh, PA.

Yoder, F. 1991. *The University of Chicago Faculty: A Centennial View*. The University of Chicago Library.

Young, A. 1913. Pigou's Wealth and Welfare. *Quarterly Journal of Economics*. August.

——. 1992. A tale of two cities: Factor accumulation and technical change in Hong Kong and Singapore. National Bureau of Economic Research, *Macroeconomics Annual 1992*. Cambridge, MA: MIT Press.

Zarnowitz, V. 1992. *Business cycles: Theory, history, indicators and forecasting*. Chicago: University of Chicago Press.

Zellner, A. 1997. *Bayesian analysis in econometrics and statistics: The Zellner view and papers*. Cheltenham, UK: Edward Elgar Publishing.

Zellner, A., and S. Fienberg. 1975. *Studies in Bayesian econometrics and statistics in honor of Leonard J. Savage*. Amsterdam: North-Holland.

译 后 记

芝加哥学派是经济思想史上最具影响力的遗产，这正如本书作者所论述的那样，他们的思想曾经深刻地影响了世界经济的发展方向，而且现在仍在发挥着这样的影响。我们有幸翻译本书并通过本书的传导，获得对芝加哥学派的全面学习和深度理解。在世界经济进入后危机时代的背景下，芝加哥学派的经济思想将带给我们崭新的思考。

本书由王永龙同志统译，各章分工如下：王永龙：绪论、第一章、第九章、结语；于敏捷：第二章、第八章；杨欢欢：第三章；刘金荣：第四章；梦伶云：第五章；严勇：第六章；辛家刚：第七章。

由于译者水平有限，书中错误难免，敬请读者批评指正。

译　者

2009 年 11 月 10 日